教育部人文社会科学重点研究基地重大项目：

西北地区后贫困时期农村金融创新路径与模式研究（17JJD790016）

陕西师范大学优秀学术著作出版基金资助

陕西师范大学一流学科建设基金资助

西北乡村金融田野调查

2003—2018

A FIELD SURVEY OF RURAL FINANCE IN NORTHWEST CHINA
2003-2018

刘 明 等 著

人民出版社

同心县是红色老区和民族地区，是国家确定的深度贫困县。2019年3月被评为第一批革命文物保护利用片区分县。金融学研究生赵雅文在宁夏回族自治区同心县豫旺镇土蜂村调研。

（杜紫薇/摄　2018年6月11日）

金融学研究生郝杰在宁夏回族自治区同心县豫旺镇土蜂村调研。

（杜紫薇/摄　2018年6月11日）

刘明教授与宁夏回族自治区同心县下马关镇南关村王见喜先生讨论当地农村产业发展。

（杜紫薇/摄　2018年6月10日）

调研团师生在陕西省商南县试马镇红庙村沁园春茶园访问农户，填写调研问卷。图中右4为胡秋灵副教授，右2、左2、左4、左5分别为农业经济管理研究生王皓宇、金融学研究生张赛赛、杜紫薇、冯丹蕾。

（热依拉·依里木/摄　2018年6月26日）

思政卓越班宋丽蓉同学在甘肃省康县王坝镇何家庄村入户调研，填写问卷。

（冯晨／摄　2018年7月21日）

农业经济管理研究生王皓宇在青海省乐都区雨润镇深沟村访谈。

（王彦弘／摄　2018年7月28日）

调研团与宁夏回族自治区同心县政府和金融机构座谈。图为同心县副县长（右）张宏安介绍同心县金融精准扶贫情况。

（郝杰／摄　2018年6月6日）

在陕西省商南县，调研团师生与政府部门和当地金融机构座谈。右前排右四为商南县金融办主任章海潮。

（郝杰/摄　2018年6月19日）

调研团师生与甘肃独一味生物制药股份有限公司座谈交流。图中左2为王坝镇王琛副镇长，左3为童天才总经理。右2至右4分别为赵天荣副教授、刘明教授、范建刚教授。

（郭小红/摄　2018年7月26日）

甘肃省康县王坝镇苟家庄村苟家社村民苟正平筹资组建"康县平信演艺有限责任公司"，每逢农闲节假在长坝镇花桥村演出。他还在自家院内开设诊所常年行医。

（刘明／摄　2018 年 7 月 24 日）

调研团师生在青海省乐都区雨润镇调研间隙参观农民企业家叶积慧投资建设中的休闲观光农庄。

（王彦弘／摄　2018 年 7 月 31 日）

    2008 年 7 月,调研团在青海省乐都县雨润镇与镇政府、兴乐农村资金互助社联合召开"中国当代民间合作金融研讨会",调研团代表陕西师范大学农村发展研究中心向兴乐资金互助社赠送写有"兴合作金融　乐天下都乐"的牌匾。图中排左 1 至左 4 分别为胡秋灵副教授、赵天荣副教授、刘明教授和邓云祥理事长。中排右 2 为裴辉儒教授。

（朱护国 / 摄　2008 年 7 月 17 日）

青海省乐都县达拉乡白草台村在移民点筹建南凉古城土族园景区,内设土族民间艺术大剧院。

（张玮 / 摄　2018 年 7 月 29 日）

建设中的青海省乐都县达拉乡白草台村土族民间艺术大剧院门楣。

（张玮 / 摄　2018 年 7 月 29 日）

在宁夏回族自治区同心县下马关镇郑儿庄村，还残留有 20 世纪七八十年代以前的农村土坯房。

（刘明／摄　2018 年 6 月 8 日）

宁夏回族自治区同心县预旺镇贺家塬村易地搬迁后农户住宅新村。

（热依拉／摄　2018 年 6 月 11 日）

鸡山坝村是师生在康县调研的最后一站。图为位于甘肃（陇南市康县）、陕西（汉中市宁强县）两省交界处的甘肃康县王坝镇鸡山坝村农家。

（刘明／摄　2018年7月26日）

甘肃省康县大水沟村被评为全国美丽乡村，村中有《诗潮》创作基地。图为村道旁绿树掩映中悬挂的诗牌。

（刘明／摄　2018年7月22日）

宁夏回族自治区同心县豫旺镇中药材种植示范区。

（杜紫薇／摄

2018年6月8日）

陕西省商南县沁园春茶业有限责任公司试马镇红庙村茶园。

（郝杰／摄

2018年6月23日）

陕西省商南县试马镇荆家河村上苍鹿业梅花鹿养殖场。

（杜紫薇／摄

2018年6月24日）

伟大的社会能够成立的条件是全体社会成员都富裕而又自由。它需要根绝贫困和种族的不公平。这是一种不断更新的挑战，也是引导我们走向人生的意义与劳动的最优秀成果相协调的世界而进行的挑战。

——罗尔斯

目　录

认识田野：从西部大漠、秦巴山区到南凉古城

　　五月，六月，七月，一路换乘，行走。从貌似在空旷辽阔一派荒漠中寻觅绿洲的宁夏同心，到有秦楚咽喉之称的陕南商洛，再辗转到被誉为陇上江南的甘南腹地，天际线黛色如墨。由陇南经西宁转赴别号南凉古城的青海乐都，则另有一番景致。交通线两侧郁郁葱葱，湟水河穿流阡陌之间，虽不如秦巴山区的商洛和陇南一般葳蕤生光，也未至宁夏同心那样一草一木在炙烤中艰辛挣扎。乐都的景致是一路领略大漠孤烟和岭南翠微之后大自然的又一次转身，那些颇有骨感而雄浑、挺拔伟岸的群山，似乎在展示自然的力量。

　　尽管2003年以来先后在陕西和青海农村进行多次经济金融田野调查，选择在一个时间断面对西北五省区贫困县样本开展调查是许久埋藏在心底的夙愿。不过，出行前我们对西北贫困地区农村各个子区域的差异未必完全想象得到。

　　宁夏同心县下马关镇农户人均耕地10多亩，再加开垦荒滩地，单个农户经营耕地最多有300亩的，意味着即使单产与关中农村比较不足道，除去机耕、播种、收割和化肥等生产资料所费，稍好年景也有3万元收益。同心农村的生产要素禀赋特征是人少地广。根据农户反映，虽然干旱少雨，他们在丰年囤积粮食可供以后歉年消费两三年。但家庭成员平均受教育年限较低，一些30岁左右的家庭妇女小学没有毕业，她们对入户访谈问卷中许多项目即使反复解释也不理解。商南、康县除了具有得天独厚的"绿水青山"自然资源以外，以教育、文化、社会资源等因素衡量的人力资本与社会资本比同心略胜一筹，以家庭为生产单位的小作坊或者按照"官话"讲个体工商户与小微企业

相对发达一些。

陕西商南县和甘肃康县同属于秦巴山连片特殊困难地区，其生产要素禀赋很不利的一面是可耕地原本稀少，由于退耕还林、修路以及人口变化，许多农户人均只有几分地，接近两成农户已经不再从事农耕。由于雨量充沛和气候温和，农户仅有的土地能够大体满足日常消费的菜蔬和少量口粮，但若按照现代平均的生活水平，以及满足家庭成员教育、医疗以至投资需要，土地产出对家庭的经济贡献已经退居次要地位。在青海乐都雨润镇和达拉乡入户访谈发现，农户普遍存在耕地锐减或根本无地，近期遇到宏观经济周期性趋冷，城市二、三产业结构性收缩，农村青年进城务工已很不易，或少有机会而返乡，或薪资大幅缩水。原先就近打工每日工资约 150 元，现在每日 70—80 元已机会难得。只要遇到村里的年轻人，都普遍给我们诉苦。

厚重的乡村文化孕育了她的优秀儿女。在所调研村镇中许多创业者千方百计挖掘地域特色资源，他们努力寻觅和实现生计、造福一方的故事对师生的触动是持久的。

同心县下马关镇郑儿庄村书记王富贵应我请求驱车引荐当地养鸡专业户田玉鹏，小伙子在山东学习畜牧专业，毕业后去浙江杭州一家农业畜牧养殖公司帮工两年，终归以为不如自己回乡"单干"，但创业维艰。在本轮调研四省区中宁夏同心县由于财政局、金融办充分发挥财政资金"筹码"的杠杆作用，对农户的信贷投放最为充分。但同样是在同心县境内，田玉鹏首先遇到的问题即资金困境，他几乎白手起家，拥有的资源是养殖技术和家中 100 多亩种植苜蓿的承包田。最终在中国建设银行（以下简称"建行"）得到第一笔贷款，建成第一期存栏五六千只放养肉鸡的养殖规模。目前又引入较大规模鹅苗，并开挖第二期养鸡大棚土建工程基础，困难依然是资金不足。因迟迟得不到当地涉农银行信贷支持，沮丧无奈地对我们诉说个中情由。① 作为一名初出茅庐的农村创业青年，他亦不乏乐观自信与韧性。随后参观供鸡苗过渡的温室，他对

---

① 调研组在同心县豫旺镇调研期间曾向中国人民银行（以下简称"人行"）派驻机构反映有关情况，返程后与郑儿庄村干部交流得知，田玉鹏在农村商业银行（以下简称"农商行"）已经办理贷款。

我们娓娓道出养鸡的各种技术细节。

商南县试马镇与富水镇多家农业公司主打茶叶和林果，促进了当地土地流转，对重组土地生产要素和增加农户收入产生明显效果。本土企业家王超呕心沥血建设万亩茶园，每天有 500 多人在茶园劳作，为上了年纪或体弱的农村劳动力提供就近务工机会。6 月 23 日在试马镇入户调研，师生连续工作到黄昏时分，早已过了约定的"收工"时间，李福祥站长仍热情相邀，"我们的茶园你一定要看看"，好似必得欣赏试马镇压箱底的宝贝一般。他迅疾驱车引领我们登临茶山。我极目望去，禁不住由衷地慨叹：然矣！为落日黄昏中一座座茶山梯田星罗棋布的壮观美景所陶醉，不由一书为快：

> 试马商南关，①
>
> 饮酪清泉畔。
>
> 云横石径斜，
>
> 梯枕龙井眠。②

天地里悠悠然弥漫着商南龙井的醇香。我未敢私藏，将此情愫和随拍的茶山图片传递给许多朋友。

陇南市康县王坝镇苟家庄民间艺人苟正平集康县平信演艺公司法人代表、家庭诊所执业医师、乡村游客栈林泉山庄主人、养蜂专业户和村社社长于一身，他在自家诊所的方寸天地中饶有兴致地表演陇南民间说唱艺术棒棒鞭，我是唯一观众。

李家庄村高永红从 1985 年开办纯粮玉米酒厂，2008 年汶川地震期间酒厂受损严重，虽惨淡经营仍坚守至今，依靠小规模家庭作坊支撑起一个幸福的家庭，子、女、女婿均大学毕业在政府机关工作。先生与我同龄，他的豪爽、幽默、健谈很是给家访的师生留下深刻印象。

他们热情，乐观，自信，充满活力与激情，不懈探索和行动。他们有不穷

---

①　试马镇地处秦岭山脉，境内以低山丘陵为主，距商南县城以西 12 千米，盛产茶叶、核桃和花生。传说赵匡胤曾于此青云驿（今清油河）为柴荣传授马技，故名。

②　商南县沁园春茶业有限责任公司出品的标注"秦园春"商标茶叶被誉为"商南龙井"，茶产业基地试马镇被誉为"北茶故里，试马茶乡"。

竭的精思妙想。

说起创业人，不能不提到雨润镇兴乐农村资金互助社邓云祥理事长，我们从 2008 年 7 月陕师大 25 名师生在乐都农村调研时相识，2012 年我与研究生戈伟伟、韩晶晶赴青海与西宁市政府商"十二五"规划时重访互助社，交谈中我们对不允许互助社设立网点均感到不解①。邓云祥原本以小型工程承包开始"原始积累"，在兴乐农村资金互助社 2007 年年初开业数月即遭遇困难时，人行海东市中心支行提议他接任理事长。2008 年 10 月，当我询问互助社经营状况时，得知其已经实现盈利，发展势头不错。目前，互助社对当地小微企业所提供金融服务已初具规模，资产总额从最初的几十万元增加到近千万元。

本次与互助社交流，看到 2008 年陕师大农村发展研究中心赠予互助社匾额已从原营业窗口一隅移到会议室，题匾文字"兴合作金融，乐天下都乐"映入师生眼帘。这是 2008 年 7 月 13 日我在西行火车上打好腹稿，给予兴乐农村资金互助社的一份祝福，冀望全国第一家新型农村合作金融机构真正惠及普罗大众。

在达拉乡白草台村调研期间，村支部书记李万山热情洋溢地向我们介绍打造集乡村旅游、民族艺术展演、特色餐饮为一体的南凉古城土族园景区蓝图。参观中发现在建剧场的场面似有超越西安易俗社，剧场二楼由马蹄形包厢环绕，为承接举办各式婚礼备有新娘出嫁时的闺房。在西部乡间打造一座美轮美奂富丽堂皇的现代剧场，我禁不住欣赏这位有铜川小兵背景的企业家的想象力。

在雨润镇羊圈村与一位 75 岁养蜂人的邂逅令我喜出望外，老先生思维敏捷，说起四五十年以前的往事如数家珍。调查问卷中设计有金融知识测试题目，一个需要考虑存款利率（名义）在通货膨胀作用下的实际利率，一个涉

---

① 对此曾于参加中共中央编译局全球治理与发展战略研究中心举办"比较工作坊"期间向货币政策委员会副秘书长潘宏胜反映，并转达 2013 年在陕南调研期间某县级农商行所反映央行货币管理问题：一是逐月控制信贷规模没有考虑农村季节性信贷需求变动；二是按照计划向商业银行定期、定额收缴废旧纸币不合理，导致商业银行将部分新币作为废旧纸币上缴销毁"以旧币换新币"。后期应邀将 2013 年陕南农村经济金融研究报告（本书第六章）通过邮件发给潘宏胜。

及收益不变条件下分期投资的现值问题，后一个题目有一定难度。我有意鼓励老先生，讲他是老初中生，又因 1970 年开始养蜂而走南闯北，熟谙经济计算，必能发现正确答案。先生所选答案并极简的解释完全正确！在我所调查的宁、陕、甘、青四省约 150 个样本农户中，对金融知识测试题完全答对的是少数，能做出合理解释的就更微乎其微了。

素昧平生的人偶遇，亦有必然。6 月 10 日调研团师生从同心县下马关镇转赴豫旺镇之前邂逅马天喜老先生，马老先生要求我向有关部门反映易捷庄园枸杞科技公司连续三年拖欠农户流转 3.6 万亩土地补偿款问题。先生今年 78 岁，谈锋甚健，顺口就是一段时政快板，对党的农村政策和部分官员贪腐堕落一褒一贬，颇富含哲理，给在场师生留下很深的印象。先生无疑是乡村社会中的智者。在师生一行赴豫旺镇途中，先生又电话相约我去家中聚谈，因转赴豫旺镇须沟通接洽而未能谋面。

马先生反映的事实实际说明了各级政府在推动农业产业化项目中出现的带有一定普遍性的问题。离开同心前一日我向同心县政府负责同志表达了关切，根据财政局负责人所述，对马先生回复如下：

马老先生：

前日一席谈，深以为先生耿直率性，针砭时弊，为民请命，不计安危。乃当今之下铮言敢谏之风，颇钦佩感慨。

蒙豫旺途中相约，遗憾面晤无缘，却未有忘怀。昨与张宏安副县长并县财政局进言，称国家及宁夏、同心各级，均已有解决之法。应为政府买单，公司启动运营，乡里农户参与劳作，盘活枸杞园资源资产，以慰民望。

先生与吾辈，皆可释然。亦望先生向邻里宣介，不致乡亲纠结煎熬日久。

即颂

夏安！

2018 年 6 月 12 日

两个多月走了西北四省、区所选择样本县的一些农村，43 名师生走访了

2068 户农家，与金融机构和政府部门座谈交流。团队在变换，我与王皓宇同学经历了四省、区贫困地区农村调研全程。对于研究"后贫困"时期农村经济金融问题，田野调查是重要而不可或缺的基础。

在集国家深度贫困县、少数民族地区和红色老区为一体的宁夏同心县，访谈发现农户对政府扶贫政策效果持肯定态度，银行机构对贫困群体的信贷投放也较为普遍。农村居民生活显著改善，这可以从依稀可见的 20 世纪 70 年代保留下来的土坯房和目前居住的砖混和钢混结构住宅所形成反差中得以体现。与我们自 2003 年以来在陕西、青海的四次田野调查比较，尤其将目前与 2008 年调查结果比较，10 年间农村居民家庭收入增长与生活变化可以从多方面观察到。

不过，对于按照各种尺度所定义的人均可支配收入水平，已经超越传统意义贫困概念而进入"后贫困"时期的农户群体，是否已经可持续性地走出贫困？如果按照农业部门产业成熟稳定、农村基本克服生计脆弱性、农户收入步入稳定增长等因素衡量，答案或许是否定的。农业内部产业结构调整尚处在变动期，农村劳动力向城市转移处在一种非稳定态，贫困群体扩大生产的内生动力没有被完全释放。至少在所调研西北贫困地区，以土地使用权租用、土地入股和农民就近务工或者成为城市流动工人等现象观之，农业生产方式处于变动期。农村推行家庭联产承包责任制 40 年来，正经历又一场阵痛。

在财政动员和扶贫贴息引导下，宁夏同心农户信贷可得性较为充分，申请贷款用途多为养殖业，实际以建房等消费需要为主。金融机构按照两年一贷、还旧贷新和续贷三年执行期限管理和风险控制，实际将贷款期限延伸到五年。

商南县采取目前业界所谓"免还本续贷"的创新信贷模式。观察所调研2068 个农户样本，除了宁夏同心，在陕西商南、甘肃康县和青海乐都三地，农户信贷可得性是依次递减的，康县涉农金融机构 2016 年以来已基本停止对农户放款。

在四省、区样本县及村镇，信贷投放频次、规模、收回方式表象不尽相同，但本质是后贫困时期农户所依托生计的脆弱性以及职业、收入不稳定性未发生根本变化，农业经济基础仍很薄弱，农户收入约 80% 以上依赖进城务工，但收入这一重要部分伴随宏观经济周期变化和二、三产业伸缩波动很大。现存户籍制度、劳动工资制度和社会保障制度导致宏观经济波动产生的家庭生计风险更多地由农村部门分担了。农户家庭资产负债与生产仍处于一种简单循环，没有形成扩大生产和增加积累的内生能力和环境条件。

样本地区的调查事实可能揭示出，土地生产要素的各种地域特征已经开始动摇中国几千年小农经济的根基。可以预期，至少在调研的陕南与陇南地区的公司—农户土地租种经营模式和探索中的土地入股模式，以及青海乐都大量农户因为实际拥有土地已临近零下限而显现离农倾向，未来农村生产组织形式既无法用小农经济框定，也不能用西方以土地私有制为基础的大农场予以预判。

中国地域辽阔，并非农村未来走向只有单行道，犹如人民公社化时代那样。我们所期待的，应该是一个可行集，而不是制度和政策的某一原点。

刘　明

2018.8.11 凌晨于博物馆副楼

导　读

　　自以为熟悉的事物有可能陌生。尽管曾经长期生活在农村，1978 年参加县委农村工作队蜗居于秦岭北麓山脚下一个村庄，以一种独特的视角观察、亲历中国农村社会狂飙突进式的历史转折，但是否由于这些，就真正熟悉甚而能够洞察农村社会？我宁可承认，自己从改革伊始即离开故土，对农村经济社会的深层结构已愈益陌生。对农村问题产生兴趣与个人生活史有关，但客观地思考分析农村问题，必得重新有意识地阅读、体味农村社会这本"自然之书"。由之，笔者与团队师生自 2003 年 7 月中旬到 2018 年 7 月 31 日历时 15 年每每行走于黄土高原的广袤农村，走进 5000 多户农家进行访谈，收集农户家庭经济金融资料，以备做相关研究的基础。2003 年是我们研究农村金融问题的时间线，也恰好是以农村信用合作社（以下简称"农信社"）改革为主线的深化农村金融改革"元年"，在山大沟深的陕南商洛调研期间，正值银行监管职能从中国人民银行分离出来，成立中国银行业监督管理委员会（以下简称"银监会"），基层机构人员分流重组、房屋设施"分家"，被圈内人士戏称为"分田分地真忙"。

　　本书是对持续 15 年对贫困地区农村进行田野调查的一次小结，相关分析主要基于在西北五省、区收集的家庭微观数据与事实材料。全书分序、正文和附录。序文（代序）是 2018 年完成对西北四省、区调研后的随笔，有着对农村创业者矗立潮头的礼赞，对乡村名宿历经沧桑仍抱持对邻里百姓非凡担当的尊重，对躬行于广阔天地所见所闻折射出的农村未来变迁方向的直觉。第一部分为第一至第三章，对全国范围和贫困地区两类农村家庭信贷获得的福利效应以及农贷减贫效应予以分析。第二部分为第四至第七章，通过对调查数据的统计与计量分析，判断农户家庭禀赋与其信贷、储蓄、投资以及创业意愿之间的内在联系。第三部分为第八、第九章，运用在新疆收集到的微观家户数据，分析少数民族农户的信贷需求与融资偏好，以及历史上维吾尔族借贷契约所隐含的自主治理对民间借贷的隐性保障。第四部分为第十章，选择整理部分与政府部门、金融机构以及村级组织座谈交流文字实录，俾使读者能够分享田野工作的场景，有更多独立思考的空间。附录收入笔者开展农村金融调查初期对农信社改革的思考，就农业信贷担保接受媒体采访的报道，在学术会议相关中国农业生产方式变革和与之相应农村金融改革的学术演讲，以及应邀对原西安市委书记王永康同志有关丝路金融发展之问作答。

对全书部分结论归述如下：

1. 人均可支配收入水平已经超越贫困线而进入"后贫困"时期的农户群体，如果仍然没有克服其生计脆弱性，即使走出贫困也不具有可持续性。农业内部产业结构调整尚处在变动期，农村劳动力向城市转移处在一种非稳定态，贫困群体扩大生产的内生动力没有被完全释放。在所调研的西北贫困地区，以土地产权变革为重要标志，农村推行家庭联产承包责任制以来正经历又一场阵痛，农业生产方式正酝酿、发动一场重大而史无前例的变革。

2. 土地生产要素的各种地域特征开始动摇几千年小农经济的根基。至少在调研的陕南与陇南地区的土地租种和探索中的土地入股模式，以及青海乐都大量农户因为实际拥有土地已临近零下限而显现离农倾向，未来农村生产组织形式既无法用小农经济框定，也不能用西方以土地私有制为基础的大农场予以预判。对未来所期待的制度和政策应该是一个可行集，而不是一个原点。

3. 生产性借贷对农户生产、金融资产均产生正福利效应，生活性借贷能够提升农户生活质量，却抑制农户金融投资。农村住宅建设快速增长，虽改善了农户生活质量，但一定程度上抑制了农户消费及金融投资。民间借贷与正规借贷均对农户的生产投资形成激励，但非正规借贷较多用于生活消费及生活性固定资产投资。

4. 农户借贷获得促进家庭福利增长但存在区域差异。正规借贷对东部地区农户家庭生活消费影响敏感，对农户投资的拉动也高于西部地区。西部地区农户收入更加依赖农业，农户生产投资的"棘轮效应"较东部地区更显著。东部地区生产性投资与正规借贷配置资金的经济效率高于西部地区，农户生产投资与正规借贷提升生活质量从而增加家庭福利效应也更明显。

5. 西部地区农户生产投资和正规借贷产生的福利效应低于东部地区，但实际利率与当期消费同样产生显著正（负）向福利效应。潜在地说明，全国宏观经济周期下行时期，应适当增加对西部地区信贷投放；西部地区消费基数显著低于东部地区，在西部地区增加同样规模消费对生活质量的改善明显高出东部地区；在增量消费中如果更为倾向增进西部地区消费，将改善国民整体的福利。

6. 政策上需要加强对农户自主创业的支持力度，引导社会资金进入农业生产领域。实现乡村振兴和支持小农户经济发展的根本途径，是创造农户家庭形成依托产业的宽松的外部环境与条件。在风险可控条件下，农村正规金融机构要加大对小农户家庭经济以及新兴起的农村合作社、农业公司的生产性信贷投放。

7. 农村正规金融机构要转变理念，适度增加对农户生活性借贷的投放。农民收入持续增长，农户契约精神和村庄信用文化渐趋恢复，在此背景下金融生态环境向好变化。生活借贷既提升农户生活福利，也是金融利润重要来源。农村社会保障体系仍不完善，信贷获得是农户应对收入波动冲击的重要途径，调查也发现农户大多具备潜在还款能力。

8. 农户收入水平与其信贷获得具有双重趋势，收入水平是农户信贷获得及贷款额度的主要决定因素，这一关系具有非线性特征。对样本农户按照不同收入组观察，人均收入较高农户从正规金融获取信贷比例明显高出低收入组。户均贷款额度曲线随着人均收入增长呈 U 形趋势，较低收入组和收入处于高阶的农户所需贷款金额更多。前者通过借贷弥补维持生存的资金缺口，后者则为了扩大生产或者实现新的投资而寻求借贷支持。

9. 农户信贷资金用途和信贷需求很大程度与家庭收支结构相关联。家庭农业占收入来源比例锐减，务工收入明显上升，财产性收入和转移收入占家庭收入比例很低。农户无法通过储蓄抵消大额支出，从而诱发相应的信贷需求。

支出构成决定着信贷使用方向，农户用于消费支出的金额远高于生产性支出，从而农户的消费信贷比例也高于生产信贷。消费信贷需求很难激发正规金融的贷款扩张。

10. 贫困地区并存有金融服务供给和需求"双重"不足问题。正规金融机构偏向贷款给家庭规模大、申请生产性贷款、从事非农产业的农户。贫困农户尽管具有强烈潜在信贷需求，但实际信贷满足率低，获贷比率有下降趋势。贫困农户还款积极性有所提高，但扶贫贷款仍偏离最需帮扶的贫困群体。

11. 在农户特征、收入与资产、农户支出、社会资本、金融活动和地区状况等诸多变量中，收入水平、资产状况、生产性支出比例是影响贷款可得、正规金融机构信贷支持和贷款金额的共同因素。但是，上述三个因素恰好是贫困农户生计极为艰难、窘迫的方面。

12. 金融发展与贫困减缓存在类似非线性关系，短期内金融发展对贫困减缓作用为负，到达峰值后逐渐缩小趋向于 0，呈现明显的 U 形曲线。无论针对金融发展规模、效率和服务程度等层面检验，结论是唯一的。贫困程度与金融发展之间也存在交互作用，贫困减缓对金融发展存在显著的正向影响。

13. 贫困地区呈现出贫困惯性与贫困持续性。运用系统动态面板 GMM 模型分析显示，代表贫困程度的一阶滞后项参数为正值，并且系数取值均在 0.6—0.9 之间，说明贫困具有"路径依赖"特征。消除贫困有一种突破自然禀赋、人力资本与社会资本约束的累积过程，最终期望在某一特殊节点打破贫困"闭环"。

14. 经济增长、财政支出、转移支付和工业发展能够减缓贫困，收入分配差距拉开却明显阻碍消除贫困进程。应综合运用农村金融机制，并与其他政策手段和市场工具结合，以有效抑制、缩小贫困地区内部分配差距。

15. 关系型融资在民间借贷与正规金融借贷中产生完全不同的效果，在前者降低了信贷风险，在后者却成为寻求金融租金的温床。其本质差异在于两种金融机构的产权属性与公司治理（或者内部产权归属与经营支配权激励兼容）不同。与正规金融关系型融资联系，农村金融存在"逆向选择"问题，即贷款投放对象向有实力的基层干部或者农村"暴发户"集中，结果产生马太效应并加剧农村贫富两极分化。

16. 需要反思对农村领域中农户信用状况相因成习的看法。"讲信用"是人类初祖的共识，农户淳朴本质仍然是农村领域"原生态"信用载体。在陕南地区调研期间人行、银监、农行、农信社（农商行）普遍认为：农民信用比个体工商户好，个体工商户信用比私营企业好，私营企业信用比国有企业好。农户信用是农村金融发展的重要社会基础，但是需要重新构造农村金融机构体系和金融市场，从而形成农村信贷活动中的"信誉触发机制"。

17. 农户人均耕地面积对贷款需求产生显著影响，但是对实际获得信贷额度和农户收入无影响。说明农村金融机构对农户放款并不看重其土地资本，换言之，拥有较多土地的农户未必能够从金融机构获得更多贷款，农户通过扩张土地规模增加收入较为艰难。潜在地说明西部贫困农村地区土地报酬率低，难以成为一般农户增收的主要渠道，金融机构对土地规模经营和土地抵押提供金融支持需要政策引导。

18. 西部贫困地区农村社会结构按照农户生产特征与收入水平经历如下分化：第一，少数农户仍主要依靠传统种植业为基本生活来源，偶尔取得工资性收入。大部分农户收入来源中务工收入显著增加。分别称其为传统农户与过渡型农户；第二，部分地区约有三成农户已放弃农业耕作，成为城市新的两栖型产业工人或者经营个体企业的城市"新贵"；第三，通过较大规模转承包土地从事农业产业化经营的农户和农村本土企业家，分别称其为新农场主和"土著"企业家。

19. 作为经济单位的"家庭"将向两栖型产业工人、新农场主和"土著"企业家阶层聚集，也将出现大量农业合作组织和农业经营公司。大体上，传统农户、新农场主和"土著"企业家目前是农村主要的资金净借入方（赤字方），过渡型农户、两栖型产业工人、城市"新贵"是农村资金净贷出方（盈余方）。

19. 贫困地区农村将呈现五个方面金融特征：第一，农村地区长期仍将面临信贷资金供给不足情况。因为盈余方存在面向城市的资金"漏出"，过渡型农户、两栖型产业工人、城市"新贵"均有可能将生活剩余注入城市和工业部门；

第二，农村金融需求具有多重复杂性和多层次性。传统农户形成一定规模的生活性信贷需求，新农场主和"土著"企业家则具有多样化的创业资金需求；第三，农户和乡村企业固定资产拥有量非常有限，由此引致更为缺乏合格的信贷抵押品；第四，农村金融体系更加需要依附村庄信用生存；第五，政策性金融和财政转移支付在西部贫困农村地区比之东部农村地区应该发挥更大作用。

20. 金融部门融入当地农村社区的最佳途径是"生于斯，长于斯"，微小金融、社区金融机构（不限于已经推出新型金融机构）应该成为西部贫困农村地区金融组织的主要形式。在贫困农村地区组建现代商业银行以替代或者遮蔽社区中小金融机构发展是农村金融组织选择的误区，最终仍将难以脱出"离农"和从农村抽走资金的窠臼。

21. 农村金融体系构建必须适应农村社会结构变化，形成满足各层次需求的、差异化的多元金融组织和市场体系。现有农村金融体系残缺不全，尤其缺少自生自发的农村中小金融机构。合作金融机构事实上已经丧失"合作"之实但是又缺少清晰产权条件激励其内部治理，政策性金融则实际远离农户，新型金融机构较多局限于由管理部门牵头、指导组建。对"草根"金融应给予更多信任，降低门槛和减少审批"否决"。国有银行经历颇多风雨，民营银行也已经占有一席之地，为什么对农村领域的金融"自主治理"不能放手一试？改革应该允许失败。

22. 贫困地区农户创业意愿不足，主因是储蓄未能达到投资门槛，生产经营和创业项目中遇到的最大困难是缺少资金，其次是缺乏技术和信息。农户生产性贷款优先向正规金融机构贷款，其次是向亲友借款。原因在于生产性贷款规模较大，亲友无息借贷难以满足。说明在贫困农村地区仅依赖民间借贷无法消除金融供给不充分和金融空白问题。

23. 生产性信贷具有收入触发效应，即投资和生产信贷需求具有内在的"发生学"机制，类似国民收入增量积累诱发投资。观察发现人均年收入 6500 元（根据 2013 年调研数据，下同）是农户产生生产性信贷的"收入触发点"[①]。人

---

① 根据 2013 年在商南县调研收集农户 2012 年数据。参考可计算家庭人均每日消费 17.81 元为农户"自主消费"触发投资的分界。

均年收入 13000 元以上农户群体是生产性信贷投放的"收入集聚区"。对收入在 6500 元以下农户的消费信贷以及少数农户的生产性信贷支持，更加需要政策介入；人均收入在 6500—13000 元之间的农户群体是生产性信贷投放的"不确定区间"，商业银行应通过提升风险管理水平同时增加对其信贷投放。对人均收入 13000 元以上农户群体，要加大政策引导支持，促使更多农户有效获取生产性信贷，扩大农业部门内涵与外延再生产。

24. 农村土地制度中农户对土地的使用权具有不确定性。原因在于作为集体成员的农户在土地所有权变更时对土地转让收益的支配权被削弱。土地使用权受到集体所有权约束成为土地使用权流转的障碍。任何一种财产如果权属界定与实施不稳定、模糊均会成为交易流转的障碍，局限在小范围流转其价值会大打折扣。土地使用权流转的"所有权屏障"形成农户土地权益的"双重低效率收敛循环"，即"所有权屏障"——流转机会和范围收敛——流转交易价值缩减。现存土地制度制约农地作为抵押获得金融机构贷款，也同时引致土地经营效率下降，土地种植结构调整受到制约，抑制对农地的资本投入。

25. 样本农户的金融素养与风险资产投资呈正相关关系。农户最优风险资产占比与其金融素养呈现倒 U 形关系，实证研究亦发现农户金融素养水平与投资均具有稳定的正相关关系，金融素养对生产性投资意愿影响显著。农户金融素养与个人财富呈正相关关系。农户最优财富积累路径与其金融素养水平呈倒 U 形关系，理论模型与数据模拟得到同样结论。实证分析发现金融素养与个人财富存在稳定且显著的正相关关系。可能的解释是西北地区农户金融素养整体水平偏低，其金融素养水平与个人财富间的关系仍处于倒 U 形关系的上升阶段。

26. 不同年龄、学历、收入组别农户金融素养养成内涵因素具有异质性。第一，根据年龄组分析：小于 30 岁农户的金融素养水平主要与个人收入有关，30 岁至 60 岁农户的金融素养与其职业选择有关；第二，根据对学历组分析：小学及以下学历者的金融素养水平与性别及个人收入有关，初中学历者的金融素养水平与职业有关，高中及以上学历者金融素养的形成与选取指标序列均无关（可能与终身学习、经验模仿有关）；第三，根据对收入组分析：总收入小于 3 万元的农户的金融素养水平与年龄相关，总收入大于 3 万元小于 6 万元的农户的金融素养水平与性别、年龄均有关，总收入大于 6 万元的农户的金融素养水平与性别、受教育程度及职业有关（根据 2018 年在甘肃康县、青海东都调研数据）。

27. 旨在提升农户金融素养的教育培训要重视培养农户的契约精神和产权意识。农户契约意识的提升对其从事经营活动的规模和效率均有重要影响。金融契约意识养成应与诚信、信用意识相结合。农户产权意识具体指农户对宅基地、房屋财产和土地权配置等财产权利的理解和意识觉醒。契约精神和产权意识是农户金融素养的"上层建筑"，其重要性应该超过一般的金融工具、金融市场知识，其影响在于，农户将真正增加自身自由选择经济金融活动的机会。若具备产权意识，农户才有可能最大限度运用拥有的物质或货币资本获取财产性收入，而非仅仅依靠有限的劳动力价值创造家庭财富。

28. 新疆少数民族农户意愿选择的融资渠道受不同因素影响。当其他条件不变，家庭规模、耕地面积、收入来源、文化程度有助于农户选择正规渠道融资与亲友借款，上述各因素对正规渠道融资的推动作用更为显著。在扩大再生产的刺激下，农户最优融资遵循正规金融、亲友等非正规渠道、自我积累的"倒啄顺序"的次序偏好。

29. 少数民族农户熟悉农村金融机构信贷业务明显有利于其获得信贷。有必要加强民族地区农户金融知识教育，提高农村居民金融素养。鉴于正规金融与非正规金融融资存在的替代关系均可以满足农户需求，发展何种正规抑或非正规金融或许并不重要，重要的是加快开放农村信贷市场，通过扩大农村金融开放、强化金融竞争可以有效提升农户获得信贷机会。

30. 维吾尔族历史上的借贷契约实施机制对认识当代民间借贷的意义在于：第一，回归文化传统的非正式治理通过共同价值观影响行为主体的道德观念和履责意识，使其成为借贷契约执行的隐性保障；第二，非正式制度的形成机制是模仿和顺从（公意），当整个社会都处在一个非正式制度的合理框架内，为了避免摩擦或引起他人的歧视，人们会选择遵守非正式制度；第三，民间契约是维护正常交易的工具，且对正式制度具有正的外部溢出收益。正规金融机构可以通过某种有效形式利用农户信用，从而降低借贷风险，农户则可以利用集体信用提高自身的借贷可得性。

对第十章访谈文字实录，有兴趣的学者可以由之发现从不同角度对农村问题的言说，思考各种变化以及个案背后的逻辑。譬如，2008 年 5 月调研期间，金融监管部门提出将商业银行不良资产比率控制在 15% 以内，2018 年 5 月在宁夏调研获悉金融机构的"不良率"仅 1% 左右。金融机构法人治理、信贷管理以及农村信用环境发生了什么？2008 年以前央行恢复贷款规模控制，农商行对按月、按季规定信贷规模多有抱怨，其中的信贷传导机制或者市场背景是什么？对贫困地区农业产业支持项目存在大量财政转移支付，根据一些地方已经出现的问题，相关运作机制有无改进空间？2018 年年底，国务院提交全国人民代表大会常务委员会《关于全国农村承包土地的经营权和农民住房财产权抵押贷款试点情况的总结报告》，对土地经营权抵押贷款试点充分肯定，指出"农地抵押贷款全面推开的条件已经成熟"。不过，根据对宁夏和甘肃的现场调研，政府与金融机构对农地抵押贷款仍存犹疑，这一新生事物所面临的许多问题有待深入的理论探讨。青海省湟中县上五庄镇村干部反映当地原本以养殖业为主，20 世纪 60 年代由于粮食困难改以种植业为主，由于气候湿冷，粮食产量低，农业没有多少收益，但延续至今没有改变。这种情况是独立事件，抑或在一些地区较为普遍？土地无疑是稀缺资源，土地资源错配不是小问题。

中国农村已经迎来新的快节奏变化，尽管新一波"剧情"的高涨期还正在酝酿。一些研究结论由于时序变化而可能过时，但是农村社会总体演进、农村金融体制变革是一个完整链条，昨天的历史或许能够镜鉴今日和成为预知未来的一个组合元素。我们不是先知先觉，但这不应该成为停止探索的理由。

第 一 章

借贷对农户福利效应因区域异质性而不同吗？

基于农业农村部固定观察点23000个农户家庭数据，构造代际可分离的农户家庭福利效用函数和农户借贷获得影响金融行为的面板联立方程模型，从正规金融与非正规金融、生产性借贷与生活性借贷及区域异质性视角考察农户信贷获得的福利效应。研究发现，无论正规或非正规借贷，农户家庭借贷获得存在明显生产规模福利效应，但尚不足以拉动农户家庭金融资产投资。农户金融行为受固定资产形成与规避风险的区域异质性观念影响，东部地区农户通过借贷获得产生更为可观的福利效应。西部地区的"棘轮效应"较东部地区更为显著。尤其对于西部地区农村地区，要同时发挥政策工具与市场配置资源的作用，引导资金进入农业生产领域，鼓励非正规信贷组织为农户提供多样化投资工具，消除对农户的金融排斥，优化对农户的资金供给，由之提高农户借贷获得的福利效应。

第一节 引 言

随着中国经济的发展，金融市场规模逐渐扩大，农村家庭金融交易活动日渐增加，资本市场的波动反映了家庭的金融行为，但对于家庭金融行为所隐含的丰富内涵及经济活动规律仍有待进一步识别。目前家庭金融的研究思路有两种：其一是用金融经济学理论分析并解释家庭金融行为。金融经济学假设家庭投资者是理性的，能够实现资源跨期优化配置，达到家庭内世代效用最大化。其二是构建家庭金融行为与金融决策模型，实证分析并刻画家庭金融行为内部机理，根据研究结果拓宽对家庭金融行为的认知。相较公司金融的研究，家庭金融的研究无论是理论还是实证方面都尚显不足。流动性约束、借贷限制等问题使得构建普遍适用的家庭金融模型变得艰难，由于家庭保护资产隐私家庭金融的复杂性，也致使难以获取理想数据做量化分析。正是存在上述障碍，使得对家庭金融的研究仍须在深度和广度上做艰苦探索。

农村金融改革以来，由于信贷市场的不完备与利率管制等信息的高度不对称，我国农村信贷市场的效率偏低，农户家庭金融抑制程度高达 70.92%（李锐、朱喜，2007）。完善高效的农村金融市场不仅可以提高农户家庭的福利水平，而且能够进一步改善分配关系和优化分配机制的经济社会效果。李锐、李宁辉（2007）研究发现，农户借款每增加 100 元，其消费支出、纯收入及土地资产分别增加 9.54 元、93.05 元和 15.24 元，借款在改善农户福利方面发挥了重要作用。李庆海等（2012）基于 1000 个样本农户调查数据估算了农户的信贷配给及其导致农户家庭福利效应的受损程度，发现信贷配给使得农户家庭净收入减少 18.50%。刘辉煌、吴伟（2014）研究认为，贷款对农户收入具有显著促进作用，但在低收入水平上贷款的收入效应并不明显。陈飞（2017）通过农业生产投入渠道下农户借贷的福利传导机制研究，发现高教育水平、较大生产规模的农户通过借贷能获得更大的福利效应。已有对农村借贷的研究偏重借贷单方面的考察，而相对较少地将借贷获得与家庭金融活动一起研究。实际上，家庭金融活动的决策行为应取决于金融活动的成本，而不是将金融行为分析疏离于借贷获得过程。本章旨在从借贷获得角度考察农村地区以农业生产为主的家庭金融行为决策问题。所聚焦的问题在于借贷获得是否和如何影响农村家庭金融决策？借贷资本在多大程度上能够为固定模式的家庭农业生产力和调节经济不平衡提供可持续发展动力？

基于现代资产组合理论，本章试图对家庭金融行为和信贷获得做联合考察，家庭金融行为与获得信贷情况进行联立分析，以有助于识别农村家庭借贷获得及用途对农户金融行为及其对家庭福利效应不均的深层次根源。研究的主要贡献是基于消费和投资最优化构建家庭信贷获得与金融行为产生的家庭福利效应最优化的联立方程模型，由此在市场不完备和劳动收入不确定条件下测量信贷获得与家庭金融投资行为关系的内涵机制。

第二节 文献回顾

经济学的"福利"概念是指在收入获得和心理满足两个方面给个人或群体带来的种种好处。福利经济学除了将"福利"与"满足"联系之外，也以"效用"（可数量化）权衡因收入获得、收入分配调整后部分经济主体满足程度的增益状况。与家庭借贷活动联系，因借贷获得引致家庭福利变化无非通过两种渠道，即家庭生产扩大和消费增加，最终反映为家庭收入水平变化，人力资本增加，家庭成员健康状况改善等。如果加以引申，当与贫困问题联系，借贷获得的福利效应应当反映在家庭生计状况改善，以及家庭作为一个生产单位的经济可持续性发展等方面。农户通过民间借贷或者正规借贷渠道获取生产性资金和生活性资金，正规融资渠道的借贷投放主要限制于生产领域，借贷资金被用于扩大生产规模，缓解投资约束，提高资源配置效率。而农户非正规渠道的借贷需求具有较大的突发性和不确定性，除了常用于家庭建房外，还有结婚、子女上学、医疗等非基本消费方面。

作为发展中国家提高生产力和生活水平的有效途径，低收入家庭如何拓展融资渠道以增进家庭生活水平与福利已经成为国家金融政策所关注的焦点（Von Pischke，1991）。在亚洲、非洲和拉丁美洲等地区，国家与非政府发起的贷款计划逐步向农户转移。研究普遍显示，增加获得信贷机会可以改善家庭的福利（Jonathan Chiu，et al.，2012；Xia Li，et al.，2011）。Petrick（2002）的研究发现，获得政府补贴信贷对那些受到外在信贷约束的农户投资行为具有重要影响，其生产性资产投资的边际效应随信贷量增加而增加。借贷不仅有助于惠及被排斥在外的极端贫困人口，而且有助于提高农户投资的有效性和生产率（Getaw Tadesse、Tadiwos Zewdie，2019）。金融市场上信贷投放对象的选择与计划安排就成为农户是否能提高劳动生产率的关键，进而直接或间接地影响其收入水平（Morduch，1998）。

传统经济学理论认为家庭可获得的收入是决定其消费的重要因素，但行为人收入和消费意愿不相匹配时则会出现运用借贷支持消费的现象。研究发现，家庭常通过购置房屋的行为，以抵押贷款形式增加借贷（Mortgage Equity Withdrawal，MEW），并以其作为支撑消费的工具（Klyuev、Millers，2006）。内在机理在于家庭持有房屋的增值很可能会弱化家庭面临的信贷约束，由信贷获得刺激家庭消费，从而体现出住房对消费的"财富效应"。Carter、Lybbert（2012）利用西非地区的家庭面板数据并引入"贫困陷阱"模型，揭示家庭总是通过努力实现资产平滑转而平滑消费，贫困以及存在借贷约束的农户家庭因为难以满足资产阈值，消费水平很容易遭受气候变化冲击。学者们通过实证研究发现，住房价值、消费与家庭借贷获得间存在高度相关性。陈永伟等（2014）利用 CFPS2010 数据，发现住房价值的增长显著提高了城镇家庭的教育开支，并缓解家庭信贷约束。李涛、陈斌开（2014）却认为住房价值变动并未表现出财富效应，其价值变化未必影响家庭消费，由此产生的家庭借贷也未能增加家庭消费。Kim、Wang（2018）指出政府对抵押贷款补贴的下降可以改善家庭的总体福利，其原因在于抵押贷款利率与税收负担产生的内生变化，而非房价变化。当住房购买达到某一临界水平时进一步挤出消费变为不可能，则必将产生对家庭投资金融资产的挤出效应。因此，在一定程度上，家庭持有住房资产更多地表现为挤出对风险金融资产的持有（吴卫星等，2014）。

在融资渠道的选择方面，金烨、李宏彬（2009）依据对我国农村调查数据的实证分析发现，随着家庭经营性资产总额和承包土地面积的增长，农户更多转向由正规金融渠道获取贷款而放弃非正规金融融资。但财富规模较小的家庭由于抵押物不足或者信息不对称约束，更多借贷资金从非正规渠道融资。如果形成完善的农村住房抵押市场和适应农村家庭经济特征的金融产品，将能增加农户的正规借款额（Cardak、Wilkins，2009）。

现有研究多从融资方式、融资渠道角度探讨借贷获得对农户福利效应的影响。随着借贷获得对农村地区内部及地区间的居民福利均衡影响愈加显著，借贷获得区域异质性的研究逐渐为学界所重视。李延敏（2006）认为，中国农户的借贷获得存在显著的区域异质性。闫啸（2017）基于西部地区的实证结果表明，不同自然、经济条件下农户借贷对其收入增长产生明显的地区异质性福利效应。侯建昀（2016）认为借贷获得对农户农地增收及农地流转率提高等福利效应的异质性源于不同地区农户对借贷可得性及融资规模的差异。褚保金（2009）也发现中国不同区域对借贷获得的福利效应反应不同。目前学界对借贷获得福利效应的区域异质性效果的讨论集中于借贷获得相关各因素对不同地区所产生福利效应的异质性，对包括家庭固定资产形成、风险规避等农户金融行为的区域异质性对借贷获得福利效应的影响研究不足，针对不同地区农户收入分解、消费结构变化以及实物与金融资产投资进行分类研究区域借贷获得福利效应异质性也仅有少量文献，如刘艳华（2015）就借贷资金对农户经营收入的区域异质性影响进行实证研究，但对区域异质性福利效应内在逻辑仍须做进一步揭示。

如上所述，家庭借贷获得的福利效应具体表现为家庭消费、购置房屋、金融资产持有及生产经营投资状况等方面的改善。在现实中，虽然存在少数农户借贷后因为经营不善而境况下降的案例，但整体而言，更多的农户通过借贷获得资金发展生产和改善生活，从而提高家庭福利水平。

第三节　农户金融行为动态方程构建

一、模型设定

为了便于从借贷获得角度考察农村地区以农业生产为主的家庭金融行为，首先构建一个劳动收入不确定条件下的农户家庭金融行为简单动态模型，在这一模型中，农户家庭可以选择持有现金及非现金形式的储蓄和消费。

以家庭为基本决策单位，一个地区的所有农户家庭就构成一个集合，集合既包含物质性物品也包含配套的关系网络、组织及其行动准则与制度。每户家庭都可以从关系网络或组织获取生活、生产所需的金融支持，投入自身禀赋并对应产生一定的预期福利效应。集合中每户农村家庭对自身要素禀赋特征有足够清晰的判断，相对独立于同一区域的其他农户。农村家庭均具有以其要素禀赋参与非农产业的决策权和执行权。农户对于不同的要素投入安排会有不同的预期福利效应，并由之决定农户实际的要素投入决策。相关分析基于农户决策，从农户家庭的劳动收入、资产以及消费等角度考察要素投入下的不同福利效应。

（一）模型基本假设

假设 1：要素安排与劳动收入产生过程。假设农户 i 从 T 期间的初期开始劳动，T 被假定为外生确定。家庭当期劳动收入 $Y_{it}(t=1，2，...，T)$ 会随农户劳动时间的增长先持续上升后逐年下降，呈"钟"形分布。以农业生产为主的家庭劳动收入受自然资本禀赋 M（农地经营面积）与生产资本禀赋 K（拥有生产性资产）投入的影响，进而假定劳动收入受到农户家庭借贷获得的影响，由此考虑包含金融部门的内生经济增长模型，设 L 为农户借贷获得，则劳动收入 Y 外生给定为

$$Y_{it} = y(M_{it}，K_{it}，L_{it}) + \nu_{it} + \varepsilon_{it} \qquad (1-1)$$

式（1-1）中，ε_{it} 为第 t 期农户劳动收入的冲击，服从 $N(0，\sigma_\varepsilon^2)$ 正态分布，ν_{it} 由下式决定：

$$\nu_{it} = \nu_{i,t-1} + \upsilon_{it} \qquad (1-2)$$

ν_{it} 服从正态分布且与 ε_{it} 不相关。在农户丧失劳动力之前，劳动收入函数由一个确定变量和两个随机变量组成。确定变量可以刻画出农户一生收益的抛物线形状，而其他两个随机变量则由一个长期变量 ν_{it} 和一个短期变量 ε_{it} 组成。ν_{it} 的轨迹是随机游走过程（Gourinchas、Parker，2002），假设临时冲击 ε_{it} 与家庭无关，将永久冲击 υ_{it} 分解为总体 ξ_t 和样本 ω_{it}（ξ_t、ω_{it} 均服从正态分布）。

$$\nu_{it} = \xi_t + \sigma_\omega^2 \qquad (1-3)$$

这一分解〔式（1-3）〕隐含着加总劳动收入的随机成分符合随机游走（Fama、Schwert，1977）。同时，个体劳动收入的经验时间序列表现出缺乏持久性，且通过增加特殊的暂时性冲击 ε_{it} 而得以实现。

假设 2：家庭金融资产安排。假设农村金融市场只存在两类资产，即无风险资产与风险资产，行为人选择投资两类资产并无障碍。农户家庭的金融资产投资选择函数 $F = F(Y_{it}，i_t)$，F 为农户家庭金融资产投资，i_t 表示预期收益率。

根据 Deaton（1991），假定 t 期开始时农户拥有财富 W_{it}，那么可支配资产由 $X_{it} = W_{it} + Y_{it}$ 决定。下一期财富由当期行为人的投资方式选择决定，即必须

决定当期消费 C_{it}（或储蓄 S）数量，以及如何分配手头剩余的现金（或储蓄）。在得到第 $t+1$ 期劳动收入之前，农户第 $t+1$ 期的财富如下：

$$W_{i,\,t+1} = R^p_{i,\,t+1}(W_{it} + Y_{it} - C_{it}) \tag{1-4}$$

式（1-4）中，$R^p_{i,\,t+1}$ 代表资产组合从 t 期到 $t+1$ 期的收益回报。面对金融市场不确定性，农户在金融机构存款同时，也对一些存款替代品进行投资，农户家庭的投资选择函数从而被扩展为

$$W_{i,\,t+1} = (W_{it} + Y_{it} - C_{it}) \left\{ \begin{array}{l} [(1+b_t)\,\omega + (1+g_t)\,(1-\omega)]\,A_{it} + \\ (1+r_t)\,(1-A_{it}) \end{array} \right\} \tag{1-5}$$

式（1-5）中，A_{it} 显示行为人的金融投资占比，$1-A_{it}$ 则是行为人的存款占比，r_t、b_t、g_t 分别表示行为人投资于存款、无风险资产与风险资产的收益率。ω 与 $1-\omega$ 分别代表行为人决定下一期财富的无风险及风险资产份额。为便于分析处理，令 $b_t = r_t$，式（1-5）可简化为

$$W_{i,\,t+1} = (W_{it} + Y_{it} - C_{it})[(1+r_t)\,\varphi + (1+g_t)\,(1-\varphi)] \tag{1-6}$$

将行为人的消费余额（$W_{it} + Y_{it} - C_{it}$）整合为两部分，储蓄与无风险投资 φ 及风险资产投资 $1-\varphi$。假定农户所面对的储蓄与无风险资产及风险资产的限制为 $\varphi > 0$；$1-\varphi > 0$。

假设 3：家庭效用函数。假定农户家庭内各成员效用一致，且以物质条件最大化为效用目标。对于初始期的农户家庭，效用主要由日常生活用消费和住房、耐用消费品构成。农户家庭存款通过农商行和其他金融机构流出农村地区，即流向非农产业或城市。[①] 因此，初始期的农户没有上代人的遗产。

在农村社会保障体制尚未健全的背景下，具备劳动生产能力的农户不得不面临赡养老人和抚养后代的现实责任，同时农户又缺乏稳定的收入来源。可以设定家庭有遗赠动机，即在死亡前将剩余的财产留给下一代的行为，而非在家庭存续期间将所有财产消费掉。农户家庭留给下一代的遗赠 H_{it} 主要是生产用固定投资 k_{it}、生活用固定资产（如不动产）z_{it} 及金融资产 F_t，即 $H_{it} = W_{it} =$

---

① 尽管禀赋纯粹和完全如此，但这一设定对我国农村金融市场具有很强概括意义。根据笔者 2013 年在陕南农村地区调研，农业贷款占存款比例约在 20%—30% 之间。

$K_{it} + Z_{it} + F_{it}$，而直接将现金留作遗产的形式数量有限。当代人只需考虑当期是否增加这些"遗赠"，以最大化下一代的效用。尽管当代人仅关心下一代子女，由于代代如此，跨期连接，形成一种以生息、延续为发展的农户家庭世代交替机制，蕴含了农户家庭金融资本的代际传递行为。上述过程在一定程度上等同于世代交叠模型（overlapping-generation model）（戴蒙德，1965）。假设行为人存在风险规避，同时进行对未来收益的理性预期。农户家庭的当期最大效用由两部分构成，一部分由当期生活一般性消费产生，一部分由上一代遗赠财产产生。为克服一般效用函数形式中忽略未来收入不确定性的缺陷，引入 CRRA（Constant Relative Risk Aversion，常相对风险规避函数）改变一般效用函数的形式，且在时间上为加性可分的（additively separable）,① 则农户一般性消费产生效用的形式为

$$u(C_{it}) = \frac{C_{it}^{1-\gamma}}{1-\gamma} \tag{1-7}$$

其中，C_{it} 为第 t 期的一般性消费，γ 为农户家庭的风险偏好程度，且有 $\gamma > 0$。表示消费效用函数，且满足 $u' > 0$, $u'' < 0$, $u''' > 0$，从而边际效用是消费的凸（非线性）函数。

假设 4：借贷约束。农户预期未来贴现率 $\delta < 1$，且 $\delta(1+r) < 1$。r 为名义利率。假定所隐含的农村家庭的"无耐性假定"是严格的（Deaton，1991），说明现行利率下农户期待借得款项。尽管农户希望在较低的现金水平下借款，但还是更倾向于快速积累资本以防止流动性约束。正因为农户这一特性，不存在不变的资产选择与分配。

（二）农户家庭福利效应最大化分析框架

根据以上假设，行为人当期的价值函数等于当期的消费效用（生活一般性消费与生活用固定资产消费效用之和）加上下一期贴现的价值函数期望值。

---

① 现期消费产生的效用与过去的消费水平有关，给定现期消费水平，以往消费的数量越多，现期消费的效用就越小。因此，若同时考虑以往消费与现期消费效用函数，现期消费的效用函数在时间上是不可分的。显然，尽管以往消费与现期消费是相互关联的，但仅对于现期消费效用函数而言，其在时间上仍是加性可分的。

为简单起见，当代未消耗的所有资产都留作遗产，模型的目标函数为

$$maxE \sum_{t=1}^{T} \delta^t \{ u(C_{it}) + B(H_{it}) \} \qquad (1-8)$$

联立目标函数与行为函数，构造农户家庭跨期消费—投资选择模型，及其由代际视角可分离的效用函数。则相应的贝尔曼（Bellman）方程为

$$V(X_{it}) = \max_{C_{it} \geq 0, \ B_{it} \geq 0, \ S_{it} \geq 0} \left\{ u(C_{it}) + Q(Z_{it}) + \frac{1}{(1+\delta)} E_t [V(X_{i,\ t+1})] \right\} \qquad (1-9)$$

投资者面临的问题是在给定的式（1-8）条件下使式（1-9）效用最大化，同时满足投资、消费均非负的要求。则模型面临的全部约束条件为

$$Y_{it} = y(M_{it}, \ K_{it}, \ L_{it})$$

$$X_{it} = C_{it} + k_{it} + z_{it} + F_{it}$$

$$H_{it} = K_{it} + Z_{it} + F_{it}$$

$$H_{i,\ t+1} = K_{i,\ t+1} + Z_{i,\ t+1} + F_{i,\ t+1}$$

$$z_{it} = Z_{i,\ t+1} - Z_{it}$$

$$F_{it} = B_{it-1} R_f + S_{it-1} R_t$$

$$W_{i,\ t+1} = (W_{it} + Y_{it} - C_{it}) [(1 + r_t) \varphi + (1 + g_t)(1 - \varphi)]$$

$$C_{i,\ t+1} + H_{i,\ t+1} = Y_{i,\ t+1} + K_{i,\ t+1} + Z_{i,\ t+1} + F_{i,\ t+1}$$

$$C_{it} \geq 0, \ B_{it} \geq 0, \ G_{it} \geq 0$$

将上述约束条件代入式（1-9），农户家庭效用最大化等式表示为

$$\max_{C_{it} \geq 0, \ B_{it} \geq 0, \ G_{it} \geq 0} V(X_{it}) = \left\{ u[Y_{it} - k_{it} - z_{it} - F_{it}] + Q(Z_{it}) + \frac{1}{(1+\delta)} u[Y_{it} + F_{it} i_t] \right.$$

$$\left. + B \begin{pmatrix} K_{i,\ t+1} + \\ Z_{i,\ t+1} + F_{i,\ t+1} \end{pmatrix} \right\} \qquad (1-10)$$

（三）农户家庭金融行为简单动态模型的构建

农户家庭作为独立的经济单元，其金融行为主要围绕家庭资金流动，依照农户家庭金融资本的代际传递流向，农户当期收入存在于消费—投资—储蓄这一往复循环的金融活动。根据以上等式，通过构建拉姆齐无限期界模型分析家庭混合消费的最优路径，分别推导出农户家庭储蓄、投资（生产性投资行为、金融资产投资行为）和消费（生活用一般消费、生活用固定资产消费）需求

函数的估计方程。在上述估计方程所包含的金融行为过程中，农户突发性或大额的消费支出与实现家庭农业的扩大再生产，均需要获得借贷以追加生产投资。家庭借贷融资的多寡直接影响农户家庭医疗、教育、购房乃至购买种苗、肥料、牲畜等需求的实现。因此，农户借贷获得既反映正规金融信贷效率，也同时受家庭借贷需求影响。

据以上分析逻辑，针对本章研究问题和研究视角，构建反映时期 t 农户 i 家庭金融行为的动态方程模型为

$$
\begin{cases}
C_{it} = \alpha_0 + \alpha_i c(y(M_{it}, K_{it}, L_{it}), i_t) + \mu_{1t}(\text{生活一般消费方程}) \\
K_{it} = \beta_0 + \beta_i k(y(M_{it}, K_{it-1}, L_{it}), i_t) + \mu_{2t}(\text{生产固定资产投资方程}) \\
Z_{it} = \theta_0 + \theta_i z(y(M_{it}, K_{it}, L_{it}), F_{it-1}, Z_{it-1}, C_{it}) + \mu_{3t}(\text{生活固定资产投资方程}) \\
F_{it} = \tau_0 + \tau_i f(y(M_{it}, K_{it}, L_{it}), K_{it-1}, Z_{it}, F_{it-1}, i_t) + \mu_{4t}(\text{金融资产投资方程}) \\
X_{it} = C_{it} + Z_{it} + K_{it} + F_{it} + L_{it}(\text{资金运用方程}) \\
K_{it} = K_{it-1} + k_{it}(\text{资本存量方程})
\end{cases}
$$

$i = 1, 2, 3 \quad t = 1, 2, \ldots, T$ (1-11)

式（1-11）中分别由四个描述融资渠道下借贷获得与农户家庭福利效应的方程（behavior equation）和两个不含未知参数和扰动项的恒等方程构成，后两者不能出现在联立方程系统中，而是与已估计的联立方程系统一同组成联立方程模型参与求解和模拟。式（1-11）中左边4种变量 C_{it}、K_{it}、Z_{it}、F_{it} 为内生变量，它们之间存在相互影响关系。同时，由于两两之间存在双向因果关系，因而在方程右边的 C_{it}、K_{it}、Z_{it}、F_{it} 也分别作为解释变量。每个方程中都含有一个控制变量集，且每个方程至少包含一个其他方程不包含的控制变量。

二、数据来源、变量选取与数据事实

（一）数据来源

根据以上讨论，本章数据采用中共中央政策研究室、农业部农村固定观察点办公室（以下简称"农村固定观察点办公室"）《全国农村固定观察点调查数据汇编（1995—2015 年）》。其中涵盖全国 31 个省（区、市）23000 个农

户家庭数据。农村固定观察点办公室连续多年基于固定不变的村和户进行长期跟踪调查，数据具有稳定且连续的特征，便于动态跟踪与作综合分析。样本时间取 1995—2015 年。

（二）变量选取与处理

本章研究目的在于揭示农户家庭借贷获得对金融行为的福利效应。需要说明的是，为了保证与农业投入（劳动力、资本和土地）及产出的统计口径相对应，此处仅考虑包括农林牧渔四大产业的农业。这与李谷成（2009）、郭军华（2010）等的处理方式一致。根据数据的可得性和合理性，刻画各变量的指标选择如下：

（1）农户借贷获得的福利效应。参照褚保金等（2009）并结合拟计量验证的问题，设定为从消费水平 C、生产规模 K、生活质量（即建房等生活用固定资产投资）Z 和金融资产投资 F 四种因素测量农户的福利效应。

（2）借贷获得 L。以不同渠道获得借贷与获得不同用途借贷两种视角考察农户家庭的借贷获得，据此分别选取正规金融借贷获得 LR、非正规金融借贷获得 LI、生活性借贷变量 LL 和生产性借贷变量 LP。

（3）土地规模 M。根据狭义定义的农业土地投入即农作物播种面积，此处所讨论的"农业"涵盖农林牧渔，故而土地投入不仅包括用作耕地的土地，还包括投入农业使用的非耕地土地。根据数据的可得性，采用农户年末使用土地面积数量，包括种植业播种面积、园地、林地、草场牧地及水面面积，单位为亩/户。

（4）实际利率 i。根据费雪方程式，农户在存款期间的期望实际利率采用公式 $i = r - p$ 计算，r 为名义利率，p 为通货膨胀率。

（5）资本存量 K。当年的物质资本存量等于上年度累积资本的折现值和当年固定资本形成之和；选择基期为 1995 年；δ 为折旧率，采用单豪杰（2008）所测量中国固定资产折旧率，即 $\delta = 10.96\%$。[1] 对所有数据做不变价

---

[1] 参见单豪杰：《中国资本存量 K 的再估算：1952—2006 年》，《数量经济技术经济研究》2008 年第 10 期。

格处理，即按 1995 年不变价格计算。

（三）基本数据事实

为消除通货膨胀的影响，对农户金融行为过程相关数据进行价格指数平减，所涉价格指数包括居民消费价格指数（CPI）和固定资产投资价格指数（FII）。具体指标及描述性统计分析结果如表 1-1 所示。观察表 1-1，各变量的离散程度均较低，未出现极端观测值。

表 1-1 式（1-11）中的变量描述

内生变量	指标名称	单位	均值	最大值	最小值	标准差
C	家庭生活基本消费	元	12367.1800	30147.4900	4617.7300	7064.7190
K	家庭生产固定资本存量	元	4807.9830	8246.9300	3041.8000	1220.6900
k	生产固定资本形成额	元	698.5627	1544.1400	231.3510	326.1233
Z	家庭生活固定资本持有原值	元	36509.9200	104515.8000	7107.4300	26196.2100
z	生活固定资本形成额	元	3526.4180	11535.5000	689.8800	2658.2670
F	金融资产持有存量	元	11980.5200	42735.6100	893.0100	10798.4500
外生变量	指标名称	单位	均值	最大值	最小值	标准差
LR	农户从正规金融获得贷款	元	702.1948	1709.7000	172.7000	402.6392
LI	农户从非正规金融获得贷款	元	1256.3200	2251.6700	349.7400	471.5741
LP	农户生产性贷款	元	868.8960	1611.7100	323.9100	342.1430
LL	农户生活性贷款	元	1070.0630	2419.0500	239.8800	554.7731
r	名义利率	%	0.0358	0.1098	0.0180	0.0244
p	通货膨胀率	%	0.0296	0.1710	−0.0140	0.0400
i	实际利率	%	0.0062	0.0583	−0.0612	0.0266
M	农户年末经营土地面积	亩	7.2083	11.0600	4.0400	2.6203
d_east	地理位置，东部地区	东部地区取值 1；其他地区取值 0。设置虚拟变量				

续表

外生变量	指标名称	单位	均值	最大值	最小值	标准差
d_west	地理位置，西部地区	西部地区取值 1；其他地区取值 0。设置虚拟变量				

注：如未说明，标准变量均为名义变量，且以农户家庭为单位进行处理。通货膨胀率 =

$$100\left(\frac{P2_t}{P2_{t-1}} - 1\right)$$

第四节　实证结果与讨论

一、估计方法与模型检验

为解决此处联立方程引入滞后期的被解释变量可能导致的估计结果无效率与有偏问题，故采取系统估计法（GMM）。GMM 模型不仅可以很好地处理动态面板联立方程模型可能出现的内生性和扰动项相关性等问题，且允许随机误差项存在异方差和序列相关，所得到的参数估计量比其他参数估计方法更合乎实际，也同时满足稳健性要求。

在对模型的总体参数进行估计前，其参数必须"可识别"。对结构参数施加"排斥变量"的约束，依据可识别的阶条件和秩条件判定法进行检验，可以判定式（1-11）中前四个方程均可识别，且均为过度识别的情况，可以对总体参数进行估计。

二、实证结果分析

上述将农户家庭的金融行为区分为生活一般消费、生产固定资产投资、生活固定资产投资与金融资产投资等金融行为①。在此基础上讨论借贷获得与农户家庭金融行为之间的关系。

---

① 农户一般消费（C）、资本存量（K）变动或生产性固定资产投资形成、建房等生活性固定资产投资（Z）、金融资产投资（F）均可被看作广义的农户金融行为。

（一）不同借贷用途与农户金融行为的福利效应差异

以下考察农户在正规金融和非正规金融分别获得贷款两种情况，借由计量分析发现农户在两种渠道获得贷款的福利效应。

表1-2　不同渠道借贷获得引致农户家庭福利效应估计

模型变量	正规金融				民间借贷			
	模型Ⅰ:C	模型Ⅱ:K	模型Ⅲ:Z	模型Ⅳ:F	模型Ⅰ:C	模型Ⅱ:K	模型Ⅲ:Z	模型Ⅳ:F
i	-1.4387* (-3.8367)	-0.3054** (-2.4106)	-0.7729** (2.0251)	-3.1755** (-2.3234)	-1.9014** (-2.5742)	-0.5306* (-4.1152)	-0.4436 (1.2888)	-3.1854* (-3.2338)
LF	0.0520 (1.2180)	0.0701* (7.3492)	-0.0963* (-2.8562)	0.0926 (1.4566)				
LI					0.3007** (1.5961)	0.0756*** (1.9100)	0.0084 (0.1472)	-0.2484*** (-1.7634)
M	0.5425* (2.7617)	0.0399* (3.0688)	-0.3625** (-1.8762)	0.0735 (1.3774)	1.4727** (2.2294)	-0.0154 (-0.6899)	-0.2000 (-0.4980)	0.0378 (0.9730)
K	0.6698* (7.3457)		0.2342* (4.4839)	-0.9240** (-4.7409)	0.9046* (5.1671)		1.2253* (8.6685)	-0.1486*** (-1.8536)
$K(-1)$		0.9418* (102.7349)				0.945* (26.6854)		
Z			1.3957* (5.7763)					0.5701** (3.0022)
$F(-1)$				0.2925* (2.6112)				0.7267** (10.0211)
C			0.9701* (66.9802)				0.3734** (2.2238)	
R^2	0.9809	0.9893	0.9832	0.9418	0.9592	0.9849	0.9944	0.9473
AR（1）	1.0212* (244.897)	0.3413* (3.6023)	—	—	0.9900* (137.485)	0.6717* (8.1723)	0.9992* (276.9839)	-0.3622* (-3.1217)

注：***、**、*分别表示在1%、5%、10%的水平显著。AR（1）的原假设为方程扰动项不存在1阶

表1-2揭示出正规金融与非正规金融借贷获得对农户产生不同福利效应。从正规金融机构获得贷款对农户生产性固定资产投资具有正向影响。农户从正规金融借贷每提高1%，生产性投资相应增加0.0756%。非正规借贷尽管较多用于生活消费及固定资产投资，但同样具有对生产性投资的拉动效应，不过略低于正规借贷。非正规借贷每增加1%，生产性投资增加0.0701%。正规借贷

对农户的建房等生活固定资产投资有负效应，但在数量上不明显。原因可能在于，正规金融机构农村住房抵押贷款在数据期间尚未全面试点，而且，正规信贷对农户生活固定资产投资产生"挤出"和延迟效应；因建房发生的民间借贷多为亲友无息借款，未进入官方统计数据。[①] 农户家庭临时或突发的大额生活开支，诸如生病、上学及婚葬等，由于受正规金融审批额度、流程等限制，更倾向于通过非正规渠道获取借贷。

农户借贷获得统计数据反映一定体制环境下各因素的综合影响：第一，涉农商业银行在一定金融环境下所能支配可贷资金规模及其内部治理作用下的借贷安排。第二，非正规金融（自然人或民间金融组织）对金融市场资金供求与经济形势的预期，以及由之决定的对未来利率水平和金融违约风险的预判。第三，借贷需求方的外在约束，如金融环境和农业政策；内在约束，如家庭依托产业、人力资本和不同收入来源所决定的现金流。第四，宏观经济运行状况以及经济周期特点，不同时期宏观金融管理所拟定执行的信贷政策。所以，在分析实际与名义利率似乎更为直接的影响借贷获得因素时，必须注意其他复杂因素的作用。

（二）不同借贷获得途径下农户金融行为的福利效应差异

前文描述了农户家庭借贷获得与金融行为的关系，并将家庭借贷获得分为扩大再生产和平滑消费两类。首先观察生产性借贷与生活性借贷是否影响了农户的金融行为或（和）福利。依照经验假设，在日常生活消费和建房、购房等生活性固定资产投资行为方程中加入生活性借贷变量 LL ，在生产投资行为方程中加入生产性借贷变量 LP ，而在金融资产投资行为方程中同时加入两者考察。

---

① 正规金融机构对农户生活性固定资产投资（主要为建房）信贷投放在不同地区情况有异。根据课题组 2008 年在陕西、青海农村地区调研，陕西样本农户将金融机构借贷主要用于建房，青海样本农户将正规借贷主要用于购置种植肥料、子女教育、健康医疗等。青海样本农户对贷款的潜在用途在养殖业、子女教育和建房均比较集中。见刘明：《农贷配给、农户意愿与农业资本市场——基于农户调查、农贷与资本市场数据计量分析》，科学出版社 2015 年版。

表 1-3 农户不同用途的家庭福利效应估计

模型变量	模型Ⅰ：基本消费方程	模型Ⅱ：生产投资方程	模型Ⅲ：生活质量方程	模型Ⅳ：金融资产方程
	C	K	Z	F
i	-0.5349^{***} (-1.7628)	-0.5545^{*} (-5.2016)	-0.3669^{*} (-2.9162)	-1.3713 (-1.2110)
LL	-0.0185 (-0.3319)		0.0585^{***} (1.8775)	-0.9506^{*} (-4.6015)
LP		0.1129^{**} (5.0958)		1.2765^{*} (5.2065)
M	0.3497^{***} (1.8424)	0.0521^{*} (4.9090)	0.2632^{*} (2.8700)	0.4744^{*} (4.1696)
K	1.2067^{*} (22.1321)		0.8300^{***} (20.6524)	-1.7713^{*} (-5.4971)
$K(-1)$		0.9023^{*} (45.7221)		-0.3879^{***}
Z				1.7370^{*} (6.1021)
$F(-1)$				0.4803^{*} (5.6437)
C			0.0246 (0.7593)	
R^2	0.9822	0.9842	0.9900	0.8831
AR（1）	0.9740^{*}	0.3247^{*}	1.0573^{*}	—

注：(1) ***、**、* 分别表示在 1%、5%、10% 的水平显著。AR（1）的原假设为方程扰动项不存在 1 阶；(2) 农户的期望实际利率采用 $i = \ln(1 + i_t)$ 处理，名义利率与通货膨胀率分别以 $r = \ln(1 + r_t)$、$p = \ln(1 + p_t)$ 处理。表 1-3 至表 1-5 处理方式同

表 1-3 估计说明农户借贷获得的福利效应方程中主要变量结果显著，且与相关文献结论保持较高一致，表明模型设计合理。

结果显示，生活性借贷对农户家庭日常消费不显著，但对农户建房等生活固定资产投资行为呈显著正向影响。农户家庭每增加 1% 的生活性借贷，生活固定资产投资支出随之增长 0.0585 个百分点；生产性借贷获得对农户家庭的生产性投资产生更为显著的正向影响，生产性借贷增加 1%，生产性固定资产投资随之增加 0.1129%。生产性借贷每增加 1%，农户金融资产投资增加

1.2765%。生活性借贷增加引起农户金融资产投资下降，原因可能在于，生活性借贷部分被用于生活性固定资产投资（如建房），同时分流了金融资产投资资金。表明扩大再生产逐渐成为农户贷款需求的主因，生产性借贷的正向效应为农户家庭生产规模的扩张提供必要的生产资源，也促使农户进入金融资产投资领域。容易推论，生产性借贷将引起农户收入增加，农户对金融资产投资增加是以生产性借贷引起预期收入增加为"媒介"。

除金融资产投资外，实际利率对农户家庭金融行为均产生显著负效应。实际利率上升1%，使农户日常消费、生产性固定资产投资和生活性固定资产投资分别减少0.5349%、0.5545%、0.3669%。实际利率越高，农户的生产性借贷成本越高，直接造成农户生产投资规模受到压缩。实际利率对农户金融资产投资行为的影响在统计水平上并不显著，是因为现有农村金融体制和市场条件下，农户的金融资产投资仍以储蓄为主，除传统的存款方式外，农村居民缺乏其他可替代的金融产品，在一定程度上表明农户家庭现阶段金融资产投资行为具有一定惯性，基本不受实际利率影响（刘明，2007）。这也意味着农户金融资产投资收益低效。

（三）区域福利效应异质性分析

我国不同经济区域的农业要素禀赋不同，农村金融市场以及农户家庭生产条件殊异，农户金融行为也就容易受所处地域经济状况影响，其消费、投资可能存在异质性。为此在估计方程组中加入代表农户地理位置的二元虚拟变量，以中部地区为对比组，设置"是否位于东部地区"d_east和"是否位于西部地区"d_west两个变量以控制区位因素对回归结果的影响。

表1-4 区域间农户借贷获得福利效应回归估计

模型变量	东部地区				西部地区			
	模型Ⅰ：C	模型Ⅱ：K	模型Ⅲ：Z	模型Ⅳ：F	模型Ⅰ：C	模型Ⅱ：K	模型Ⅲ：Z	模型Ⅳ：F
i	−1.6881* (−3.8610)	−0.0265 (−0.1898)	0.1950 (1.0143)	−3.6360** (−3.7912)	−1.4671* (−3.0527)	−0.0157 (−0.0907)	1.1482*** (3.2741)	−6.3010** (−2.4702)
LF	0.1249** (2.2827)	0.1018* (3.9634)	0.1266* (3.1094)	0.6731 (6.1019)	−0.0045 (−0.087)	0.1123*** (3.0534)	0.0548** (2.5009)	0.3942 (1.1940)

续表

模型变量	东部地区				西部地区			
	模型Ⅰ:C	模型Ⅱ:K	模型Ⅲ:Z	模型Ⅳ:F	模型Ⅰ:C	模型Ⅱ:K	模型Ⅲ:Z	模型Ⅳ:F
M	0.1975*** (1.6174)	0.0579*** (1.9322)	-0.1267* (-2.1823)	0.8811* (5.0976)	0.3090** (2.2735)	-0.0360 (-0.7932)	-0.2514*** (-3.0474)	0.6020*** (1.1842)
K	1.1028* (13.6713)		1.7135* (9.5721)	-1.0719* (-5.4808)	1.1084* (17.3303)		0.3713** (2.2330)	-0.6341* (-1.6113)
$K(-1)$		0.9139* (35.1386)				0.9332* (26.7743)		
Z				1.3774* (6.8644)				0.8773** (2.2685)
$F(-1)$				-0.1639 (-1.3786)				0.2356 (0.6910)
C			-0.1549 (-0.9526)				0.7346*** (4.6059)	
d_east	0.9558* (1.7615)	-0.1137** (-2.4848)	-0.0090 (-0.0822)	0.5811* (1.2193)				
d_west					0.6617*** (1.2808)	-0.0837** (-2.4913)	-0.6460* (-6.0063)	0.0345 (0.0604)
R^2	0.9778	0.9833	0.9919	0.9349	0.9809	0.9843	0.9966	0.9301
AR(1)	1.0212* (244.897)	0.5919* (6.0564)	0.9985* (419.1508)	0.3664* (3.282)	0.9691* (71.6253)	0.5649* (7.4563)	1.2845* (13.1302)	0.5866* (6.8363)

注：***、**、* 分别表示在 1%、5%、10% 的水平显著。AR（1）的原假设为方程扰动项不存在 1 阶

表 1-4 报告了以中部地区农户家庭为参照组的区域间借贷获得福利效应异质性。虚拟变量 d_west 的估计系数为负，而且，以资本存量表示的生产规模与生活质量表征的福利效应通过 10% 的显著性检验，说明与中部地区相比，西部地区农户借贷获得的生产与生活福利效应较低；东部地区农户消费水平与金融资产投资福利效应相对较高，农业生产规模福利效应较低。

由表 1-4 中回归结果可知，模型Ⅰ中土地规模、生产投资及借贷获得作为农户收入流来源，即存在 $y(M, K, L)$，能够很好解释农户日常生活消费行为，但由于各区域农户消费观念的差异，各变量对农户生活消费的影响程度呈现出明显的区域异质性特征。西部地区农户的生活消费行为更多依赖土地规模

与生产投资，正规借贷获得对生活消费行为的影响不显著，说明西部地区农户未能充分运用正规借贷平滑消费以实现家庭福利最大化。

模型 II 中影响农户生产规模福利的主要因素是正规借贷获得和土地规模，正规借贷获得每增加 1 个百分点，生产性投资增加 0.1123 个百分点，进一步分析生产投资方程，发现农户生产性投资的滞后一期估计系数显著为正，表明增加一单位的生产资本投放对当期与滞后一期的农户生产规模福利同样具有显著提升效力，当期的生产性资本投放对滞后一期效应高于对当期的福利效应。农户生产性投资存在一定的"棘轮效应"，即上期投资越多，当期也会进一步增加投资。西部地区的"棘轮效应"较东部地区更为显著，既表明西部地区农业生产在家庭经济中的相对重要地位，也意味着西部地区农户生产性固定资产投资形成相对不足，生产性固定资产投资边际收益显著，其机会成本低于东部地区。

模型 III 显示，农户生产性投资和正规借贷获得会增加农户家庭收入，从而增进农户改善住房条件的意愿。东部地区农户生产性投资与正规借贷提升生活质量福利效应较大，且不受实际利率与当期消费的影响；西部地区农户生产性投资和正规借贷带来的生活质量福利效应虽低于东部地区，但实际利率与当期消费同样体现为显著正向福利效应。以上潜在地反映出以下事实逻辑：其一，东部农业生产投资收益以及正规借贷资金效率高于西部；其二，东部地区以建房及生活性固定资产表示的生活质量不受实际利率和当期消费影响，是农户家庭经济实力和收入水平有较强能力支撑资产配置且避免消费波动冲击的反映；其三，西部地区实际利率与当期消费对生活质量有正向影响，实际反映的是价格水平和收入的影响。即很有可能当价格水平下降时增加生活固定资产投资，收入增加时同时增加当期消费与生活性固定资产投资，说明其生活质量更多受市场不确定性和收入波动冲击。

模型 IV 中报告，西部地区农户家庭每增加 1% 的农业生产投资，其家庭金融资产投资相应减少 0.6341 个百分点。东部地区家庭金融资产投资对农业生产投资反应更为敏感（系数值为 -1.0719）。金融资产投资同时受实际利率的负向影响与土地规模的正向作用，较中部地区而言，东、西部地区农户这一福利在现期建房投资的影响下波动最为显著（系数值分别为 1.3774 和 0.8773），足以印证西部地区农户家庭金融资产投资受已有固定资产存量（含生产性与生活性固定资产）及土地规模变化影响显著，面对金融市场的不确定性，西部地区农户金融资产投资倾向于选择存款规避风险，而较少考虑对具有风险收益的替代金融资产投资。正规借贷、土地规模、建房投资每增加 1 个百分点，东部地区农户金融资产分别提高 0.8811、0.6731 和 1.3774 个百分点，意味着东部地区农户自有资金较为充裕，更多地考虑选择投资收益高于存款的风险金融产品。

三、稳健性检验

满足测试计量结果稳定性的需要，文中已经呈现一系列蕴含稳健性检验的实证工作。表 1-4 报告了家庭借贷获得福利效应的区域差异化特征。不难发现，表 1-4 估计结果的符号和显著性基本不变，且支持表 1-2 中主效应回归的基本结论。上述结果表明相关研究结果仍然稳健。

第五节　结　论

我国以家庭联产承包责任制为主要标志的农村改革已跨越 40 年历程，顺应这一历史性变迁，在政策实践上对原有农村金融体制进行了一系列改革探索。央行、银保监会等金融管理部门不断出台促进农村经济发展的信贷支持政策，在一定程度上改善了农村金融服务与信贷供给。从另一角度观察，自《中共中央　国务院关于促进农民增加收入若干政策的意见》（2004 年中央一号文件）提出创新农村金融体制迄今已历时 15 年，如何提高金融服务农村实体经济的效率，金融如何促进小农户克服生计脆弱性和经济可持续发展，仍然需要从理论与政策两个层面做出回答。本章从正规金融与非正规金融、生产性信贷与生活性信贷以及区域异质性多维视角分析农户信贷获得的福利效应，相关结论深化了对农户家庭福利效应异质性的理解，对创新农村金融供给机制和促进农户家庭经济发展具有重要启示。

一、借贷获得引致福利效应的一般性结论

生产性借贷获得对农户家庭的生产规模、金融资产投资产生显著正向福利效应；生活性借贷获得显著地促进了农户生活质量的提升，却对家庭消费水平和金融资产投资产生显著抑制作用。很有可能，在统计期间（1995—2015 年）我国农村与城市居民住宅建设均呈现迅猛增长态势，改善了居民生活质量，但在借贷获得发生的时间节点一定程度上抑制了总体消费水平以及金融资产投资。民间借贷与从正规金融机构贷款均对农户的生产性投资规模形成正向激励，比较而论，非正规借贷较多用于生活消费及生活性固定资产投资。

二、借贷获得引致福利效应的区域异质性

不同区域农户借贷获得均显著地促进家庭福利效应增长，但存在明显差别。西部地区农户的生活消费行为更多依赖土地规模与生产投资，而正规借贷对东部地区的生活消费行为影响更为敏感；正规借贷对东部地区生产性投资的拉动略高于西部地区。

西部地区生产性投资的"棘轮效应"较东部地区更为显著，表明西部地区农户更为依赖农业生产。东部地区农户生产性投资与正规借贷提升生活质量引致的家庭福利效应较大，且不受实际利率与当期消费影响，说明东部地区生产性投资与正规借贷配置资金资源的社会经济效率高于西部地区。

西部地区农户生产性投资和正规借贷带来的生活质量福利效应虽低于东部地区，但实际利率与当期消费同样产生显著的正（负）向福利效应。其重要意义在于：其一，由于我国实际利率在低通货膨胀和通货紧缩时期相对上升，而此时恰好面对宏观经济下行压力，潜在地说明，全国宏观经济周期下行压力大，应适当增加对西部地区信贷投放；其二，由于经济相对落后，西部地区消费基数显著低于东部地区，在西部地区增加同样规模当期消费对生活质量的改善明显高出东部地区；其三，上述分析也意味着，在国民总体增量消费中如果更为倾向增进西部地区消费，将会改善国民整体的福利水平。

三、政策建议

整体来看，农户家庭借贷获得存在明显的生产规模福利效应。农村地区生产性固定资产可以产生相对稳定收入流，农户也更依赖生产性投资渠道产生的收益。所不同的是，金融资产收益或被严重压低（如储蓄存款）或产生较大波动（如金融风险投资），农户在不确定风险约束下往往放弃金融资产投资。考虑从以下三个方面入手提升农户借贷获得的福利效应。

一是鼓励农户自主创业或"自我雇用"的就业形态，引导社会资金进入农业生产领域。实现乡村振兴和支持小农户经济发展的根本途径，是创造农户家庭形成依托产业的宽松的外部环境条件。在风险可控条件下，农村正规金融机构要加大对农户家庭经济以及新兴起的农村合作社、农业公司的生产性信贷投放。

二是鼓励多种形式非正规信贷组织发展，增加非正规金融对农村地区的信贷支持，为农户提供多样化的投资工具，扩大农户家庭资产配置空间，提高农户金融资产收益，多渠道减弱对农户的金融排斥，为农户综合化平滑家庭资产与消费构建市场基础。

三是转变正规金融机构对农户提供生活借贷的理念，增加对农户生活性借贷的投放力度。事实足以说明，改革开放以来农民收入持续增长，农户契约精神和乡村信用趋于恢复，农村金融生态环境发生向好变化。农户生活借贷获得既可以提升其生活福利，也是金融部门的重要利润来源。由于农村向城市产业转移劳动力规模增加，农户收入增长同时收入来源结构发生根本变化①，城市工业波动极易引致农户家庭收入不确定，在农村社会保障体系仍不完善条件下，宏观经济波动的风险更多地被农村居民分担了。信贷获得成为农户应对收入波动冲击保障消费的重要途径，相关事实也印证了农户大多具备潜在的还款能力。

---

① 课题组 2013 年 8—11 月间在陕南秦巴山区的商南县、镇安县、留坝县、勉县农户家庭调研，农户家庭可支配收入中约 80% 来源于城市务工收入。根据 2018 年 5—7 月在陕西商南、宁夏同心、甘肃康县和青海乐都所收集 1960 份农户调查问卷测算，农户家庭可支配收入中城市务工收入占比 85%。

第 二 章

贫困农户信贷需求与渠道选择

本章从微观视角，选用 2012 年北京大学中国家庭追踪调查（CFPS）以及 2013 年陕南农村经济金融调研组的调查数据，分析金融部门对农村经济运行载体——农户的金融服务状况。由于贫困农民闲置资金极为有限且理财意识淡薄，贫困地区农村金融活动有限，仍停留在"存、汇、兑"阶段。因此，以信贷服务作为贫困农户金融服务的代表，基于农户收入支出结构变化，从需求层面展现贫困农户信贷服务特征及影响信贷需求与信贷渠道选择的因素。反思贫困农村多元金融组织竞争格局未形成，金融工具创新和金融服务不充分，区域金融发展不平衡，金融部门从农村向城市工商业抽离资金现象未改观，信用体系和担保机制建设不完善，金融减贫目标瞄准偏离的现状。

第一节　研究设计与样本筛选

一、样本筛选

本章选用数据来源于 2012 年北京大学中国家庭追踪调查（CFPS），其中 CFPS 数据涉及 25 个省市，家庭总户数达到 16000 户。为了准确瞄准农村贫困人群，把握低收入农户经济生活及金融服务状态，对 CFPS 数据进行有效甄别与筛除。首先剔除掉全部样本中城市家庭数据而筛选出农村家庭数据，并进一步根据家庭人均纯收入分位数指标，将全部农户家庭数据划分为收入最高、中上、中下和最低四组，每组样本各占农户总体样本的 25%。将研究样本最终锁定最低收入农户群体，共有 2742 个样本。研究样本覆盖面广，涉及全国东、中和西部 139 个县、区。样本贫困农户共 2742 户，具有很强的代表性并且信息翔实。调研问卷涉及家庭基本情况、收支与储蓄信贷、金融服务、教育水平、人口迁移和健康等在内的诸多研究主题。对于贫困农户的金融活动，主要从农户信贷需求情况、农户信贷来源选择、影响信贷获取的因素，以及农户收入水平与信贷需求关系等方面进行分析。

二、家庭拥有劳动力、土地要素及教育程度

（一）家庭人口组成

在所选取的 2742 户农户中，平均每户人口 4.08 人，户均男劳动力 1.74 人，女劳动力 1.24 人，户均劳动力人数 2.98 人，平均每个劳动力负担（供养）人口 1.36 人。样本中户主年龄分布在 21 岁至 80 岁之间，平均年龄为 47 岁。

（二）受教育程度分布

绝大多数农户为初中以下文化，其中文盲、半文盲学历占 36.4%，小学学历占 30.2%，初中学历占 26.1%，高中及以上学历仅占到 7.03%。与全国农民教育平均水平相比，贫困农民教育程度明显更低。

（三）农业生产

2742 户农户中有 2134 户农户从事农业活动，但其农业机械化程度非常低，有 72.9% 的农户家中没有拖拉机、抽水机、脱粒机等相关农用机械。因此，样本区域仍然从事依靠手工劳作为主的传统农业耕作。此外，贫困农户的土地耕作条件并不优渥，有效样本中有 58.24% 的农户户均土地面积不足 4 亩，平均每人分得土地不足 1 亩。即使土地资源有限，但仍有大量的土地分布于生产条件恶劣的高原、高山和丘陵地区，土地耕作条件较差，不利于农业规模化和现代化经营。据统计，样本区域地形地貌中高山与高原地区占 24%，丘陵占 34.56%。

（四）生活条件

贫困农户生活艰辛，所在区域基础设施和住房条件较差。经统计，样本农

户中 16.51% 的农户具有三代同住、临时架床、子女与父母同住一室等住房困难现象。53.81% 的农户生活用水无法使用自来水，存在饮用江河湖水、山泉水、雨水和窖水等情况。18.2% 的农户家中存在经常断电、甚至没有通电的情况。

第二节　贫困农户现金收支与信贷活动①

一、贫困农户收入和支出分析

（一）贫困农户收入分析②

1. 家庭经营性收入

随着我国经济的发展，城镇化和现代化进程加快，农民收入结构呈现多元化趋势。据统计，家庭经营性收入虽然仍是农户收入的主体，但其增长速度与所占份额明显下降。2002 年贫困地区农民人均家庭经营性收入为 796 元，所占家庭总收入比重为 61%。而 2014 年贫困地区农民人均家庭经营性收入为 2944 元，所占家庭总收入比重为 43.83%。2002—2010 年间，家庭经营收入年均增长速度约为 10.4%，远低于工资性收入增速 13.1%、财产性收入增速 20.6% 和转移性收入增速 21.6%③。反观本章所选 CFPS 贫困农户样本数据，有效样本 2524 户农户④ 中有 1754 户农户统计了家庭经营性收入，1192 户农户家庭经营性收入占比都在 50% 以上，甚至有 787 户农户家庭经营性收入占比在 80% 以上，有 250 户农户家庭全部纯收入都来源于经营性收入。说明无论全国贫困重点县数据，还是 CFPS 贫困农户样本数据，家庭经营性收入仍是农户收入中不可或缺的部分，是保证农户收入持续增长的基础。

---

① 本节原载《农村金融研究》2017 年第 9 期。

② 此处的家庭经营性收入、工资性收入、财产性收入和转移性收入来源于 2012 年 CFPS 数据中家庭库里对四种收入的统计与整理。

③ 依据 2002—2011 年《中国农村贫困监测报告》计算整理。

④ 这里的"有效样本"是指整体 2742 个样本中填写家庭经营性收入的样本，其数量为 2524 个。

2. 工资性收入

工资性收入的获取一是受雇于本地企业、组织和个人，通过提供有偿劳动而获得的收入，二是外出务工取得的收入。对于贫困地区农民而言，由于所处区域经济发展滞后，难以形成持续的产业发展机制，制约了贫困农民就地务工的机会，外出务工成为越来越多的农民改善收入状态，增加收入来源的主要方式。比较 2002 年和 2014 年贫困地区农民人均工资性收入，从 435.5 元上升至 2175 元，年均增速近 20%。对比本章所选取的 CFPS 贫困农户有效样本数据，2737 户农户①中 953 户农户具有工资性收入，其中 199 户农户工资性收入在 1000 元以下，204 户农户在 1000—3000 元之间，175 户农户在 3000—6000 元之间，106 户农户在 6000—9000 之间，120 户农户在 9000—12000 元之间，129 户农户在 12000—50000 元之间，20 户农户工资性收入在 50000 元以上。而对于家庭经营性收入，仅有 138 户农户收入大于 10000 元，收入高于 50000 元的仅有一户。说明尽管经营性收入仍是贫困农户收入的主体，但是工资性收入却是快速提升收入的主要途径②。一旦农户具有在外务工的机会，其收入涨速必定加快，并且极有可能摆脱贫困区间。

3. 财产性收入

财产性收入包括多种形式，如土地出租和征用费用、股金、红利、利息等。但我国贫困农户财产性收入来源较少，许多宅基地、林地、金融资源，并未发挥收入功能，此外，农村产权制度改革迟滞，农村土地、房屋、林权等资源并未盘活，导致财产性收入占家庭纯收入比重非常低下。2002 年和 2014 年贫困地区农民人均财产性收入分别为 12.5 元和 81 元，年均增长速度可达 20% 以上，其占家庭纯收入份额分别为 0.958% 和 1.2%。相较 CFPS 贫困农户有效样本数据，2737 户农户③中仅有 203 户农户填写财产性收入，不足样本量的

---

① 这里的"有效样本"是指整体 2742 个样本中填写工资性收入的样本，其数量为 2737 个。

② 此处的工资性收入和经营性收入与陕南农户调查数据结果有较大出入。陕南农户调查中工资性收入占家庭收入比例可达到 77.41%，远高于家庭经营性收入占比。不同的统计结果与地区生产经营特点和统计方法有关。陕南地区耕地资源稀缺，更为严重地制约了农户农业家庭生产的积极性和农业规模化、现代化经营的意愿，从而家庭经营性收入也偏低。

③ 这里的"有效样本"是指整体 2742 个样本中填写财产性收入的样本，其数量为 2737 个。

10%，并且 203 户农户中有 83 户农户财产性收入低于 500 元，仅有 22 户农户财产性收入高于 3000 元。从而得知，贫困农户尽管财产性收入增速较快，但其所占份额和数量仍然过小，应该完善农村产权制度改革和优化金融服务体系，保障农户从土地流转和金融产品中享有更多的获利机会。

4. 转移性收入

对于贫困农户，转移性收入包括各种粮食直补、退耕还林还草补贴、良种补贴、农户低保、亲友和社会组织机构馈赠等。近年来国家对于重点扶贫地区农户转移支出的大力支持，不管是在政策性补贴，还是在退休金、养老金和医疗报销费等方面，都有较大幅度的提升。贫困农户转移性收入也有较大幅度改善，由 2002 年 61.2 元上升至 2014 年 1517 元，年均增幅达到 25% 以上，是四类农户家庭收入中涨幅最快的部分，其所占总收入比例也由 4.69% 上升至 22.58%。CFPS 贫困农户 2665 个有效样本①数据中，有 1913 户农户填写转移性收入，占总体样本的 71.8%。其中，有 913 户农户转移性收入不足 500 元，625 户农户转移性收入在 1000—5000 元之间，仅有 22 户农户转移性收入高于 5000 元。国家惠农政策的开展，加大了转移支付的支持力度，很大程度保障了农户最低生活条件和基础设施、物资的供给，对于贫困农户有非常重大的意义。

（二）贫困农户支出分析

农户支出主要分为两类：一类是用于家庭生产经营方面的支出，另一类是满足农户生活需要消费的支出。

1. 家庭生产性支出

图 2-1 反映贫困县区农户生产性支出构成情况，其中人均家庭经营性支出呈逐年上升趋势，从 2002 年的 449.2 元增长至 2010 年的 1098.9 元，年均增速可达 18.07%。农业支出、牧业支出始终占据家庭经营性支出的主体地位，并分别以年均 19.05% 和 18.24% 的速度稳健增长。林业支出、渔业支出和二、三产业支出所占份额仍然较低，2010 年分别为 2.4%、0.6% 和 8.1%，相较于

---

① 这里"有效样本"是指整体 2742 个样本中填写转移性收入的样本，其数量为 2665 个。

2002 年的 1.5%、0.4% 和 10.2%，上升空间并不大，其中非农产业支出还有
缩水的现象。对比 2010 年家庭经营性收入 1756.2 元和家庭经营性支出 1098.9
元，家庭经营性收入收支仅有 657.3 元的盈余，如若贫困农户其他收入来源渠
道受阻，扣除人均生活费用支出，则难有富余资金用来改善生产条件和引进新
的技术，家庭经营扩大再生产难以落实。此外，2010 年家庭经营性二、三产
业支出分别为 27.6 元和 61.4 元，也从侧面反映了贫困地区农户非农贷款需求
萎靡的状况。

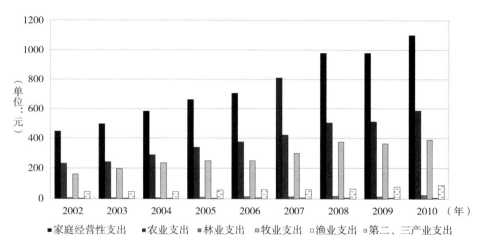

图 2-1　2002—2010 年国定贫困县农户人均生产性支出

数据来源：依据 2002—2011 年《中国农村贫困监测报告》整理

与全国贫困地区农民整体状况相比，CFPS 贫困农户农业、种植业及畜牧
业支出情况如表 2-1 所示：首先，问卷中农户从事农业和种植业的支出包括
种子化肥费，雇工费，机器租赁、灌溉费和农业生产其他费用几项，其中种子
化肥费花费最高，户年均花费可达 3057.57 元，最小值为 0 元，最大值为 20
万元，占农业和种植业生产支出总额的 73.87%。而雇工费，机器租赁、灌溉
费，其他费用户年均花费分别为 589.55 元、271.73 元和 220.18 元。说明贫困
农户仍以小规模传统方式从事农业生产，机械化和现代化程度很低，仅通过农
业生产经营摆脱贫困状态存在很大障碍。其次，农户从事畜牧业的支出包括种
苗费、雇工费、饲料费和其他花费等，户年均花费分别为 1549.76 元、53.2

元、2810.69 元和 230.11 元。与从事农业种植相近，种苗饲料是畜牧业生产性支出的主要组成部分。

表 2-1　2012 年 CFPS 数据中贫困农户生产性支出构成

变量	观测值（户）	平均值（元）	平均离差（元）	最小值（元）	最大值（元）
种子化肥费	1530	3057.571	8584.945	0	200000
雇工费	1538	589.5494	4509.554	0	150000
机器租赁、灌溉费	1537	271.7339	3873.995	0	150000
农业生产其他费用	1533	220.1833	1051.827	0	25000
种苗费	1190	1549.762	7433.466	0	200000
雇工费	1200	53.2	1018.508	0	30000
饲料费	1177	2810.687	13545.55	0	200000
其他花费	1192	230.1124	2998.248	0	100000

数据来源：依据 2012 年北京大学中国家庭追踪调查（CFPS）数据整理

2. 家庭消费性支出

伴随贫困地区农民收入的稳步上升，人民生活水平有所改善，农民日常消费支出提高，消费支出结构也发生变化。表 2-2 反映我国贫困县区农户生活性支出构成情况，生活消费支出总额从 2002 年的 1131.4 元上升至 2010 年的 2662 元，年均增速为 16.9%，略高于相应地区农民人均纯收入增速 12.2%。首先，食品消费支出虽占据生活消费支出的主体，但其所占比重即恩格尔系数却逐年下降，从 2002 年的 57.4% 下降至 2010 年的 49.1%，恩格尔系数下降也从侧面反映了贫困农民生活水平的提升。其次，据《中国农村贫困监测报告（2002—2011 年）》统计，尽管贫困人口的生活消费实现稳步增长，但各年度人均消费支出仍不足全国水平的三分之一，贫困农户收支无法相抵的现象仍很严重，2010 年贫困户中有 52.6% 的农户生活消费支出高于纯收入。最后，用于提高生活质量的消费支出很少。2010 年贫困农户用于交通通信、文教娱乐和医疗保健的支出份额分别为 8.46%、6.66% 和 6.72%，与全国农民平均水平有很大差距。

表 2-2　2002—2014 年国定贫困县农民人均消费支出构成①

年份	生活消费支出（元）	食品消费支出（元）	衣着消费支出（元）	居住消费支出（元）	家庭设备用品及服务消费支出（元）	交通通信支出（元）	文教娱乐用品及服务（元）	医疗保健支出（元）	其他商品及服务支出（元）
2002	1131.4	649.5	69.3	126.8	33.6	44.9	121.2	65.4	20.8
2003	1220.1	655.6	69.6	154.5	45.3	67.2	137.4	69.5	21.1
2004	1391.9	740.1	74.2	164.7	49	85	177.4	77.9	23.6
2005	1528.5	793.2	86.3	192.5	55.8	105.6	182.2	86.9	25.9
2006	1679.6	840.3	95.8	242.1	67.5	135.4	168.4	100.8	29.4
2007	1931.3	980.1	111.8	289.3	79.8	160.6	114.4	161.5	33.7
2008	2200.3	1137.2	123.4	343.7	92	176.2	159.1	133.7	34.6
2009	2367.4	1155.6	134.1	413.3	108.7	194.7	167.3	155.3	38.5
2010	2662	1307.7	155.4	438.9	133.1	225.2	177.4	178.9	45.2
2014	5962	2201	365	1226	379	605	583	510	93

数据来源：依据 2002—2015 年《中国农村贫困监测报告》整理

　　CFPS 贫困农户消费性支出构成情况如表 2-3 所示：其一，与全国贫困地区农民整体状况相似，衣食住行仍是贫困农户消费性支出的主要构成，其中食品支出占据一半左右。但是农户食品支出的最大值为 105040 元，远低于家庭设备日用品、医疗保健、文教娱乐等支出的最大值。其二，贫困农户用于文教娱乐的支出较少，户年均值仅为 2090.473 元，而这其中大部分都用于教育子女的额外支出，实际用于精神生活的娱乐支出非常之少。其三，医疗保健仍是贫困农户生活消费支出的主要组成部分，户年均值达到 3309.39 元，高于衣着、居住、交通、文娱、设备用品等方面的支出，成为户均值仅次于食品支出的第二大支出。并且其最大值也达到了 300000 元，说明尽管在国家政策的指引下新农合改革力度加大，农民看病难问题得以缓解，但是由于具体实施和药品及病种覆盖程度的问题，有些购药及医疗支出仍须农户自身负担

---

　　①　2011—2013 年相关数据缺失。

表 2-3　2012 年 CFPS 数据贫困农户消费性支出构成

变量	观测值	平均值	离差	最小值	最大值
居民消费性支出	2463	23584.24	26921.86	440	542510
食品支出	2614	10500.54	10449.21	230	105040
衣着支出	2705	960.142	1233.981	58	20000
居住支出	2677	1371.152	1798.051	0	26400
家庭设备日用品	2698	2704.022	14825.95	0	503750
医疗保健	2708	3309.39	11035.54	0	300000
交通通信	2694	1707.886	2296.549	0	26400
文教娱乐	2721	2090.473	5436.468	0	117800
其他消费性支出	2715	896.6214	6898.443	0	300000
转移性支出	2728	393.4549	2712.758	0	70150
福利性支出	2714	386.5594	1737.96	0	33100
建房购房支出	2706	615.8354	10649.66	0	460000

数据来源：依据 2012 年北京大学中国家庭追踪调查（CFPS）数据整理

（三）贫困农户收支分析启示

由上述分析可知，伴随我国经济结构转型和产业结构的变动，贫困农村内部经济结构和收入结构也发生了较大变动，从而对农业信贷有了新的要求。首先，工资性收入是快速提升贫困农民收入的主要途径。受土地资源约束和农产价格波动影响，家庭经营性收入所占比重持续下降，外出务工成为家庭增收的重要方式。特别是在陕南耕地资源稀缺的地区，外出务工甚至成为农户收入的主要来源。这种"两栖型"务工者，对家庭农业生产兴趣不浓，因而信贷需求更多体现于消费需求和商业投资中。其次，贫困农村也萌生出大规模承包土地从事农业产业化经营的新型农场主。而金融资源、货币资本作为重要生产要素介入农业部门，与农业传统生产要素土地、劳动力以及新技术、新生产组织重新组合，是促进农业潜在机会成为现实农业产业的必备条件。因此，生产性信贷需求会是这些人群信贷需求的主体表现。最后，传统消费性信贷需求仍是信贷需求的构成主体，这是由于贫困农户消费性支出远远高于生产性支出而决定的。这一结论可从前文分析得出，也由贫困农村大量分布传统农户的客观事实所支持。传统农户欠缺扩大生产和商业投资的意识和能力，日常消费是他们支出的主要指向，因而信贷需求也体现为消费性信贷。

农户收入和支出情况基本可以反映农户在贫困农村的阶层属性，也体现了他们的生产方式和生活状态，决定了信贷需求的主要表现。此外，农户的收入水平也极大范围影响了金融服务可得性及服务程度。

二、贫困农户收入、信贷可得性与借贷规模

为了更好地把握 2012 年 CFPS 数据中贫困农户有效样本农户人均收入水平变动对借贷行为的影响，我们依据所核算的农户人均收入水平，将填写有效收入的 2485 户农户分为 10 组。其分组情况如下：250 元以下为第 1 组，农户数量为 249 户，该组中位数农户人均收入为 120 元，组内农户人均收入为 119.71 元。250—500 元为第 2 组，农户数量为 241 户，该组中位数农户人均收入为 366 元，组内农户人均收入为 361.04 元。500—750 元为第 3 组，农户数量为 227 户，该组中位数农户人均收入为 625 元，组内农户人均收入为 629.45 元。750—1000 元为第 4 组，农户数量为 255 户，该组中位数农户人均收入为 887.75 元，组内农户人均收入为 885.12 元。1000—1300 元为第 5 组，农户数量为 254 户，该组中位数农户人均收入为 1132.5 元，组内农户人均收入为 1146.49 元。1300—1600 元为第 6 组，农户数量为 227 户，该组中位数农户人均收入为 1473.33 元，组内农户人均收入为 1461.04 元。1600—2000 元为第 7 组，农户数量为 287 户，该组中位数农户人均收入为 1810 元，组内农户人均收入为 1815.7 元。2000—2400 元为第 8 组，农户数量为 240 户，该组中位数农户人均收入为 2200 元，组内农户人均收入为 2205.16 元。2400—2800 元为第 9 组，农户数量为 272 户，该组中位数农户人均收入为 2590 元，组内农户人均收入为 2595.11 元。2800 元以上为第 10 组，农户数量为 272 户，该组中位数农户人均收入为 3100 元，组内农户人均收入为 3020.33 元。

（一）收入水平对获贷机率的影响

从前文分析可知，农户收入水平与信贷需求占比和正规金融机构获贷比例呈现一定的正相关，而正规金融机构也更偏向收入较高，信誉较好，担保抵押齐

备的农户贷款。图 2-2 呈现出两者的相关性。一方面，贫困农户信贷积极性并不高，纵观 10 组不同收入水平的贫困农户，组内发生信贷农户的比例最高为 31%，最低为 23%，2012 年约有三成农户发生过借贷行为。另一方面，不同收入水平的农户在借款途径选择上存在较大差异，人均收入水平在 1300 元以下的农户（图中第 1 至第 5 组），其借款来源主要是民间无息，从金融机构获批贷款农户占贷款农户比例仅在 24% 左右。反观人均收入水平在 1300 元以上的几组（图中第 6 至第 10 组），从金融机构获批贷款农户占贷款户数比例约为 34% 之间，即后五组比前五组贫困农户从正规金融机构的获贷比例高出 10 个百分点。从而基本可以判定人均收入水平高低直接影响农户从金融机构获批贷款的比率提升，这与现实中农村金融机构偏好放贷人群一致。需要特别注意的是，2010 年未调整贫困标准前，国家农村绝对贫困标准为 1274 元，人均收入水平 1300 元就接近于国家规定的绝对贫困标准，高于贫困线组别的农户更易受到正规金融机构的青睐，金融机构面向贫困人群的服务空间有待提升。

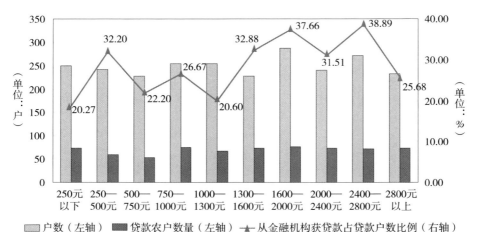

图 2-2 贫困农户收入对农户获贷机率影响

数据来源：依据 2012 年北京大学中国家庭追踪调查（CFPS）数据整理

（二）贫困农户人均收入水平对户均贷款规模的影响

既然农户收入水平与从金融机构获贷机率存在密切关联，那么不同收入水平农户的贷款金额又会存在怎样的差距？我们选取每组农户中位数人均收入、组内平均人均收入，以及平均贷款金额三个指标，得到图 2-3。从图中可以看出户均贷款金额曲线随着人均收入水平，呈现"U"形趋势。户均贷款金额最高的四组发生在人均收入水平为 250—750 元和 2400 元以上的区间，分别为第 2 组、第 3 组、第 9 组和第 10 组，其对应的平均贷款金额为 41215.33 元、55057.17 元、40145.43 元和 46617.42 元。而其余六组平均贷款金额差距不大，在 22667 元和 33086 元之间，大部分位于 29000 元。对实际趋势可以解释为：第一，人均收入较低的几组，由于农民人均收入不足 1000 元，甚至远低于国家的贫困标准，属于典型的生活艰苦、入不敷出的农户。这些农户往往没有储蓄，当期收入用于生活性支出就已算勉强，一旦遇到自然灾害、婚丧嫁娶或大额支出时只能通过外部借贷维持，因此信贷需求和信贷额度都较高。第二，对于人均收入水平处于上半段的贫困农户，其信贷来源更为广泛，从上文分析可知也更易获得正规金融机构的贷款。这部分人群除了生活性信贷需求，往往具有一定生产性信贷需求，希望通过扩大资金规模，扩充自身生产经营条件和规模，甚至有商业性投资的打算。第三，人均收入水平处于中段的贫困人群，当期收入水平基本能够满足日常消费支出，但是资金积累金额又很难跨越追加生产投资和商业投资的门槛，大多维持现状经营与生活，生产性信贷需求受到抑制。

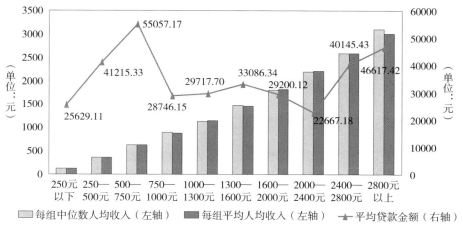

图 2-3　贫困农户收入对农户获贷金额的影响（按人均收入分类农户组）

数据来源：依据 2012 年北京大学中国家庭追踪调查（CFPS）数据整理

第三节　贫困农户信贷服务特征与影响因素[①]

一、贫困农户信贷服务特征

通过我国贫困县区农户和 CFPS 贫困农户的收入和支出分析，可以初步掌握农户现金流动情况。贫困农户收入以家庭经营收入和在外务工收入为主，存在很大的不确定性和收支波动性，在农产品销售时节和外出务工月份，往往能够维持正常的现金流入。而农闲和返乡停工时节，现金流入会大幅下降甚至停滞。特别遇到难以预期的灾害、伤病和死亡时，农户无法通过计划储蓄的方式短期筹得大量资金和收入以抵消大额支出，从而诱发了相应的信贷需求。农户信贷作为弥补储蓄和收入不足的方式，可根据信贷资金使用的方向，分为生产性信贷和生活性信贷。根据表 2-1 和表 2-3CFPS 数据中贫困农户户年均生产性支出和消费性支出构成情况，可发现农户用于消费性支出的金额远高于生产性支出，如户年均农业生产支出值为 4138 元，而农户用于食品、衣着和居住的消费性支出就可达到 12833 元，后者为前者的近三倍。贫困农户消费性支出高于生产性支出，从而估计消费性信贷的可能性比生产性信贷要高。这也与2013 年陕南经济金融调研组和任常青、汪三贵（2003），谢平、徐忠（2006），以及刘西川（2007）针对贫困农户信贷用途的研究结果一致。通过前文分析可以得知，贫困型农户从主要进行传统农业生产，向经营传统农业和兼职外出务工形式转变。并且随着土地制度的改革和农户思想方式的转变，一批从事农业产业化经营的农户和经营运输、商贸物流、小型工业的企业家也得以涌现。因此，伴随贫困农民收入结构的变动和农村金融改革演进，贫困农民金融需求特征也呈现如下变化。

（一）贫困农户潜在借贷需求较高，以传统生活性需求为主

据刘明团队 2013 年陕南经济金融调研报告指出，有效观察样本为 809 户，

---

① 本节原载《江苏农业科学》2018 年第 8 期。

其中有贷款需要的农户数为 391 户（约占 48.33%），没有贷款需要的农户数为 418 户（占 51.67%）。潜在贷款用途主要表现为建房置业（占贷款用途比为 23.42%），商业运营 10%，养殖 6.38%，子女教育 6.29%，婚丧嫁娶 4.59%，健康医疗 3.38%，运输工具 2.60%，种药化肥 2.09%，农副流动资金 1.06%，家具家电 0.67%，农机设备 0.34%，其他用途 2.61%。从以上数据可以看出，农户贷款需求多样且分布不均，主要集中于传统生活需求方面。建房置业、子女教育和婚丧嫁娶三项潜在贷款占总需求比达到 34.3%。反观农业生产性信贷需求仅为 9.87%，商业运营信贷需求为 10%。由此表明：一方面，当地农户意识观念仍然守旧，创业意识和投资意识较差，经济发展水平仍然滞留于满足传统生活需求。而建房、教育和婚丧嫁娶这些传统需求挤占了农户大量的资金空间，阻碍了农户摆脱贫困的步伐。另一方面，由于贫困地区耕地面积和自然生态环境的限制，以及土地制度的僵化，农户对于农作物种植扩大再生产兴趣不浓，人们更倾向向养殖畜牧投资，而农业种植扩大经营的意愿不足。

（二）信贷需求实际满足率低，以小额贷款为主

据前文陕南经济金融调研报告分析，贫困地区样本农户 2013 年有 48.33% 的农户有贷款需求，但 2013 年当年发生贷款户数为 101 户，仅占总调查户数的 12.47%，即只有四分之一的农户满足了实际的贷款需求，四分之三的农户有信贷需求却受到信贷约束。而获贷农户中贷款额度在 3 万元以下的农户为 59 户，占总贷款户数 58.4%，4 万—10 万元的农户为 35 户，占 34.65%，10 万元以上的农户为 7 户，占 6.93%。以上数据表明，样本贫困区域农户信贷以小额贷款为主，并且存在一定的信贷约束。究其原因：一方面，贫困地区普遍收入较低，收入存在不确定性和较大的波动，存在很大的信贷风险并且还款压力较大，容易造成金融机构慎贷、惜贷的状况。另一方面，贫困地区农户自身抵押品不足，人脉圈以低收入者居多，社会资本缺乏，并且信贷需求以传统生活需求为主，导致贫困地区农户难以达到金融机构审批要求。

（三）民间金融是贫困农户信贷主要途径，正规金融机构贷款集中于农信社

图 2-4 显示 2012 年 CFPS 数据中贫困农户中信贷来源渠道，2743 户贫困

农户中发生信贷的农户为 805 户。其中有 67.95%农户选择亲友无息贷款，2.48%农户会选择民间有息借贷。综合两者，贫困农户从民间金融的借贷比率达到 70.43%。而从银行、农信社申请贷款的农户占比为 29.07%，其中更有一半以上农户最终选择农信社。0.37%农户会选择其他方式借贷，0.12%的农户则忘记了信贷来源。在样本贫困农户中，绝大多数农户更倾向于亲友无息贷款，说明"关系借贷"仍然是当地较为普遍的借款方式，而这也与 2010 年全国扶贫重点县监测报告统计结果一致，2010 年扶贫重点县农户的当年借贷款中，有 50.1%来自亲戚朋友间的借贷，47.4%来自国有金融机构，其中 2%是国家专项扶贫贷款。贫困农户选择民间无息借贷和农信社作为信贷市场资金供给的主要来源，究其原因在于：第一，民间关系借贷具有不需要抵押担保，期限灵活手续简单等特点，便于贫困农户资金的获取。第二，贫困农户受到信贷供给和需求的双重约束，一方面，由于资本和收入低下，缺乏抵押和担保条件，难以向正规金融机构申请并获批贷款，或者所得贷款数额和期限受到限制；另一方面，由于正规金融机构规避信贷风险和追求商业化收益，贷款利息设置过高，导致贫困农户受迫于信贷成本压力，不愿向金融机构申请贷款。

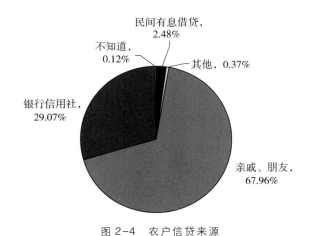

图 2-4　农户信贷来源

数据来源：依据 2012 年北京大学中国家庭追踪调查（CFPS）数据整理

　　深入调查有正规金融机构信贷经历却未获批贷款的 104 户农户，45.00%农户选择"无有效担保"，14.29%农户选择"自身信用问题"，15.71%农户选择"与信贷员不熟",20.71%农户选择"其他",如图2-5所示。分析可知:一方面,高贷款利率和信贷成本抑制了许多农户借贷创业或扩大农业经营的积极性,降低了农户向金融机构申请贷款的频率。另一方面,抵押或担保成为金融机构商业放贷的门槛限制,抑制了农户信贷诉求,使农户转向民间信贷渠道。因而,高信贷成本和抵押物不足分别成为需求型和供给型信贷约束的主要诱因。其深层原因在于农村金融组织体系不完善和农村金融市场缺乏竞争造成农村金融服务水平低下。

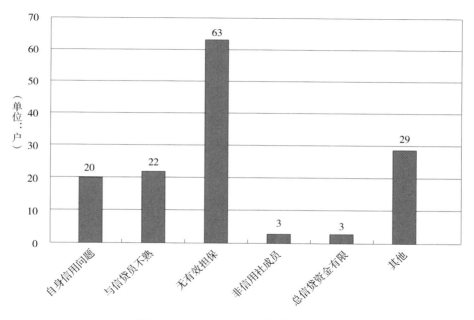

图2-5 农户未向金融机构贷款的原因

(四)贫困农户获得贷款的数额增加,但获贷比率下降

表2-4反映了扶贫重点县全部农户、个体工商户、种养业大户和贫困户等不同类型农户得到贷款的比例和户均金额,从表2-4中可以看出,整体而言,从金融机构得到贷款(不包括扶贫贷款)的农户数量下降,但户均贷款规模有较大幅度的增加。相较于2007年,2010年全部农户得到贷款比例下降了1.2%,种养业大户得到贷款比例下降了1.2%,贫困户得到贷款比例则下降了1.3%。其中,贫困户得到贷款比例降幅最大,比全部农户平均水平还要

多下降 0.1 个百分点。种养业大户获贷比例虽有所回落，但却经历了 2009 年 1.4% 的较大涨幅。而个体工商户得到贷款比例却比 2007 年上涨了 0.8%。由此可看出：贫困地区农户获得贷款，尤其是贫困户获得贷款的比例下降，主要由于贫困户收入偏低、收入不稳定性和波动性较强，家庭财产和储蓄不足阻碍了获批贷款的比率。此外，由于经济发展和物价上升，人们对货币的名义需求量增加，政府也倡导调高农户小额信贷的额度，贫困县区各类农户所得贷款金额都有明显上升。

表 2-4　扶贫重点县不同类型农户得到贷款的比例和户均金额

年份	全部农户		个体工商户		种养业大户		贫困户	
	得到贷款户比重（%）	户均贷款金额（元）	得到贷款户比重（%）	户均贷款金额（元）	得到贷款户比重（%）	户均贷款金额（元）	得到贷款户比重（%）	户均贷款金额（元）
2007	4.2	5614.4	3.4	8100	8	5888.8	3.3	5114
2008	3.3	8322.3	4.1	24531.4	7.6	8094.3	2.2	5421.3
2009	3.9	10575.4	4.8	22226.6	9.4	13942.6	2.7	7382.6
2010	3	12633.4	4.2	23306.8	6.8	15845.9	2	7985.3

数据来源：依据 2008—2011 年《中国农村贫困监测报告》整理

（五）贫困地区农户还款主动性提高，各类借贷逾期未还款比例下降

伴随银行征信系统的设立和农户信用意识的提升，越来越多的农户注重自身信用的维护，据图 2-6 扶贫重点县农户年末借贷款余额中逾期未还的比例显示，各类贷款逾期未还比例都呈现整体下降趋势。其中国家扶贫贴息贷款和其他扶贫贷款的逾期未还率下降速度最快，分别从 2002 年的 61.3% 和 71% 下降至 2010 年的 17.5% 和 14.5%，下降了近 50 个百分点。而来源于亲戚朋友和银行及农信社一般商业性贷款逾期未还率下降速度最慢，仅从 2002 年的 72% 和 67.6% 下降至 2010 年的 58.4% 和 48.6%，下降了近 20 个百分点。由此说明：其一，由于国家扶贫贴息贷款和各类扶贫贷款投放力度的加大，贷款金

额、贷款期限和项目选择上更为合理，贷款效率有所提高；其二，商业贷款由于利率设定较高，致使收入较低且不稳定的贫困农户，即使获得商业金融机构贷款审批，也背负过重的信贷成本，难以按时还清所欠贷款。

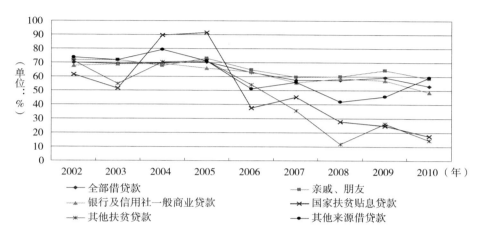

图 2-6　2002—2010 年扶贫重点县农户年末借贷款余额中逾期未还的比例

数据来源：依据 2003—2011 年《中国农村贫困监测报告》整理

（六）扶贫贷款存在"目标偏移"现象，瞄准效果并不理想

扶贫贷款定位于中低收入人口，旨在带动低收入贫困人口收入的增加，其主要根据上年人均收入水平确定发放对象。相对于商业贷款，扶贫贷款更具政策性、贴息性、优惠性等特点。表 2-5 显示国家扶贫重点县 2006—2010 年扶贫贷款瞄准情况，此处将人均纯收入低于 2000 元、2000—3000 元之间和高于3000 元的人群划定为贫困地区低收入人群、中等收入人群和高等收入人群。可发现：其一，2006—2010 年扶贫贷款发放额度为 2000—3000 元和高于 3000元的农户比例大幅上升，分别从 2002 年的 19.5% 和 14.6% 上升至 2010 年的38.2% 和 41.2%，翻了一倍有余，特别是 2010 年这两部分人群共获得 79.4%的扶贫贷款。其二，2006—2010 年间扶贫贷款发放额度为 1000 元以下和1000—2000 元的农户比例有所下降，分别从 2002 年的 17.9% 和 47.9% 下降至2010 年的 10% 左右，2010 年低收入农户获得扶贫贷款比例仅达到 20.6%。不难发现扶贫贷款存在严重的偏移现象，2010 年贫困农户人均纯收入为 2003

元，国家绝对贫困标准为 1274 元。但是，79.4% 的扶贫贷款发放给人均收入高于 2000 元的中高收入人群，20% 的扶贫贷款留给低收入人群，甚至只有 10% 的贷款真正发放于国家贫困线标准以下的人群。扶贫贷款瞄准效果非但没有改善，反而更不理想。

表 2-5　2006—2010 年扶贫贷款瞄准情况

年份	发放对象人均收入（元）	人均收入低于 1000 元（%）	人均收入 1000—2000 元（%）	人均收入 2000—3000 元（%）	人均收入高于 3000 元（%）
2006	1635	17.90	47.90	19.50	14.60
2007	1998	11.00	46.60	22.00	20.30
2008	2228	13.40	35.30	21.70	29.60
2009		13.00	20.30	33.90	32.80
2010		20.60		38.20	41.20

数据来源：依据 2007—2011 年《中国农村贫困监测报告》整理

二、贫困农户信贷服务影响因素

影响农户信贷行为的因素，不仅包括农户个体的经济差异，所在区域经济发展程度和金融生态环境，也包括农户拥有社会资本情况。此处引入农户年龄、教育程度、家庭规模、收入水平、家庭资产情况、储蓄水平、所在村庄经济发展程度、自然地貌、距离商业中心远近和家庭成员社会关系情况等指标，统计描述各微观与宏观因素对农户信贷活动的影响。

（一）户主年龄与信贷服务

据 2012 年 CFPS 数据中 2680 户贫困农户有效样本[①]数据，表 2-6 显示不同年龄阶层贫困农户信贷服务状况。可发现伴随年龄增长，贫困农户的信贷需求强度和从正规金融机构的获贷比重呈现逐渐下降的趋势，而从民间借贷的农户比重却呈现逐渐上升的趋势。30 岁以下农户信贷需求率可达到 32.6%，31—40 岁和 41—50 岁信贷需求率为 31.55% 和 31.33%，而 51 岁以上农户信贷

---

① 此处"有效样本"是指整体 2742 个样本中填写年龄和借贷情况的样本。

需求率明显降至 27.42%。这是由于中青年农户家中迎亲婚礼、建房置业和教育培训的机率较高，短期内大额支出往往造成收不抵支，产生较强烈的信贷需求。与老龄农户相比，中青年农户也更易从正规金融机构获得贷款，30 岁以下农户从正规金融机构的获贷比例为 35.60%，31—40 岁为 33.30%，41—50 岁为 28.43%，51 岁以上降至 26.65%，从而反映正规金融机构信贷对象也具有一定的年龄偏向。而户均贷款金额中，31—40 岁和 41—50 岁农户最高，可分别达到 39204.85 元和 35980.39 元。

表 2-6　不同年龄阶层贫困农户信贷服务

户主年龄段	样本数（户）	有借贷需求农户户数（户）	有借贷需求农户占比（%）	正规金融机构提供贷款比重（%）	民间借贷农户比重（%）	户均借贷金额（元）
30 岁以下	181	59	32.60	35.60	62.70	29689.70
31—40 岁	466	147	31.55	33.30	65.30	39204.85
41—50 岁	651	204	31.33	28.43	71.08	35980.39
51 岁以上	1382	379	27.42	26.65	72.82	32487.32

数据来源：依据 2012 年北京大学中国家庭追踪调查（CFPS）数据整理

（二）教育程度与信贷服务

通常认为教育程度的高低对于信贷需求的产生和正规金融机构获贷机率存在一定关联。表 2-7 反映了不同教育程度贫困农户信贷服务状况。农户受教育程度和信贷需求并未呈现明显关联，各类受教育程度贫困农户信贷需求率都在 28% 左右。而教育程度的高低却明显影响农户从正规金融机构的获贷机率和获贷金额，文盲和半文盲农户正规金融机构提供贷款比重为 28.82%，户均信贷金额为 29342.2 元。小学农户正规机构信贷比重为 25.71%，户均信贷金额为 23427.57 元。高中、中专农户其值可达 38.78% 和 38000 元，而大专及以上最高，可达到 100% 和 70000 元。这是由于教育程度越高，农户就业水平和劳动技能掌握情况较好，思想意识较为先进，对金融知识的了解也较为深入。因而，偏向从正规渠道申请贷款的同时，也容易受到正规金融机构的青睐。

表 2-7　不同教育程度贫困农户信贷服务

户主教育程度	样本数（户）	有借贷需求农户户数（户）	有借贷需求农户占比（%）	正规金融机构提供贷款比重（%）	民间借贷农户比重（%）	户均借贷金额（元）
文盲/半文盲	998	288	28.85	28.82	70.83	29342.2
小学	828	245	29.60	25.71	73.88	23427.57
高中/中专/技校	170	49	28.82	38.78	61.22	38000
大专及以上	24	2	8.33	100	0.00	70000

数据来源：依据 2012 年北京大学中国家庭追踪调查（CFPS）数据整理

（三）家庭规模与信贷服务

表 2-8 反映了贫困农户家庭规模与信贷服务状况，整体而言，农户家庭规模与信贷需求比率呈现正向关系，家庭规模为 7 人以上的农户信贷需求程度最高，可达到 32.43%。2 人以下家庭信贷需求最低，其值为 27.98%。这是由于农户家中人口越多，家庭经济压力越大，贷款用途越丰富，从而产生信贷需求比例也越高。而对于信贷渠道的选择，家庭人口为 6 人和 7 人以上的农户正规金融机构获贷比例最高，分别为 41.18% 和 33.30%，而从民间信贷获贷的比重较低，分别为 57.84% 和 66.70%。这是由于家庭规模越大，掌握当地社会资本的可能性越大，同时农户中易分布不同年龄层次的人口，信贷需求种类丰富。

表 2-8　贫困农户家庭规模与信贷服务

家庭规模	样本数（户）	有借贷需求农户户数（户）	有借贷需求农户占比（%）	正规金融机构提供贷款比重（%）	民间借贷农户比重（%）	户均借贷金额（元）
2 人及以下	697	195	27.98	21.54	77.44	27746.67
3 人	410	124	30.24	29.84	69.35	47065.23
4 人	559	164	29.34	28.66	71.34	28918.90
5 人	451	136	30.16	27.94	72.06	34252.40

续表

家庭规模	样本数 （户）	有借贷需求 农户户数 （户）	有借贷需求 农户占比 （％）	正规金融机构 提供贷款比重 （％）	民间借贷 农户比重 （％）	户均借贷 金额 （元）
6 人	366	102	30.87	41.18	57.84	30113.60
7 人以上	259	84	32.43	33.30	66.70	45148.87

数据来源：依据 2012 年北京大学中国家庭追踪调查（CFPS）数据整理

（四）收入来源构成与信贷服务

贫困农户收入主要分为家庭经营性收入、工资性收入、转移性收入和财产性收入四类，表 2-9 反映了贫困农户收入来源与信贷服务状况的关系，无论信贷需求比例、正规金融机构获贷比例和户均贷款金额都呈现一致的规律性，即以工资性收入为主的农户比例最高，以家庭经营性收入为主的农户比例最低。从信贷需求程度而言，以工资性收入为主的农户信贷需求比例可达到34.91%。以家庭收入为主和以财产性收入为主的农户信贷需求比例分别为30.82%和30.41%，而以转移性收入农户信贷需求程度最低，仅达到25.84%。从信贷来源来看，以工资性收入为主的农户从正规金融机构获取贷款的比重达到45.95%，明显高于家庭经营性收入农户29.09%、转移性收入农户26.81%和财产性收入农户25%，高约20个百分点。从户均借贷金额而言，以工资性收入、家庭经营性收入、转移性收入和财产性收入为主的农户分别为47202.20元、37030.76元、26657.80元和23050.34元。由于以工资性为主的农户更多参与外出务工，从事非农产业，收入水平、教育程度、年龄结构和思想理念明显优越于其他农户，因此具有较强的信贷意识，受正规金融机构信贷约束的程度也低于其他农户。

表 2-9　贫困农户收入来源与信贷服务

收入来源	样本数 （户）	有借贷需求 农户户数 （户）	有借贷需求 农户占比 （％）	正规金融机构 提供贷款比重 （％）	民间借贷 农户比重 （％）	户均借贷 金额 （元）
家庭经营性 收入	1327	409	30.82	29.09	70.90	37030.76

收入来源	样本数（户）	有借贷需求农户户数（户）	有借贷需求农户占比（%）	正规金融机构提供贷款比重（%）	民间借贷农户比重（%）	户均借贷金额（元）
工资性收入	106	37	34.91	45.95	54.10	47202.20
转移性收入	534	138	25.84	26.81	73.19	26657.80
财产性收入	93	32	30.41	25.00	75.00	23050.34

数据来源：依据 2012 年北京大学中国家庭追踪调查（CFPS）数据整理

（五）收入水平与信贷服务

表 2-10 反映贫困农户收入水平与信贷服务状况的关系，根据农户家庭户均纯收入数额，将贫困农户收入划分为 5 个区间。可发现农户收入水平与信贷需求占比和正规金融机构获贷比例呈现一定的正相关，伴随农户收入水平提高，农户信贷需求有所增加，户均家庭纯收入在 2000 元以下和 2000—4000 元的农户，信贷需求占比分别为 26.50% 和 25.27%，从正规金融机构获贷比例分别为 25% 和 26.09%。反观家庭纯收入在 4000—6000 元、6000—8000 元和 8000 元以上的农户，信贷需求占比分别为 31.26%、33.06% 和 32.18%，从正规金融机构获贷比例分别为 32.06%、30.93% 和 33.64%。由此表明贫困农户收入水平越高，正规金融机构越倾向于向其贷款，这与农户的还款能力相适应。而贫困农户收入水平越低，越易受到正规金融机构的排斥，转而向民间借贷的比重较高。2000 元以下和 2000—4000 元的农户，有七成以上向民间金融借款。

表 2-10　贫困农户收入水平与信贷服务

收入区间	样本数（户）	有借贷需求农户户数（户）	有借贷需求农户占比（%）	正规金融机构提供贷款比重（%）	民间借贷农户比重（%）	户均借贷金额（元）
2000 元以下	649	172	26.50	25.00	73.84	43485.69
2000—4000 元	546	138	25.27	26.09	73.19	33735.62
4000—6000 元	419	131	31.26	32.06	67.94	29256.21
6000—8000 元	245	81	33.06	30.93	68.07	28124.30

续表

收入区间	样本数 （户）	有借贷需求 农户户数 （户）	有借贷需求 农户占比 （％）	正规金融机构 提供贷款比重 （％）	民间借贷 农户比重 （％）	户均借贷 金额 （元）
8000 元以上	665	214	32.18	33.64	65.42	33647.46

数据来源：依据 2012 年北京大学中国家庭追踪调查（CFPS）数据整理

（六）农户所持现金和存款水平与信贷服务

农户储蓄水平对信贷服务状况会产生明显影响，一般而言，农户手中现金和存款越多，越易抵抗收支不平衡带来的现金波动，通过内源性资金填补资金空缺。表 2-11 显示了贫困农户所持现金和储蓄水平与信贷服务状况，根据农户家庭户均现金及存款数额，将贫困农户划分为 5 个区间。与表 2-10 所分析贫困农户收入水平与信贷服务状况的关系相似，伴随农户所持现金及存款的增加，农户向正规金融机构获贷的比例增加，向非正规金融机构获贷的比例减少。农户所持现金及存款在 2000 元以下，其正规金融机构获贷比率为 24.60％，民间金融获贷比率为 74.50％。反观农户所持现金及存款在 20000 元以上，其正规金融机构获贷比率为 40.23％，民间金融获贷比率为 58.62％。说明农户的储蓄水平是影响信贷来源的重要因素，也是获取正规金融机构信贷审批的有利条件。此外，表 2-11 明显说明，伴随农户储蓄水平提高，农户信贷需求有所下降，2000 元以下信贷需求占比为 36.70％，而 20000 元以上信贷需求占比则降至 17.90％。

表 2-11　贫困农户所持现金和储蓄水平与信贷服务

现金及 存款区间	样本数 （户）	有借贷需求 农户户数 （户）	有借贷需求 农户占比 （％）	正规金融机构 提供贷款比重 （％）	民间借贷 农户比重 （％）	户均借贷 金额 （元）
2000 元以下	1218	447	36.70	24.60	74.50	32472.11
2000—5000 元	440	154	35.00	33.77	66.23	41414.42
5000—10000 元	333	64	19.21	28.13	70.31	26650.33
10000—20000 元	262	53	20.23	33.96	66.04	25692.19
20000 元以上	486	87	17.90	40.23	58.62	40823.49

数据来源：依据 2012 年北京大学中国家庭追踪调查（CFPS）数据整理

（七）东、中、西部地区贫困农户信贷服务的表现

我国不同地区经济发展水平、金融服务水平、人们生活习惯和信贷观念都存在较大区别，因此信贷需求也呈现不一样的特点。表 2-12 反映东、中、西部地区贫困农户信贷服务状况，表中所示西部地区贫困农户信贷需求比例最高，可达到 32.05%，同时信贷金额也最大，达到 35328.47 元，随之为中部地区和东部地区。而西部地区也是三大区域中收入水平最低，贫困程度最深，贫困农户最多的区域。较高的信贷需求也反映了其贫困农户经济生活的脆弱性，难以通过内源的储蓄和资产抵抗大额支出带来的经济波动。从信贷来源来看，三大区域的贫困农户都倾向民间借贷缓解资金压力，东部、西部和中部地区民间借贷农户比重分别为 82.87%、59.15% 和 74.75%。相较而言，西部地区贫困农户从正规金融机构获贷的积极性更高，其比例可达到 39.85%。

表 2-12　东、中、西部地区贫困农户信贷服务

区域	样本数 （户）	有借贷需求 农户户数 （户）	有借贷需求 农户占比 （%）	正规金融机构 提供贷款比重 （%）	民间借贷 农户比重 （%）	户均借贷 金额 （元）
东部地区	787	216	27.45	16.67	82.87	319613.57
西部地区	1245	399	32.05	39.85	59.15	35328.47
中部地区	704	202	28.69	19.31	74.75	27569.50

数据来源：依据 2012 年北京大学中国家庭追踪调查（CFPS）数据整理

第四节　信贷可得性影响因素与信贷渠道选择

根据前文分析可知，农户和金融机构信贷行为通常会遇到二元选择，如是否有信贷需求，是否向正规金融机构贷款，是否向非正规金融机构贷款，金融机构是否愿意提供贷款。与线性模型处理连续变量不同，此处变量为二元变量或离散变量，因此，对农户信贷需求、正规信贷行为和非正规信贷行为等变量赋值为 0 和 1，选择二项分布的 Probit 模型对其影响因素进行计量估计。

假设农户信贷需求受到农户个体的经济状态，所在区域经济发展程度和金

融生态环境等因素的影响，而这些解释变量都可以包含在向量 X 中，构成最简单的线性概率模型 $y_i = x'\beta + \varepsilon_i$ ，其中，ε_i 服从两点分布而非正态分布，而经济个体选择可产生两种结果，即 y 有 0 和 1 两种取值。则 y 两点分布的概率为

$$\begin{cases} P(y = 1/x) = F(x, \beta) \\ P(y = 0/x) = F(x, \beta) \end{cases} \tag{2-1}$$

若 $F(x, \beta)$ 为标准正态累积分布函数，可使 y 的预测值介于 0 和 1 之间，并且可得 Probit 标准模型：

$$\begin{aligned} E(y|x) &= 1 \cdot P(y = 1|x) + 0 \cdot P(y = 0|x) \\ &= P(y = 1|x) = F(x, \beta) \\ &= \Phi(x', \beta) \\ &= \int_{-\infty}^{x', \beta} \phi(t) dt \end{aligned} \tag{2-2}$$

其中，$F(x, \beta)$ 为随机变量的服从标准正态分布的累积分布函数，Probit 标准模型采用极大似然法（MLE）进行估计。

结合上述分析，此处借鉴王定祥（2011）[①] 关于考察农户信贷需求和信贷行为的模型设定，具体回归方程如下：

$$Y_i = C_j + \beta_{ij} X_{ij} + \varepsilon_i \tag{2-3}$$

其中，C_j 为常数项；X_{ij} 为解释变量向量，包含了多种影响因素；β_{ij} 为解释变量的系数向量；ε_i 为随机误差项；$j = 1, 2, 3$；$i = 1, 2, 3, \ldots, n$。Y_1 表示贫困农户的贷款可得性，其取值为 1 则农户有信贷意愿并获得贷款，取值为 0 则农户没有得到贷款。Y_2 表示是否从正规金融机构获得贷款，如果农户从正规金融机构借贷，对其赋值为 1，未向正规金融机构贷款，则赋值为 0。Y_3 表示是否从民间借贷，如果农户从民间借贷，对其赋值为 1，未向民间借贷，则赋值为 0。而 Y_4 表示农户实际获得的信贷金额。n 为 Y_1、Y_2 和 Y_3 对应的解释变量个数。解释变量选择与赋值情况如表 2-13 所示。

---

① 王定祥等：《贫困性农户信贷需求与信贷行为实证研究》，《金融研究》2011 年第 5 期。

表 2-13 变量描述与赋值情况

变量类型	变量名称	取值说明
因变量	贫困农户的贷款可得性 Y_1	1＝农户得到贷款，0＝农户未得到贷款
	贫困农户贷款途径 Y_2	1＝从正规机构贷款，0＝从民间贷款
自变量		
农户特征	年龄 X_1	农户户主岁数 1＝小于 30 岁，2＝30—40 岁，3＝40—50 岁，4＝50—60 岁，5＝60 岁以上
	教育程度 X_2	1 表示文盲/半文盲，2 小学，3 初中，4 高中和中专，5 大专及以上
	家庭规模 X_3	常住人口数
	耕地面积 X_4	分得土地亩数
农户收入和资产	家庭人均收入水平 X_5	1＝小于 500 元，2＝500—1000 元，3＝1000—1500 元，4＝1500—2000 元，5＝2000—2500 元，6＝2500—3000 元，7＝3000 元以上
	家庭主要收入来源 X_6	1＝家庭经营性收入，2＝工资性收入，3＝其他
	家庭流动资产情况 X_7	家庭储蓄和现金 1＝小于 1000 元，2＝1000—2000 元，3＝2000—5000 元，4＝5000—10000 元，5＝10000—20000 元，6＝20000 元以上
	家庭固定资产情况 X_8	土地和房产价值 1＝小于 50000 元，2＝50000—100000 元，3＝100000—150000 元，4＝150000—200000 元，5＝200000—250000 元，6＝250000 元以上
农户收入和资产	家庭生活消费支出水平 X_9	生活消费支出占总支出百分比
	家庭生产性支出水平 X_{10}	生产性支出占总支出百分比
	家庭医疗和教育水平 X_{11}	医疗和教育支出占总支出百分比
	家庭支出水平 X_{12}	1＝小于 3000 元，2＝3000—5000 元，3＝5000—8000 元，4＝8000—11000 元，5＝11000—15000 元，6＝15000 元以上
个人社会资本	是否党员 X_{13}	1＝党员，2＝非党员
	待人接物情况 X_{14}	根据采访评价 1—7 分
	在本地社会地位 X_{15}	根据自我评价 1—5 分
家庭金融活动	是否借款给他人 X_{16}	1＝有借款给他人，0＝无借款给他人
	家庭债务水平 X_{17}	债务占年收入比重

变量类型	变量名称	取值说明
地区特征	村庄所在地貌 X_{18}	1＝平原，2＝丘陵，3＝高原，4＝其他
	村庄所处位置 X_{19}	1＝西部地区，2＝中部地区，3＝东部地区
	村庄繁华程度 X_{20}	日常方式距离商业中心时间（分钟）1＝小于20，2＝20—40，3＝40—60，4＝60以上
	基础设施情况 X_{21}	人们生活用水 1＝自来水，2＝井水、山泉水、湖水，3＝雨水、窖水，4＝其他

一、贫困农户信贷可得性影响因素

此处，依据 2012 年 CFPS 数据中贫困农户有效样本数据，以贫困农户贷款可得性作为解释变量，运用标准 Probit 模型进行实证检验，其结果如表2-14 所示。为了判断所设模型是否合理，此处分别列出似然比统计量（LR chi2（18）＝64.49，Prob>chi2＝0.0000），以及运用 estat clas 命令预测准确百分比。统计模型以 100% 的概率拒绝系数为 0 的原假设，并且可达到 68.96% 的正确预测比率，说明除常数项外，其他系数联合显著，模型具有较好的解释能力。

表 2-14 影响农户信贷可得性因素的估计结果

因变量	Y_1 贫困农户贷款可得性			
自变量	相关系数	标准方差	z 值	$P>\|z\|$
X_1	-.0294567	.0305017	-0.97	0.334
X_2	.0221047	.0369257	0.60	0.549
X_3	.0176171	.0209185	0.84	0.400
X_4	.0003533	.0008119	0.44	0.663
X_5**	.0368904	.0196034	1.88	0.050
X_6	-.020206	.0436721	-0.46	0.644
X_7***	-.083865	.0187074	-4.48	0.000
X_8***	.078864	.0202397	3.90	0.000

续表

因变量	Y_1 贫困农户贷款可得性			
自变量	相关系数	标准方差	z 值	$P>|z|$
X_9	.2959458	.4178799	0.71	0.479
X_{10} ***	.0377193	.0135648	2.78	0.005
X_{11} *	−.3183063	.1797331	−1.77	0.077
X_{12}	−.004172	.0304072	−0.14	0.891
X_{13} *	−.1590595	.0976864	−1.63	0.092
X_{14} *	−.0469896	.0292558	−1.61	0.100
X_{15}	.0436623	.0321175	1.36	0.174
X_{18}	.0580137	.0428176	1.35	0.175
X_{20}	.0282054	.0332554	0.85	0.396
X_{21}	.0178477	.0564163	0.32	0.752
_ cons	−.8787036	.5569905	−1.58	0.115
样本数量	1398			
LR 统计量	64.49			
Prob>chi2	0.0000			
Pseudo R^2	0.0366			
预测准确百分比	68.96%			
似然函数值	−847.58			

注：（1）表中数据由 stata 11 软件 Probit 命令估计；（2）***、**、* 分别表示在 1%、5%、10% 的水平显著

由表 2-14 影响农户信贷可得性因素的估计结果表明：

（1）贫困农户资产状况显著影响农户信贷需求。无论用储蓄和现金衡量的流动资产 X_7，还是以土地和房产价值表示的固定资产 X_8，都可在 1% 的显著性水平上影响贫困农户的信贷需求，其中，农户流动资产 X_7 起到负向作用，而农户固定资产 X_8 则产生正向促进作用。这是由于农户手中所持现金和存款越多，越易通过内源资金填补空缺，平滑消费性或生产性资金支出，从而降低了信贷的需求程度。同时，农户所持固定资产价值越高，其信贷抵押条件越充分，越易受到正规金融机构和民间借贷者的青睐，从而增强其信贷信心，减少

需求抑制型的信贷约束。

（2）贫困农户收入和支出水平也是影响农户信贷需求的显著因素。其中，家庭生产性支出水平 X_{10} 在 1% 的显著性水平上影响农户信贷需求，且系数为正。贫困家庭人均收入水平 X_5 在 5% 的显著性水平上统计显著，系数为正。而贫困农户家庭医疗和教育水平 X_{11} 则在 10% 的显著性水平上统计显著，但系数为负。这说明家庭生产性支出占比越高，农户扩大生产规模经营及投入生产支出的意愿越强，也具有更强烈的信贷倾向，并且更易受到信贷支持。这也表明伴随贫困农户特征转变和意识觉醒，生产性信贷需求正逐渐增加。此外，人均收入水平越高，农户信贷意愿也越强，这与前文统计描述分析结果一致，收入水平越高的农户所受供给型和需求性信贷抑制的可能性减小，信贷需求多元化并意愿强烈。而家庭医疗和教育水平 X_{11} 则在 10% 的显著水平上产生负向影响，这是由于随着农村医疗保障和义务教育普及的推进，缓解了贫困农民医疗和教育方面的部分压力，而对于大病难病以及更高层次的教育，贫困农户往往采取消极的"大病拖""知识无用"的态度，不愿进行更高的投入。

（3）贫困农户社会资本对于信贷需求与可得性也有不容忽视的影响。据表 2-13 可知，X_{13} 代表受访人员是否为中国共产党党员，X_{14} 表示受访人员为人处事水平，这两个指标都可反映受访人员社会资本情况。其在 10% 的显著性水平上统计显著，且系数为正。这说明具有一定组织资源，人际关系良好的农户，更容易与当地威望高信誉强的群体认识，同时邻里和睦会产生一种信号传递，申请贷款时会有更多的担保资源，有助于信贷的满足。

（4）贫困农户家庭特征和所处地区情况对信贷满足影响不大。从表 2-14 实证结果而言，代表农户家庭特征的因素如户主年龄 X_1、教育程度 X_2、家庭规模 X_3 和耕地面积 X_4，以及代表地区发展状况的因素如村庄地貌 X_{18}、繁华程度 X_{20} 及基础设施情况 X_{21} 均未通过 10% 的显著性水平检验，相对于农户资产、收入、支出和社会资本等因素，其对贫困农户信贷需求满足的影响不明显。

二、贫困农户信贷渠道的影响因素

为了考察农户信贷资金的来源渠道，此处对借贷来源偏好作为虚拟变量进行赋值，如果农户倾向于民间借贷，对其赋值为 0，如果农户倾向于向信用社等金融机构贷款，则赋值为 1；如果农户同时倾向于民间贷款与金融机构，则同样赋值 1。通过运用标准 Probit 模型，实证检验了 2012 年 CFPS 数据中填写信贷来源的贫困农户样本数据，所得结果如表 2-15 所示。此处，似然比统计量 LR chi2（18）= 83.93 且 Prob>chi2=0.0000，说明所设模型以 100% 的概率拒绝了系数为 0 的原假设。而预测准确百分比可达到 72.89%，说明模型解释能力较好。

表 2-15　影响农户信贷渠道的估计结果

因变量	Y_2 贫困农户贷款可得性			
自变量	相关系数	标准方差	z 值	$P>\|z\|$
X_1	.0415582	.0588399	0.71	0.480
X_2**	.166912	.0715499	2.33	0.020
X_3	.0101396	.0398897	0.25	0.799
X_4	.0037843	.0032831	1.15	0.249
X_5	.0416583	.0384679	1.08	0.279
X_6	-.0017911	.0892989	-0.02	0.984
X_7**	.0719441	.0351468	2.05	0.041
X_8*	.0649268	.0372342	1.74	0.081
X_9	.9872432	.9563124	1.03	0.302
X_{10}*	.0289282	.0165119	1.75	0.080
X_{11}	-.3126582	.3415295	-0.92	0.360
X_{12}	.0439829	.0585607	0.75	0.453
X_{13}	-.1847705	.1887095	-0.98	0.328
X_{14}	.0493707	.0565911	0.87	0.383
X_{15}	-.0597581	.0597122	-1.00	0.317
X_{17}	.0012454	.0009505	1.31	0.190
X_{18}	-.0541403	.0912188	-0.59	0.553
X_{19}***	-.5878154	.1010802	-5.82	0.000

因变量	Y_2 贫困农户贷款可得性			
自变量	相关系数	标准方差	z 值	$P > \lvert z \rvert$
X_{20} [**]	.1227935	.0625936	1.96	0.050
样本数量	450			
LR 统计量	83.93			
Prob>chi2	0.0000			
Pseudo R^2	0.1458			
预测准确百分比	72.89%			
似然函数值	−245.83			

注：（1）表中数据由 stata 11 软件 Probit 命令估计；（2）***、**、* 分别表示在 1%、5%、10% 的水平显著

通过表 2-15 计量结果分析，可发现户主教育程度 X_2、农户流动资产 X_7、农户固定资产 X_8、农户生产性支出水平 X_{10} 及村庄繁华程度 X_{20} 均表现为正向促进作用，而村庄所处位置则表现为负向作用，具体分析如下：

（1）贫困农户家庭特征中户主教育程度 X_2 显著影响农户信贷来源。其对应 P 值为 0.02，可通过 5% 的显著性水平下统计检验，且系数为正。这说明户主教育程度越高，越容易获得银行、农信社等正规金融机构的贷款，而这一结果也与现实情况及前文统计描述结果一致。一般而言，学历较高的农户具有较稳定的收入来源，并且投资意识和信贷理念都较强。他们往往具备一定的生产经营能力和技术操作水平，具有扩大生产经营规模和进行商业运营投资的意愿。因此，相对于低学历农户，正规金融机构也更偏向预期收益较高、风险较低的高学历人群。从而，高学历农户从正规金融机构的获贷机率明显增强。

（2）贫困农户资产状况仍是影响农户信贷来源的重要因素。家庭流动资产情况 X_7 和家庭固定资产情况 X_8 分别通过 5% 的显著性水平和 10% 的显著性水平检验，并且系数均为正值。与影响农户信贷需求的负向作用不同，家庭流动资产情况 X_7 对于信贷渠道选择也具有正向影响。这说明农户资产状况是衡量农户财力状态和还款能力的重要指标，农户所持现金、储蓄及房产价值越高，农户越容易达到正规金融机构资信审核的要求，也具有更好的抵押贷款条

件，其从正规金融机构获贷可能性也越高。

（3）贫困农户支出状况中生产性支出占比 X_{10} 可正向影响农户信贷来源。据表 2-15 可知，X_{10} 的 P 值为 0.08，仅在 10% 的显著性水平下统计显著，对于农户信贷来源具有一定正向影响。这是由于产生生产性信贷需求的人群一般具有强烈的扩大收入来源及收入水平的意愿，具备一定的生产经营能力和经验积累，比生活性信贷更具获利空间。正规金融机构审批贷款时，相较于生活性贷款需求，更倾向于用于生产性支出的信贷。

（4）贫困农户村庄所在地区状况对于农户信贷来源也具有显著影响。分别运用村庄处于东部、中部和西部地区，以及日常方式距离商业中心时间进行衡量村庄所处位置 X_{19} 和村庄繁华程度 X_{20}。不难看出，村庄所处位置 X_{19} 在 1% 的显著性水平下统计显著，系数为负。而村庄繁华程度 X_{20} 在 5% 的显著性水平下统计显著，系数为正。这说明村庄处于东部地区、距离商业中心越近，越容易受到正规金融机构的支持。这是由于我国贫困地区和贫困人口主要集中于西部地区，金融机构分布数量和服务水平低于东部地区。相较于西部地区贫困农户的片状密集分布，东部地区贫困村庄和贫困农户分布较为分散，更易受到周围经济发达地带的辐射作用，贫困农户财富状态和收入水平有所改善，从正规金融机构获贷机率提高。

三、影响贫困农户获贷金额的因素

贫困农户信贷需求的满足不仅包含正规和非正规金融机构信贷可得性，也包含农户实际获得资金额度是否能满足其需求。而农户的实际获贷金额受到家庭特征、收入支出与资产水平、社会资本及地区状况等诸多因素的影响，表 2-16 反映了影响贫困农户信贷金额因素的实证分析结果，此处依据 2012 年 CFPS 中填写信贷金额的贫困农户样本数据，运用线性 OLS 进行估计。其中，R^2 为 72.3，说明模型具有较高的拟合优度，而 F 统计量为 124.89，对应的 P 值大小为 0.0000，拒绝原假设所有回归参数都为 0，模型自变量联合显著。

表 2-16　影响农户获贷金额因素的估计结果

因变量	Y_3 贫困农户信贷金额			
自变量	相关系数	标准方差	z 值	$P > \mid z \mid$
X_1	1331.45	1416.63	0.94	0.348
X_2	1874.991	1789.577	1.05	0.295
X_3	330.8682	909.4918	0.36	0.716
X_4	-7.908672	33.86223	-0.23	0.815
X_5 *	1700.265	937.2951	1.81	0.070
X_6	-2913.563	2165.941	-1.35	0.179
X_7	203.4827	888.6041	0.23	0.819
X_8 ***	5337.379	937.1999	5.70	0.000
X_9	1832.549	5569.374	0.33	0.742
X_{10} **	806.5589	390.1388	2.07	0.039
X_{11}	-1245.566	8030.09	-0.16	0.877
X_{13}	-1884.496	4721.863	-0.40	0.690
X_{14} **	2727.574	1413.383	1.93	0.050
X_{15}	-763.111	1444.794	-0.53	0.598
X_{18}	-1131.13	2147.542	-0.53	0.599
X_{19}	-2090.488	2371.814	-0.88	0.379
_ cons	-3590.347	17866.02	-0.20	0.841
样本数量	505			
F （18，485） = 124.89				
R^2 = 72.3				

注：（1）表中数据由 stata 11 软件 reg 命令估计；（2）***、**、* 分别表示在 1%、5%、10% 的水平显著

由表 2-16 影响农户信贷金额因素的估计结果表明：

（1）贫困农户固定资产状况显著影响农户实际获贷金额。与影响农户信贷可得性与农户信贷渠道的因素不同，家庭流动资产并不具有统计显著性，而家庭固定资产在 1% 的显著性水平下显著，并能产生正向影响。这说明农户拥有土地价值与房产价值越高，财富状况和资信状况良好，所获实际贷款金额也

越高。

（2）贫困农户收入水平和生产性支出占比也对实际获贷金额产生正向影响。从表 2-16 可知，农户人均收入水平 X_5 和生产性支出占比 X_{10} 分别在 10% 和 5% 的显著性水平下统计显著，且符号为正。对于收入水平和生产性支出占比相对而言较高的农户，其资金用于生产性投入的意愿更强，所需扩大经营规模的资金越多，预期获利和实际获贷金额也越高。

（3）贫困农户待人接物评分 X_{14} 可一定程度影响信贷金额。表 2-16 中农户待人接物评分 X_{14} 可通过 5% 的显著性水平检验，并且产生正向影响。这是由于待人接物情况评分越高的农户人际关系和邻里状况越好。不仅容易获得信贷担保人，满足正规金融机构信贷担保条件，也容易从亲朋好友处满足资金需求。

第五节　结　论

本章通过微观农户视角，从需求层面讨论了贫困地区农村金融服务现状。选用数据来源于 2012 年北京大学中国家庭追踪调查（CFPS）以及 2013 年陕南农村经济金融调研组的调查数据。旨在掌握农村经济运行最小单位——农户的收入支出结构、信贷需求特征、信贷需求的影响因素及农户收入与信贷可得性及信贷用途的关系。试图从需求层面反映贫困地区农村金融服务不足的症结所在。

首先，农户收入水平的高低依然是影响农户贷款获批程度和贷款额度的主要诱因。在分析贫困农民收支构成的基础上，将有效样本农户分为 10 组，讨论贫困农户收入水平与信贷可得性、贷款金额的关系。分析可知，人均收入水平较高的五组比收入水平较低五组，从正规金融机构的获贷比例高出 10 个百分点，这与现实中农村金融机构偏好较高收入的放贷人群相一致。而户均贷款金额曲线随着人均收入水平，呈现 U 形趋势。即人均收入较低的几组和人均收入水平处于上半段的贫困农户，所需的贷款金额更多。前者为了弥补入不敷出的资金空缺，后者为了扩充生产经营条件和规模。

其次，农户的收支状况决定了信贷资金用途和信贷需求特征。农民经营性收入缩减，工资性收入稳步上升，财产性收入和转移性收入尽管增速较快，但其所占收入份额比例依然很低。2014 年贫困地区农民人均收入为 6088 元，人均消费为 5185 元，农户用于储蓄的金额不足 1000 元。遇到难以预期的灾害、伤病和死亡时，农户无法通过计划储蓄的方式短期筹得大量资金和收入来抵消大额支出，从而诱发相应的信贷需求。农户的支出构成决定了信贷资金使用方向，农户用于消费性支出的金额远高于生产性支出，从而农户消费性信贷比例也高于生产性信贷。而过高的消费性信贷需求不能激发正规金融机构的贷款积极性。

再次，贫困地区金融服务供给和需求抑制并存，正规金融机构更偏向贷款于家庭规模较大、受教育程度较高、申请生产性贷款、从事非农产业、收入水平较高及所持现金余额更多的农户。许多贫困农户尽管具有强烈的潜在信贷需求，但实际信贷满足率较低，且获贷比率有进一步下降趋势。民间金融是贫困农户信贷获取的主要途径，正规金融机构贷款集中于信用社。农户贷款以小额贷款为主，借贷资金主要用于传统生活性需求。近年来，贫困农户还款积极性虽有所提高，但扶贫贷款仍偏离最需帮扶的贫困群体。

最后，运用 Probit 模型，引入农户特征、收入与资产、农户支出、社会资本、金融活动情况和地区状况等自变量，计量分析不同变量对农户信贷可得性、信贷渠道及获贷金额的影响。发现收入水平、资产状况、生产性支出比例是影响贷款可得、正规金融机构支持和贷款金额的共同因素。而这三个因素恰好是贫困农户最为欠缺的三个方面。

第 三 章

贫困地区农村金融发展减贫效应

消除贫困是全面建设小康社会、保障城乡协调发展、维持社会和谐稳定的关键，响应联合国"新千年发展计划"的号召，我国在经济增长和贫困减缓方面的成绩斐然。然而，中国扶贫取得傲人成绩的同时，当代贫困正发生较大变化，贫困呈现区域化、固化延续、绝对贫困转向相对贫困的特点。伴随我国扶贫开发战略的实施，金融减贫行动也经历一系列变革与创新。从推广孟加拉国小额信贷模式和微型金融到小额贷款公司、资金互助社和村镇银行的成立，金融减贫方式不断探索并丰富演化。

学术界对于金融发展与贫困减缓的关系已进行深入研究，支持金融发展具有积极减贫效果的学者，分别从直接影响和间接影响两方面加以论证。而直接影响是通过金融服务范围的扩大，提升贫困农户直接参与金融活动和享受金融服务的机率，继而满足其融资需求来实现的。Michael Chibba（2008）表明包容性金融—减贫—千年发展目标的联系中，金融部门发展、金融知识、小额信贷和公共部门的支持起到非常重要影响。Doug Pearce（2004）也认为发展中国家金融部门明显有助于实现全球金融发展，特别有利于减缓贫困和饥饿。Burgess、Pande（2003）发现印度农村地区银行数量每增加 1%，农村贫困率将减少 0.34%。

与此同时，一些学者关注金融发展以经济增长为中介，通过经济增长促使穷人自发从中受益的间接效应。以经济增长作为金融减贫的媒介入手，Honohan（2004）研究表明，金融发展不仅能促进经济增长，并且可以降低贫困人口比重，金融发展每增加 10%，贫困比例下降近 3%。我国学者崔艳娟、孙刚（2012）、苏基溶（2009）、丁志国等（2011）也引入经济增长和收入分配等变量，分析金融发展与贫困减缓的作用效果与作用机制。苏基溶（2009）测算出贫困家庭的收入增长，大约有31%归因于金融发展的收入分配效应，69%是由于金融发展的经济增长效应所致。丁志国等（2011）表示金融减贫的间接效应明显高于直接效应。

有学者就金融发展对贫困减缓的影响提出与上述文献相左的观点，认为金融对贫困减缓的有利影响是在特定条件下产生的，金融的不稳定性、金融市场非竞争性及收入分配差距过大对农村贫困群体会产生消极影响。如 Jeanneney、Kpodar（2005）认为金融波动对贫困人群的打击更为显著并且可能抵消金融发展对其所带来的好处。孙艳娟（2012）运用我国省级数据也验证了这一观点。Ranjan、Zingales（2003）认为如果金融体系是非竞争的，那么往往仅有富人受益，贫困农户存在信贷约束和金融排斥，金融减贫甚至出现负向效果。Galor、Zeira（1993）的研究表明当分配不均的影响大于经济增长的减贫效应时，金融发展反而对贫困减缓不利。周子栋（2014）更以西部地区为例，表明金融中介的发展非但未能促进低收入者通过金融市场融资，反而进一步扩大了城乡居民收入差距。对于金融发展与贫困减缓的线性与非线性关系，我国学者杨俊（2008）、师荣蓉（2013）分别运用 VAR 分析方法和门限面板模型，研究了金融减贫的非线性关系，表明随着时期长短、金融机构特点和农户收入水平不同，金融减贫的作用效果不同。

学术界既有研究虽然从不同角度探索了金融发展和贫困减缓的作用关系、作用效果及作用机制。多采用不同省份贫困指标（多为人均收入、人均消费、加权贫困距指数等）衡量贫困程度，进而与金融发展等指标构建时间序列或面板模型，从整体测度金融发展对贫困减缓的关系。而即使同一省份，不同地区经济发展差异较大，笼统的研究不足以客观反映金融发展的减贫效应。因此，本章集中关注贫困地区，欲选取我国连片特困区 434 个贫困县区农村金融发展数据，引用系统 GMM 模型和面板向量自回归 PVAR 模型，定量分析农村金融发展与贫困减缓的线性或非线性、正向或负向的关系，以及长期和短期不同的作用效果。

第一节　理论模型构建[①]

从 20 世纪 50 年代开始，一大批发展经济学家针对贫困与反贫困问题进行广阔研究，不仅深化了反贫困理论，并将反贫困思想模型化。例如，纳克斯、纳尔逊、缪尔达尔、罗森斯坦·罗丹和莱宾斯坦等都强调资本投入和工业化发展对于发展中国家摆脱贫困的重要性。由于资本投入具有不可分割性和连续性，必须满足每个项目所需最低资本阈值，才能保障其顺畅有效开展。而主要制约贫困地区和贫困群体的稀缺要素就是资本和技术，依靠经济体本源的资本积累，很难跨越"门槛"摆脱贫困。"金融"作为现代经济的核心，具有融通整个社会经济活动，有效配置资金余缺的功能，金融市场的健康运行能够促使货币资金充分而有效地筹集、流通和使用，从而打开"贫困恶性循环"链条，促进国民经济良性循环发展。

一、基本假定

为了还原贫困群体技术选择、资本形成和贫困固化的状态，聚焦金融资源协助贫困群体跨越"贫困陷阱"的实现路径，审视金融市场不完善状态下，哪些因素成为拉大收入差距、获贷机会不平等和制约金融减贫效应的障碍，本章借鉴 Piketty（1997），Aghion、Bolton（1997）以及陈斌开、林毅夫（2012）的分析思路，提出以下假定。

假定 1：简单经济体存在贫困者、中等收入者和富裕者三个群体，每个生命个体只存活一个经济期生育一个后代，所有个体拥有相同的能力和偏好，个体差异仅表现为初始财富不同，劳动力为充裕要素。贫困者、中等收入者和富裕者初始财富分别为 K_p、K_m 和 K_r，且 $K_r > K_m > K_p \geq 0$。

假定 2：经济体中存在三种可供选择的技术，传统农业技术 A_1、现代劳动密集型技术 A_2 和现代资本密集型技术 A_3，对应生产三种不同类型的产品

[①]　本节原载于《统计与信息论坛》2014 年第 4 期。

G_1、G_2 和 G_3，所需最小资本投入量为 K_1、K_2 和 K_3（$K_3 > K_2 > K_1 \geqslant 0$，$K_r \geqslant K_3 > K_m \geqslant K_2 > K_p \geqslant K_1$）。

假定 3：单位资本 K 在不同的生产技术条件下效率不同，A_3 状态下效率最高，A_1 状态下效率最低。

假定 4：在 t 期内，经济个体将所得的收入 Y_t 用于消费 C_t 和储蓄 S_t，而本期的储蓄转化为此个体后代的资本 K_{t+1}，储蓄边际为 β。

二、各阶层群体生产过程与资本积累

在不考虑人力资本差异的情况下，索洛模型的生产函数为 $Y = F(K, N)$，也可表示为人均形式 $y = f(k)$。生产不同产品所需资本和劳动力投入的组合不同，t 期内贫困者、中等收入者和富裕者的生产函数如下所示：

$$Y_1 = A_1 F(K_P, L_1) \quad 0 \leqslant K_1 \leqslant K_p < K_2 \qquad (3-1)$$

贫困者初始财富几近为零，只能依靠劳动力从事传统农业生产。

$$Y_2 = A_2 F(K_m, L_2) \quad K_2 \leqslant K_m < K_3 \qquad (3-2)$$

中等收入者具备一定资本积累量，但无法达到现代资本密集型技术所需的资本阈值 K_3，从而选择生产现代劳动密集型技术产品。

$$Y_3 = A_3 F(K_r, L_3) \quad K_r \geqslant K_3 \qquad (3-3)$$

只有富裕者才能生产现代资本密集技术型产品。

由于劳动力 L 为充裕要素，因而经济个体会选择不同技术水平下与资本数量相匹配的最优劳动投入量，实现产出最大化。Y_{pt}、Y_{mt} 和 Y_{rt} 分别为贫困者、中等收入者和富裕者 t 期内的最优产量。由于不同生产技术水平对应的单位资本生产效率存在差异，因此 $Y_{rt} > Y_{mt} > Y_{pt}$。

由于储蓄边际倾向为 β，引用凯恩斯线性储蓄函数 $S_t = -\alpha + \beta y_t$，不同经济个体本期 t 所得储蓄量分别为 βY_{pt}、βY_{mt} 和 βY_{rt}，储蓄利息为 $r\beta Y_{pt}$、$r\beta Y_{mt}$ 和 $r\beta Y_{rt}$，本期储蓄及利息会转化为下期个体后代的资本 K_{t+1}。

三、金融资源供给对摆脱贫困的重要影响

如果在封闭状态下生产，经济个体无法从外部获得融资，则贫困者、中等

收入者和富裕者 $t + 1$ 期生产资本均为 t 期储蓄及利息转化，依然 $K_{p,\ t+1} <$ $K_{m,\ t+1} < K_{r,\ t+1}$。

$t + 1$ 期贫困者的生产状况：

$$\begin{cases} Y_2 = A_2 F(K_{p,\ t+1},\ L) & K_{p,\ t+1} \geqslant K_2 & (3-4) \\ Y_1 = A_1 F(K_{p,\ t+1},\ L) & 0 \leqslant K_1 \leqslant K_{p,\ t+1} < K_2 & (3-5) \end{cases}$$

此时若 $K_{p,\ t+1} \geqslant K_2$，则贫困者具有选择改善自身生产技术和条件的机会，引入现代劳动密集型技术进行生产，如式（3-4）所示。而现实的状况却是 $K_{p,\ t+1}$ 很难跨越 K_2，反而仍然几近为零。这是由于贫困者从事简单传统农业生产，生产效率较低且易受自然条件的制约，当期收入基本仅能或难以维持日常生活开销，无法具备储蓄并积累资本的能力。如此，贫困者初始财富决定其生产技术选择、本期收入和储蓄水平，进一步制约下期生产条件和收入，导致收入长期停滞落入"贫困陷阱"之中，如式（3-5）所示。

如果在开放状态下生产，经济个体可以从外部获得融资。固然 $K_{p,\ t+1} <$ K_2，贫困者可得外源性资本供给 M_{t+1}，则 $t + 1$ 期贫困者生产资本拥有量 $K_{p,\ t+1}'$ 为

$$\begin{aligned} K_{p,\ t+1}' &= K_{p,\ t+1} + M_{t+1} \\ &= \beta Y_{pt} + r\beta Y_{pt} + M(pov,\ fir,\ eco,\ env) \end{aligned} \quad (3-6)$$

外源性资本供给受到贷款群体自身条件、金融市场发展状态、所在区域经济增长水平和经济环境等多方面的影响，其函数形式可表述为 $M(pov,\ fir,\ eco,\ env)$。其中，pov 为贷款群体经济水平，fir 为金融市场发展程度，eco 为经济增长水平，env 为外部经济环境。金融市场发展 fir 决定了金融资源配置水平、服务成本和获贷机率，其对借贷群体的作用效果并非始终为正，当金融发展规模不适应当地经济发展水平和借贷需求，金融发展效率未达到合理区间时，金融发展反而带来金融资源配置低效、服务成本过高加重还款负担、借贷动力缺乏等问题。外部经济环境 env 则包括政府财政支出、政府投资水平、城乡收入差距、城市化等一系列因素。

若 $K_2 - (\beta Y_{1t} + r\beta Y_1) > M(pov,\ fir,\ eco,\ env)$ 时，贫困者通过外部力量也无法改变现状，依然遵循生产函数式（3-5），从事简单传统农业生产。

若 $K_2 - (\beta Y_{1t} + r\beta Y_1) \leqslant M(pov, fir, eco, env)$ 时，贫困者可通过外部融资弥补资本存量不足，从而具备选择现代劳动密集型技术提高劳动生产率的可能性，试图建立自我发展机制摆脱"贫困陷阱"，如式（3-4）所示。

结合式（3-4）和式（3-6）可得贫困者接受外源性资本供给后的生产函数式（3-7）：

$$Y_{t+1} = A_2 F(K_{p, t+1}', L) \quad K_{p, t+1}' \geqslant K_2$$
$$= A_2 F(K_{p, t+1} + M_{t+1}, L)$$
$$= A_2 F\{\beta Y_{pt} + r\beta Y_{pt} + M(pov, fir, eco, env), L\} \tag{3-7}$$

因此，可以得到以下推论：

推论1：金融发展是贫困减缓的有效途径，可通过外部资本供给弥补初始资本禀赋不足的差距，跨越投资不可分性引致的"门槛效应"，实现贫困者生产条件和投资机会的改善。

推论2：金融发展减缓贫困是在一定条件下实现的，现阶段贫困地区金融发展是否带来正向效应，取决于金融发展规模与效率是否适应当地经济发展水平和贫困群体借贷需求。

推论3：借贷者收入水平和贫困状态会对金融资源的获得产生影响，收入水平越低越难获得金融供给，贫困状态更易持续。

推论4：减贫战略的有效实施需要外部经济环境得以支持，经济增长、收入分配、政府财政投入与投资水平、城镇化等因素都对其具有一定影响。

第二节　农村金融发展对贫困减缓的动态面板分析

一、系统 GMM 估计原理及模型选取

（一）系统 GMM 估计原理

本章选取我国连片特困区 435 个贫困县进行面板数据分析，由于整体样本 $N = 435$、$T = 9$，属于典型大 N 小 T 的短面板数据，因此本章采用系统广义距 SYS-GMM 分析方法进行检验。

系统 GMM 方法由 Arellano、Bover（1995）首先提出，随后 Blundell、Bond（1998）进行了系统发展，Haha（1999），Judson、Owen（1999）等也进一步研究拓展。系统 GMM 模型中，将因变量的滞后项作为解释变量，不仅可以考虑个体的动态行为，而且可以放宽随机扰动项必须服从正态分布的限定，允许随机扰动项存在异方差和序列相关。但是系统 GMM 模型必须假定 $\{\Delta Y/Y = \Delta K/K , \Delta K \cdots\}$ 与 u_i 无关，并且新增工具变量为有效工具变量。

为了检验模型的准确性，一是检验扰动项 $\{I_t\}$ 是否存在自相关可通过 Abond 命令检验扰动项的差分是否存在一阶与二阶自相关来验证原假设。二是运用 Sargan 检验判断新增工具变量是否有效，其原假设为"所有工具变量都有效"，若其被拒绝，则意味某些新增工具变量与扰动项相关，不是有效工具变量。三是通过 Pooled OLS 和 Fixed Effects 估计出 y_{it-1} 真实估计值的上界和下界，以此对比系统 GMM 模型的估计值是否在两者之间。

（二）计量模型设定

通过上述理论和文献的讨论，为了验证理论模型的四个推论，结合函数式（3-7）设定计量检验模型式（3-8）。由于考虑前期贫困人口具有强烈的持续贫困倾向，为了避免遗漏变量导致的偏误，此处引入被解释变量的滞后一阶，构建动态面板分析模型。首先，讨论金融发展与贫困减缓的关系，对推论 1 进行验证。此处以国家连片特困区扶贫工作重点县名单为依据，选取 435 个国定贫困县样本数据，将金融发展划分为规模、效率两个层面，测度不同维度金融发展指标是否正向作用于贫困地区，以及作用效果的差异。其次，加入金融发展的二次项，检验贫困地区金融发展与贫困减缓之间是否存在非线性的倒"U"形关系，即金融发展减缓贫困是在一定条件下实现的，从而验证推论 2。再次，引入贫困程度的一阶滞后项，考察贫困的持续及固化，间接支持推论 3。最后，引入贫困县区经济增长、收入分配、财政支出比例及其他控制变量，分析不同因素对贫困减缓的影响，对推论 4 进行验证。其计量模型可以表述如下：

$$\ln pov_{it} = \alpha_0 + \alpha_1 \ln pov_{it-1} + \alpha_2 fir_{it} + \alpha_3 fir_{it}^2 + \alpha_4 \ln eco_{it} + \alpha_5 ig_{it} +$$
$$\alpha_6 gov_{it} + \beta_i x_{it} + \mu_{it} \tag{3-8}$$

其中，被解释变量 $lnpov_{it}$ 为贫困县区人均收入的自然对数值，用来衡量贫困程度。$lnpov_{it-1}$ 为被解释变量的滞后一阶，是上一期人均收入的自然对数。fir_{it} 表示金融发展程度，其可分为金融发展规模 fa_{it}、金融发展效率 fe_{it} 两层面。$lneco_{it}$ 为人均地区生产总值的自然对数，表示样本区域的经济发展水平。ig_{it} 为城乡收入比，gov_{it} 为各贫困县财政支出占比。x_{it} 为控制变量，包含城市化、医疗水平、投资水平、转移支付情况、耕地面积占比、农业机械化程度、第一产业和第二产业发展情况等。μ_{it} 为误差项，下标 $i(i = 1,\dots,n)$ 和 $t(t = 2000,\dots,2012)$ 分别代表地区和时间。

二、变量选取与数据描述

（一）变量选取

1. 被解释变量

本章选取我国连片特困区贫困县人均收入的自然对数值 $lnpov_{it}$ 衡量贫困程度。对于贫困的测度，国内外大量学者已经进行多角度的探索，一是以国家发布贫困线为基础，通过比较各地收入与贫困线，得到 FGT 指数、森指数、贫困发生率及贫困距等反映贫困的指标。二是从消费角度，以人均消费水平和恩格尔系数代表贫困。三是认为贫困不仅表现在物质的匮乏，更表现为能力的欠缺、权力的缺失和发展机会贫困，强调贫困测度的多维化。由于国家统计局农村调查队每年仅公布全国整体贫困线和贫困人口数，却未发布各省、各县的贫困线及贫困人口数量，因此运用 FGT 指数、贫困发生率及贫困距等指标测度各县区贫困程度并不合理。此外，我国农户消费受到预期、不确定性、风险及消费习惯等因素影响，消费并非理性平滑，因此以消费测度贫困程度存在偏颇。本章所研究的地区是全国连片特困区，经济发展较为落后，包括全国绝大多数扶贫工作重点县，收入贫困仍是该地区贫困问题的主要体现，因此，本章借鉴 Dolly、Kraay（2002），张苹（2011），郭熙保（2008）及杨霞（2012）的做法，运用人均收入的自然对数值 $lnpov_{it}$ 衡量贫困程度。

2. 核心解释变量

第一，金融发展程度 fir_{it}。本章从金融发展规模 fa_{it}、金融发展效率 fe_{it} 两个层面测度金融发展状况。其中，金融发展规模 fa_{it} 借鉴戈德·史密斯（Gold Smith）金融相关比率 FIR 的概念，是指一定时期样本区域全部金融资产价值与该区域经济活动总量的比值。由于证券、债券和保险在欠发达地区作用有限，因此，本章以我国连片特困区各贫困县区城乡居民储蓄存款与金融机构贷款之和与其 GDP 的比率反映金融发展规模。对于金融发展效率 fe_{it}，由于欠发达地区金融体系中银行占据重要位置，因此运用年末贷款余额与存款余额之比表示。

第二，初始贫困状态 $\ln pov_{it-1}$。由于贫困具有强烈的持续性，因此运用上一期贫困群体人均收入的自然对数代表贫困的初始状态，分析前期贫困状态对当期贫困的影响。

第三，经济增长水平 $\ln eco_{it}$。由于大量资料表明地区经济增长能影响人们收入水平，因此本章采用我国连片特困区各贫困县区人均地区生产总值代表其经济增长水平。

第四，收入分配 ig_{it}。Galor、Zeira（1993），Ravallion（1997），Jeanneney、Kpodar（2005）及 Greenwood、Jovanovic（1990）的研究都表明当分配不均的影响大于经济增长的减贫效应时，金融发展反而对贫困减缓不利。本章运用我国连片特困区各贫困县城镇居民平均工资与农村人均纯收入之比，表示城乡收入分配差距程度，分析其对贫困减缓的影响。

第五，财政支出水平 gov_{it}。近年来我国扶贫开发事业推向崭新的阶段，政府对贫困地区扶持力度不断加大，本章运用我国连片特困区各贫困县财政支出数额与其 GDP 之比，测度财政支出对贫困减缓的影响。

3. 控制变量

由于样本区域为国家扶贫重点县，居民收入以家庭经营性收入为主，农业生产仍是主要收入途径。因此，农业生产条件，城市化，投资水平，转移支付，医疗水平，第一、二产业发展情况等因素会影响不同县区的经济发展、人均收入以及贫困减缓。本章将以上变量设定为控制变量，其变量名称、含义及样本特征如表 3-1 所示。

表 3-1　变量描述与统计

变量	变量描述	观测值	平均值	标准差	最小值	最大值
pov	人均收入水平	3854	3077.606	1407.474	668	11261
fa	存贷款余额之和/GDP	3854	1.236071	.6380132	.0148268	16.80734
fe	贷款余额/存款余额	3854	.8648214	.9753161	.0165909	38.65225
eco	各县人均 GDP	3852	9859.062	19038.63	570	830068
ig	城镇人均收入/农村人均收入	3854	8.767003	3.937282	.0008377	85.43358
gov	地方财政支出/GDP	3854	.4127551	.3287802	.0248652	3.739391
inv	固定资产投资额/GDP	3854	.7971787	.557968	.0255422	10.31101
urb	城镇人口数/总人口数	3854	.1439593	.0903032	.0014793	.8949222
med	每千人医院院床位数	3854	2.146875	1.25864	.030303	32.484
as	耕地面积/总面积	3523	.4982945	.8823143	1.41e-08	15.44768
am	农业机械动力/第一产业增值	3831	.3222378	.2354267	4.58e-06	7.261287
agr	第一产业增值/GDP	3854	.3111154	.1313919	.0004118	2.99852
ind	第二产业增值/GDP	3854	.3284729	.1829839	.0189987	5.134785
mt	社会消费品总额/GDP	3854	.311014	.1984348	.0040535	4.751056
tran	财政支出—财政收入	3854	82738.2	65869.74	-86489	580159

注：（1）数据来源于《中国区域经济统计年鉴 2005—2014》《中国县市社会经济统计年鉴 2006—2014》及 2006—2014 年各省统计年鉴；（2）表中数据由 stata11 软件 sum 命令估计

（二）数据来源

本章涵盖 2005—2013 年国家连片特困区 435 个国定贫困县区的面板数据，共有 3854 个研究样本。所得数据来源于《中国区域经济统计年鉴 2006—2014》《中国县市社会经济统计年鉴 2006—2014》《中国农村贫困监测报告 2006—2011》以及 2006—2014 年各省份统计年鉴，其中所包含贫困县样本分布省份及所属连片特困区名称统计如表 3-2 所示。

表 3-2　贫困县样本分布统计

省、区、市	样本县个数	样本县名称	所属连片特困区名称
河北	16	阜平县、唐县、涞源县、顺平县、张北县、康保县、沽源县、尚义县、蔚县、阳原县、怀安县、万全县、平泉县、隆化县、丰宁县、围场县	燕山—太行山区
山西	20	阳高县、天镇县、广灵县、灵丘县、浑源县、五台县、繁峙县、静宁县、神池县、五寨县、岢岚县、吉县、大宁县、隰县、永和县、汾西县、兴县、临县、石楼县、岚县	燕山—太行山区、吕梁山区
内蒙古	8	化德县、商都县、兴和县、阿尔山市、科尔沁右翼前旗、科尔沁右翼中旗、扎赉特旗、突泉县	大兴安岭南麓山区、燕山—太行山区
吉林	3	镇赉县、通榆县、大安市	大兴安岭南麓山区
黑龙江	5	泰来县、甘南县、拜泉县、林甸县、兰西县	大兴安岭南麓山区
安徽	11	潜山县、太湖县、宿松县、岳西县、临泉县、阜南县、颍上县、寿县、霍邱县、金寨县、利辛县	大别山区
江西	14	莲花县、赣县、上犹县、安远县、宁都县、于都县、兴国县、会昌县、寻乌县、遂川县、万安县、永新县、井冈山市、乐安县	罗霄山区
河南	19	兰考县、栾川县、嵩县、汝阳县、洛宁县、鲁山县、卢氏县、南召县、淅川县、民权县、宁陵县、光山县、新县、商城县、固始县、淮滨县、沈丘县、淮阳县、新蔡县	秦巴山区、大别山区
湖北	23	郧县、郧西县、竹山县、竹溪县、房县、丹江口市、秭归县、长阳县、孝昌县、大悟县、红安县、罗田县、英山县、蕲春县、麻城市、恩施市、利川市、建始县、巴东县、宜恩县、咸丰县、来凤县、鹤峰县	秦巴山区、武陵山区、大别山区
湖南	17	邵阳县、隆回县、城步县、桑植县、安化县、汝城县、桂东县、沅陵县、通道县、新化县、泸溪县、凤凰县、花垣县、保靖县、古丈县、永顺县、龙山县	武陵山区、罗霄山区
广西	24	隆安县、马山县、融水县、三江县、龙胜县、德保县、靖西县、那坡县、凌云县、乐业县、田林县、西林县、隆林县、西林县、凤山县、东兰县、罗城县、环江县、巴马县、都安县、大化县、忻城县、龙州县、天等县	滇黔桂石漠化区
重庆	12	黔江区、城口县、丰都县、武隆县、云阳县、奉节县、巫山县、巫溪县、石柱县、秀山县、酉阳县、彭水县	秦巴山区、武陵山区

续表

省、区、市	样本县个数	样本县名称	所属连片特困区名称
四川	30	叙永县、古蔺县、朝天区、旺苍县、苍溪县、马边县、仪陇县、屏山县、宣汉县、万源市、通江县、南江县、平昌县、小金县、黑水县、壤塘县、甘孜县、德格县、石渠县、色达县、理塘县、木里县、普格县、布拖县、金阳县、昭觉县、喜德县、岳西县、美姑县、雷波县	秦巴山区、乌蒙山区、四省藏区
贵州	48	六枝特区、正安县、道真县、务川县、习水县、普定县、镇宁县、关岭县、紫云县、江口县、石阡县、思南县、印江县、德江县、沿河县、松桃县、兴仁县、普安县、晴隆县、贞丰县、望谟县、册亨县、安龙县、大方县、织金县、纳雍县、威宁县、赫章县、黄平县、施秉县、三穗县、岑巩县、天柱县、锦屏县、剑河县、台江县、黎平县、榕江县、从江县、雷山县、麻江县、丹寨县、荔波县、独山县、平塘县、罗甸县、长顺县、三都县	武陵山区、乌蒙山区、滇黔桂石漠化区
云南	69	禄劝县、寻甸县、会泽县、施甸县、龙陵县、昌宁县、昭阳区、鲁甸县、巧家县、盐津县、大关县、永善县、绥江县、镇雄县、彝良县、威信县、永胜县、宁蒗县、宁洱县、墨江县、景东县、镇沅县、江城县、孟连县、澜沧县、西盟县、临翔区、凤庆县、云县、永德县、镇康县、双江县、沧源县、双柏县、南华县、姚安县、大姚县、武定县、屏边县、泸西县、元阳县、红河县、金平县、绿春县、砚山县、西畴县、麻栗坡县、马关县、丘北县、广南县、富宁县、勐腊县、漾濞县、弥渡县、南涧县、巍山县、永平县、云龙县、洱源县、剑川县、鹤庆县、梁河县、泸水县、福贡县、贡山县、兰坪县、香格里拉县、德钦县、维西县	乌蒙山区、滇黔桂石漠化区、滇西边境山区、四省藏区
陕西	36	陇县、麟游县、太白县、永寿县、长武县、淳化县、洋县、西乡县、勉县、宁强县、略阳县、镇巴县、留坝县、佛坪县、横山县、绥德县、米脂县、佳县、吴堡县、清涧县、子洲县、汉阴县、石泉县、宁陕县、紫阳县、岚皋县、镇坪县、旬阳县、白河县、商州区、洛南县、丹凤县、商南县、山阳县、镇安县、柞水县	六盘山区、秦巴山区、吕梁山区
甘肃	42	榆中县、会宁县、清水县、秦安县、甘谷县、武山县、张家川县、古浪县、天祝县、庄浪县、静宁县、环县、华池县、合水县、宁县、镇原县、安定区、通渭县、陇西县、渭源县、临洮县、漳县、岷县、武都区、文县、宕昌县、康县、西和县、礼县、两当县、临夏县、康乐县、永靖县、广河县、和政县、东乡县、积石山县、合作市、临潭县、卓尼县、舟曲县、夏河县	六盘山区、秦巴山区、四省藏区

省、区、市	样本县个数	样本县名称	所属连片特困区名称
青海	13	湟中县、民和县、乐都县、化隆县、循化县、泽库县、甘德县、达日县、玛多县、杂多县、治多县、囊谦县、曲麻莱县	六盘山区、四省藏区
宁夏	6	同心县、西吉县、隆德县、泾源县、彭阳县、海原县	六盘山区
新疆	18	阿图什市、阿克陶县、阿合县、乌恰县、疏附县、疏勒县、英吉沙县、莎车县、叶城县、岳普湖县、伽师县、塔什库尔干塔克自治县、和田县、墨玉县、皮山县、洛浦县、于田县、民丰县	南疆三地州

注：数据来源于《2011 中国农村贫困监测报告》中 14 个连片特殊困难地区简介

三、模型检验结果

（一）金融发展规模与贫困减缓计量结果分析

表 3-3 显示金融发展规模 fa 对贫困测度指标 $\ln pov$ 的实证检验结果，从而检验推论 1。模型（1）—模型（3）分别列出被解释变量与基本解释变量的混合截面（pooled-cross section data）、固定效应（fixed effet）和 two-step 系统 GMM 模型的估计结果。而模型（4）加入 fa^2 检验金融发展规模对贫困减缓是否存在类似库兹涅茨曲线的"U"形关系即推论 2。

表 3-3　金融发展规模与贫困减缓的实证结果

解释变量	被解释变量：贫困县区人均收入自然对数值			
	模型（1）	模型（2）	模型（3）	模型（4）
	pooled ols	fixed effect	sys-gmm	gmm_ fa^2
$L. \ln pov$	0.868*** （113.83）	0.686*** （66.91）	0.858*** （151.90）	0.866*** （149.51）
fa	−0.000695 （−0.22）	−0.00865 （−1.92）	−0.0204*** （−10.96）	−0.0483*** （−7.37）
$\ln eco$	0.0808*** （16.74）	0.218*** （29.54）	0.120*** （32.95）	0.117*** （32.97）

续表

解释变量	被解释变量：贫困县区人均收入自然对数值			
	模型（1）	模型（2）	模型（3）	模型（4）
ig	−0.00564*** (−9.71)	−0.00443*** (−6.96)	−0.00331*** (−5.40)	−0.00365*** (−5.66)
gov	0.0328*** (4.98)	0.118*** (9.41)	0.0963*** (13.76)	0.110*** (14.93)
fa^2				0.00222** (3.20)
$cons$	0.483*** (11.31)	0.631*** (13.85)	0.175*** (7.35)	0.175*** (6.88)
样本量	3398	3398	3398	3398
工具变量	83	84		
Abond 检验 AR（1）	−5.1643	−5.1252		
	（0.0000）	（0.0000）		
Abond 检验 AR（2）	.22186	.26073		
	（0.8244）	（0.7943）		
Sargan 检验	313.3349	308.6181		
	（0.6800）	（0.6810）		

注：（1）表中数据由 stata 11 软件 xtdpdsys 命令估计；（2）括号内数字为标准差；（3）***、**、*分别表示在 1%、5%、10%的水平显著

表 3-4 考察逐步加入控制变量后，金融发展规模 fa 对贫困测度指标 lnpov 的检验结果。其中，模型（5）—模型（12）通过逐次放入控制变量投资水平 inv、转移支付 lntran、城镇化水平 urb、第一产业发展水平 agr、第二产业发展水平 ind、医疗水平 med、耕地面积占比 as 和农业机械化程度 am 检验"U"形关系的一致性，模型（13）则列入所有控制变量进行整体分析，验证推论 4 内容。模型（1）—模型（13）都加入贫困程度的一阶滞后项，考察贫困的延续性即推论 3。

表 3-4　金融发展规模与贫困减缓的实证结果（包括控制变量）

解释变量	被解释变量：贫困县区人均收入自然对数值								
	模型(5)	模型(6)	模型(7)	模型(8)	模型(9)	模型(10)	模型(11)	模型(12)	模型(13)
	fa-inv	fa-lntran	fa-urb	fa-agr	fa-ind	fa-med	fa-as	fa-am	fa-all
$L.lnpov$	0.866*** (148.06)	0.694*** (60.56)	0.867*** (143.00)	0.867*** (143.25)	0.869*** (146.83)	0.868*** (147.27)	0.858*** (143.84)	0.867*** (149.68)	0.669*** (52.94)
fa	-0.0484*** (-7.37)	-0.0425*** (-5.12)	-0.0466*** (-7.20)	-0.0407*** (-5.32)	-0.0539*** (-9.50)	-0.0476*** (-7.24)	-0.0511*** (-7.28)	-0.0515*** (-7.47)	-0.0357*** (-5.05)
$lneco$	0.117*** (33.04)	0.0693*** (18.16)	0.118*** (32.39)	0.114*** (33.70)	0.115*** (31.66)	0.117*** (33.16)	0.121*** (34.44)	0.116*** (32.79)	0.0671*** (19.37)
lg	0.00365*** (-5.65)	0.00433*** (-4.33)	0.00374*** (5.90)	0.00324** (-4.88)	0.00349** (-5.38)	0.00364** (-5.64)	0.00351*** (-4.96)	0.00340** (-5.23)	0.00598*** (-5.76)
gov	0.111*** (13.32)	-0.0877*** (-5.41)	0.110*** (14.86)	0.104*** (10.98)	0.0995*** (12.05)	0.110*** (14.68)	0.102*** (14.14)	0.114*** (15.53)	0.118*** (6.27)
fa^2	0.00219** (3.16)	0.00437*** (4.47)	0.00210** (3.07)	0.00224* (2.56)	0.00179** (3.50)	0.00217** (3.14)	0.00241** (3.23)	0.00248*** (3.37)	0.00179** (2.40)
inv	0.000378 (0.13)								-0.00878* (-2.20)
$lntran$		0.158*** (20.16)							0.164*** (21.20)
urb			-0.0643 (-1.83)						-0.000537 (-0.01)
Agr				-0.0284 (-0.98)					-0.0682** (-2.76)
ind					0.0493** (2.81)				0.150*** (10.52)
med						-0.00155 (-1.25)			0.00235 (1.80)
as							-0.00176 (-1.28)		-0.00301* (-2.57)
am								-0.0141** (-2.98)	-0.00962 (-1.32)
$cons$	0.176*** (6.56)	0.271*** (7.80)	0.161*** (6.22)	0.182*** (4.26)	0.161*** (6.02)	0.161*** (6.09)	0.204*** (7.59)	0.180*** (6.89)	0.422*** (9.51)

解释	被解释变量：贫困县区人均收入自然对数值								
变量	模型（5）	模型（6）	模型（7）	模型（8）	模型（9）	模型（10）	模型（11）	模型（12）	模型（13）
样本量	3398	3393	3398	3398	3398	3398	3079	3381	3068
工具变量	85	85	85	85	85	85	85	85	89
Abond	−5.1272	−5.8582	−5.1334	−5.1326	−5.0982	−5.125	−5.2447	−5.1064	−5.2288
检验 AR（1）	（0.0000）	（0.0000）	（0.0000）	（0.0000）	（0.0000）	（0.0000）	（0.0000）	（0.0000）	（0.0000）
Abond	.26073	.74001	.301	.26425	.29799	.26178	.4657	.25199	.48764
检验 AR（2）	（0.7943）	（0.4593）	（0.7634）	（0.7916）	（0.7657）	（0.7935）	（0.6414）	（0.8010）	（0.6258）
Sargan 检验	308.804（0.5063）	281.544（0.5722）	307.922（0.5731）	305.496（0.5764）	305.007（0.5728）	308.978（0.5961）	286.0588（0.5846）	309.475（0.5831）	287.115（0.5922）

注：（1）表中数据由 stata 11 软件 xtdpdsys 命令估计；（2）括号内数字为标准差；（3）***、**、*分别表示在 1%、5%、10%的水平显著

1. 估计方法有效性

运用 Abond 命令判别模型（1）—模型（13）随机扰动项是否存在序列相关，表 3-3 和表 3-4 估计结果显示，AR（1）的 P 值几近为 0，但 AR（2）的 P 值结果均大于 0.1，表明在 5%的置信水平上不能拒绝原假设，不存在扰动项的二阶序列相关。而 Sargan 检验 P 值结果都大于 0.1，表明所有工具变量与误差项无关，工具变量为有效。模型（3）系统 GMM 模型中 $L.lnpov$ 的系数为 0.858，处于 Pooled OLS 和 Fixed Effects 所估 $L.lnpov$ 系数值上界 0.868 和下界 0.686 之间。上述检验证明系统 GMM 模型估计方法为有效的。

2. 估计结果说明

第一，贫困地区金融发展规模与贫困减缓之间存在非线性关系。表 3-3 和表 3-4 中模型（4）—模型（13）fa 系数均为负值，fa^2 系数变为正值，且均在 5%的置信水平下统计显著。说明以连片特困区国家贫困重点县为例，金融发展规模与贫困减缓的关系表现为一条开口向上的"U"形曲线。金融发展规模对贫困减缓的作用效果先抑制后促进。金融发展规模未达到门限值前，加大

金融发展规模不利于贫困的减缓，当金融发展规模达到门限值后，金融发展规模对贫困减缓的正向冲击才会显现。这种非线性关系的产生主要由于贫困地区农村金融发展缓慢，市场垄断现象严重，服务水平低下。金融机构以农信社和邮政储蓄银行为主，以服务贫困群体为主的资金互助社和社区银行非常缺乏。商业性银行为追求利润目标和降低运行风险，更多地吸储存款而谨慎地发放贷款，金融发展规模扩大造成贫困地区"失血"增加，对贫困减缓产生负面冲击。而当金融发展规模跨越门限值后，金融机构的覆盖规模、市场竞争程度和服务水平得以改善，金融服务的规模效应和网络效应得以体现，从而对贫困减缓起到促进作用。

第二，贫困地区金融发展与贫困减缓的非线性关系具有稳健性。表 3－4 模型（5）—模型（12）逐次加入投资水平 inv、转移支付 $\ln tran$、城镇化水平 urb、第一产业发展水平 agr、第二产业发展水平 ind、医疗水平 med、耕地面积占比 as 和农业机械化程度 am 等控制变量，并未影响金融发展与贫困减缓间先抑制后促进的"U"形关系，fa 系数始终为负值，fa^2 系数变为正值。

第三，金融发展规模、经济增长、收入分配及控制变量对贫困减缓的效果比较。将所有自变量与因变量进行整体回归，模型（13）分析结果表明：金融发展规模 fa^2 的系数为 0.00179，表示金融发展规模达到门限值后，单位金融规模增加带来贫困程度 0.179% 的减缓。经济增长 $\ln eco$ 的系数为 0.0671，则经济增长提升 1% 贫困程度减缓 0.0671%。收入分配 ig 系数为 -0.00598，单位收入分配加剧造成贫困程度上升 0.598%。而金融发展规模 fa 系数为 -0.0357，表明金融发展规模未达到门限值时，反而会阻碍贫困减缓。其他变量如政府财政支出 gov、固定资产投资水平 inv、转移支付 $\ln tran$、城镇化水平 urb、第一产业发展水平 agr、第二产业发展水平 ind、医疗水平 med、农业机械化程度 am 和耕地面积占比 as 等控制变量中，财政支出 gov、转移支付 $\ln tran$、第一产业发展水平 agr 和第二产业发展水平 ind 可在 5% 的显著性水平下通过显著性检验，其系数分别为 0.118、0.164、-0.0682 和 0.150。这些因素中政府财政支出占比、转移支付程度及工业化发展对贫困减缓都具有较强的正向作用。

第四，贫困地区呈现较强的贫困惯性与持续性。由表 3-3 和表 3-4 模型（3）—模型（13）结果可知，lnpov 的一阶滞后项参数为正值且均在 0.6—0.9 之间，1% 的显著水平下统计显著。表明贫困地区贫困具有固化和持续倾向，贫困地区欠缺自我发展的长效机制，难以打开"贫困恶性循环"链条。

（二）金融发展效率与贫困减缓计量结果分析

为了反映金融发展的不同维度对贫困减缓的作用效果，此处引入考察贫困地区贷款与存款转化比率的金融发展效率指标，再次进行上述计量估计。金融发展效率 fe 与贫困测度指标 lnpov 的实证结果如表 3-5 和表 3-6 所示。

表 3-5　金融发展效率与贫困减缓的实证结果

解释变量	被解释变量：贫困县区人均收入自然对数值			
	模型（14）	模型（15）	模型（16）	模型（17）
	pooled	ols	fixed	effect
L. lnpov	0.867*** (114.07)	0.685*** (66.87)	0.859*** (149.41)	0.859*** (151.09)
fe	−0.00384 (−1.94)	−0.00198 (−0.88)	−0.00495*** (−6.25)	−0.0177*** (−9.48)
lneco	0.0812*** (16.88)	0.219*** (29.66)	0.121*** (32.02)	0.121*** (32.26)
样本量	3398	3398	3398	3398
工具变量			83	84
Abond			−5.1836	−5.1625
检验 AR（1）			(0.0000)	(0.0000)
Abond			.25001	.22385
检验 AR（2）			(0.8026)	(0.8229)
Sargan 检验			315.045	310.2125

注：（1）表中数据由 stata11 软件 xtdpdsys 命令估计；（2）括号内数字为标准差；（3）***、**、* 分别表示在 1%、5%、10% 的水平显著

表 3-6 考察了逐步加入控制变量后金融发展效率 fe 对贫困测度指标 lnpov 的检验结果。

表 3-6　金融发展效率与贫困减缓的实证结果（包括控制变量）

解释变量	被解释变量：贫困县区人均收入自然对数值								
	模型(18)	模型(19)	模型(20)	模型(21)	模型(22)	模型(23)	模型(24)	模型(25)	模型(26)
	fe-inv	fe-ltran	fe-urb	fe-agr	fe-ind	fe-med	fe-as	fe-am	fe-all
$L.lnpov$	0.862*** (148.58)	0.687*** (59.53)	0.860*** (146.28)	0.857*** (143.51)	0.860*** (150.79)	0.862*** (141.83)	0.848*** (148.27)	0.860*** (150.64)	0.662*** (52.85)
fe	0.0174*** (9.37)	0.0121*** (7.86)	0.0175*** (9.40)	0.0163*** (8.99)	0.0181*** (9.57)	0.0175*** (9.19)	0.0194*** (11.58)	0.0192*** (10.58)	0.0101*** (6.39)
$lneco$	0.121*** (32.78)	0.0727*** (18.70)	0.123*** (31.81)	0.119*** (32.90)	0.121*** (32.01)	0.121*** (32.56)	0.127*** (34.64)	0.119*** (31.72)	0.0680*** (18.80)
ig	0.00318*** (5.14)	0.00466*** (4.63)	0.00329*** (5.25)	0.00306*** (4.87)	0.00330*** (5.29)	0.00312*** (4.98)	0.00302*** (4.56)	0.00316*** (5.02)	0.006*** (5.99)
gov	0.0724*** (9.81)	0.0882*** (5.29)	0.0673*** (9.49)	0.0727*** (9.22)	0.0632*** (9.39)	0.0653*** (8.90)	0.0538*** (6.77)	0.0664*** (9.33)	0.140*** (7.97)
fa^2	0.00219**	0.00437***	0.00210**	0.00224*	0.00179***	0.00217**	0.00241**	0.00248***	0.00179**
inv	-0.00758** (-2.58)								-0.00968* (-2.39)
$lntran$		0.155*** (19.39)							0.166*** (21.42)
urb			-0.0738* (-2.36)						-0.0269 (-0.67)
agr				-0.0392* (-2.09)					-0.0801*** (-3.48)
ind					-0.00321 (-0.18)				0.139*** (9.72)
med						-0.00277 (-1.51)			0.00144 (1.39)
as							-0.00224 (-1.85)		-0.00417* (-3.66)
am								-0.0141** (-2.98)	-0.0146 (-1.95)
cons	0.143*** (5.63)	0.305*** (8.13)	0.155*** (6.49)	0.205*** (5.90)	0.164*** (6.92)	0.144*** (5.44)	0.199*** (7.92)	0.178*** (7.30)	0.442*** (9.92)
样本量	3398	3393	3398	3398	3398	3398	3079	3381	3068
工具变量	85	85	85	85	85	85	85	85	89
Abond	-5.1272	-5.7092	-5.1334	-5.1633	-5.1639	-5.1639	-5.2834	-5.1501	-5.8824

续表

解释变量	被解释变量：贫困县区人均收入自然对数值								
	模型(18)	模型(19)	模型(20)	模型(21)	模型(22)	模型(23)	模型(24)	模型(25)	模型(26)
检验 AR (1)	(0.0000)	(0.0000)	(0.0000)	(0.0000)	(0.0000)	(0.0000)	(0.0000)	(0.0000)	(0.0000)
Abond	.26073	.48441	.301	.22223	.222	.22692	.45205	.20913	.87808
检验 AR (2)	(0.7943)	(0.6281)	(0.7634)	(0.8241)	(0.8243)	(0.8205)	(0.6512)	(0.8343)	(0.3799)
Sargan 检验	308.804	286.471	307.922	307.4	308.999	310.5842	286.8525	309.705	264.006

注：（1）表中数据由 stata11 软件 xtdpdsys 命令估计；（2）括号内数字为标准差；（3）***、**、* 分别表示在 1%、5%、10% 的水平显著

1. 估计方法有效性

模型（14）—模型（16）分别列出被解释变量与基本解释变量的混合截面（pooled-cross section data）、固定效应（fixed effet）和 two-step 系统 GMM 模型的估计结果。模型（16）系统 GMM 中 $L.lnpov$ 的系数为 0.859，处于 Pooled OLS 和 Fixed Effects 所估 $L.lnpov$ 系数值上界 0.867 和下界 0.685 之间。依据 Abond 命令检验模型（16）—模型（26）随机扰动项的序列相关性，AR（1）拒绝原假设，而 AR（2）的 P 值均大于 0.1，在 5% 的置信水平上不能拒绝原假设，不存在扰动项的二阶序列相关。Sargan 检验 P 值结果仍然均大于 0.1，从而证明工具变量的有效性。

2. 估计结果说明

第一，贫困地区金融发展效率与贫困减缓之间存在"U"形关系。表 3-5 和表 3-6 中模型（17）—模型（26）加入 fe^2，检验金融发展效率对贫困减缓的非线性关系。fe 系数均为负值，fe^2 系数变为正值，且均在 5% 的置信水平下统计显著。说明以效率测度金融发展水平，金融发展效率与贫困减缓之间仍存在拐点值，可表现为开口向上的抛物线。这种"U"形关系主要由于样本地区金融机构并未落实针对贫困人群的差别性利率，反而贷款利率较高、期限较短而且审批严格，致使以农业生产为主的贫困群体信贷压力增加。因此，金融发展

效率提高，增加了贫困群体的贷款数量和还款成本，甚至造成贫困群体缩小生产投入弥补欠款的现象，不利于贫困群体脱贫。只有当金融发展效率越过拐点值后，金融机构市场竞争程度增加，信贷利率水平得以改善，并且针对贫困群体设计金融产品和信贷机制，才能对贫困减缓起到更好地促进作用。

第二，贫困地区金融发展效率与贫困减缓的非线性关系具有稳健性。为了验证这一结果，表 3-6 模型（18）—模型（26）逐次加入投资水平 inv、转移支付 $\ln tran$、城镇化水平 urb、第一产业发展水平 agr、第二产业发展水平 ind、医疗水平 med、耕地面积占比 as 和农业机械化程度 am 等控制变量，并未影响金融发展与贫困减缓间先抑制后促进的"U"形关系，fe 系数始终为负值，fe^2 系数变为正值，且在 5% 的显著水平上统计显著。

第三，金融发展效率、经济增长、收入分配及控制变量的作用效果。模型（26）在模型（17）基础上列入所有控制变量进行整体分析。计量结果表明：金融发展规模 fe^2 的系数为 0.00023，表示金融发展规模达到门限值后，单位金融规模增加带来贫困程度 0.023% 的减缓。经济增长 $\ln eco$ 的系数为 0.068，则经济增长提升 1% 贫困程度减缓 0.068%。收入分配 ig 系数为 -0.006，单位收入分配加剧造成贫困程度上升 0.6%。而金融发展效率 fe 系数为 -0.0101，表明金融发展规模未达到门限值时，反而会阻碍贫困减缓。其他变量如财政支出 gov、转移支付 $\ln tran$、第一产业发展水平 agr、第二产业发展水平 ind 可在 5% 的显著性水平下通过显著性检验，其系数分别为 0.14、0.166、-0.0801 和 0.139。其他控制变量如城镇化水平 urb、医疗水平 med、农业机械化程度 am 和耕地面积占比 as 未通过 5% 的显著性水平检验，这一结论与加入控制变量的金融发展规模与贫困减缓计量结果基本一致。

第四，地区前期贫困状态影响当期贫困。表 3-5 和表 3-6 模型（17）—模型（26）中 $\ln pov$ 的一阶滞后项参数为正值且均在 0.6—0.9 之间，1% 的显著水平下统计显著，说明贫困具有延续性。

四、小结

依据本章理论模型分析，金融发展是贫困减缓的有效途径，可通过外部资本供给弥补贫困人群初始资本禀赋不足。但是金融发展积极作用于贫困减缓是在一定条件下产生的，不能满足贫困地区经济特点和贫困人群自身需求的金融供给。例如，金融供给偏离贫困家庭，甚至会产生负面影响。如金融市场完善程度、金融服务效率、收入分配差距和贫困人群信贷成本都是影响金融减贫的重要因素。由于金融发展规模和效率的提高是金融发展的主要体现，实证部分引入这两个指标验证理论模型所提到的金融发展与贫困减缓的关系，从而判定金融发展与贫困减缓是否存在非线性关系，金融发展的正向减贫效果是否是在一定条件下实现的，具体结论如下：

第一，金融发展与贫困减缓存在类似库兹涅茨曲线的"U"形关系，无论运用金融发展规模还是效率指标，实证结果都具有统计意义和现实基础。当金融发展未达到一定规模和效率时，贫困地区金融发展难以对贫困人群经济状况有所改善。这主要由于贫困地区金融资源外流没有更好地支持本地经济发展，金融市场不完善又导致贷款利率过高和还款期限短暂，加重了贫困人群还款和生活压力。未制定差异化的贫困地区金融制度、组织结构和运行机制之前，金融扩张不能有效缓解贫困难题。

第二，金融发展规模和金融发展效率的作用效果存在差异。未达到门槛值时，金融发展规模的负向效应是金融发展效率的 3.53 倍。达到门槛之后，金融发展规模的正向效应是金融发展效率的 7.78 倍。实证结果显示，金融发展规模相较于金融发展效率具有更强的作用效果。

第三，贫困县区经济增长与贫困减缓具有显著稳健的正向作用。表 3-4 和表 3-6 中单位经济增长的减贫弹性近 0.07%。这说明经济增长依然可以通过"滴流效应"作用于贫困群体，促进本地经济增长为减缓贫困提供了现实基础。但是这种效果并不强烈，由于增长惠及穷人和富人的力度不同，不能保障低收入群体合理分享增长成果以及相对收益提升。

第四，收入分配不均明显阻碍了贫困地区消除贫困的进程。表 3-4 和表 3-6 中城乡收入差距单位增加致使贫困程度提升近 0.6%。与经济增长相比，收入分配不均的单位作用效果近其 10 倍。说明收入分配不均足以抵消经济增长的"滴流效应"。贫困地区应从单纯强调"经济增长"转向突出穷人受益的

"益贫式经济增长"目标迈进。

第五，政府财政支出、转移支付和工业发展是贫困减缓积极助推之力。表3-4 和表 3-6 中政府财政支出、转移支付和工业发展的系数约为 0.13、0.16 和 0.145，具有显著的积极作用效果。而政府财政支出和转移支付可以缓解贫困地区基础设施建设的资金瓶颈，落实扶贫计划和项目的实施。而工业化促进了当地经济发展，也为低收入群体提供了就业机会，拓宽了他们收入来源，促进其掌握工作技能和实现自我发展的能力。

第六，贫困地区呈现较强的贫困惯性与持续性。经济贫困、制度贫困、机会贫困和贫困文化交织，使得当期贫困会作为前期贫困的积累，贫困地区反贫困难度加大。

第三节　减贫对金融发展的反馈与贫困持续性检验[①]

国内文献对金融发展与贫困减缓的研究多以省级数据为基础，通过构建小样本面板数据进行计量分析。而采用时间序列数据探讨外来冲击作用于金融发展变量，从而造成贫困减缓长期与短期影响的文章较少。而金融发展对贫困减缓的影响往往具有动态性和时滞性，在不同时期显示出相异的作用效果。杨俊（2008）曾选取 1980—2005 年数据，运用 VAR 模型分析中国金融发展对贫困减少的动态关系，所得结果表明农村金融发展对农村贫困发生率、贫困深度和强度都具有负向影响，但各变量系数均未通过统计显著性检验，t 值不显著。这或许与样本个数偏少，且贫困指标的衡量仅能笼统反映整体贫困状态，未能直接锁定贫困区域和贫困群体有关。此后，胡宗义、张俊（2014）运用 PVAR 模型分析农村正规金融发展的减贫效应，研究表明农村正规金融并未有效发挥其金融功能，甚至具有一定消极影响。但其研究仅限于农村正规金融部分，并且所得样本仍未有效针对我国贫困地区，样本容量也依然偏小。本节内容延续杨俊、胡宗义等学者的分析思路，选用 2005—2013 年我国连片特困区 435 个

---

①　本节原载《中央民族大学学报》（哲学社会版）2017 年第 4 期。

贫困县面板数据，采用面板向量自回归（PVAR）模型，结合脉冲响应和方差分解对贫困地区金融发展与贫困减缓两者的动态关系进行检验。

一、PVAR 估计原理及模型设定

（一）PVAR 模型思想简介

向量自回归模型（VAR）在研究宏观时间序列数据中得到广泛运用，其将各变量视为内生变量，将变量滞后项作为解释变量。VAR 模型要求数据资料有较长的时间跨度，而现实中某些数据的统计和观察往往是近几年才得以开展，难以满足 VAR 模型的施用要求。1988 年 Holtz-Eakin 基于向量自回归模型（VAR），首次提出面板向量自回归模型（PVAR）。PVAR 模型同时兼具了时间序列和面板数据的分析优点，很快地得到推广与发展。首先，模型缩短了数据时间长度的要求，只要 $T \geqslant m + 3$（T 为时间序列长度，m 为滞后项长度），即可进行方程参数估计。而 $T \geqslant 2m + 2$ 时就可在稳态下估计滞后项参数。其次，同 VAR 模型一样，可将所有变量作为内生变量，解决了系统内生性问题。并且正交脉冲响应函数和方差分解的运用，可以很好地反映一个变量冲击给其他内生变量所带来的影响，以及评测每一结构冲击对内生变量影响的具体程度。最后，解决了面板数据模型中包含不同个体的截面异质性问题。PVAR 模型既扩大了样本量和自由度，还减少了自变量间多重共线性，更好地反映了各变量间互动关系。

（二）PVAR 模型设定

本节利用四变量 PVAR 模型，分析和研究贫困程度、金融发展规模、金融发展效率和金融服务程度的关系，其模型可设定为

$$y_{it} = \alpha_i + \gamma_t + \beta y_{it-1} + \mu_{it} \tag{3-9}$$

其中，$y_{it} = (\ln pov_{it}, fa_{it}, fe_{it}, fs_{it})$ 为 4×1 维向量，包含 4 个内生变量，$\ln pov_{it}$ 为样本贫困县区人均收入的自然对数值，用来衡量贫困程度。fa_{it} 为金融发展规模，fe_{it} 为金融发展效率，fs_{it} 则为金融服务程度。i 和 t 分别表示各贫困县和年份，β 为 4×4 维系数矩阵，α_i 为 4×1 个体效应向量，γ_t 为 4×1 时间效应向量。μ_{it} 为服从正态分布的随机扰动项。其中随机扰动项满足如下关系：

$$E(\mu_{it}\,|\,\alpha_i,\,\gamma_t,\,y_{it-1},\,y_{it-2},\,\cdots) = 0 \qquad\qquad (3-10)$$

由于该模型含有时间效应向量 γ_t，因此需要使用横截面均值差分去除时间效应，避免自变量相关造成的估计系数偏误。此外，由于该模型含有固定效应向量 α_i，因此需要使用 Arellano、Bover（1995）提出的"前向均值差分法"去除固定效应，并用广义距估计方法（系统 GMM 模型）获得 β 的一致估计量。

运用 PVAR 模型分析具体包括四个重要步骤：一是选择模型最优的滞后阶数，二是运用 GMM 方法估计面板数据的 VAR，三是估计并绘制脉冲响应函数图，四是进行方差分解，测度不同因素对内生变量影响的贡献大小。

二、变量选取与样本数据描述

上一小节运用系统 GMM 模型定量分析了农村金融发展与贫困减缓的关系，为了与上节的实证结果相对比，此处沿用上一节中对贫困程度、金融发展规模、金融发展效率等变量的界定方法，并加入金融服务程度变量表示金融服务的宽度。其变量具体选取如下：

贫困程度（ $lnpov_{it}$ ）采用我国连片特困区各贫困县人均收入的自然对数值表示。此处由于所研究的地区属于全国连片特困区扶贫工作重点县，经济水平滞后，收入贫困仍是该地区贫困问题的主要体现。而选取对数值处理变量，可以减小数据的异方差性。此外，由于本部分选用的样本涉及 435 个贫困县，数据截面较多，难以得到各地具体贫困线标准来测算 FGT 指数、森指数、贫困发生率及贫困距等反映贫困的指标。因此，选用各贫困县人均收入的自然对数值反映贫困程度较为适宜。

金融发展规模（ fa_{it} ）借鉴戈德·史密斯（Gold Smith）金融相关比率 FIR 的概念，以我国连片特困区各贫困县区城乡居民储蓄存款与金融机构贷款之和与其 GDP 比率反映金融发展规模。

金融发展效率（ fe_{it} ）运用金融机构年末贷款余额与存款余额之比表示，其可以表示贫困县区金融存款与贷款之间的转换效率，反映金融资源在当地的运用程度。

　　金融服务程度（fs_{it}）运用贫困县区人口平均每人获得的金融机构贷款数量表示，由于贫困地区人们金融观念落后，证券、债券、保险及金融衍生品的推广有限，金融服务仍以传统的储蓄和信贷为基础，因此，以人均金融机构贷款数量表示金融服务程度。

　　模型中相关变量的定义与基本统计状况如表 3-7 所示，其仍以 2005—2013 国家连片特困区 435 个国定贫困县区的数据构成。数据来源于《中国区域经济统计年鉴 2006—2014》《中国县市社会经济统计年鉴 2006—2014》以及 2006—2014 年各省份统计年鉴。

表 3-7　变量描述与统计

变量	含义	变量描述	观测值	平均值	最小值	最大值
lnpov	贫困程度	农民人均收入水平	3915	7.936763	6.504288	9.329101
fa	金融发展规模	存贷款余额之和/GDP	3915	1.235743	.0148268	16.80734
fe	金融发展效率	贷款余额/存款余额	3915	.8623598	.0165909	38.65225
fs	金融服务程度	贷款余额/总人口	3915	4455.475	22.41936	96657.49

注：（1）数据来源于《中国区域经济统计年鉴 2005—2014》《中国县市社会经济统计年鉴 2006—2014》及 2006—2014 年各省统计年鉴；（2）表中数据由 stata11 软件 sum 命令估计

三、模型检验结果

　　本节运用 stata11 软件，采取检验样本数据平稳性、选择模型最优的滞后阶数、系统广义距估计面板数据、绘制脉冲响应函数图及方差分解等几个步骤，实现 PVAR 实证检验分析。

　　（一）平稳性检验

　　为了避免面板数据非平稳性和虚假回归，保证脉冲响应函数及方差分解结果的合理，此处分别运用 LLC 检验、IPS 检验和 PP 检验三种常见的方法进行面板数据单位根检验。LLC 检验由 Levin 等于 2002 年提出，主要运用于大 N 小 T 的面板数据。其原假设 H_0 认为面板中的所有截面对应的序列都是非平稳的，即 I（1）过程。若 H_0 被拒绝，则认为所有序列均平稳，这是与其他检验方法不同，而其他检验方法 H_0 被拒绝，仅表示至少存在一个序列是平稳的。IPS

检验由 Im 等于 2003 年提出，运用于平行面板数据的单位根检验，原假定 H_0 为面板中的所有截面对应的序列都是非平稳的。而 PP 检验的统计思想不同于以上两种方法——基于单个截面执行 ADF 检验后得到的 t 值平均值构建统计量进行检验。PP 检验主要以个体单位根检验的 P 值为基础构造统计量进行检验。几种检验方法的具体结果如表 3-8 所示。

表 3-8 面板数据平稳性检验

变量	LLC 检验	IPS 检验	PP 检验
lnpov	-0.36795^{***} （0.0000）	-1.693^{***} （0.0000）	363.1637 （1.0000）
fa	-0.42448^{***} （0.0000）	-1.377 （0.9800）	949.7834** （0.0305）
fe	-0.70641^{***} （0.0000）	-1.877^{***} （0.0000）	2151.5493*** （0.0000）
fs	0.01267 （1.0000）	-0.11 （1.0000）	111.5067 （1.0000）
$D.$lnpov	-1.5287^{***} （0.0000）	-2.654^{***} （0.0000）	3748.711*** （0.0000）
$D.fa$	-1.52955^{***} （0.0000）	-2.269^{***} （0.0000）	3651.8182*** （0.0000）
$D.fe$	-1.10024^{***} （0.0000）	-2.444^{***} （0.0000）	4051.4381*** （0.0000）
$D.fs$	-1.24028^{***} （0.0000）	-7.98^{***} （0.0000）	1649.121*** （0.0000）

注：（1）单位根检验滞后期设定为 1 期；（2）括号内为变量统计量的 P 值；（3）***、**、* 分别表示在 1%、5%、10% 的水平显著

由面板数据平稳性结果显示，各变量在 1% 的显著性水平下，运用不同的检验方法，表现出的平稳性并不一致。其中，fs 变量无论采用何种检验方法，原变量都表现出非平稳性，而 fa 变量在 IPS 检验下也无法通过。而各变量的一阶差分值在任何一种检验方法下均呈现平稳性，因此，变量 lnpov、fa、fe 和 fs 满足一阶单整。

（二）最优阶数选择和模型参数估计

设置合理的 PVAR 模型，必须要有效地选择方程组最优滞后阶数。此处尝

试性地分析了滞后 1 至 3 阶的滞后阶数，并运用 AIC 准则、BIC 准则和 HQIC 准则，对所得结果进行判别。其具体结果如表 3-9 所示。

表 3-9　不同准则下滞后阶数选择

滞后阶数	AIC	BIC	HQIC
1	21.0311	24.5034*	22.2791*
2	20.9906*	24.9739	22.4336
3	21.4074	26.0807	23.1161

注：（1）所得结果根据 stata 11 软件连玉君博士 PVAR2 命令估计并整理；（2）***、**、* 分别表示在 1%、5%、10% 的水平显著

表 3-9 显示了滞后 1 至 3 阶时，AIC、BIC 和 HQIC 的分别对应值。值上的 * 反映了不同准则下对滞后阶数的选取。其中，BIC 和 HQIC 准则下都倾向于选择滞后一阶，而 AIC 准则下倾向于选择滞后 2 阶。此时，BIC 和 HQIC 选择的模型较为精简，其选择合理性优于 AIC 准则。因此，本节选择最优滞后阶数为 1 阶。

随后，本节选用连玉君博士所编写的 PVAR2 命令，借助于 stata11 软件，估计了 PVAR 模型的 GMM 结果。其具体结果如表 3-10 所示。

表 3-10　PVAR 模型 GMM 统计结果

变量名称	h_lnpov	h_fa	h_fe	h_fs
$L.h\_lnpov$	0.941*** （50.86）	0.389*** （5.60）	0.066 （1.35）	1388.357*** （2.75）
$L.h\_fa$	-0.037*** （-2.69）	0.077* （1.67）	0.01 （0.19）	-474.823** （-2.50）
$L.h\_fe$	-0.005* （-1.70）	0.044** （2.05）	0.210* （1.82）	-21.688 （-0.41）
$L.h\_fs$	0.002*** （7.53）	0.003** （2.24）	0.003** （2.01）	0.667*** （8.53）
N	3045			
AIC	21.031			
BIC	24.503			

变量名称	h_lnpov	h_fa	h_fe	h_fs
HQIC	22.279			

注：（1）L. 表示变量滞后一期；（2）括号内数值为异方差调整的 t 检验值；（3）***、**、* 分别表示在 1%、5%、10% 的水平显著

表 3-10 中括号外数字表示估计的系数值，括号内数字表示 t 统计量，L. 表示变量滞后一期。从表中数据可知，当 lnpov 为被解释变量时，贫困程度的滞后一阶 $L.h\_lnpov$ 对自身的影响为 0.941，并在 1% 的显著性水平下统计显著。说明贫困具有延续性和固化性，样本区域前期贫困对当期贫困影响强烈。前期贫困程度提升 1%，当期贫困则会上升 0.941%。而反映金融发展的指标，则对贫困程度减缓的影响方向不同，强度各异。滞后一期的金融发展规模 $L.h\_fa$ 对 h_lnpov 的系数为 -0.037，且通过 1% 的显著性水平检验，表明前期金融发展规模 fa 提升 1 单位，反而会阻碍当期贫困减缓 3.7%，起到负向作用。滞后一期的金融发展效率 $L.h\_fe$ 对贫困减缓 h_lnpov 仍然起到微弱的负向冲击，其系数为 -0.005，仅在 10% 的显著性水平下统计显著。与 fa 和 fe 不同，滞后一期的金融服务程度 $L.h\_fs$ 可对贫困减缓 h_lnpov 起到正向影响，这种影响可在 1% 的显著性水平上统计显著，但却作用力度不大，前期金融服务程度 fs 提升 1 单位，可减缓当期贫困 0.2%。

当金融发展规模 h_fa、金融发展效率 h_fe 和金融服务程度 h_fs 分别为被解释变量，滞后一期贫困程度 $L.h\_lnpov$ 为解释变量时，滞后一期的贫困程度对当期金融发展规模、效率和服务程度均会产生正向的作用，但 $L.h\_lnpov$ 对 h_fe 的系数在 10% 的显著性水平下也未能显著，不具有统计意义。$L.h\_lnpov$ 对 h_fa 和 h_fs 的系数分别为 0.389 和 1388.357，且在 1% 的显著性水平上统计显著，说明滞后一期的贫困程度每提高 1 单位，h_fa 和 h_fs 可增加 0.00389% 和 13.88%，贫困地区贫困程度即人均收入水平的提升对于人均获贷数额的影响非常明显。

（三）脉冲响应函数

PVAR 模型结果反映了各变量间的相互作用大小，而脉冲响应函数则描述

模型中某一变量的正交化新生（innovation）对系统中其他变量和自身冲击的动态反应。

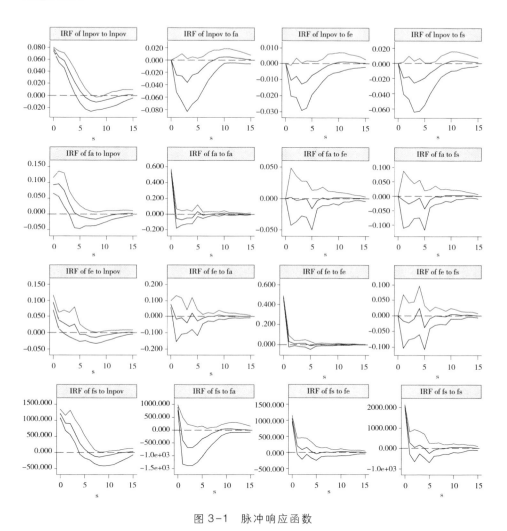

图 3-1　脉冲响应函数

此处选取蒙特·卡罗（Monte Carlo）500 次模拟定义脉冲响应函数的标准差，生成 5%—95% 的置信区间。图 3-1 反映了贫困程度 lnpov、金融发展规模 fa、金融发展效率 fe 和金融服务程度 fs 之间的关系，横轴表示冲击作用的响应期数，纵轴表示内生变量对冲击的响应程度。中间线表示脉冲响应函数，上下两线分别表示 5% 和 95% 的置信区间。图 3-1 中第一行分别表示贫困程度对自身的影响，金融发展规模、金融发展效率和金融服务程度对贫困程度的影响。而图 3-1 中第一列则分别表示贫困程度对自身的影响，贫困程度对金融发展规模、金融发展效率和金融服务程度的影响。其余图形表示金融发展各指标之间的相互影响。从图 3-1 中可以看出系统中各变量主要存在以下的动态关系：

（1）金融发展规模对贫困减缓的作用为负，在第二期达到峰值，第二期之后逐渐缩小趋向于零，并有微弱的正向趋势（图 3-1 第一行第二幅）。说明贫困地区金融发展规模的扩大在短期没有促进反而阻碍了贫困程度的减缓。与金融发展效率 fe 和金融服务程度 fs 相比，金融发展规模 fa 在短期内负向作用达到最大，fa 一个标准差的冲击在第二期可带来贫困程度 6% 的增加。这主要由于以金融机构存款和贷款数量之和来衡量的金融发展规模，其扩张并未能有效改善贫困地区人民收入水平。长期以来，一些商业化金融机构在贫困地区积极地吸收存款而谨慎地发放贷款，导致贫困地区本就稀缺的资金有外流的趋向。而贫困地区金融发展规模扩大的同时，更应注重内部结构和质量的提升，才能更好地促进贫困减缓。

（2）金融发展效率和金融服务程度对贫困减缓也呈现负向冲击影响，分别在第四期和第三期产生最大的负向效应，此后负向效应减弱并逐渐趋向于 0（图 3-1 第一行第三幅和第四幅）。① 说明农村金融发展效率和金融服务程度一个单位的正向冲击，短期内反而对贫困地区贫困程度的改善起到反向效果。而此处的负向效果也反映出当前贫困地区金融发展效率和服务所存在的问题。据统计，2012 年年末国家扶贫工作重点县居民储蓄存款余额为 226846737 万元，金融机构贷款余额为 160013362 万元，存贷比为 0.7054。而经济较发达的沿海开放县，年末居民储蓄存款余额为 490911686 万元，金融机构贷款余额为 627188316 万元，存贷比为 1.2776。② 说明贫困县区金融发展效率中贷款额度虽有所提高，但与发达县区相比，两者之间存在较大的差距，这种结构性的不

---

① 由于篇幅所限，此处未列出金融发展效率和金融服务程度对贫困减缓向前 15 期的脉冲响应函数图，其结果已经趋近于 0。

② 数据根据《2013 中国县市社会经济统计年鉴》整理。

合理阻碍了金融资源有效支持当地经济发展和人民生活改善。与此同时，许多金融机构针对贫困县区和贫困人民的贷款利率并未真正做到优惠，反而由于规避风险和逆向选择，制定了较高的还款利率，致使过重的还款负担加剧了贫困群体的生活压力。

（3）总体而言，不同维度的金融发展指标对贫困程度的脉冲响应图形呈现出较明显的 U 形关系，这与本章第一节中运用 SYS-GMM 模型所得的实证结果相一致，只是本节中运用 PVAR 模型所得结果，更显示出短期金融发展对贫困减缓的负向效应，跨越拐点后虽有改善迹象，但正向效果始终不明显。

（4）贫困程度改善对金融发展规模、效率和服务均有显著的正向影响，这种影响伴随时间推移而缩小，逐渐收敛于 0（图 3-1 第一列第二、三和四幅）。贫困地区人均收入水平一个标准差的正向冲击，对金融发展规模 fa 和金融服务程度 fs 的影响可延续至第 10 期，而对金融发展效率 fe 的影响在 2 期前保持为正。相较于金融发展对贫困程度减缓的影响，贫困程度减缓对金融发展的推动效应更强。说明贫困地区人民收入水平和生活状态的改善，直接促进了金融机构扩展业务规模，加大了贷款额度的发放，提升了金融服务宽度。而这也与现实状况相符，人民收入状况往往是金融机构甄别贷款群体，是否开展及推广业务的主要指标。

（四）方差分解的结果

脉冲响应函数反映了金融发展规模、金融发展效率、金融服务程度和贫困程度之间的动态关系，而要评测金融发展不同维度对贫困减缓的相对贡献，则须在脉冲响应函数的基础上进行方差分解。此处通过蒙特·卡罗（Monte Carlo）500 次冲击反应，选择前 20 期进行方差分解，根据结果可探知前 15 期已经稳定，表 3-11 分别列出第 1、5、10 和 15 期的方差分解结果。

表 3-11 PVAR 模型方差分解结果

变量	期数	lnpov	fa	fe	fs
lnpov	1	1.0000	0.000	0.000	0.000
fa	1	0.019	0.981	0.000	0.000

变量	期数	lnpov	fa	fe	fs
fe	1	0.003	0.020	0.977	0.000
fs	1	0.061	0.147	0.043	0.750
lnpov	5	0.774	0.067	0.017	0.142
fa	5	0.040	0.935	0.005	0.021
fe	5	0.003	0.020	0.976	0.002
fs	5	0.170	0.091	0.035	0.704
lnpov	10	0.659	0.078	0.024	0.238
fa	10	0.043	0.921	0.005	0.031
fe	10	0.003	0.020	0.975	0.002
fs	10	0.198	0.091	0.034	0.677
lnpov	15	0.635	0.080	0.025	0.260
fa	15	0.043	0.919	0.005	0.033
fe	15	0.003	0.020	0.975	0.002
fs	15	0.202	0.091	0.034	0.672

从表 3-11 结果可以看出，贫困程度对自身的影响最大，伴随期数的增加，金融发展规模、金融发展效率和金融服务程度对贫困程度的贡献逐渐加大。其中，金融服务程度 fs 对贫困程度的贡献较为凸显，在第 5 期可达到14.2%，而到第 15 期可达到 26%。而金融发展规模 fa 和金融发展效率 fe 的贡献在第 5 期分别为 6.7% 和 1.7%，第 15 期则分别达到 8% 和 2.5%。与之相较，贫困程度 lnpov 的贡献程度逐渐缩小，第 5 期为 77.4%，第 15 期降至 63.5%。由此说明，提升金融服务广度，扩大人均获贷水平，让更多的人享受到金融服务的惠及效应，可以更好地产生贫困减缓效果。在现行的金融制度和结构体系下，金融发展规模和金融发展效率的贡献较为有限，应该调整金融发展规模和效率的结构与质量，激发金融发展规模与效率的减贫空间。

四、小结

本节选取全国连片特殊困难地区 435 个国定贫困县的样本数据，运用

PVAR 模型对金融发展规模、金融发展效率和金融服务程度与贫困程度之间的关系进行实证检验，主要得出以下结论：

第一，从金融发展规模、金融发展效率和金融服务程度三个维度衡量金融发展水平与贫困减缓之间的关系，可发现短期金融发展水平对贫困减缓整体呈现负向冲击影响，其中金融发展规模的负向效应最为强烈，而金融发展效率和金融服务程度的负向影响相对微弱。三个变量均呈现经历负向峰值后逐渐收敛于 0 的趋势。说明我国贫困地区金融发展并未起到预期效果，未能有效改善贫困地区人民收入及生活水平，这或许与我国现存贫困地区金融制度缺失，金融组织缺位、金融服务目标偏移贫困人群需求以及不合理的存贷款比例有关。

第二，从脉冲反应图形可看出金融发展水平与贫困减缓呈现明显的 U 形关系，伴随时间的推移，金融发展对贫困减缓并非呈现线性变化，而是出现先抑后升的作用轨迹，而这一结果与本章第一节中运用 SYS-GMM 模型所得结果一致。

第三，贫困减缓与金融发展水平有明显的相互影响关系，贫困程度减缓对金融发展规模、金融发展效率和金融服务程度的促进作用越强烈，并且这种正向作用甚至可延续到 10 期以后。而这与现实中金融机构选择信贷群体及业务开展的商业化宗旨有关。

第四，根据方差分解结果，贫困具有明显的固化和延续性，贫困自身对其的方差贡献最大，而金融发展指标中金融服务程度对贫困减缓的影响最大，这或许提示我们扩大金融服务范围，加大贫困群体人均获贷金额和获贷机会是有效推进金融减贫的有力途径。

第四节　结　论

基于 2005—2013 年国家连片特困区 435 个国定贫困县区的面板数据，在理论模型分析的基础上，分别运用系统动态面板 GMM 模型和面板向量自回归 PVAR 分析法，引入贫困程度、经济增长水平、收入分配、财政支出水平等核心变量，以及农业生产条件，城市化，投资水平，转移支付，医疗水平，第

一、二产业发展情况等控制变量，从金融发展规模、金融发展效率和金融服务程度等不同层面，检验金融发展对贫困减缓在长期和短期的作用效果，以及两者间关系是线性还是非线性，正向还是负向的。其具体结论如下：

第一，金融发展与贫困减缓存在类似库兹涅茨曲线的 U 形关系，无论运用系统 GMM 模型还是 PVAR 模型分析法，从金融发展规模、效率和服务程度等不同层面进行检验，都可得到一致的结论。这一结果可从表 3-4 和表 3-6 得以反映，金融发展规模和金融发展效率一次项系数均为负值，二次项系数则为正值。从图 3-1 第一行金融发展对贫困减缓的脉冲响应图也可以看出，短期内金融发展对贫困减缓作用为负，到达峰值后逐渐缩小趋向于 0，呈现明显的 U 形曲线。

第二，贫困地区呈现持续的贫困惯性与持续性。从系统动态面板 GMM 分析结果显示，代表贫困程度的 1 阶滞后项参数为正值，并且系数取值均在 0.6—0.9 之间，说明上期贫困对本期贫困有较大程度的影响。从表 3-11 脉冲响应函数的方差分解结果来看，贫困程度 lnpov 的贡献程度在各因素中作用最大，第 5 期为 77.4%，第 15 期为 63.5%。

第三，短期内金融发展各指标对贫困减缓呈现较强的负向影响，经过一段时间这种影响减弱，并且逐渐显露出正向影响的趋势。这一结果可从表 3-4 和表 3-6 得知，在 1% 的显著性水平下，金融发展指标二次项也统计显著且系数为正。但相较于负向影响，金融发展的正向作用较为微弱。

第四，贫困程度与金融发展之间存在相互作用的关系，贫困减缓对金融发展存在显著的正向影响。从图 3-1 脉冲响应图可知，贫困程度减缓对金融发展的促进作用甚至可以延续至 10 期之久。

第五，经济增长、政府财政支出、转移支付和工业发展可有效促进贫困减缓，而收入分配不均却明显阻碍了贫困地区消除贫困的进程。

第 四 章

贫困地区农户创业意愿与融资偏好

依据在陕西、青海农村调研数据做实证观察，发现农村金融机构过高估计农村金融风险，对农村潜在经济机会估计不足。关系型融资在民间借贷与正规金融借贷中产生完全不同的效果，在前者降低了信贷风险，在后者却成为寻求金融租金的温床，本质差异在于两种金融机构的产权属性与激励兼容不同。与正规金融关系型融资联系，农村金融存在"逆向选择"问题，即贷款投放对象向有实力的基层干部或者农村"暴发户"集中，结果产生马太效应和加剧农村贫富两极分化。农贷市场中赖账者未必是真正的贫困农户，乡村干部置身其中搭便车、寻租，责不可免。农户作为原生态信用载体是农村金融改革发展的重要社会基础，但是需要重新构造农村金融机构体系和金融市场，从而形成农村信贷活动的"信誉触发机制"，中央财政要加大对西部地区农村农业保险补贴力度，加快建立健全西部地区农业保险体制。课题负责人先后带领参与课题研究的教师和在读学生赴陕西渭北的铜川市、陕南安康市和青海海东市、西宁市农村调研，对采样的乡（镇）、村入户家访和收集调查问卷。本章和第五章对在上述地区的调研问卷做实证观察，并结合与金融机构、政府部门的座谈交流记录，深入了解西部欠发达地区农村金融组织体系和金融服务现状，力求发现农村金融发展改革中存在的一些问题，综合地从理论、政策两个维度研究改善农村金融服务体系的思路与对策。

第一节 引 言

农村信贷的重要功能在于将分散农户潜在的经济机会转化为实际的投资生

产活动，尤其对于贫困农村地区，提升农村金融服务可以极大扩展农户的机会空间。但事实上在西部贫困农村地区由于传统农村金融体制惯性的束缚，正规金融在深化农村金融改革（不排除由于路径依赖可能产生扭曲的改革）以后继续存在对农村严厉的信贷配给，非正规金融发育则远远落后于东部发达农村地区，农户在配置投资时受到平滑消费的流动性约束，面对一些预期收入可观的经济机会时处于无助和无奈境地。根据托赫尔曼、穆尔多克和斯蒂格利茨等人提出的"金融约束论"，政府通过限制存贷款利率和控制准入等政策在银行业创造租金可以带来更有效率的信贷配置和金融深化，从而维护金融体系稳定。就中国农村金融发展的历程看上述结论未必成立，仅能够实现"低效率金融稳定"，在此，所谓效率不仅指银行业收益，而理应包括金融部门服务农村的社会福利效果。

国内学者对农村信贷供求关系的研究结论既有供给不足论，也有需求不足论，前者较为普遍。需求不足则有因农业生产的风险特征决定的"自然需求"不足以及由于制度缺陷形成的"人为需求"不足，土地制度制约、较低的农村市场化程度使农户生产性借贷资金需求受到抑制，导致农户对正规金融部门的资金需求相对有限。朱喜等（2006）利用 2003 年约 3000 户农村家庭的抽样调查数据，从实证角度考察了我国农村正规金融机构向农户提供信贷服务时的配给行为，采用联立离散选择模型较好地描述了农户贷款需求和银行贷款供给的相互作用。结果表明我国农户面临着严重的信贷约束，一半以上具备有效需求的农户由于信贷配给无法得到正式机构的贷款，政府干预和信息不对称是造成农村信贷配给的重要原因。笔者在与农村金融机构的接触中总能够听到诸如农村有效信贷需求不足、农村缺少好的项目等抱怨，但却在陕南、渭北、青海海东与西宁贫困农村地区发现许多农户依靠养殖业和种植业致富，有更多农户埋怨得不到适当信贷支持以扩大养殖业。今后有以下因素会进一步放大农村、农业发展的机会空间：其一，农村土地流转制度改革创新以及吸收国际经验促进精致农业、高效农业发展；其二，伴随农村货币资本积累逐渐形成以及农村企业家创业的"土著优势"由农业产业链延伸的农村小微企业发展。农业经济机会的具体形式包括由农户、扩大的家庭农场、农民企业家、农村经济合作组织与现代农业公司主导的养殖业、种植业内涵与外延扩大生产，农产品仓储、运销与加工业，农村商贸物流与市场中介、科技服务业等。

农村金融研究的重要和必须路径是深入农户、农村部门实地调研。但是针对农村社区经济社会状况同一问题的田野调查结论往往出现歧见，原因既有地区、国家差异，也有因调查设计与分析视角不同所致；即使对于同一调查对象甚至相同事实材料，也会由于理论逻辑和研究者视野局限而做不同解读。根据世界银行 1999 年组织的对 23 个国家 2 万多户穷困家庭的调查，非洲、东欧和中亚大多数国家穷困家庭认为存在有限的经济机会，有关发展进步的信息主要来自亚洲地区，那些摆脱贫困的家庭的故事表明各种机遇都能提供摆脱贫困的途径。对越南所有地区的调查均说明经济机会有所增加，原因在于 20 世纪 80 年代中期开始的改革进程推动的市场化、土地分配到户和允许农民自由迁徙。但即使在越南也有持续贫困家庭，他们尤其感受到获取信贷的限制。[①] 墨菲曾经感叹在实验科学（指人类学田野调查）中没有通过重复研究核查结果是"不能容忍的局面"，随后颇有些欣慰地提到刘易斯于 1941 年"重复了"1926年雷德菲尔德对墨西哥泰普兹特朗同一村庄的田野工作。诧异的是刘易斯与雷德菲尔德的工作得出不同结论，后者描绘出协调与合作是村社的规范，在前者所描绘的图景中泰普兹特朗却成为"被敌对情绪、嫉妒和竞争搅得四分五裂的村社"。不同人类学训练背景将他们导向对同一事物的不同判断，但是两人却具有同等的事实材料支持。雷德菲尔德的调查取向是人们关于自身的意识观念，刘易斯则关注社会生活中人们的现实行为准则，而文化价值与社会活动之间经常存在着巨大矛盾。当然，墨菲的解读有可能掩盖调查者有意无意的机会主义动机对田野工作的干扰。

世界银行的大规模访问与墨菲对田野工作复杂性的揭示对于我国农村经济金融谒查活动的提示似乎在于：需要设计针对不同地区的调查项目和选择不同

---

①　迪帕·纳拉扬等：《穷人的呼声：呼唤变革》，中国人民大学出版社 2003 年版，第 79—86 页。世界银行组织的对 23 国 2 万多农户的调查显示：列出提高生活水平的 16 种因素中，在按照性别区分的男性受访者和按照拉丁美洲、非洲、亚洲、东欧及中亚划分地区的亚洲受访者分类中，自办企业、工薪收入为帮助农户生活水平提高的前第一、二两种因素，获得耕地与农业、畜牧业、渔业收入被列为前第三、四种因素，其次为获取贷款情况，技能、受教育程度则位于上述所有因素之后。

视角，基于不同理论逻辑并结合农村金融体制演进特点做出判断，才有可能发现贫困农村地区金融抑制内在的文化、体制和经济诱因。目前国内涌现出的大量农村金融调查工作形式多元，主要有以下：第一，由研究机构或者相关学者委托在读学生利用返乡机会收集资料；第二，由金融宏观管理机构委托基层金融机构、商业银行网点收集调查问卷；第三，由承担农村金融研究项目人员深入农户家庭调研和现场填写调查问卷。毋庸讳言，与第二种方式比较，笔者有充分理由宁可信赖第三种方式所取得数据材料的真实性。对于第一种方式，由于并未进入现场，研究者对相关数据以及事实材料的分析结论仍有可能出现偏误，因为受访者在现场的许多"隐喻"无法提供给研究者，研究者由于不具备现场体验而很难舍弃或许是悖谬的理论观点，甚至也有可能更为相信牵强附会的道听途说。由于仅有少数研究项目承担者从事现场调研活动难以满足统计处理对数据规模的要求，我们选择课题组成员与在读学生形成组合方式展开对我国西部贫困农村地区的入户调研工作，围绕贫困农村经济机会、正规与非正规金融机构关系型融资效果和农村信贷配给等问题设计调查方案。本章主要揭示对相关调研数据做描述性统计反映的经济因果关系①。

表 4-1　农村经济金融状况入户调查主要内容

类别	调查项目	备择选项
一、家庭基本情况	家庭人口	1. 在外正式工作人员　2. 经常在外务工人员
	土地亩数	1. 山坡地亩数　2. 水地亩数
	家庭成员年龄分布情况	1. 16 岁以下　2. 16—30 岁　3. 31—45 岁
	劳动力情况	1. 男劳动力数　2. 女劳动力数　3. 总劳动力数
	家庭人口受教育情况	1. 小学以下　2. 小学　3. 初中
	户主信息	1. 性别　2. 文化程度　3. 技能（种植、养殖、工匠）　4. 民族（汉、藏、回）
	家庭经济决策	1. 户主独立决策　2. 户主夫妇议定　3. 户主隔代议定　4. 户主召集家庭成员议定

---

①　计量分析见第五章。

类别	调查项目	备择选项
二、金融机构服务	您知道可以入股农信社吗？	1. 是　2. 否
	如果资金有富余您会入股吗？	1. 是　2. 否
	您目前是否有向银行或农信社贷款的需要？	1. 是　2. 否
	有哪方面贷款需要？	1. 种料药肥　2. 农机设备　3. 农副流动资金
	您没有向金融机构贷款的原因是什么？	1. 不需要　2. 申请也不会批　3. 利息高
	您以前申请却未得到贷款，您认为原因是什么？	1. 以前贷款未还　2. 与信贷员不熟　3. 偿还能力被质疑
	您认为从农信社或农行能得到贷款最重要因素是：	1. 有抵押物　2. 历史信用好　3. 有好的项目
	您对目前金融机构贷款的看法是：	1. 申请手续（①复杂　②较复杂　③不复杂）
		2. 申办周期（①长　②较长　③还可以）
	您认为金融机构愿意放贷且您能够承受的利率是：	1. 5%以下　2. 6%—10%　3. 11%—15%　4. 16%—20%　5. 20%以上
	如果从农信社或其他金融机构能较方便地借到款您愿意找谁借？	1. 金融机构　2. 亲友无息借款　3. 民间有息借款
	如果您选择的是民间借款，原因是：	1. 无利息　2. 实际利息低　3. 还款期限灵活
	借款来源：	1. 农行　2. 农信社　3. 民间无息　4. 民间有息　5. 邮政储蓄银行
	借款用途：	1. 农机设备　2. 流动资金　3. 商业运营
	您选择存款机构的根据：	1. 路途近存取方便　2. 服务热情周到　3. 汇兑结算快捷
	购买农村保险情况：	1. 家庭财产保险　2. 人身意外保险　3. 医疗保险
	您未购买保险的原因是：	1. 费用高，不划算　2. 自身不需要 3. 服务不到位，理赔有难度
	如果您将富余的钱存入银行或农信社首要目的是：	1. 获得利息　2. 存起来安全　3. 预防不时之需
	贷款时您最看重什么因素？	1. 能否贷到　2. 利息高低　3. 还款期限
	您认可的服务于农村、农业的金融机构是：	1. 农村资金互助社　2. 贷款公司　3. 村镇银行
	您对金融机构服务的评价：	1. 农信社　2. 农行　3. 邮政储蓄银行

续表

类别	调查项目	备择选项
三、农户家庭收支	家庭粮食作物收入：	
	收入来源排序：	1. 粮食作物　2. 经济作物　3. 林业
	家庭总收入：	
	总支出情况：	1. 种肥药膜灌溉　2. 农机具　3. 临时性生产支出
	您家的债务占到年收入的比例大致是：	1. 10% 以下　2. 11%—20%　3. 21%—30%　4. 31%—40%　5. 40%以上
	储蓄余额：	1. 5 万元以上　2. 3 万—5 万元　3. 2 万—3 万元
	如果您有额外 1 万元人民币，将如何处理这笔钱？	1. 作物种植　2. 农产品加工设备　3. 养殖
四、农户投资与生产	如果有人向您推荐一个创业项目，您觉得首先需要考虑的问题是：	1. 我有没有经商能力　2. 资金够不够　3. 产品有没有销路
	如果有一个适合您经营的项目，而您目前资金不够，您会怎么办？	1. 资金不够就不做，不想欠账　2. 向亲友借　3. 民间有息贷款
	您家目前生产经营中最大困难是什么？	1. 资金　2. 土地　3. 技术

第二节　调查方法与样本分布

一、调查方法与范围

此次调查以抽样入户调查为主，辅以与当地政府、金融机构和乡镇、村干部座谈。为保证调查问卷的质量，调查以课题组师生入户与农牧民面对面访谈并现场填写调查问卷形式进行。为了对所调查村庄经济社会状况有大体了解，我们每到一个村庄首先与乡镇干部、村干部取得联系，进行座谈交流。在奔赴调研地区以前做了必要的准备工作，例如，针对赴陕南安康、青海海东市与西宁市调研工作编写国家社会科学基金"完善农村金融体系和强化农村金融服务"课题组《调研材料汇编》（第一辑、第二辑），内容包括与政府和金融机构座谈提纲、调研地区基本经济状况、田野调查方法、农村金融改革观点摘编、入户调研流程、调研守则、调研报告选题等。赴青海前期对全体师生做了有关地区经济社会发展简况、风土人情与民族禁忌、少数民族与汉族主要方言与生活习惯、调查方法与调查目标、入户调查流程与注意事项等七个单元的学习培训活动。

基于西部贫困、不发达地区研究农村金融问题是项目研究和调研活动的特点。课题组入户家访调研的地区均选择在国家确定的贫困县（区）农村，包括陕西省铜川市耀州区、安康市汉滨区，青海省海东市民和回族土族自治县（即民和县）、乐都县，西宁市湟中县。调研地域分布在陕西渭北的干旱丘陵和浅山地带，陕南安康和青海海东市、西宁市的山区、半山区，所到乡村农牧民的生产生活条件比较艰苦。在铜川市、安康市、海东市与西宁市农村调研期间全部师生分组住在当地农户家中，坚持与农户一起生活。调研活动受到当地干部群众、地方政府以及金融机构的大力支持。

调查问卷内容包括家庭基本情况、金融服务、家庭收支与储蓄信贷、投资与生产、家庭收入预期与公共设施集资、政策评价与期望、对新金融机构的了解与评价。与在陕西的调研比较，收入评价与公共设施集资、政策评价与期望、对新金融机构的了解与评价是赴青海调研新增加内容。在陕西铜川市、安康市和青海海东市与西宁市的调查事项分别有 27 个、33 个和 51 个子项。对于赴青海调查问卷表中的具体子项目根据前期在陕西入户调查情况做了适当修正，例如增加了对家庭农作物、养殖业等实物产量的数据收集，返程后根据当年价格估算其货币收入量，以避免和校正部分农户有意识压低家庭收入情况。为了满足统计分析对样本规模的要求和保持一定的连续性，对凡是前期入户调研的内容在后续调查中均予以保留，其中在青海的调研尽管比在铜川市、安康市分别增加了 24 个、18 个子项目内容，但是由于在青海参与调研人数最多（25 人），历时最长，收集问卷规模也较为可观，所以对新增加子项目内容即使单独研究仍然能够满足统计分析需要，基本能够体现出对西部贫困、不发达农村地区所具有的代表性。无论在描述性统计分析或者在统计与计量模型分析中，由于针对的问题不同，相关事项的有效问卷数量不同，所以涉及的样本规模有所变化。针对"对新金融机构的了解与评价"这一询问事项，除了在铜川、安康等地区与农户、乡镇干部以及金融机构交流，了解他们对 2007 年以后推出农村资金互助社等三种农村金融机构发展的预期和参与意愿以外，写入问卷表的目的主要是了解青海省乐都县雨润镇农户对全国第一家农村资金互助社"雨润镇兴乐资金互助社"的看法与评价。① 课题组号召每一个参与教师、学生身体力行，努力成为促进农村金融发展改革的宣传者、鼓动者和实践者。"陕西师范大学赴青海农村经济金融调研志愿团"25 名师生在乐都县雨润镇调查期间与雨润镇政府、雨润镇兴乐农村资金互助社联合召开了"中国当代农村民间合作金融发展研讨会"，调研团全体成员在青海调研返程前于西宁市中心广场召开青海农村调研工作总结会，吸引了大量市民关注旁听。在陕、青调研期间坚持每晚召开晚间小结会议，交流讨论入户调查中发现的问题，采取措施及时改进调研方法，争取最大限度了解调查地区农户经济金融状况。调查问卷部分内容见表 4-1。

二、调查问卷收集情况

课题组 2007 年 8 月中旬赴陕西省铜川市调研，先后与主管农业的袁丁兴副市长、市农业局、人行铜川市中心支行、铜川银监分局、王益区和耀州区信用联社、农行铜川支行座谈，其后在铜川市耀州区淹池、下高岭等四乡镇 8 个行政村入户调研，历时 8 天，收集农户经济与金融信贷状况问卷表 350 份，其中有效问卷 218 份；2008 年 5 月上中旬赴陕南安康市调研，先后与人行安康中心支行、安康银监分局、安康信用办、农行安康支行、农发行安康支行、汉滨区信用联社、安康农业局、安康畜牧局座谈，其后到安康市汉滨区的县和乡、关庙镇、花园乡、吉河镇 4 乡镇 8 个行政村入户调研，收集问卷表 135 份，其中有效问卷 120 份，入户调研后与安康市主管科技教育的巨拴科副市长和安康中小企业局座谈交流，历时 9 天；2008 年 7 月中下旬赴青海民和、乐都、湟中农牧区调研 11 天，先后与民和县扶贫办、民和县大庄乡政府、乐都区雨润镇

---

① 调研表明所走访的雨润镇农户对新成立的农村资金互助社缺乏足够了解。

政府、农行民和县支行、民和县古鄯镇信用社和乐都区雨润镇兴乐农村资金互助社座谈，选择民和、乐都、湟中三县的大庄乡、雨润镇、上五庄镇和李家山镇的 8 个行政村入户调研，收集问卷表 850 多份，其中有效问卷 800 份。调研活动先后走访近 1500 户农村家庭，收集入户调查问卷 1300 多份，其中有效问卷 1138 份，与市、县和乡镇、村级机构以及金融部门座谈会议记录约 5 万字，师生在调查期间对调研地区农村经济金融问题的晚间讨论也形成大量文字记录。经过 2004—2008 年在陕西、青海组织实施三次大规模的田野调查，课题组初步掌握了西部农村地区经济金融发展的第一手资料。调查问卷收集情况如表 4-2 所示。

表 4-2　调查问卷收集来源与分类统计

省市	县（区）	乡（镇）	收集问卷（份）	有效问卷（份）
陕西省	铜川市 耀州区 （2007 年 8 月）	坡头镇	84	49
		演池乡	99	62
		董家河镇	89	56
		下高埝乡	78	51
		计	350	218
	安康市 汉滨区 （2008 年 5 月）	关庙镇县河乡	66	61
		花园乡	35	29
		吉河镇	34	30
		计	135	120
青海省	西宁市 湟中县 （2008 年 7 月）	李家山镇	175	169
		甘河滩镇	48	41
		上五庄乡	118	113
	海东市 民和县 （2008 年 7 月）	哈家圈乡	42	37
		大庄乡	134	130
		马场垣乡	80	74
	乐都区 （2008 年 7 月）	雨润镇	256	236
		计	853	800

第三节　农户家庭基本特征

一、基本经济条件

在我们所调查的青海与陕西 1138 户农户中，平均每户家庭人口 4.83 人，户均男劳动力 1.50 人，女劳动力 1.23 人，户均劳动力人数 2.73 人。平均每个劳动力负担（供养）人口 1.77 人。每户平均在外正式工作人员 0.36 人，户均经常性在外务工人员 1.21 人，户均在外务工人员占户均劳动力的 57.5%。所调查农户平均每户土地面积（可耕地）5.98 亩，其中户均山坡地 2.92 亩，水地 3.06 亩。由家庭人口的均值—标准差可以判断家庭人口分布集中范围在 3—7 人/户，户均劳动力人数分布集中在 1.5—4 人，户均土地分布集中在 1.9—10.1 亩，户均山坡地亩数分布集中在 0—7.1 亩，户均水地亩数集中在 0—6.3 亩的范围。调查地区目前属于典型的小型家庭农场耕作方式，经营农地与兼业城市务工构成农户主要收入来源，据我们现场了解，一定规模农户具有强烈的"弃农从工""离乡进城"倾向，他们有些已经达到了做此选择的"终点"①。表 4-3 是对农户家庭基本情况的总结。

表 4-3　家庭基本情况

调查项目	单位	观察值②	最大值	最小值	平均值	标准差
家庭人口	人/户	1134	13	1	4.78	2.010
在外正式工作人员	人/户	772	5	0	0.36	0.788
经常在外务工人员	人/户	862	12	0	1.21	1.024
土地亩数	亩/户	900	40	0	5.98	4.093
山坡地亩数	亩/户	900	29	0	2.92	4.183

---

① 无论从家庭劳动力进城务工的比例和收入中务工收入占比看，农民已经逐渐具有乡村与城市双重身份特征，相当规模的农民向城市工人身份的过渡形态不能用黄宗智刻画传统农户的"拐杖逻辑"加以解释。

② 此处样本观察值为调查问卷中实际填写本项目的户数。

续表

调查项目	单位	观察值②	最大值	最小值	平均值	标准差
水地亩数	亩/户	900	40	0	3.06	3.213
男劳动力	人/户	1041	7	1	1.50	0.803
女劳动力	人/户	1041	9	1	1.23	0.743
劳动力数	人/户	1041	9	1	2.73	1.258

二、年龄分布与受教育程度

所调查农户的家庭年龄结构分布见图 4-1。其中 16 岁以下的占 21%，16—30 岁的占 26%，31—45 岁的占 25%，46—65 岁的占 20%，65 岁以上的占 8%，16—65 岁累计占 71%，农户的年龄分布比较均匀，主要集中在 65 岁以下，但是目前已经步入人口老龄化。① 农户文化水平主要在初中、小学及以下，占总调查人数的 86.6%，高中、大专及以上水平人数很少，占 13.4%，农户文化水平偏低。户主平均年龄为 46.9 岁，户主文化程度也主要集中在初中、小学及以下。户主性别构成中 91% 户主为男性，9% 户主为女性。

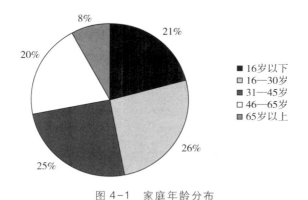

图 4-1 家庭年龄分布

① 按照美国人口普查局 1971 年出版的《人口学方法与资料》提出的划分标准，65 岁及以上老年人口比例在 5% 以下的人口为年轻型人口，10% 以上的人口是老年型人口，介于两者之间的是成年型人口。按照联合国的划分，以 65 岁及以上老年人口比例在 7% 以上为老年型人口。

三、农户经济状况

农村家庭中户主技能在一定程度上反映家庭收入来源特征。如图4-2所示，根据对所调查农户户主技能收集到的信息，户主以从事种植、工匠和养殖业为主要收入来源。为了解农户家庭经济决策方式，我们在问卷中列举了四种方式，如图4-3所示，在所有调查的1138户农户中，填写本项目的农户共有944户，其中37%的家庭是户主夫妇议定，37%的家庭是户主独立决策，22%的家庭是户主召集家庭成员议定，4%的家庭是户主隔代议定。在被调查农户中，家庭经济来源主要依靠外出务工、种植粮食作物、经济作物。2006年人均年收入为1985.13元，人均年支出2290.48元，2007年人均年收入为2157.47元，人均年支出3106.18元；债务占年收入平均比例为23.13%。2006年平均储蓄余额为8890.61元，2007年平均储蓄余额为12072.82元。《中国统计年鉴》数据显示，全国2006年农村平均每人年收入5052.08元，平均每人年支出4485.44元；2007年全国农村平均每人年收入5791.12元，平均每人年支出5137.68元。

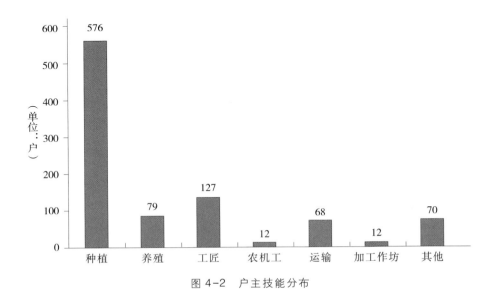

图4-2　户主技能分布

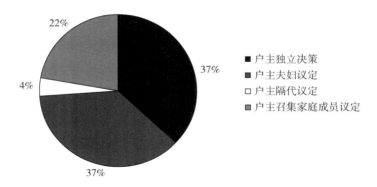

图 4-3　家庭决策方式

通过以上统计分析，发现所调查西部地区样本农户的家庭基本特征如下：

1. 家庭劳动力负担重，耕地面积少。样本农户的平均家庭人口数（4.83）高于全国平均水平（4.03），户均劳动力数（2.73）却低于全国平均水平（2.84），每个劳动力负担的人口数（1.77）高于全国平均水平（1.42），并且，平均每户经营土地亩数（5.98）也低于全国水平（6.61）。①

2. 西部地区农村的年龄结构不存在老龄化问题。其中 16—45 岁的人口占比达到 51%，45—65 岁人口占比达到 20%，65 岁以上人口数仅占 8%。

3. 西部地区农村的劳动力素质不高。初中、小学及以下占总调查人数的 86.6%，高中、大专及以上水平人数很少，仅占 13.4%。由于文化程度低，缺乏必要的知识储备和技能，只能固守传统的农业耕种技术，阻碍了西部地区农村的经济发展。

4. 农户家庭经营中传统农业仍然占主导地位。在我们调查的农户中，大部分户主只掌握种植技能，而掌握非农生产技能的农户占比仅为 36.44%。家庭经济来源主要依靠外出务工、种植粮食作物和经济作物。表明西部地区农村还是主要以传统的种植和养殖业为主，第二、三产业发展缓慢。虽然有些地区的经济作物种植有一定的发展，但还是主要以小规模经营为主。总体来说，西部地区农村的农业生产还是处在简单、低效的再生产过程中。

①　全国数据来源于《中国统计年鉴》相关年份。

5. 农民收入低，经济基础薄弱。我们所调查西部地区的农民人均年收入水平都远低于全国平均水平——西部地区 2006 年平均每人年收入为 1985.13元，平均每人年支出为 2290.48 元，2007 年的平均每人年收入为 2157.47 元，平均年支出为 3106.18 元；2006 年全国农村平均每人年收入是 5052.08 元，平均每人年支出是 4485.44 元，2007 年全国农村平均每人年收入是 5791.12 元，平均每人年支出是 5137.68 元。

第四节　农户贷款用途与创业意愿

为了分析农户对信贷资金需求的分配使用及其对生产置业的期望，我们在调查问卷中设计相关项目了解农户金融需求特征、贷款用途和创业意愿等隐含信息。调查结果或许可以帮助思考如下问题：西部农村地区究竟存在信贷有效需求不足还是供给不足？

一、农户金融需求特征

（一）农户金融活动主要是存贷款，金融资产投资有限

所调查地区农户的主要金融行为是存款与借款，而问及对其他金融业务的认知时，大多数表示只是听说过。关于保险业务，在询问农户购买金融保险情况时，68%的农户购买了医疗保险，16%的农户购买了人身意外保险，6%的农户购买了农业机具保险，5%的农户购买了教育保险。农户的保险需求主要集中在人身保险。当问及未购买保险的原因时，36%的农户选择对保险业务不了解，29%的农户认为保险费用高，20%的农户认为自身不需要保险。说明农户保险意识还不成熟，对保险行业缺乏了解。总体上看，农户对金融资产投资认知还很有限，农户金融活动基本局限于生产生活需要。

（二）农户贷款需求高，贷款主要来源于农信社

在所调查的青海、陕西 1138 户农户中，有贷款需求的农户占到 76%，表明农户有强烈的贷款需求。随着农行撤销在县域以下的分支机构，农信社成为农村金融服务的主力军，农民对农信社比较了解。农户知道可以入股农信社的

比例达到 76%，且有 62% 的农户会选择入股农信社，如表 4-4 所示。由此可见，农户对金融机构的参与意愿较高，分析其动机，一部分是为了自己日后贷款方便，一部分是认为这是一项投资活动，可以从中获取收益。① 结合与农户交流座谈资料分析，农户入股农信社大多不是为了成为股东参与农信社管理、治理和经营决策，获取贷款便利是农户入股农信社的最原始动机。

表 4-4　农户参与金融机构的意愿、动机

问题	单位	观察样本②	是（所占比例）	否（所占比例）
是否知道可以入股农信社	户	851	649（76%）	202（24%）
如有富余资金是否会入股	户	559	345（62%）	214（38%）
是否有贷款需要	户	903	689（76%）	214（24%）

二、农户贷款用途与投资理财结构

（一）农户潜在贷款用途

从调查中农户反映的贷款需求看，农户的贷款需求呈现出市场化、多样化趋势。不同地区的农户潜在的贷款需求存在差异，为此我们对 800 户青海农户和 120 户陕南安康农户潜在的贷款需求分别进行统计，结果如图 4-4 所示。由图 4-4 可知，青海农户在购买种植所用肥料、开办养殖业方面有很高的贷款需求，其次是子女教育、建房置业以及商业运营等。说明青海农户贷款需求主要集中在生产性需求上。而陕南安康的贷款需求则主要集中在建房置业这种消费性需求上，在生产性贷款方面的需求相对较少。随着农村经济的发展，农户贷款需求除了常规的农业生产性信贷需求外消费信贷需求将有一定增长，商业性信贷（商业运营）和人力资本培养产生的信贷需求（主要用于子女教育）也将有所发展。

---

①　根据课题组 2003 年在陕南、渭北的调查，农信社通过股金分红使资本年收益率达到 15%。见刘明：《转型期金融运行与经济发展研究》，中国社会科学出版社 2004 年版，第 307 页。

②　此处观察样本为调查问卷中实际填写本项目户数。

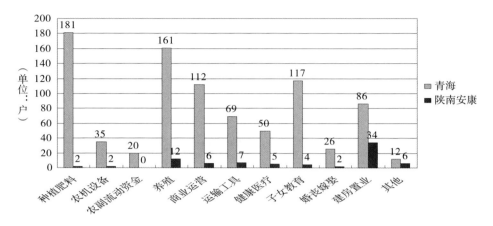

图 4-4　青海、陕南安康农户的贷款用途分布

（二）农户实际贷款用途

以上我们了解了农户潜在的贷款需求，那么实际当中农户贷款主要用于哪些方面呢？为此我们在问卷中设计了借款用途选项，为了区别地区差异，我们分别对 800 户青海农户和 120 户陕南安康农户的贷款需求的用途进行调查统计，统计结果如图4-5所示。青海省农户的贷款主要用于农业生产，其次是子女教育、健康医疗等，陕南安康农户的贷款则主要用于建房置业，其次是农业生产和子女教育，这一结果与潜在的贷款需求基本一致。可见农户的实际借款用途很大程度上取决于农户潜在的贷款需求。说明在西部地区，农村金融机构面对农户借贷需求在贷款投向上可能是被动的接受者。陕南安康与青海农户贷款用途的差异主要与两个地区农民人均收入差异有关，也有可能与当地生活习惯、人文风俗甚至健康状况有一定联系。

（三）农户投资理财结构

为进一步了解两地农户的投资理财结构，我们在问卷中设计了如下问题"如果您有额外的 1 万元人民币，将如何处理这笔钱？"调查结果如图4-6所示，青海农户将这笔钱主要用于养殖类生产性投资上，其次是子女教育（人力资本投资）和建房（消费）上。而陕南安康的农户则把这笔钱主要用于建房消费性投资，其次是子女教育（人力资本投资）和养殖（生产性投资）。这

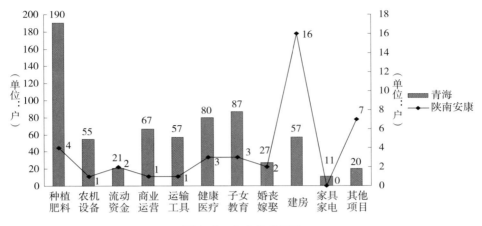

图 4-5　农户贷款用途

与前面农户贷款需求的分析基本一致，表明农户的贷款需求与其投资意愿一致。从图 4-6 中我们还可以看出，青海农户更愿意将暂时闲置资金的钱存入银行，而安康的农户则更愿意将钱存入农信社。这与当地金融机构的发展状况以及农户金融活动对交易成本—风险管理的权衡有关。在陕南安康随着农行的改革，县以下机构全部撤出，从而促使农信社成为农村金融发展的主力军，农信社成为服务"乡土"经济社会发展、便利农户家庭金融需求而具有比较优势的金融机构主体。对于陕南安康山区的农户来说，选择农信社作为储蓄机构具有减少信息不对称和降低存取成本的内部收益。而据我们在青海民和、湟中两县的调查，民和县大庄乡已经连续 8 年没有正规金融机构，乡镇一级由临近的古鄯镇农信社对其提供金融服务，农村金融供给严重不足甚至出现金融空白。丧失掉内部收益农户当远赴县一级金融机构存储资金时必然选择具有国有银行信誉的大银行分支机构。① 从图中我们也不难看出，青海和安康的农户极少会有人将额外资金投资股票、债券或保险，可见农户金融需求主要局限于存贷服务，对其他金融产品需求相对不足。

---

　　① 据在民和县古鄯镇农信社座谈了解，农户将资金存入县级农行等金融机构而非农信社，重要原因是农信社不能使用信用卡和 ATM 机，支付系统缺乏必要的技术支撑。

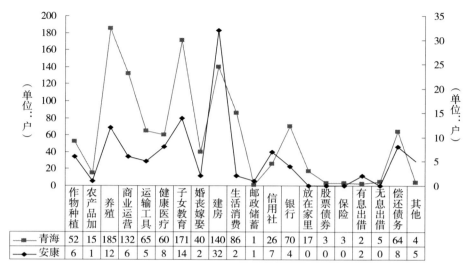

图 4-6　农户对额外 1 万元货币的配置意向

三、农户创业意愿及其制约因素

为了解农户在商业性借款方面的需求，我们在问卷中设计了如下问题，如表 4-5 所示："如果有人向您推荐一个创业项目，您觉得首先需要考虑的问题是？"在接受调查的农户中，有 49% 的农户首先考虑资金来源和规模问题，有 18% 的农户考虑自己是否具备经商能力，有 17% 的农户会考虑会不会亏本。目前生产经营中遇到的困难，绝大多数选择了资金缺乏，其次是缺乏技术和信息。由此可见，农户往往因为资金短缺而导致其创业抱负胎死腹中或者夭折。在资金缺乏的情况下，35% 的农户希望争取农信社或农行贷款，32% 的农户会向亲友借款，29% 的农户选择资金不够就不做，不想欠账负债。不难发现农户在商业性贷款方面更倾向优先考虑向正规金融机构贷款，其次才是向亲友借款。分析其原因，商业贷款规模一般都比较高，容易满足其弥补投资本金门槛的需求；亲友间借款以小额度为主，再加亲友间贷款缺少正规手续和约束，尤其如果涉及生产性、商业性贷款，其借贷范围和实际发生概率受到很大制约。因此，像商业贷款这种金额比较高的贷款形式，农户更倾向于向有正规贷款手续和合同的金融机构贷款。

表 4-5　农户创业意愿与制约因素　　　　　（单位：户）

问题	观察样本数①	选择 1	选择 2	选择 3
如果有人向您推荐一个创业项目，您觉得首先需要考虑的问题是？	678	资金够不够（398）	我有没有经商能力（142）	会不会亏本（138）
如果有一个适合您经营的项目，而您目前资金不够，您会怎么办？	749	争取农信社或农行贷款（273）	向亲友借（251）	资金不够就不做，不想欠账（225）
您家目前生产经营中最大困难是什么？	632	资金（464）	技术（105）	信息（63）

第五节　机构贷放行为与农户融资偏好

一、农户贷款与期望贷款利率的关系

从贷款利率看，所调查青海省 800 户农户的平均期望利率是 5.9%。农户的期望利率分布如图 4-7 所示，农户的期望利率在 5% 以下的占总调查户数的 49.4%，期望利率在 6%—10% 的占总调查户数的 44.2%，期望利率在 10% 以上的占总调查户数的 6.4%。比较 2006—2008 年人行制定的基准贷款利率不难发现，银行贷款利率保持在 5%—10% 之间，这与大部分农户的期望利率吻合。不过我们仍然希望观察到：农户期望贷款利率与农户贷款行为之间存在什么联系？针对这一问题对问卷进行分析，结果如表 4-6 所示。在所调查青海省 800 户农户中，2006 年期望贷款利率高于当年银行平均贷款利率的农户有 288 户，其中申请贷款的户数占 25.7%，获批的户数占 25.3%，获批户数占申请户数的 98.6%；2006 年期望贷款利率低于当年平均贷款利率的有 306 户，其中申请贷款的户数占 20.6%，获批户数占 16.0%，获批户数占申请户数的 77.8%。2007 年期望贷款利率高于当年银行平均贷款利率的农户有 284 户，其中申请贷款的户数占 30.6%，获批的户数占 30.0%，获批户数占申请户数的 97.7%；2007

――――――――

① 此处观察样本数为调查问卷中实际填写本项目的户数。

年期望利率低于当年银行平均贷款利率的农户有 309 户，其中申请贷款的户数占 26.9%，获批的户数占 23.6%，获批户数占申请户数的 87.8%。2008 年期望贷款利率高于当年银行平均贷款利率的农户有 284 户，其中申请贷款的农户占 24.3%，获批的户数占 22.9%，获批户数占申请户数的 94.2%；2008 年期望贷款利率低于当年银行平均贷款利率的农户有 309 户，其中申请贷款的农户占 31.4%，获批的户数占 24.6%，获批户数占申请户数的 78.3%。

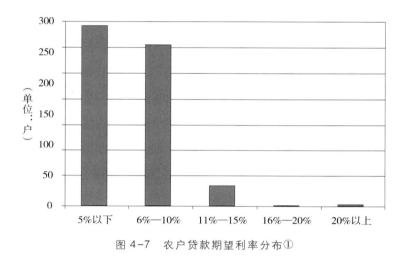

图 4-7　农户贷款期望利率分布①

由此可以看出，农户申请贷款与期望贷款利率存在如下关系：农户的期望利率越高，越容易发生贷款，并且获批的几率也更高；相反，农户的期望利率越低，越不容易贷款，并且获批的几率也较低。即农户的贷款需求、贷款成功率均与农户期望利率呈正向变化。

发生上述事实的背景可能在于：

第一，期望利率既反映农户支付利息意愿，也潜在地揭示了其还本付息的能力和信用状况。

第二，期望利率反映农户对当地民间借贷以及正规金融的了解程度。大多情况下，具有商业性质（即不包括亲友间借贷）的民间借贷利率高于正规金

①　农户贷款期望利率是根据调研问卷中调查项"您认为金融机构愿意放贷且您愿意承受的利率是_____"进行统计得到

融机构利率。一般地，期望利率较高的农户还本付息能力较强，信用状况较好，农户对当地民间借贷和正规金融情况了解程度较高。

第三，从金融机构角度分析，因为 2003 年国家选择在西部陕西、青海、内蒙古、四川等省（区）实施农村金融改革以后放宽利率上限，存在农信社使用利率工具进行信贷配给的机制。

第四，根据我们实地调查了解到的情况，存在部分金融机构通过增加隐含借贷成本排除那些负担借贷成本能力较低农户的贷款要求。

表 4-6　农户期望利率与申请贷款情况统计　　（单位：户）

		2006 年	2007 年	2008 年
期望贷款利率>当年银行贷款利率①	申请贷款户数	74/288②	87/284	69/284
	批准贷款户数	73/288	85/284	65/284
期望贷款利率<当年银行贷款利率	申请贷款户数	63/306	83/309	97/309
	批准贷款户数	49/306	73/309	76/309

二、金融机构对农户提供贷款服务分析

（一）金融机构对农户提供贷款服务的广度

我们从农户贷款面分析金融体系服务农户的广度。为了避免地区因素影响，我们分地区进行统计。在调查的陕西省铜川市耀州区 218 户农户中，2004 年发生贷款户数为 24 户，占总调查户数的 11.0%，2005 年发生贷款户数 39 户，占总调查户数的 17.9%，2006 年发生贷款户数 57 户，占总调查户数的 26.1%。三年累计发生贷款 92 户，占总调查户数的 42.4%。

所调查安康市汉滨区 120 户农户中，2004 年发生贷款户数 10 户，占总调

---

① 当年银行贷款利率采用当年一年期贷款利率的加权平均。如 2006 年 4 月的一年期贷款利率为 5.85%，2006 年 8 月的贷款利率为 6.12%，则当年银行贷款利率为 $3/4 \times 5.85\% + 1/4 \times 6.12\% = 5.92\%$，同理可求 2007 年的银行贷款利率为 6.76%，2008 年银行贷款利率为 7.8%。

② 诸如 A/B 形式表示：A 为申请贷款户数或者批准贷款户数；B 为期望贷款利率>或<当年银行贷款利率户数。

查户数的 8.3%，2005 年发生贷款户数 10 户，占总调查户数的 8.3%，2006 年发生贷款户数 16 户，占总调查户数的 13.3%，2007 年发生贷款户数 19 户，占总调查户数的 15.8%，2008 年（截至 2008 年 4 月底）发生贷款 5 户，占总调查户数的 3.3%。五年累计发生贷款户数 43 户，占总调查户数的 35.8%。

在所调查青海省湟中县 320 户农户中，2006 年发生贷款户数 57 户，占总调查户数的 17.8%，2007 年发生贷款户数 102 户，占总调查户数的 31.9%，2008 年（截至 2008 年 6 月底）发生贷款户数为 91 户，占总调查户数的 28.4%。三年累计发生贷款 146 户，占总调查户数的 45.6%。

在调查的青海省民和县 238 户农户中，2006 年发生贷款 38 户，占总调查户数的 16.0%，2007 年发生贷款 52 户，占总调查户数的 21.8%，2008 年发生贷款 54 户，占总调查户数的 22.7%。三年累计发生贷款 104 户，占总调查户数的 43.7%。

在调查的青海省乐都县 234 户农户中，2006 年发生贷款 32 户，占总调查户数的 13.7%，2007 年发生贷款为 28 户，占总调查户数的 12.0%，2008 年发生贷款 18 户，占总调查户数的 7.7%。三年累计发生贷款 65 户，占总调查户数的 27.8%。

各地区的贷款趋势图如图 4-8 所示。

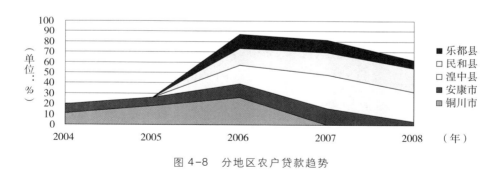

图 4-8　分地区农户贷款趋势

由以上各地区数据和贷款趋势图我们可以看出，从地区来讲，不同地区的贷款情况各不相同，其中以青海湟中县贷款面最大，为 45.6%，乐都县的贷款面最小，为 27.8%，而这些数据远远低于东部等其他较发达地区农村的贷款广度。合理的解释是：第一，西部贫困地区农村经济发展落后，贷款主要集中在生活消费和农业生产类贷款需求，需求水平相对较低；第二，西部地区农村金融机构长期负债经营，尽管经过对农村金融机构反复改革转制，经营状况仍然不容乐观，不良贷款占比较高，这也是影响西部地区农村贷款面的一个原因。

各地区的贷款均有逐年递增趋势，但是在 2008 年有所下降，究其原因：第一，我们 2008 年在陕、青开展调查的时间分别是 5 月上旬和 7 月中旬，因此，对于 2008 年全年的贷款发放数据存在统计不齐全的问题；第二，2008 年农村贷款投放受到一定程度限制，也与宏观金融管理部门对金融机构体系恢复实施贷款规模控制有关（根据在陕南调研时与金融机构座谈了解情况如此）。

（二）金融机构对农户提供贷款服务的深度

以下结合贷款面及贷款额度来分析金融机构对农户提供贷款服务的深度。在所调查的铜川市耀州区和安康市汉滨区 338 户农户中，发生贷款的户数共计 142 户，占总调查户数的 41.9%。其中，2004 年发生贷款 34 户，如表 4-7 所示，占总调查户数的 10.0%，其中贷款额度在 3000 元以下的农户占总贷款户数的 8.8%，3000—10000 元的占 44.1%，10000 元以上的占 41.2%；2005 年发生贷款 49 户，占总调查户数的 14.5%，其中贷款额度在 3000 元以下的农户占总贷款户数的 34.7%，3000—10000 元的占 44.9%，10000 元以上的占 20.4%；2006 年发生贷款 22 户，占总调查户数的 21.2%，其中贷款额度在 3000 元以下的农户占总贷款户数的 30.6%，3000—10000 元的占 45.8%，10000 元以上的占 23.6%；铜川市与安康市所调查样本的贷款趋势如图 4-9 所示。

表 4-7　铜川市、安康市农户贷款额度分布　　　　（单位：户）

	3000 元以下	3000—10000 元	10000 元以上	总贷款户数
2004 年	5	15	14	34
2005 年	17	22	10	49
2006 年	22	33	17	72

对青海省三县分别进行统计，如表 4-8 所示。湟中县调查样本 320 户，2006

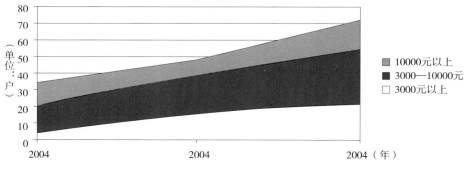

图 4-9 铜川市、安康市农户贷款趋势

年发生贷款 57 户，占总调查户数的 17.8%，其中贷款额度在 3000 元以下的农户占总贷款户数的 87.7%，3000—10000 元的占 7.0%，10000 元以上的占 5.3%；2007 年发生贷款 102 户，占总调查户数的 31.9%，其中贷款额度在 3000 元以下的农户占总贷款户数的 86.3%，3000—10000 元的占 10.8%，10000 元以上的占 2.9%；2008 年发生贷款 91 户，占总调查户数的 28.4%，其中贷款额度在 3000 元以下的农户占总贷款户数的 86.8%，3000—10000 元的占 6.6%，10000 元以上的占 6.6%。湟中县三年发生贷款共计 146 户，占总调查户数的 45.6%。湟中县农户贷款趋势如图 4-10 所示，可以看发现对农户贷款面有逐年递增趋势，但在 2008 年有所下降，贷款额度主要集中在 3000 元以下。

表 4-8 青海省三县农户贷款额度分布   （单位：户）

		3000 元以下	3000—10000 元	10000 元以上	总贷款户数	总调查户数
湟中县	2008 年	79	6	6	146	320
	2007 年	88	11	3		
	2006 年	50	4	3		
民和县	2008 年	40	13	1	104	238
	2007 年	35	13	4		
	2006 年	27	10	1		
乐都县	2008 年	8	5	5	65	234
	2007 年	7	14	7		
	2006 年	11	16	5		

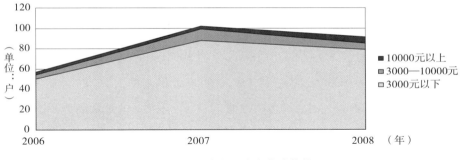

图 4-10　湟中县农户贷款趋势

民和县调查样本 238 户，2006 年发生贷款 38 户，占总调查户数的 16.0%，其中贷款额度在 3000 元以下的农户占总贷款户数的 71.1%，3000—10000 元的占 26.3%，10000 元以上的占 2.6%；2007 年发生贷款 52 户，占总调查户数的 21.8%，其中贷款额度在 3000 元以下的农户占总贷款户数的 67.3%，3000—10000 元的占 25.0%，10000 元以上的占 7.7%；2008 年发生贷款 54 户，占总调查户数的 22.7%，其中贷款额度在 3000 元以下的农户占总贷款户数的 74.1%，3000—10000 元的占 24.1%，10000 元以上的占 1.9%。民和县三年累计发生贷款 104 户，占总调查户数的 43.7%。民和县贷款趋势如图 4-11 所示。可以看出民和县的贷款面有逐年递增趋势，且贷款额度主要集中在 3000 元以下。

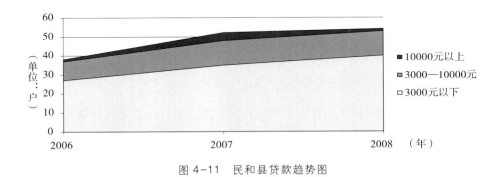

图 4-11　民和县贷款趋势图

乐都县调查样本 234 户，2006 年发生贷款 32 户，占总调查户数的 13.7%，其中贷款额度在 3000 元以下的农户占总贷款户数的 34.4%，3000—10000 元的占 50.0%，10000 元以上的占 15.6%；2007 年发生贷款 28 户，占总调查户数的 12.0%，其中贷款额度在 3000 元以下的农户占总贷款户数的 25.0%，3000—10000 元的占 50.0%，10000 元以上的占 25.0%；2008 年发生贷款 18 户，占总调查户数的 7.7%，其中贷款额度在 3000 元以下的农户占总贷款户数的 44.4%，3000—10000 元的占 27.8%，10000 元以上的占 27.8%。乐都区三年累计发生贷款 65 户，占总调查户数的 27.8%。乐都区的贷款趋势如图 4-12 所示，可以看出乐都县的贷款逐年递减，贷款额度主要集中在 3000—10000 元。乐都县农户贷款额度大于湟中、民和两县。

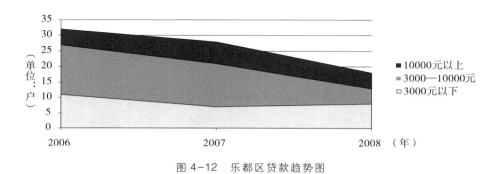

图 4-12　乐都区贷款趋势图

从总体观察，青海的调查样本涉及 800 家农户，2006 年发生贷款 163 户，其中贷款在 3000 元以下的农户所占比例为 65.0%，3000—10000 元的占 26.4%，10000 元以上的占 8.6%；2007 年发生贷款 196 户，其中贷款在 3000 元以下的农户所占比例为 71.9%，3000—10000 元的占 17.3%，10000 元以上的占 10.7%；2008 年发生贷款 192 户，其中贷款在 3000 元以下的农户所占比例为 75.0%，3000—10000 元的占 17.2%，10000 元以上的占 7.8%。

由此可以看出，铜川市和安康市农户贷款发生率、各个层次额度的贷款都有逐年增加的趋势，但仍主要以小额贷款为主，贷款额度主要集中在 3000—10000 元之间。青海 2007 年的农户贷款发生率、小额贷款发生率（3000 元以下）和大额贷款发生率（10000 元以上）较 2006 年都有较为明显地增长，但 2008 年较 2007 年变动幅度不大，并且 2008 年 10000 元以上贷款的发生率为 7.8%，明显低于 2007 年（10.7%）。这从一个侧面反映出 2008 年农村贷款投放在一定程度上受到抑制，证实调研团在陕南期间与金融机构座谈了解到的情况。所以，尽管央行等机构在近些年每当紧缩银根时强调不减少甚至增加农业信贷，但是在实际中对农村的信贷投放仍会受到影响。问题在于，每当信贷收缩时对于农户分散化、高成本的贷款投向，必然成为商业银行收缩贷款的"优先"选项。

三、农户融资偏好影响因素

（一）农户的融资偏好

对农户融资渠道可分为两类：一类是从正规金融贷款，包括向农信社、农行和中国邮政储蓄银行（以下简称"邮政储蓄银行"）等金融机构贷款；一类是民间借贷，包括向亲友借款、民间有息借贷等。融资偏好和实际的融资秩序可能存在差异，因为前者是意愿融资秩序，在外部条件的约束下意愿融资秩序和实际融资秩序并非一致。

基于上述，我们选取青海省 800 户农户作为研究对象，通过分析调查问卷了解农户以下事项：第一，按照意愿取得贷款的机构（泛指贷款方，以下同）偏向（称作意愿贷款机构）；第二，实际取得贷款的机构来源。从其意愿贷款机构可以看出，有 60.4% 的农户偏向亲友无息贷款，29.7% 的农户偏向从金融机构申请贷款，9.9% 的农户会选择民间有息借贷，如图 4-13 所示。在被调查的农户中，大部分农户更倾向于向亲友借款即所谓的"关系融资"。①

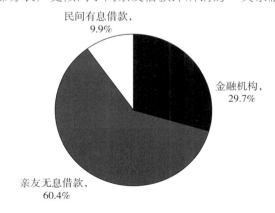

图 4-13　农户意愿贷款机构

---

① 这里"关系融资"可以被看作是狭义的。广义的从熟人社会取得有息借贷或者金融机构向圈内机构、个人放贷也属于关系融资。

在问及其实际借款来源时，填写该项目的农户有 457 户，如图 4-14 所示，其中大部分农户回答向农信社借款。表明其意愿融资次序和实际融资次序并不总是一致。出现这种情况的原因有：第一，针对这两个问题，农户的心理标准可能不一致，民间无息借贷的发生常常带有随意性，并且一般额度较小，因此，在问到农户的借款来源时，往往将这一部分贷款忽略了；第二，虽然农户心理上可能更倾向于向亲友、熟人借款，但是如前有关从民间取得生产性和商业贷款的局限时所述，由于民间借贷缺少监管，缺乏正规的放贷程序和契约约束，取得贷款并非易事，因此农户在实际贷款——尤其贷款额度较高时更倾向于从正规金融机构借款。①

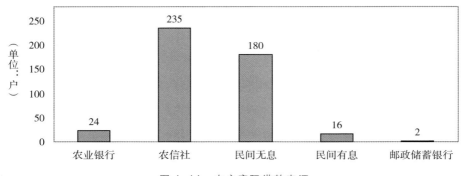

图 4-14　农户实际借款来源

（二）影响农户融资偏好的因素

由以上调查结果得到农户选择融资对象的次序。那么影响农户选择融资对象的因素是什么？为此我们在问卷中设计了如下问题："您在贷款时最看重的因素是什么？"其中有 39% 的农户在乎能否贷到，30% 的农户会关注利率高低，12% 的农户更在意还款期限，11% 的农户看重实际可贷款额度，如图 4-15 所示。说明农户在选择贷款金融机构时首先考虑的因素是贷款的可得性。

值得注意的是，贷款的便利性及可得性在农户贷款和选择金融服务机构时是重要影响因素。但是在我们所调查地区，一些乡镇长期没有正规金

---

① 　与东部经济发达地区的农村比较，这可能是西部贫困地区农村的特点。

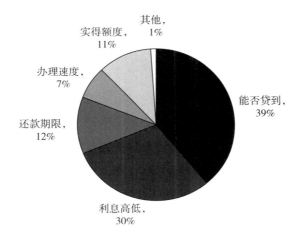

图 4-15　影响农户贷款的因素

融机构网点，农户只有到较远的其他乡镇金融机构网点办理存贷款，增加了交通、时间和其他间接成本，这实际使农户往往望而却步放弃贷款请求。①

第六节　农村非正规与正规金融特征

目前在我国农村实际上有四种类型金融机构：服务于农业的国有商业银行即农行；国家政策性金融机构，即中国农业发展银行（以下简称"农发行"）；集体性质的农信社；民间金融机构。其中，民间金融又存在由国家批准设立的农村资金互助社、小额贷款公司和村镇银行；非正规民间私人借贷。如果不特别申明，人们经常提到民间金融实际指民间私人借贷。民间金融在农村地区的延续自有金融历史以来几乎没有中断，其内在的经济原因非常复杂，我们仅仅对其经营特点根据调研情况做个别陈述，以资分析西部地区农村金融问题借鉴，同时可以比照分析正规金融机构现存问题。

---

①　在青海省民和县大庄乡调研期间了解到，该乡已经 8 年（至 2008 年）没有正规金融机构，农户只有到远在 20 千米以外的古鄯镇农信社办理存取款，往返交通费 15 元，向金融机构贷款也很困难。

一、非正规农村金融经营特征

(一) 民间借贷因其易得性和便利性在农村有潜在市场需求

为了解农户倾向于选择民间贷借贷的原因,我们在问卷中列举出一些可能因素,如图 4-16 所示,在青海所调查 800 农户中填写该项目的农户有 567 户,其中 49% 的农户选择民间贷款是因为其无利息,21% 的农户认为其还款期限灵活,18% 的农户认为其方便快捷。可见利息是农户选择民间贷款的首要考虑因素,但民间无息借款仅存在于向亲友借款,其额度与用途存在很大局限性,估计按照借贷总规模衡量的大部分民间借贷收取利息不菲,如果超出亲友范围,民间借贷发生的主要诱因是贷款的可得性与便利性。[①]

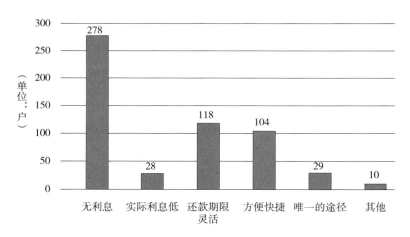

图 4-16　农户选择民间贷款原因

(二) 人际关系是影响民间借贷利率的主要因素

为研究影响民间借款利息的因素,我们对青海省 800 农户进行了调查,调查结果显示,37% 的农户认为熟悉程度是影响民间贷款利率的主要因素,16% 的农户认为还本付息方式是影响利率的主要因素,14% 的农户认为贷款期限决定贷款利率,如图 4-17 所示。不难看出,民间借贷利率更多地取决于关系成

---

①　笔者 2010 年 12 月向当地阿訇询问知悉,目前民和县大庄乡仍然没有农信社等正规金融机构,农户民间借贷非常普遍,民间借贷年利率在 20%—30% 之间,群众称作高利贷。

本即贷款人与借款人的熟识程度。合理的解释是：第一，民间贷款人评估关系型融资风险较小；第二，民间借贷利率受到信任型社会资本的影响。在熟人圈子中信任型社会资本发挥作用从而抑制利率；第三，在亲友、熟人圈子中虽然收取低利率，但在以后有可能取得其他方式回报，也有可能贷款人收取低利率就是对某一事前恩惠的回报。

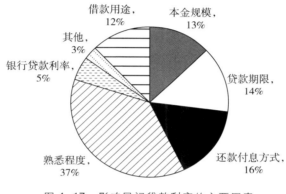

图 4-17　影响民间贷款利率的主要因素

二、农户对农村正规金融机构的评价

（一）农户不选择正规金融机构贷款的原因

农户不选择金融机构贷款的原因：25%的农户认为不需要；24%的农户认为即使申请也批不了；13%的农户担心自己还不了；12%的农户认为贷款利率高；10%的农户因为没有抵押品或担保；9%的农户认为在正规金融机构没有熟人，如图 4-18 所示。联系前边有关农户贷款时看重的因素，首先考虑的因素就是能否贷到款项。说明农户普遍认为农村金融机构存在贷款难问题。如果考虑选择"申请也批不了"的农户要么是缺乏抵押、担保品，要么是在金融机构没有熟人关系，说明以下问题：就农村正规金融机构而论，对农户的信贷约束主要有两方面原因：其一，农户缺乏抵押担保；其二，金融机构的"关系型融资"偏向。应引起注意的是，金融机构选择"关系型融资"的原因与民间借贷可能有所不同，一方面是降低金融机构风险（这与民间借贷相同），但另一方面可能存在金融寻租情况，"关系型融资" 对使用放贷权寻租能够提供很好的隐蔽性。

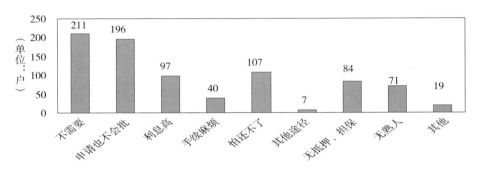

图 4-18 　农户没有向金融机构贷款原因（样本数 832 户）

总之，由于正规金融机构的信贷管制特点——包括借贷审查与信贷可得性、借贷期限、借贷利率等，使农户在选择贷款机构时对其望而却步，正是由于民间贷款的便利性和易得性，使得非正规金融机构在农村金融司场中占有一席之地。因此，农村将长期处于正规金融机构与民间信贷共存的局面，如何处理好两者关系，也是当前亟须解决的问题。

（二）农户对农村正规金融机构的评价

农村金融机构在我国当代农村经济发展中占有重要地位，尤其在西部地区目前看是农户融资的主要来源，农村金融机构能否提供适度规模的金融服务直接关系到农民的切身利益。为了了解农户对目前各农村金融机构的评价，在调查问卷中针对农信社、农行、邮政储蓄银行和保险公司等金融机构设计了农户对金融机构满意度评价选项，从调查结果来看，大部分农户对各金融机构的评价基本满意，如表 4-9 所示。问卷也针对农村金融机构办理贷款申请手续、申请周期、选择对象标准、贷款额度、贷款利率等内容对农户展开调查，结果显示有 56.54% 的农户认为申请手续较复杂，39.66% 的农户认为申请周期较长，67.17% 的农户认为选择贷款对象的标准不够公正，69.58% 的农户认为贷款额度较小，67.63% 的农户认为贷款利率较高，如表 4-10 所示。说明当前农村金融机构存在问题主要是申请手续复杂，选择贷款对象不够公正，贷款额度较小且利率较高。

表 4-9 农户对金融机构的评价

评价 \ 金融机构	农信社	占比（%）	农业银行	占比（%）	邮政储蓄银行	占比（%）	保险公司	占比（%）	其他	占比（%）
非常满意	94	17.15	75	31.91	30	24.00	19	20.21	3	21.43
基本满意	357	65.15	131	55.74	72	57.60	42	44.68	3	21.43
不满意	75	13.69	26	11.06	20	16.00	23	24.47	7	50.00
非常不满意	22	4.01	3	1.28	3	2.4	10	10.64	1	7.14

表 4-10 农户对目前金融机构审贷以及放款的看法 （单位：户）

项目	选择 1	选择 2	选择 3
申请手续	复杂（269）	较复杂（189）	不复杂（352）
申请周期	长（119）	较长（180）	还可以（455）
选择贷款对象的标准	不公正（319）	较公正（262）	公正（284）
贷款额度	小（292）	较小（241）	还可以（233）
贷款利率	高（172）	较高（156）	还可以（157）

为了深入了解农户对农村金融机构贷款潜在症结的看法，问卷设计如下问题："您以前申请却未得到贷款，您认为原因是什么?"在所调查的 1138 户农户中，对该项目回馈信息有 572 户，其中 36% 农户选择"偿还能力被质疑"，34% 农户选择"与信贷员不熟"，9% 农户选择"以前贷款未还"，如图 4-19所示。虽然近年来国家出台一系列鼓励农村金融机构向"三农"贷款的政策，但由于农户收入水平低和违约概率高，导致一些农村金融机构即使有足够超额准备金也不愿贷给农户。调查还发现农村金融机构存在"逆向选择"问题，即贷款投放对象往往并非真正需要资金的农民，而是一些有实力的基层干部或者农村"暴发户"，原因首先在于基层干部与信贷员关系较为密切，存在各种隐蔽的交易；其次是一般农户难以承受贷款所需的"关系成本"，而少数"暴发户"有能力支付高昂"关系成本"，再通过资本运营赚取利润，形成"良性

循环"，结果产生马太效应和加剧农村贫富两极分化。

当被问及"您认为从农信社和农业银行得到贷款最重要的因素是什么?"填写该项目的农户有 916 户，其中有 39% 农户选择"有得力中间人担保"，20% 农户选择"与贷款机构人缘好"，17% 农户选择"历史信用好"，11% 农户选择"有抵押物"，如图 4-20 所示。说明除了有担保人之外，与信贷人员关系几近成为农户能否获取贷款的决定因素。

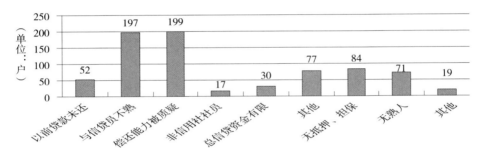

图 4-19　以前申请却未得到贷款的原因

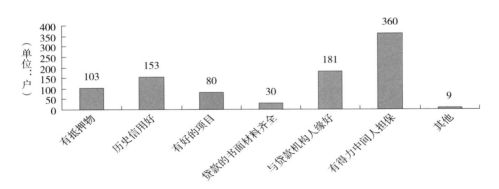

图 4-20　农户认为影响贷款成功最重要的因素

从表 4-9 的统计来看，大多数农户对农村金融机构服务基本满意，但实际情况究竟如何? 根据家访情况以及表 4-10 的统计分析，也有相当部分农户不满意，而且这里已经发现有部分 (36.88%) 农户认为选择贷款对象标准不公正，69.58% 的农户认为贷款额度较小，67.63% 的农户认为贷款利率较高，56.54% 的农户认为申请手续复杂，39.66% 农户认为申请周期长。那么我们相信哪一种判断？对此做以下分析：第一，经过多年的政策引导，农信社的金融服务已有所改善；第二，农村金融机构传统的经营模式由于内部治理有所强化，但是仍普遍存在金融寻租、关系贷款情况；第三，家庭调查中当泛泛询问对金融机构服务"满意"或"不满意"时，并没有引起农户充分关切，甚至他们认为"事不关己"，传送信号的真实性打了折扣，也就有了表4-9的统计结果。不过一旦设计较为具体的询问事项，容易勾起他们对事实的真切回忆和联想，从而发送真实信息，即表4-10的统计结果。

三、正规金融现存问题与出路

综上所述，农村正规金融机构存在问题主要有以下：

第一，农村金融机构有可能过高地估计农村金融风险，对农村蕴蓄的潜在经济机会则估计不足，发放贷款额度与农户贷款需求有较大缺口。调查结果显示有69.58%的农户认为贷款额度较小，不能满足用款需求。造成这种情况的原因有：金融机构是否贷款给农户取决于农户还款率，由于对农户贷款难以收回，因此，农村金融机构与金融监管与调控部门通过各种途径"博弈"、讨价还价抑制对农户的贷款；① 农业收益率较低且回报周期较长，加之农户的投资技能受文化水平制约，所以投资风险较大，农信社不愿向农户提供大额贷款。

第二，信贷活动中存在一定比例的人情贷款，有36.88%的农户认为选择贷款对象的标准不公正，存在金融"寻租"增加农户贷款成本的问题。向金融机构贷款除了支付利息外，还要支付贷款的"隐蔽成本"。根据所做调查显示，与贷款机构人员的熟悉程度是农户能否申请到贷款的决定性因素。由此也产生了贷款的逆向选择结果，即大量贷款未能发放给最需要贷款的农户。如何直面并处理这种矛盾是研究农村金融要考虑的重要问题之一。

第三，农村金融机构的贷款利率较高加重了农户的经济负担，不利于其脱贫致富。农信社发放小额贷款主要目的是帮助贫困农户作为生产脱贫的原始推

---

① 根据在陕西、青海的调查情况，我们对农村金融机构统计上报的对农户贷款面、贷款占总贷款比例（60%以上）数据表示怀疑。对部分学者所发表成果中宣示农村贷款面达到70%甚至90%以上也表示怀疑，至少在西部贫困、不发达地区这种怀疑有一定根据。

动资金，较高的贷款利率使这一目的打了折扣，不利于减缓和根除农村贫困问题。同时，对于申请贷款金额较大的农户来说，他们通常是用来进行扩大再生产和投资的，所以这部分人的首选是能为其一次性提供足够金额的金融机构，较高利率无疑使其融资成本显著提高，致使打击农户扩大再生产和投资的积极性，不利于有发展潜力、创业型的农民进一步做大做强产业化农业项目，最终制约农村经济社会发展。

第四，根据调查统计，56.54%的农户认为贷款申请手续较复杂，39.66%的农户认为申请周期较长。这里我们指出，虽然只有39.66%的农户认为申请周期较长，但是这部分农户的意见却不容忽视。我们在家访座谈中发现相当部分农户因为金融机构的申请周期长、手续繁琐而不愿申请贷款，从而失去利用农贷发展生产的机会。深入剖析这一现象不难发现，农户之所以因为金融机构的申请周期长、手续复杂而不愿申请贷款是因为农户对金融机构的信心本身就不足，他们会很自然地认为申请周期长或者复杂必定会带来融资成本的提升。

解决正规金融现存问题的根本出路在于改革金融机构法人治理结构，改革内部管理体制，强化信贷管理的激励约束机制。农村金融机构既要防止内部监管缺损导致不良资产滋生，也要减少经营者在监管、监督收紧以后采取机会主义行为而不作为和偷懒。农村金融机构进一步精简借贷手续、缩短申请周期，减少不必要的审贷环节，增加贷款审查的透明度符合广大农户的诉求。当然，前提是在完善公司治理机制条件下努力改善经营环境，建立广泛覆盖辖区农户家庭、个人的金融征信系统，阻断内部信贷经营管理者的寻租途径。

第七节　结　论

通过描述性统计分析得出所调查样本地区农户基本经济情况、信贷需求与贷款用途等一系列结果。现结合与政府、金融机构以及农户访谈交流情况，对相关结论和一些问题的补充分析概述如下：

1.西部农村地区农民收入低，经济基础薄弱。具体表现为劳动力负担人口系数大，劳动人口受教育水平低，但人口结构具有一定年龄优势，农户户主代表的家庭劳动人口技能不足，农业生产的人力资本配置处于较低水平。农户家庭经营中传统农业仍占主导地位，但是在较快城镇化过程中农户家庭收入来源中务工收入占有显著比例。这些成为金融经营业成长的制约因素，但也孕育着机会。

2. 农户生产经营中遇到的困难主要是资金缺乏，其次是缺乏技术和信息以及经营产业与创业能力不足。农户在商业性贷款方面倾向优先向正规金融机构贷款，其次是向亲友借款。原因在于商业贷款规模一般都比较高，容易满足其弥补投资本金门槛的需求。对于生产性、商业性贷款，亲友借贷受到很大制约。说明在西部地区仅仅依赖民间借贷无法消除金融供给不充分以及金融空白问题。

3. 在陕南安康与青海发现农户贷款用途存在明显差异，两个地区农户分别将贷款相对集中于建房消费和生产项目。贷款用途的差异主要与两个地区农民人均收入差异有关，也有可能与当地生活习惯、人文风俗甚至健康状况有一定联系。农户潜在贷款需求用途结构与实际发生情况一致，说明在西部地区农村金融机构面对农户借贷需求在贷款投向上可能是被动的接受者。

4. 上述情况引起我们的思考：比较而论，青海农村金融机构能否适当增加消费贷款，陕南可否驱动生产性信贷扩张？我们认为，青海金融机构扩展消费信贷也具有积极意义，因为可以对农户创造收入形成激励，"负债消费"在一定条件下会成为经济社会发展的动力已经被经济史所证明。① 从长期来看，改善农村地区生活条件是一种金融业的长期"战略性投资"；陕南农村金融机构则应该考虑寻求与发现机会增加发放生产性贷款。②

5. 农户对贷款期望利率与央行制定基准利率大体一致，农户贷款需求、贷款成功率均与农户期望利率呈正向变化。期望利率潜在地揭示了农户还本付

---

① 美国 2007 年爆发的次贷危机是个反例。但是这并不能够否认消费强劲增长对美国克服、延缓资本主义危机和推动长期增长的作用。

② 对陕南安康的统计结果并不反映金融机构缺乏生产型信贷的优良客户和前景看好的项目，因为在座谈中发现资金瓶颈基本上是陕南养殖户扩大规模的唯一障碍。在青海湟中县与拉尔宁村干部、农户座谈也提出同样的问题。恰好从 2008 年至 2011 年 4 月，养殖与畜牧产品市场一直处于上升时期，估计这汇总情况将持续很长时期。

息能力和信用状况。一般地，期望利率较高的农户还本付息能力较强，信用状况较好。从金融机构角度分析，存在农信社使用利率工具进行信贷配给的机制，也有部分金融机构——或者金融从业者通过增加隐含借贷成本排除那些负担借贷成本能力较低农户的贷款要求。在个别调查地区这种现象较为普遍。

6. 如果考虑到陕西、青海均作为农信社改革试点地区，贷款利率上限可以提高到基准利率的230%，则意味着农村金融机构（农信社）执行利率可能远高出农户期望水平，存在农户利率负担过重的问题。尽管没有具体估计，考虑到以下因素这一判断应该能够成立：我们了解陕南、青海农村正规金融机构执行一年贷款利率约在12%，超出农业经营利润；农户借贷成本除利息以外尚需要支付各种名目"人情债"；调查反映出农户创业主要困难之一是利息负担太重。农信社发放小额贷款主要目的是帮助贫困农户作为生产脱贫的原始推动资金，较高的贷款利率使这一目的打了折扣，不利于减缓农村贫困问题。

7. 在不断推进农村金融改革背景下西部地区农村贷款供给有向好趋向，农户贷款发生率、各个层次额度的贷款都有逐年增加的趋势。但是也要看到每当宏观上紧缩银根时对农村的信贷投放仍会受到消极影响。问题在于，每当信贷收缩时对于农户分散化、高成本的贷款项目，必然成为商业银行收缩贷款的"优先"选项。农村信贷受到宏观调控反周期政策的"负面调节"在西部地区农村可能更为严重，因为西部地区金融业相对很不发达，社会资金主要局限于正规金融体系配置，正规金融恰好更多受到宏观调控的支配控制。东部地区民间金融在很大程度上对正规金融已经形成替代。

8. 民间借贷利率更多地取决于关系成本即贷款人与借款人的熟识程度。原因是民间贷款人评估的关系型融资风险较小，民间借贷利率也受到信任型社会资本的影响，在熟人圈子中信任型社会资本发挥作用能够抑制高利率。所以，民间借贷抬高借贷利率成本仅仅是问题一个方面，在熟人社会中也有可能降低利率。

9. 关系型融资在民间借贷与正规金融借贷中产生完全不同的效果，在前者降低了信贷风险，在后者却成为寻求金融租金的温床。其本质差异在于两种金融机构的产权属性与公司治理（或者内部产权归属与经营支配权激励兼容）

不同。与正规金融关系型融资联系，农村金融存在"逆向选择"问题，即贷款投放对象向有实力的基层干部或者农村"暴发户"集中，结果产生马太效应和加剧农村贫富两极分化。

10. 农村正规金融机构有可能过高地估计农村金融风险，对农村蕴蓄的潜在经济机会估计不足，发放贷款额度与农户贷款需求有较大缺口。陕南安康市汉滨区和青海西宁市湟中县政府部门和农户普遍反映金融对养殖业支持不够。根据调查中所了解的情况，我们怀疑在农村金融机构与金融监管与调控部门"博弈"和讨价还价中，农村金融机构对农户、农业贷款存在统计数据系统性失实问题。

11. 需要认真反思——其实是彻底否定对农村领域中农户信用状况相因成习的看法。我们看到了农信社改革以来形成大量坏账的历史，但是，将农信社治理结构虚置、经营混乱和当地干部干扰信贷且形成示范效应的账不能记到农民群体头上。"讲信用"是人类初祖的共识，农户淳朴本质仍然是农村领域"原生态"信用载体。一直以来总有人讲农民不讲信用甚至惯于"赖账"，我们在安康的调研却发现人行、银监、农行、农信社等异口同声讲到：农民信用比个体工商户好，个体工商户信用比私营企业好，私营企业信用比国营企业好。① 农户作为原生态信用载体是农村金融改革发展的重要社会基础，但是需要重新构造农村金融机构体系和金融市场从而形成农村信贷活动中的"信誉触发机制"。我们总是喊着农村金融经营风险大，但是农民银行家尤努斯却长驱直入向中国农村金融市场进军，很快在四川、内蒙古等设立分支机构。

12. 国家在贫困地区发放"扶贫贷款"，先后由农发行、农行自筹资金向农户提供小额信用贷款，利息减半，再由国家对银行补贴利息，此类贷款有

---

① 农户仍然抱持父债子还的传统美德与操守。安康汉滨区县和乡牛岭沟村一袁姓农民衣衫褴褛，房屋破旧，却按季如数给农信社结清十多年以前亡父借贷本金的 400 多元利息。安康农行庄永安副行长对我们讲一位老太太带孙子相依为命在新疆乞讨，春节赶回安康偿还农行借款。访谈中民县大庄乡党委书记讲到农信社撤掉有诸多原因：人口规模小，存贷款量不大；老百姓信用度不高，只贷不还。有的无还款能力或还款意识不强；对赖债的道德谴责只针对亲友借贷，不存在于借国家款；农信社人员不敬业，不及时催收，还款时找不到人。我们 2010 年在铜川市印台区和宜君县座谈交流也听到两种声音：一种认为农民不讲信用，甚至按期偿还农信社贷款的农户被邻里斥之为"无能"；另一种却认为农民最讲信用。

90%成为死账。问题是实际为贴息贷款，加以"扶贫"的贷款标识诱导原本讲信用的农户显示出不守信用的"信用禀赋"，将银行资金视为国家白送的救济款。认识上的模糊"比附"必然期待取得额外收益，结果就是贷款本息被"赖掉"。赖账者也未必是真正的贫困户，乡村干部置身其中搭便车、寻租责不可免。引起反思的是：任何资金借贷或者单方面让予必须发送透明、真确的"信号"，国家发放扶贫贷款与商业性金融经营"捆绑"，贷款过程中信号传导和宣传的"偏误"，市、县、乡多级扶贫机构在审核贷款过程中的"不作为"或者无法有好作为，在过度延伸的链条中每一环均可能导致政策失效、失败。

13. 2004 年在农村地区试点成立的贷款公司有一些翻牌为村镇银行，目前也有新成立的农村资金互助社经营步履维艰。一方面要看到作为新生事物其生存发展与成长将经过一个"阵痛期"。但也要认识到教训可能在于：政府主导成立经营性金融机构万不可取。症结是：其一，政府办金融存在与国有企业类似的"所有人缺位"问题；其二，银行业负外部性明显，管理层不作为、渎职短期中未必显山露水，长期贷款的"不良潜质"近期无法明察。这里的启示是需要考虑更多更快地放开民间组建农村金融机构，无论村镇银行或者农村资金互助社，政府只管制定与执行规则。不要看了《红楼梦》，就想自己是贾政或者王夫人了，能够任意挞伐，搞"拉郎配"。

14. "地权"与"地上物权"能否分割？金融业支持"三农"遇到两大难题：农业保险基本是空白；农户缺乏大额贷款需要的抵押担保。机制缺损导致农户与银行经营都存在过大"风险敞口"。目前已经出现破解两种约束的金融创新：财政补贴对饲养母猪保险，对生猪养殖大户直补；安徽宣城、福建三明和我们调研的安康市都在试行农户房屋抵押贷款。一些理论论证存在问题是现行《物权法》对农村集体土地所有权的界定形成农村房屋抵押贷款的障碍。土地集体所有，农户对在集体土地建房具有"断足"的不完整所有权。但是翻阅诸多国外民法典，地上物权并不因为地权限制而不能进入产权市场。在我国，应完善相关的实现"地权"与"地上物权"的分割助推农村金融。

15. 呼吁中央财政加大对西部地区农村农业保险补贴力度，加快建立健全西部地区农业保险机制。我们在湟中的调查中了解到，2007 年政府补贴保险公司对油菜作物保险，当年当地油菜由于遭遇冰雹灾害几乎绝收，保险公司按照估算产量的市场价格赔付 80% 以上，对辖区农业生产、农户利益以及农牧民生产生活起到很好保障作用。但是由于保险公司巨额亏损，自 2008 年即取消该险种。对农业基础薄弱的西部地区，中央与地方两级政府需要更多介入，对农业保险提供较大力度财政支持与政策指引。

第 五 章
贫困地区农户借贷与跨期选择

本章以在青海、陕西地区入户问卷调查数据为基础，分别采用 ML-Binary Logit、ML-Binary Probit、Tobit 模型以及 OLS 回归方法对西部地区农户的借贷偏好、跨期消费—投资选择、农户储蓄与信贷供求进行实证分析，结合实证结果对西部农村农户的借贷偏好和跨期消费—投资选择以及金融供求关系进行刻画。主要结论有：第一，西部地区农贷对农户增收有显著正影响，但存在信贷供给不足、信贷发放带有随意性特点，农村金融机构需要加大农贷发放力度；第二，西部非农生产活动对农户家庭收入水平有显著正影响，而农业生产的影响不显著，政府和农户应该更多着眼力于扩大非农生产；第三，掌握非农生产技能的农户扩大再投资意愿较强，对金融机构依赖程度较高，但是却未能得到较好金融支持。

第一节 农户借贷偏好与跨期消费—投资

一、模型与变量说明

在研究西部地区农民的借贷行为倾向和跨期消费—投资选择时，我们首先设定以下两个模型：

模型 1：$Y_1 = C_1 + \beta X_i + \mu_i$，（$i = 1, 2,\ldots, 8$）   （5-1）

模型 2：$Y_2 = C + \beta X_j + \mu_j$，（j=1, 2,\ldots, 8$）   （5-2）

上述模型引入两个被解释变量：（1）农户借贷（指借入资金）偏好

（Y_1）。对借贷偏好作为虚拟变量进行赋值，如果农户倾向于民间借贷，对其赋值为 0，如果农户倾向于向农信社等金融机构贷款，则赋值为 1；（2）农户跨期消费—投资选择（Y_2），① 如果农户倾向于将可支配收入用于简单再生产（消费、流动资金等）的话，我们将其赋值为 0，如果农户倾向于将可支配收入进行扩大再生产或者商业投资，则对其赋值 1。由于上述两个被解释变量为二值选一型虚拟变量，我们使用 ML-Binary Logit 技术进行回归分析，主要目的是通过解释变量的系数符号和其显著性分析变量之间的相关关系。

关于 Y_1、Y_2 解释变量，考察的变量指标主要包括：人均耕地面积（X_1）、劳动力数/户人口（X_2）、户主文化程度（X_3）、储蓄余额（X_4）、债务占年收入比例（X_5）、户主技能水平（X_6）、对农贷政策的了解程度（X_7）、家庭主要收入来源（X_8）。按照理论逻辑农户的跨期消费—投资选择（Y_2）对农户的借贷偏好（Y_1）产生影响，所以在第一个回归分析中将 Y_2 也纳入了解释变量；同理，农户的借贷偏好（Y_1）也会对农户的跨期消费—投资选择（Y_2）形成一定影响，因此在第二个回归分析中将 Y_1 也纳入解释变量。

上述解释变量和被解释变量全部根据在青海省海东市民和县、西宁市乐都县、湟中县和陕西省铜川市耀州区、安康市汉滨区农村通过家访得到的 1138 份调查问卷内容进行指标编制和数据处理，变量标识及赋值情况如表 5-1 所示。

表 5-1　解释变量数据编制说明

解释变量	变量标识
人均耕地面积（X_1）	根据农户拥有的人均耕地面积记值，耕地作为农民长期的固定资产具有持续创收能力
劳动力数/户人口（X_2）	家庭劳动力人数是进行农业生产的基本资源，同时也形成创造非农收入的人力资本存量

① 问卷中有一项为"如果您有额外的 1 万元人民币，将如何处理这笔钱？"根据选项，我们认为：如果农户的选项中包含农产品加工设备、养殖、商业运营、运输工具、股票债券这几个选项中的一项或几项的话，那么农户的跨期消费—投资选择更倾向于扩大再生产或再投资，否则，就认为其倾向于简单再生产。

续表

解释变量	变量标识
户主文化程度（X_3）	文化程度是经研究认可和证实的人力资本积累的重要基础，文化程度高低也决定着农户对先进农业技术知识的掌握状况。实证分析中将户主文化程度作为家庭受教育程度的代理指标。在赋值时，较高数值代表较高的文化程度
储蓄余额（X_4）	储蓄额在一定程度上反映农户综合经济实力和财产占有水平
债务占年收入比例（X_5）	反映农户家庭财务结构
户主技能水平（X_6）	该指标间接地反映家庭收入结构。拥有更多非农业生产技能成为农户重要的增收渠道，也为农民向企业家转型提供可能性。在赋值时，对非农技能赋值较高，对传统农业技能赋值较低。这里我们根据问卷上"户主技能这一项"进行赋值，如果农户只选择种植技能这一项，我们将其赋值为 0，否则赋值为 1
对农贷政策的了解程度（X_7）	根据农户对国家农贷政策以及金融常识的理解程度赋值，赋值越高意味农户对国家农贷政策有更好了解。对农贷政策了解程度影响着农户是否会积极利用农贷，进而影响家庭增收。此处是根据问卷中"您是否知道农信社可以入股以及是否愿意入股"为赋值依据
家庭主要收入来源（X_8）	对非农业生产收入来源赋值较高，对传统农业收入来源赋值较低。家庭主要收入来源既代表农户的主要增收渠道，也反映农户的转型进展

二、数据分析

（一）对农户借贷偏好的 ML-Binary Logit 回归

根据表 5-1 对解释变量标识说明处理调研问卷表数据，对人均耕地面积等 9 种解释变量（X_1，X_2，…，Y_2）关于农户借贷偏好（Y_1）做 ML-Binary Logit 回归，结果见表 5-2。

表 5-2　对农户借贷偏好的 ML-Binary Logit 回归结果

变量	相关系数	z 一统计值	Prob.
常数项（C）	−0.711535	−0.951095	0.3416
人均耕地面积（X_1）	0.00631	0.032533	0.974

变量	相关系数	z—统计值	Prob.
劳动力数/户人口（X_2）	0.259754	0.341346	0.7328
户主文化程度（X_3）	-0.661966^*	-1.831337	0.0671
储蓄额（X_4）	$-3.59\text{E}-05$	-1.455758	0.1455
债务占年收入比例（X_5）	-0.669114	-0.651504	0.5147
户主技能水平（X_6）	0.883503^{**}	2.513353	0.012
对农贷政策的了解（X_7）	-0.082241	-0.217988	0.8274
家庭主要收入来源（X_8）	-0.099672	-0.288331	0.7731
跨期消费—投资选择（Y_2）	-0.348737	-1.012202	0.3114

注：***、**、*分别表示在1%、5%、10%的水平显著

表5-2实证结果表明：

（1）在包括农户跨期消费—投资选择等9种解释变量中只有户主文化程度与户主技能水平两种因素对农户的借贷偏好影响显著，其他均不显著；（2）解释变量X_3（户主文化程度）z检验值在10%置信水平上显著，系数符号为负。表明户主文化程度越高，越不愿意从金融机构（主要是农信社）贷款，而是更为偏好民间借贷；（3）解释变量X_6（户主技能水平）z检验值在5%置信水平显著，系数符号为正。表明农户户主拥有的技能越倾向于非农业生产，就更为偏好从正规金融机构贷款，反之则倾向于通过民间借贷满足筹资需求。

（二）对农户跨期消费—投资的ML-Binary Logit回归

对人均耕地面积等9种解释变量（X_1，X_2，...，Y_1）关于农户跨期消费—投资选择（Y_2）做ML-Binary Logit回归，结果见表5-3。

表5-3　对农户跨期消费—投资选择的ML-Binary Logit回归结果

变量	相关系数	z—统计值	Prob.
常数项（C）	-0.057085	0.493065	0.9078
人均耕地面积（X_1）	-0.094798	0.142179	0.5049
劳动力数/户人口（X_2）	-0.486134	0.505588	0.3363

续表

变量	相关系数	z—统计值	Prob.
户主文化程度（X_3）	0.150131	0.233245	0.5198
储蓄额（X_4）	$-1.72E-05^{**}$	0.00000815	0.0345
户主技能水平（X_6）	0.417409^*	0.233556	0.0739
对农贷政策的了解（X_7）	-0.339852	0.268268	0.2052
家庭主要收入来源（X_8）	0.398	0.273147	0.1451
借贷偏好（Y_1）	0.103799	0.258989	0.6886

从表 5-3 的实证结果可以看出：（1）对农户跨期消费—投资选择产生影响的因素包括 X_4（储蓄额）与 X_6（户主技能水平），其他变量均不显著。其中 X_4 在 5% 置信水平上显著，X_6 在 10% 置信水平上显著；（2）储蓄水平较高家庭（即家庭财产占有水平越高）扩大再生产或投资欲望较低，反之，储蓄水平较低家庭倾向于将可支配资金用于投资或扩大再生产；（3）农户从事非农业生产技能水平越高，扩大再生产和投资愿意越强烈，反之则倾向于将可支配资金用于当期消费或者储蓄。

三、若干推论

（一）影响农户借贷偏好的因素分析

推论 1：户主文化程度与民间借贷的正向联系说明民间借贷供给方尤其看重需求方的社会信任型资本，户主文化程度高代表拥有较多信任型资本，使其在乡村社区中具有较高身份地位，更容易进入民间借贷的社会关系网络。

推论 2：很有可能，将农村家庭户主作为一个群体集合，户主拥有非农生产技能的子集比仅拥有农业生产技能子集文化程度较低。[①]

推论 3：农村家庭中户主人力资本的两种要素——受教育程度和非农生产

---

① 合理的解释是：受教育年限较短的户主在提前离开学校期间掌握了非农生产技能。统计表明在文化程度高的户主中掌握非农技能的占 44.19%。而掌握非农技能的样本户主在总样本中占 31.42%。

技能——是错位和割裂的，即受教育程度较高的户主掌握非农生产技能不足，掌握非农生产技能的户主受教育程度较低。结果是教育资源的浪费，同时并存着大部分非农生产技能属于"低端"层次，决定了户主从事生产的创新能力不足。[①]

推论4：正规金融机构较为看重户主充分显示其偏好的挣得收入能力，忽视其文化程度这一人力资本潜质。[②]

（二）影响农户跨期消费—投资的因素分析

推论5："储蓄水平较高家庭扩大再生产或投资欲望较低"只是描述了事实，但如果提出问题：储蓄而没有扩大再生产和进行投资的农户如果获得非农业生产技能会否改变其跨期消费—投资选择？结合"农户从事非农生产技能水平越高，扩大再生产和投资意愿越强烈"的实证结果，就隐含地说明：农户拥有净储蓄的重要原因是没有掌握扩大再生产和投资所需的非农业生产技能。

推论6：如果农户总体有净储蓄——即农村向城市、工业转移货币资本积累，其缘由之一是农业部门劳动力缺乏与非农生产技术的结合。传统上土地要素不能有效吸纳农村劳动力，即黄宗智所谓农业劳动投入"过密化"问题，[③]当代农村主要局限于传统种植业的土地要素也已经不能充分吸纳农业内部的货币积累。[④]

[①]　应该能够证实，其背景因素是农村领域的中等教育缺乏符合农业生产向非农转化和实现农村劳动力转移的职业技术教育（也同时缺乏现代农业技术教育）。

[②]　参照推论1和推论4，究竟是户主文化程度高者倾向放弃正规金融机构信贷，还是金融机构有忽视户主文化程度高者贷款需求的倾向，尚需要进一步研究。涉及的因素比较复杂，包括对金融机构治理和信贷管理的体认，对利率水平的判断等。但是如果推论1和推论4同时成立，则说明正规金融没有很好利用村庄信用这一农村所特有的金融经营赖以生存的比较优势。当然，对于文化程度能否作为社会信任资本要素也存在讨论余地。

[③]　黄宗智：《长江三角洲小农家庭与乡村发展》，中华书局2000年版，第74—93页。黄宗智所谓"过密化"包括传统农作劳动投入"过密"和"过密型"的乡村工业化两方面内容。农村手工业增长无论从社会意义和经济意义上说都是"过密型"的，前者指手工业增长未形成新的社会生产组织，后者指手工业增长通常不带来单位工作日的收入增长。

[④]　仅有的农业积累源于农业技术进步、农业种植结构调整、免征农业税和非农生产，非农生产包括农业劳动力向城市转移。这种积累并不否认农业部门资本稀缺的事实。农村金融体系不能将有限的农业剩余和外部注入资金转移向需求资金的领域。

第二节　农贷市场供求关系

一、模型与变量选择

为了基于样本数据对农贷市场供求关系做实证分析，对模型设定如下：

模型 1：$Y_1 = C_1 + \beta X_i + \mu_i$，（$i = 1，2，...，9$）　　　　　　（5-3）

模型 2：$Y_2 = C + \beta X_j + \mu_j$，（$j = 1，2，...，9$）　　　　　　（5-4）

模型 3：$Y_3 = C_3 + \beta X_k + \mu_k$，（$\kappa = 1，2，...，9$）　　　　　　（5-5）

所引入三个被解释变量分别为：是否申请贷款（Y_1）、实际获得贷款额度（Y_2）和农户年收入水平（Y_3）。其中 Y_1 反映农户贷款需求，对申请过贷款的赋值为 1，对没有申请贷款的赋值为 0。Y_2 代表农贷市场供给状况。引入 Y_3 的目的主要是想观测影响农户收入的因素，尤其信贷对农户收入的影响。对解释变量的选择与赋值情况如下：

这里，我们对表 5-1 进行了局部调整：X_1— X_4 与表 5-1 中的解释变量符号以及意义赋值情况完全相同。删除了债务占年收入比例这一变量之后，X_5 代表户主技能，X_6 代表对农贷政策的了解程度，借贷偏好 X_8 和跨期消费—投资偏好 X_7 这两个变量分别与表 5-1 中的 Y_1、Y_2 意义、赋值情况完全相同，只是符号发生了变化，X_9 代表家庭主要收入来源。

使用调查问卷样本范围仍然包括青海省海东市和西宁市的民和、乐都与湟中三县，以及陕西省铜川市耀州区和安康市汉滨区，有效问卷 1138 份。由于样本覆盖范围集中在西部贫困农村地区，对西部贫困农村地区的农贷特点具有一定代表性。

二、农户贷款意愿分析

（一）对农户贷款意愿及其解释变量的 ML-Binary Probit 回归

从农贷市场的需求层面观察，首先对农户贷款意愿及其解释变量进行分析。由于被解释变量 Y_1 是二值选一型变量（按照是否申请过贷款分别赋值 1

和0），我们采用 ML-Binary Probit 回归方法，结果如表5-4所示。

表5-4 农户是否贷款（农贷市场需求）的回归结果

	是否贷款 Y_1	是否贷款	是否贷款	是否贷款
常数项（C）	0.271752 （0.1304）	-0.198423 （0.3004）	-0.241587 （0.2511）	-0.451293 （0.0748）
人均耕地面积（X）	0.133259** （0.033）	0.113210* （0.0780）	0.162581** （0.0205）	0.226309*** （0.0034）
劳动力数/户人口（X_2）	-0.710109*** （0.0065）	-0.669532*** （0.0044）	-0.739696*** （0.0030）	-0.586695** （0.0273）
户主文化程度（X_3）	-0.170374 （0.1649）	-0.081826 （0.4499）	-0.145614 （0.2034）	-0.121587 （0.3139）
储蓄额（X_4）	-1.29E-06 （0.6486）			
户主技能水平（X_5）		-0.003199 （0.9762）	-0.050558 （0.6579）	-0.062201 （0.6087）
对农贷政策的了解程度（X_6）		0.475121*** （0.0002）	0.579162*** （0.0000）	0.591428*** （0.0000）
跨期消费—投资选择（X_7）			0.231933** （0.0408）	0.141164 （0.2384）
借贷偏好（X_8）				0.039029 （0.7741）
家庭收入主要来源（X_9）				0.082494 （0.5332）

注：（1）括号内数字为 Prob. 统计量；（2）***、**、*分别表示在1%、5%、10%的水平显著

参照表5-4发现，对农户是否贷款（贷款需求）产生显著影响的因素包括：人均耕地面积、劳动力数/户人口、对农贷政策的了解程度、跨期消费—投资选择。根据解释变量系数符号判断，其中只有（劳动力数/户人口）与户主文化程度对农户是否贷款产生负影响，其他变量对农户是否借款均产生正影响。结果如表5-5所示。

表 5-5　贷款需求影响因素归纳

解释变量	解释变量趋势→	贷款意愿发生概率
人均耕地面积	多→	高
劳动力占家庭人口比	高→	低
农户对农贷政策了解程度	高→	高
农户扩大再生产或投资意愿	强→	高

（二）对实证结果的解释

对表 5-5 的结果做如下解释：

1. 样本数据表明农户人均耕地面积越多贷款意愿愈强烈，考虑到样本分布主要在青海、陕西贫困农村地区，说明这些地区传统农作仍然是农户收入重要来源，土地经营有着不可替代的社会保障功能，农业内部积累能力薄弱，农业生产季节性资金不足依靠金融部门信贷供给。尤其在调研的青海民和、乐都和湟中三县，农户因购买化肥等农用物资产生对农信社小额信用贷款的大量需求。① 这说明目前农信社经营仍具有一定政策性功能。也不排除农地转包所引起农户家庭人均耕地出现差异，耕地规模进而导致信贷需求变化，可以预期，伴随农村人口转移和土地使用权市场形成，在一些地区会出现土地规模集中趋势，估计由此将产生对信贷的强劲需求。换一角度思考，如果未来土地集中至少是发生在不可忽略的一定数量规模农户间的重要现象，农村金融体系对土地集中产生的传统农业转型提供积极的信贷支持和推动，必将促进农业劳动生产率提高和农业积累增加与农村金融发展的良性循环。②

2. 随着劳动力人数占家庭人口比提高，家庭单位劳动力供养人口减少，

---

① 根据在民和县古鄯镇信用站座谈了解，当地信用联社规定基层营业网点必须满足农户因购买农用物资的信贷需求，但是规定最高限额为 3000 元。

② 根据我们在陕南安康市汉滨区县和乡与乡、村两级干部座谈，反映一些行政村约有 1/3 农户全家整体搬迁进城，由于政策机制和观念障碍，土地大多未转让，土地撂荒现象比较严重。在青海省湟中县上五庄镇也存在类似现象，部分农户进城后不放弃土地承包权，但是采取过度"粗放"式经营应付政策压力。笔者近期赴台交流，发现台湾地区在土地私有环境下存在极为相似情况，高雄市远郊有大片土地闲置，地主栽植几棵树木应付以避免政府制裁。比较而论，大陆本来更容易处理土地闲置问题。

人均收入水平提高，资金自给能力较强，申请贷款的概率降低。实地调研发现农村青年劳动力大都外出务工。从这种意义上讲，家庭劳动力人数越多，其非农收入也就越多，农户的收入比较稳定，从而可以满足家庭资金需求。同时也可以推断，西部地区的投资动机并不随着家庭情况的好转而明显增强。

3. 与前述农户借贷偏好的分析一致，文化程度与贷款需求负相关。文化程度高的农户一般有着较好的人际关系，拥有较多社会信任型资本，比起从银行机构申请贷款的繁琐程序，其从民间融资更为快捷便利。所以随着文化程度提高，农户申请贷款的概率降低。但是这里却并不显著，我们认为：通过之前的描述性分析知道，农户的借贷偏好和实际的融资秩序存在差异。这说明从心理上讲，虽然文化程度与民间借贷显著正相关，但民间借贷并不总是满足有较高文化程度农户的用款需求，他们也需要金融机构融资。

从另一角度分析，西部欠发达地区农村普遍存在扩大再生产和投资不足问题，基本停滞于小家庭农场的生产方式，缺乏农业转型所必要的投资冲动，家庭劳动力数量和户主文化程度这两个本应与投资形成具有密切联系的变量按照我们猜测能够产生信贷需求，但事实上却未必如此。

4. 农户对国家农贷政策了解程度越高，说明农户的用款需求越大，投资意愿越强，因此，对农贷政策了解较多的这部分农户申请贷款的概率自然提高。但是在表 5-2 中，我们看到，虽然对农贷的政策了解程度对于农户的借贷偏好影响不显著，但却有着一定的负相关关系，那么是否与这里的结论相矛盾呢？

事实并不矛盾。通过描述性统计分析发现农户借贷偏好和实际融资秩序存在差异。因为前者是意愿融资秩序，而在外部条件约束下，意愿融资秩序和实际融资秩序并不一致。对这一现象给出以下解释：①针对这两个问题，农户的心理标准可能不一致，民间无息借贷发生常常带有随意性，并且一般额度较小，因此，在问到农户借款来源时他们往往将这一部分贷款忽略了；②对农贷政策了解较多的农户自然明白贷款的复杂性，他们必然更愿意争取民间借贷（民间借贷快捷便利），但是由于民间借贷与金融机构相比不能满足其用款数额且人情成本较高，因此农户在贷款时——尤其是贷款额度较高时更倾向于向正规金融机构借款。

5. 农户扩大再生产或投资的意愿与贷款需求呈显著正相关。第一，这部分农户往往有着敏锐的商业意识和眼光，其逐利动机较强，对新生事物的接受能力高，此外，由于扩大再生产或投资所需资金规模较大，申请贷款的概率自然提高。第二，即使农户心理上更愿意从民间借贷，但如果真的需要借贷融资时更倾向金融机构，这与描述性统计一致。由此可以推断，如果农村正式金融机构的信贷发放力度进一步加大，那么有扩大再生产意愿的农户的资金需求将会得到强有力的保障，从而有力促进农村解决发展。

（三）青海省农户贷款需求分析

1. 变量说明

由于青海省调研问卷设计的特殊性，我们从中还可以发掘出农业财产指标、农业生产收入、劳务收入、生产支出、生活消费支出、期望利率、社会关系资本等变量，这些变量很可能对农户借贷需求产生影响，所以，为了全面掌握农户信贷需求特点，我们特意以青海省海东市和西宁市的 800 份问卷为数据来源，单独对农户信贷需求做实证分析。变量编制如表 5-6 所示。数据处理仍采用模型 1（式（5-3））和 ML-Binary Probit 回归方法，结果如表 5-7 所示。

表 5-6　ML-Binary Probit 回归变量

变量	变量说明
农户财产	根据农户储蓄额以及拥有大型生产设备（运输卡车、收割机、拖拉机等）估值加总
生产支出	农户对种肥药膜灌溉、农机具、临时性生产支出、养殖业等支出总额
生活消费支出	包括日常生活、医疗、子女教育、置业建房、财礼费等支出总和
期望利率	农户申请贷款时愿意负担最高利率
社会关系资本	根据农户家中有无在城市正式工作人员以及是否有较为熟悉、互信的担保人综合编制

注：***、**、* 分别表示在 1%、5%、10% 的水平显著

2. 回归结果分析

从实证结果可以得出以下结论：

第一，农业贷款需求与农业生产收入显著正相关，与劳务收入显著负相关。说明农业生产收入高的农户有较大贷款需求，但是随着劳动力外出务工家庭收入提高，农业生产领域的贷款需求显著降低。进一步推论为：①劳动力转移会使农户逐步减少农业生产，同时降低对农村金融机构的依赖；②随着外出务工收入增加农户生活水平提高，往往止步于小富即安，扩大再生产或者投资意愿无明显提高。

第二，生活消费支出与农户贷款需求显著正相关，生产支出与贷款需求关系不显著，即农户贷款意愿并不随着农业生产支出增加而显著增强，而是随着生活消费支出上升明显增强。对此试做解释：①生活消费支出较高的农户生活水平相对较高，较高生活水平往往又可以拓宽农户的眼界和社会关系，因此提高农户利用银行信贷的概率；②农户在农业生产投资方面较为缺乏积极性，相比较对生活消费开支的需求却更为迫切。

但是第四章关于借款用途的描述性分析发现青海地区农户借款主要用于农业生产方面。两个结果似乎矛盾。出现这种现象的主要原因是由于青海地区土地生产能力普遍较低，农户追加农业生产投入的积极性不高，所以农户只有在生活消费达到一定水平时才会考虑对农业生产追加资金投入。

表 5-7 青海省农户是否贷款（农贷市场需求）回归结果

变量	相关系数	z —统计量	prob.
常数项（C）	-0.615694^{**}	-2.368454	0.0179
农户财产指标	0.00000104	0.769765	0.4414
农业生产收入	0.000125^{*}	1.848778	0.0645
劳务收入	-0.00012^{*}	-1.678668	0.0932
生产支出	0.0000638	1.1263	0.2600
生活消费支出	0.0000102^{**}	2.23191	0.0256
可接受利率	6.883431^{**}	2.218955	0.0265
社会关系资本指标	-0.145706	-0.792617	0.428

注：***、**、*分别表示在1%、5%、10%的水平显著

第三，农户期望利率水平与贷款需求之间显著正相关。西部地区农户申请贷款主要以购买化肥等农用物资和生活消费品为主，而这两种贷款都具有时间紧迫性，农户申请贷款时更注重能否得到贷款而非利率。农户愿意负担较高利息获得贷款以解燃眉之急。

三、农户信贷供给分析

（一）对贷款发放额度及其解释变量的 OLS 回归

使用 OLS 回归的实证分析结果如表 5-8 所示。

表 5-8　贷款发放额度（农贷市场供给）OLS 回归结果

	实际贷款额 Y_2	实际贷款额	实际贷款额	实际贷款额
常数项（C）	14333.31** (0.0429)	13264.95** (0.0127)	11159.52* (0.0846)	16167.84*** (0.0083)
人均耕地面积（X）	934.5585 (0.6798)	338.2695 (0.8526)	587.1375 (0.7706)	121.5444 (0.9495)
劳动力/户人口（X_2）	−16469.54* (0.0835)	−13353.78* (0.0844)	−13242.51 (0.1176)	−12938.04 (0.1165)
户主文化程度（X_3）	5358.096 (0.2137)	5105.019 (0.1302)	5289.541 (0.1480)	4925.052 (0.1671)
储蓄额（X_4）	−0.100260 (0.4593)			
跨期消费—投资选择（X_7）			3379.847 (0.3427)	
借贷偏好（X_8）			0.270241 (−935.3643)	
家庭收入主要来源（X_9）				−4205.219 (0.1742)
家庭年收入（Y_3）	0.015724 (0.9413)			

注：（1）表中括号内数字为 Prob. 统计量；（2）***、**、* 分别表示在 1%、5%、10% 的水平显著

由表 5-8 发现在西部地区金融机构对农户实际发放贷款额度只与劳动力占家庭人口比这一因素呈现统计上的显著性，其他因素均不显著。

（二）对实证结果的解释性结论

第一，通过劳动力占家庭人口比系数符号为负可以推断，劳动力占家庭人口比越高贷款额度越低。这一现象看似矛盾却不难解释：①对农户贷款需求回归分析已知，劳动力占家庭人口比增加会明显降低其贷款需求，因此，可以认为贷款发放额度随劳动力占家庭人口比增高而显著下降是由于这部分农户贷款需求减少引起；②西部地区农户的资本积累达到一定水平之前多趋于保守储蓄型，扩大再投资动机不足，所以当需要贷款时由于自有资金存量通常申请额度并不高。这就出现了随着劳动力人口增多放贷额度减少的情况。

第二，如何解释个人资产状况等因素与贷款额度关系不显著？农信社放贷通常关注个人资产状况以及收入现金流，但这些因素与放贷额度关联在西部地区不显著。再次查阅问卷中数据我们发现，西宁市与海东市农户实际发生贷款很少，为了避免回归样本选择方法引起的误差，我们以乡镇为基础统计单位，[①] 重新进行 OLS 回归分析。结果如表 5-9 所示。

表 5-9　以乡镇为单位信贷额度回归结果

变量	相关系数	标准差	T 统计量	P 值
储蓄总额	0.028325	0.075106	0.377134	0.7097
收入总额	0.018073	0.080563	0.224337	0.8246
常数项（ C ）	82922.66**	3784.21	2.193477	0.0391

注：***、**、* 分别表示在 1%、5%、10% 的水平显著

从表 5-9 的结果观察，对西部地区 25 个乡镇的放贷额度与收入、储蓄的统计关系做回归分析时，储蓄、收入与放贷额度的关系仍不显著。对这一现象我们给出以下解释：①从申请贷款情况分析，在前述关于消费—投资偏好的分析中已经发现，西部地区农户的储蓄额与跨期消费—投资选择呈负相关关系。而是否申请贷款，申请额度还取决于农户的消费—投资偏好以及投资技能，其间存在很多不确定因素。故储蓄规模和收入高低与农户申请贷款

---

① 尽管是乡镇为单位，但是这里数据仅包括了样本农户，而不是乡镇农户总体。

额之间并无显著的统计关系，自然与实际发放贷款额度的关系也就缺乏统计显著性；②从贷款审批角度分析，由于农户投资风险和不确定性较大且欠贷的历史难以抹去，① 金融机构对农户发放贷款较为谨慎，对单笔放贷额度有严格控制，② 批准额度通常少于农户申请额度。如此，贷款农户不论其储蓄与收入现金流多寡，其贷款额无明显差别；③走访调研中发现对农户信贷发放存在一定随意性，缺乏科学的审核依据和程序，可能是导致上述结果原因之一。

（三）对铜川市贷款发放额度的实证分析

上述结果集合了青海和陕西两省的问卷，且青海农村的样本占绝对多数，所以未必反映陕西的情况。为此使用我们 2010 年在铜川市宜君、耀州、王益、印台四个区县收集的 194 份问卷为样本数据基础做回归分析，对其和青海、陕西的总体样本进行比对。回归仍采用模型 2（式（5-4））以及 OLS 回归方法。OLS 回归结果如表 5-10 所示。

表 5-10　铜川市贷款额度（农贷市场供给）OLS 回归结果

	实际贷款额 Y_2	实际贷款额	实际贷款额	实际贷款额
常数项（C）	−28069.05 （0.3609）	11456.53 （0.7748）	15010.26 （0.7399）	12948.03 （0.7897）
人均耕地面积（X）	962.4162 （0.6059）	−1329.092 （0.6900）	−5306.305 （0.3605）	−8014.083 （0.2025）
劳动力数/户人口（X_2）	54362.04* （0.0565）	−10978.30 （0.7760）	10354.89 （0.8026）	−18325.53 （0.6392）
户主文化程度（X_3）	8028.531 （0.4534）	5462.121 （0.7549）	5664.077 （0.7616）	−13021.03 （0.4697）
储蓄额（X_4）	−0.389913 （0.2355）			

---

① 在青海省西宁市调研座谈得知，个别行政村由于以村为单位整体欠贷不还，农信社已经停止放贷。

② 笔者在湟中县甫崖、峡口两个行政村调研时发现，农信社对信贷额度严格控制，基本限制在 3000 元以下，农户很难申请到大额贷款。民和县情况类似。在我们调查范围陕南安康市汉滨区信用联社信贷投放量较大，但是集中在建房、小规模养殖等。对现代化的大型养殖场（投资可达 800 万元）放款最高限额为 20 万元，也远不能满足农户借贷需求。

	实际贷款额 Y_2	实际贷款额	实际贷款额	实际贷款额
户主技能水平（X_5）		−2005.310 （0.9012）	5754.732 （0.7460）	13017.41 （0.4486）
跨期消费—投资选择（X_7）			−39745.36** （0.0313）	−36753.87** （0.0302）
借贷偏好（X_8）			544.8557 （0.9771）	
家庭收入主要来源（X_9）				34325.20 （0.2037）
家庭年收入（Y_3）	1.075609* （0.0575）	2.451434*** （0.0004）	2.858972*** （0.0002）	3.093103*** （0.0000）

注：（1）括号内数字为 Prob. 统计量；（2）***、**、* 分别表示在 1%、5%、10% 的水平显著

通过与表 5-8 进行对比发现：第一，铜川市劳动力占家庭人口比与贷款额度显著正相关，与表 5-8 的结论相反；第二，跨期消费—投资选择与贷款额度呈显著负相关（表 5-8 中不显著）；第三，家庭年收入水平与贷款额度显著正相关（表 5-8 中并不显著）。

根据以上结果可以推论：

推论 1：铜川市农村金融机构发放贷款比较看重农户家庭经济实力，收入水平较高的农户有可能获得较高额度贷款。从另一个角度讲，铜川市农村金融机构对信贷额度的控制上限较高，农户可以凭借其经济实力在一定范围提高信贷额度。

推论 2：铜川市农户投资意愿较强。随着家庭劳动力占比提高，农户家庭收入也会提高。表 5-10 的结果意味着铜川市农户随着收入提高贷款需求明显增加，所获信贷额度也增加。

上述分析说明在青海农村存在更为严重的金融抑制，金融对农村经济发展的支持尤为薄弱。

四、农村家庭收入分析

（一）OLS 回归分析

进一步考察农村信贷市场的供求关系是否对农户实际收入产生影响。把之

前作为被解释变量的 Y_1（是否贷款）与 Y_2（贷款额度）纳入模型 3（式（5-5））的解释变量进行 OLS 回归，结果见如表 5-11 所示。

表 5-11　农贷供求关系对农户收入水平影响回归结果

	家庭收入 Y_3	家庭收入	家庭收入	家庭收入
常数项（C）	10999.01 (0.0000)	8950.185 (0.0000)	9879.578 (0.0000)	9083.581 (0.0009)
人均耕地面积（X）	133.6319 (0.7671)	229.4562 (0.5971)	24.77257 (0.9573)	1076.420 (0.1441)
劳动力数/户人口（X_2）	−1764.167 (0.2814)	−611.0326 (0.6952)	−1391.655 (0.4018)	−4219.872 (0.1671)
户主文化程度（X_3）	1281.378* (0.0930)	1320.403* (0.0643)	1182.830 (0.1191)	1529.436 (0.2404)
户主技能水平（X_5）	−61.47512 (0.9352)	196.8883 (0.7818)	19.74460 (0.9791)	−1608.617 (0.2136)
对农贷政策了解程度（X_6）	1515.191* (0.0813)	781.7978 (0.3433)	1173.284 (0.1858)	1263.319 (0.4438)
跨期消费—投资选择（X_7）		182.2455 (0.7976)		
家庭收入主要来源（X_9）		1456.270* (0.0548)	1350.366* (0.0924)	1164.781 (0.3016)
是否贷款（Y_1）			0.083766 (0.9999)	
发放贷款额（Y_2）				0.216455*** (0.0005)

注：（1）括号内为 Prob. 统计量；（2）***、**、* 分别表示在 1%、5%、10% 的水平显著

结果发现对收入影响显著的因素为：户主文化程度、对农贷政策了解程度、主要收入来源、贷款额度。上述变量与农户收入均正相关。我们主要关心农贷供求关系是否影响农民年收入，回归结果也表明：获得信贷额度（信贷供给）对农户收入有显著正影响。

（二）相关分析

第一，户主文化程度虽然与收入水平正相关，但是显著性较低（10%显著水平），这很可能是文化程度与民间借贷正相关引致。换言之，如果文化程度

较高的农户能够更多地利用金融机构信度，那么文化程度对农户收入的正向影响将进一步加强。

第二，金融机构贷款发放额度对农户增收作用非常明显（1%置信水平）。可以设想，如果西部地区增加对农户信贷支持力度，进一步放松对农村金融管制，可以期待农民收入增长将加快。

第三，政府和金融机构加大对农户金融知识的普及力度，培养农户充分运用农业信贷的意识。有效激励农户倾向显示诚信偏好，逐步引导农户同时利用民间借贷与正规金融机构服务，培养农户扩大再投资动机，进而促进农民增加收入。

（三）对农户期望利率的回归分析

仍沿用上述模型对农户期望利率进行回归分析，分别引入人均耕地面积、劳动力占家庭人口比、跨期消费—投资选择、家庭收入主要来源、家庭年收入等解释变量。OLS 回归结果如表 5-12 所示。

表 5-12　农户期望利率 OLS 回归结果

变量	相关系数	标准差	T 统计量	P 值
常数项（C）	0.054591	0.0056	9.747605	0.0000
人均耕地面积	−0.000641	0.001639	−0.391116	0.6959
劳动力占家庭人口比	−0.000596	0.006414	−0.09293	0.926
跨期消费—投资选择	−0.002516	0.003096	−0.812609	0.4168
家庭主要收入来源	0.002872	0.003133	0.9168	0.3597
家庭年收入	0.000000445**	0.000000183	2.428519	0.0155

注：***、**、* 分别表示在 1%、5%、10% 的水平显著

回归结果发现，解释变量中只有农户家庭年收入对利率有影响，且显著水平较高。结合实地调研可以得出结论：①收入水平较高农户申请贷款时愿意负担更高利率；②存在投资偏好农户由于投资技能不足以及资金缺口较大，不愿负担较高利率。

第三节　农户储蓄 Tobit 回归分析

一、模型与变量选择

（一）Tobit 模型介绍

Tobit 模型被称为截取回归模型（censored regression model）。其具体形式为

$$y_i = \begin{vmatrix} \beta^T Xi + e_i \text{ 若 } \beta^T X_i + e_i > 0 \\ 0 \qquad\qquad\qquad \text{其他} \end{vmatrix} \quad e_i \sim N(0,\ \sigma^2),\ i = 1,\ 2,...,\ n \quad (5\text{-}6)$$

Tobit 模型的重要特征是当 $y_i^* > 0$ 时，取 $y_i = y_i^* > 0$，称 y_i 为"无限制"观测值；当 $y_i^* \leq 0$ 时，取 $y_i = 0$，称 y_i 为"受限"观测值。即"无限制"观测值均取实际的观测值，"受限"观测值均截取为 0。

分析农户储蓄的影响因素也应该审视无储蓄农户的观察值，以保证对农户储蓄规模的估计是无偏估计。由于调研问卷中有相当部分农户储蓄为 0，因此，采用 Tobit 模型在回归过程中将将其观测值也纳入估计范围。

（二）变量说明

此次调查问卷以农户为基本单位，数据涉及年限较为集中，且调查地区只有青海、陕西两省。考虑到同一省份内银行机构的存贷款利率差异很小，对被解释变量解释能力较弱，所以引入农户期望利率（interest）这一解释变量代替实际存贷款利率。除此之外，引入解释变量有：收入（income）、生产支出（p-expenditure）、生活消费支出（l-expenditure）、抚养系数（foster coefficient）。变量释义如表 5-6 所示。

根据 Tobit 模型，令被解释变量储蓄额（save）取值如下：

$$save = \begin{cases} save^*,\ save^* > 0 \\ 0,\ save^* = 0 \end{cases} \quad (5\text{-}7)$$

具体的回归模型为

$$save_i = C + \beta_1 inc_i + \beta_2 p.\exp_i + \beta_3 l.\exp_i + \beta_4 fos_i + \beta_5 \text{int}_i + u_i \quad (5\text{-}8)$$

二、数据处理

以青海省海东区和西宁市 800 份调查问卷为数据源对农户储蓄水平进行 Tobit 回归分析，结果如表 5-13 所示。

表 5-13　青海省农户储蓄回归结果

变量	相关系数	z —统计量	prob.
常数项	-602. 2702	-0. 166381	0. 8679
收入水平	0. 803187 ***	5. 792585	0. 0000
生活消费支出	0. 165884 ***	3. 017635	0. 0025
生产支出	-1. 863359 ***	-3. 050908	0. 0023
期望利率	66094 *	1. 823138	0. 0683
抚养系数	-2845. 753 ***	-2. 606275	0. 0092

注：***、**、*分别表示在 1%、5%、10%的水平显著

对估计结果的分析如下：

1. 农户收入对储蓄具有显著正影响，这与理论假设符合。

2. 生活消费支出与农户储蓄存在显著正影响关系，而生产支出与农户储蓄具显著负相关。生产支出与储蓄负相关符合理论假设。对生活消费支出与储蓄正相关做以下解释：第一，西部地区消费支出较高的农户往往是收入较高群体，农户储蓄水平直接影响其生活水平，高消费支出以高储蓄为前提；第二，西部地区农户还未形成超前消费意识，只有在储蓄达到规模时才会相应增加消费开支；第三，农户扩大再生产或投资意愿较低，普遍缺乏投资冲动——也有可能西部地区农户总体储蓄规模还不足以支持扩大再生产，因而储蓄与消费开支大体同步增长。

3. 农户期望利率与储蓄显著正相关。结合表 5-12 的分析，期望利率较高农户其收入往往也较高，储蓄水平自然相对较高。潜在原因或许也有：储蓄较多的农户期望提高存款利率，从而对调查人员发送较高期望贷款利率信息。

4. 抚养系数对农户储蓄具有显著负影响符合一般理论假设，说明在西部

地区单个劳动力负担人口数与收入负相关。

三、小结

青海地区农户可支配资金主要流向是储蓄，这吻合了西部贫困农村地区扩大再生产和投资乏力的情况，也说明农村商业银行体系担负着将内源资金向辖区产业融通的重要导管功能，否则将会导致贫困地区逆向资金流动。调查中也发现一些农户对农信社投放贷款性质的理解存在偏差，将其贷款理解为扶贫资金或者将发放商业贷款视作扶贫贷款。可能由于历史坏债包袱，青海地区农信社系统也存在对农户贷款额度的过度管制，导致农户扩大再生产或投资意愿受到负向冲击。如何激活农户的储蓄使其充分地流向扩大再生产领域，如何合理控制管理风险又未至于形成对农业部门的金融抑制，是青海等贫困农村地区重新建构金融组织体系以及金融市场需要深思的问题。

第四节　结　论

通过实证分析系统地考察了可能影响农贷市场供求关系的基本因素以及影响农户年收入的主要变量。对计量结果的解释及相关结论概括如下：

1. 农户人均耕地面积对贷款需求产生显著影响，但是对实际获得信贷额度和农户收入无影响。说明农村金融机构对农户放款并不看重其土地资本，换言之，拥有较多土地的农户未必能够从金融机构获得较高贷款额度，农户通过扩张土地规模增加收入较为艰难。也潜在地说明西部贫困农村地区土地报酬率低，难以成为一般农户增收的主要渠道，未来金融机构对土地规模经营和土地抵押提供金融支持需要政策引导。

2. 劳动力人数占家庭人口比例对贷款需求和银行放贷均有负影响，对农户增收无影响。比较而论，劳动力占家庭人口比对农户贷款需求影响更显著（1%显著性水平），据此可以推断劳动力占家庭人口比是通过先作用于贷款需求（是否申请贷款、申请额度的大小）进而间接影响实际信贷额度的。西部贫困农村地区劳动力因素尚不足以对农户收入构成显著影响，农村人力资本的能动作用有待提高。

3. 户主文化程度对贷款需求有负影响，对金融机构放贷额度无影响，对农户年收入有正影响。说明文化程度高的农户对金融机构依赖程度较低，农村信贷与以文化程度为表征的人力资本素质没有实现合理组合。潜在地反映出农村教育中缺乏职业教育环节，也可能反映农村金融体系对农村社区文化背景的疏离。

4. 农户对国家农贷政策了解程度对农户贷款需求和农户收入均具有正影响，但对金融机构发放贷款没有影响。关心农贷政策的农户有较强贷款需求，却未必能够从金融机构获得较多贷款。这就隐含了两种情况：关心农贷政策的农户具有较好经营与理财能力，能够有效配置资源增加家庭收入水平；金融机构对农户贷款额度未充分考虑农户劳动能力与素质——或其中蕴藏的"经济人"理性。

5. 农户消费与投资偏好对农户贷款需求有正影响，但是对金融机构发放贷款额度和农户收入水平无影响。有投资意愿的农户不能获取足额贷款克服资本门槛约束。为什么消费与投资偏好对收入无显著影响？结合之前对农户投资偏好分析的结论，给出以下解释：农户由于信贷额度限制投资意愿不能转化为实际投资；农户生产技能也制约了农户投资行为；从事非农生产的农户投资倾向相对较强，也同样受到信贷额度限制。贫困农村地区存在的信贷投放不足是普遍的。

6. 主要收入来源对农户贷款需求和金融机构发放贷款均无影响，但是对年收入水平有正影响。说明从事非农生产能够更有效提高农户收入，只有当农户通过从事非农生产积累资本到一定水平才会明显作用于投资偏好，进而影响贷款需求，积累资本达到一定规模以前农户较为保守，不愿冒风险投资。

7. 农户贷款需求对收入无影响，实际获取信贷额度对收入影响显著。说明西部农村地区信贷扩张对农户增收有效，在农业和非农生产领域中民间借贷还无法替代正规金融机构信贷供给。与东部等经济较发达农村区域比较，西部贫困地区民间借贷要么影响有限，要么主要局限于对生活消费与简单再生产融资。①

---

① 做出这样判断的依据是：在我们调查过程中农户提供家庭贷款信息非常集中于正规金融机构供给。

8. 我国西部农村地区社会结构按照农户生产特征与收入水平正经历如下分化：第一，仍有一部分农户主要依靠传统种植业为基本生活来源，务工取得工资性收入仅是偶尔为之，但是大部分农户收入来源中务工收入显著增加。分别称其为传统农户与过渡型农户；第二，部分地区约有三成农户已经放弃农业耕作，成为城市新的两栖型产业工人或者经营私营企业的城市"新贵"；第三，通过较大规模转承包土地从事农业产业化经营的农户和"土著"企业家，前者包括从事种植、养殖、水产、林果等业，后者包括经营运输、商贸物流、小型工业等。我们分别称其为新农场主和"土著"企业家。传统农户、过渡型农户、两栖型产业工人、城市"新贵"、新农场主和"土著"企业家构成当代西部农村地区新的社群与阶层谱系。具有传统农户、过渡型农户两类群体带有最为深重的"农民"色彩，他们目前处在农村社会金字塔的底层，伴随工业化和城镇化进程加快他们中的大部分将逐渐"褪色"向金字塔上层迁徙。改革迄今已经走过 40 个年头，估计上述迁徙也要持续 30 年左右时间——或许将更快，届时农村社会结构将进入一个长期稳定时期，作为经济个体单位的"家庭"将向两栖型产业工人、新农场主和"土著"企业家阶层聚集，也将出现大量农业合作组织和农业经营公司。大体说来，传统农户、新农场主和"土著"企业家目前是农村主要的资金净借入方（赤字方），过渡型农户、两栖型产业工人、城市"新贵"是农村资金净贷出方（盈余方）。

特殊的阶层谱系形成西部贫困农村地区五方面金融特征：第一，农村地区长期仍将面临信贷资金供给不足情况。因为盈余方存在面向城市的资金"漏出"，过渡型农户、两栖型产业工人、城市"新贵"均有可能将生活剩余注入城市和工业部门。赤字方中的新农场主和"土著"企业家又大多处在创业阶段难以形成自我积累，他们没有越过资本原始积累的门槛；第二，农村金融需求具有多重复杂性和多层次性。传统农户形成一定规模的生活性信贷需求，新农场主和"土著"企业家则具有多样化的创业资金需求。与东部农村地区比较，西部农村地区企业家更为需要一定规模的长期信贷支持；第三，农户和乡村企业固定资产拥有量非常有限，由此引致更为缺乏合格的信贷抵押品。农村主要生产要素土地作为信贷抵押仍有政策障碍，充裕但"简单"的体力密集型劳动力也不利于将其未来收益贴现转化为信用资产而获取融资支持；第四，金融体系更加需要依附村庄信用生存，必须植根于农村社会以克服信息不对称和较高交易成本；第五，政策性金融和财政转移支付在西部贫困农村地区比之东部农村地区应该发挥更大作用，在贫困农村地区必要的财政职能不能交由金融部门承担。上述特征决定了国家信贷政策向西部地区倾斜的紧迫性，西部地区农村金融机构须同时重视提供生活性信贷和对长期资本投资融资，西部地区农村金融体系构建在较长时期需要"借力"税收减免和补贴等财政支持。金融部门融入当地农村社区的最佳途径是"生于斯、长于斯"，微小金融、社区金融机构（不限于已经推出新型金融机构）应该成为西部贫困农村地区金融组织的主要形式。在贫困农村地区组建现代商业银行以替代或者遮蔽社区中小金融机构发展是农村金融组织选择的误区，最终仍将难以脱出"离农"和从农村抽走资金的窠臼。

农村金融体系构建必须适应农村社会结构变化，形成满足各层次需求的、差异化的多元金融组织和市场体系。现有农村金融体系残缺不全，尤其缺少自生自发的农村中小金融机构，合作金融机构事实上已经丧失"合作"之实，但是又缺少清晰产权条件激励其内部治理，政策性金融则实际远离农户。尽管2007年以后发布一系列推动农村新型金融机构发展的政策指导性文件，但是较多局限于由管理部门"牵头"组建，对草根金融应该思考是否给予更多信任，是否应该降低门槛和减少审批"否决"权。国有银行经历颇多风雨，民营银行也已经占有一席之地，我们为什么对农村金融"自主治理"不能放手一试？改革应该允许失败。

第 六 章

农户生产借贷门槛效应：收入触发点与聚集区

课题组 2013 年 8—11 月对位于秦巴山集中连片特殊困难地区的商洛市商南县、镇安县和汉中市的留坝县、勉县农村做田野调查，以期了解陕南农村地区经济金融发展现状，为促进贫困农村地区金融资源向农业实体经济流动提供经验例证。本章对调研地区农村金融发展历程予以梳理，利用在位于秦巴山区的商南县和镇安县的调研资料，分别对农户家访和涉农金融机构问卷进行分析，揭示商洛市农村金融机构陷于"农户信贷诉求难实现，金融机构有钱难贷出"的金融困境，主因在于农户创业意愿不足。由之提出应提升农户经营实力和创新金融制度两方面，从而缓解新出现的农村金融供需失衡矛盾。尤为重要的是，依据对调查材料的经验判断发现，如果农户存在"意愿消费"或者不依赖于收入水平的"自主花费"，只有当其收入水平满足"意愿消费"之后才会产生用于生产投资的借贷需要，即存在生产借贷边界或者"收入触发点"，超越"收入触发点"之后由于收入在边界区域仍有不确定性，生产借贷需求仍不稳定，当收入持续增加而进入"收入聚集区"以后，生产性借贷将伴随收入增加持续上升。

第一节　改革视阈中的区域金融格局变动

一、农村金融在农村经济发展中的重要地位

农业是国民经济的基础，尽管经过 40 多年改革开放农村经济与社会生活发生了巨大变革，但这一点没有发生根本变化。我国目前仍然属于农业不发达

大国，农民在全部人口中占有较大比例，城乡二元结构及其带来的一系列问题仍然比较突出。中共中央在 1982—1986 年连续五年发布以农业、农村和农民为主题的中央一号文件，对农村改革和农业发展做出具体部署。2004 年以来又连续发布以"三农"为主题的中央一号文件，强调"三农"问题在中国社会主义现代化时期"重中之重"的地位。一系列意义重大、影响深远的战略部署，标志着中央旨在反哺农业、回报农民和扶持农村发展的决心。目前我国农村金融服务体系还很脆弱，农村资金供求矛盾比较突出。随着改革开放进程的不断深入，农村金融发展总体上落后于经济体制机制转型发展，这已经成为传统农业向现代农业转变和增加农民收入、提高农村居民生活水平的主要瓶颈。

纵观我国诸多关注农村发展的学者对农村金融问题的研究，可以追溯到 20 世纪二三十年代的乡村建设运动。农户自身真正对于因生产生活需要而产生融资需求的意识觉醒，则产生于改革开放以后。囿于原有农村金融部门非但不能满足农村金融需求，更有甚者农村金融机构成为由农村向城市"吸储"的管道，导致工业部门挤占农业大量资源以及农业收益，城乡差距不断拉大。伴随农村金融改革不断深化，多层次农村金融体系逐步建立，但仍未摆脱农村金融服务不充分，金融需求得不到满足，金融体制不健全，信用环境不完善等问题，使得农村金融市场供给与需求的非均衡问题日益凸显。由此，如何引导和推动改革农村金融体制以克服农村金融供给与需求不均衡成为理论研究与金融改革的重点。

二、农村金融改革总体历程与区域农村金融发展

农村金融改革是我国整体经济改革和金融改革的一个缩影，通过梳理我国农村金融改革历程，更有利于从整体把握改革开放以来农村金融发展态势，总结农村金融改革的经验，明确研究重点和方向，为解决商洛市农村金融格局不均衡及其存贷比普遍偏低、借贷"双难"问题的外在表象提供实践和理论依据。[①]

---

① 通过调查了解到商洛市农村信贷存在"双难"问题，即：第一，农户信贷需求难以充分实现；第二，农村金融机构有钱难贷出。由此形成一个闭合的恶性循环，影响农村经济金融的良性发展。

（一）农村金融改革的初始发展阶段（1982—1986 年）

合整体经济改革的要求，我国逐渐恢复了农村金融体系，相应设立功能各异的农村金融机构。一是农行成立，其农业贷款以农业龙头企业和农户为主，并大力支持农村商品经济，集中办理农村信贷并管理农信社。二是农信社从政社合一的体制下剥离。三是邮政储蓄机构的组建。中共中央国务院 1983—1985 年下发的一号文件集中对农信社的组织建设及管理体制进行调整，确定农行对农信社的领导，提出允许农村不同地区执行有差别的法定准备金率。同期商洛市农村金融改革处于萌芽阶段，1979 年恢复农行，建立以农行为核心的农村金融体制；1980 年恢复农信社地位，并挂靠农行并接受农行管理。

（二）农村金融改革存量改革推进阶段（1987—2003 年）

伴随改革开放，社会主义市场经济体系开始确立，农村金融机构的经营环境发生了变化。为了加大对金融风险的控制，创建多层次的农村金融体系。1992 年 11 月，中国共产党十四届三中全会明确提出了我国金融体制改革的总体目标。同年 12 月，根据《国务院关于农村金融体制改革的决定》，对农村金融体系进行一系列变革，初步形成以合作金融为基础，商业性金融、政策性金融分工协作的农村金融体系。1994 年设立农业发展银行，1996 年农信社与农行脱钩，1998 年农业发展银行专职发放粮食收购贷款，其他政策性农村金融业务由农行承担；1999 年全面清理农村合作基金会，2000 年在全国不同地区推动农信社改革试点。尤其 2003 年改革力度较大，国务院颁布《深化农信社改革试点方案》，解决农信社产权不明晰，法人治理结构不完善，经营机制和内控制度不健全，管理体制不顺等问题，明确将农信社管理交由地方政府负责，国家对农信社解决不良资产给予资金支持。

商洛市农村金融格局也相应发生明显变化。2003 年年末农行营业网点缩减，从最初的 77 个减少为 38 个。从整体上看，农村信贷服务有所改进，信贷投放规模相应增加。

（三）总体方案设计与全面推进阶段（2004—2008 年）

2004 年中央一号文件明确提出"改革""创新"农村金融体系，表明由政府推动的农村金融改革处在新的历史起点。2004 年中央一号文件是时隔 18

年中央再次以"三农"为主题发布一号文件，意味着政府将突破原有的主要局限于农信社和农行等农村金融机构体系的"存量"改革的决心。

《中共中央　国务院关于进一步加强农村工作提高农业综合生产能力若干政策的意见》（2005 年中央一号文件）提出加快构建"功能完善、分工合理、产权明晰、监管有力的农村金融体系""培育竞争性的农村金融市场"，《中共中央　国务院关于推进社会主义新农村建设的若干意见》（2006 年中央一号文件）提到"引导农户发展资金互助组织"，《中共中央　国务院关于积极发展现代农业扎实推进社会主义新农村建设的若干意见》（2007 年一号文件）提出努力形成商业金融、合作金融、政策性金融和小额贷款组织互为补充、功能齐备的农村金融体系，为促进农村新型金融机构发展颁布规范性文件和政策指引。党的十七届三中全会提出"建立现代农村金融制度""农村金融是现代农村经济的核心"，对农村金融改革提出更高目标，将金融在农村经济发展中的地位也提到新的高度。四个一号文件和党的十七届三中全会文件实际制定了农村金融体系改革的总体方案，勾画出农村金融体制的原则性框架，启动了某种意义的"重构"与"革命"安排。农村金融体系由存量转向增量改革。

同期商洛市农村金融稳步发展，2004 年陕西省农信社联合社在商洛市设立办事处，2005 年全市各县农信社全部组建为以县联社为核算单位的法人社；2007 年中国邮政储蓄银行商洛分行挂牌成立。农村信贷资金规模显著扩大，农村金融机构存款余额、贷款余额和农业贷款余额均显著增加。

（四）　实施与调整阶段（2009—2012 年）

渐进式农村金融改革以满足经济需求为导向，对农村金融的认识在争论和改革中也不断深化。《中共中央　国务院关于 2009 年促进农业稳定发展农民持续增收的若干意见》（2009 年中央一号文件）提出"增强农村金融服务能力"，明确要求大力发展小额信贷和微型金融服务。《中共中央　国务院关于加大统筹城乡发展力度进一步夯实农业农村发展基础的若干意见》（2010 年中央一号文件）再次指出"提高农村金融服务质量和水平"，确保 3 年内消除基础金融服务空白乡镇，旨在解决农村金融服务不足和空白问题，金融机构运行成为改革重点。2012 年中央一号文件提出"提升农村金融服务水平"，增加农村信贷投入，确保银行业金融机构涉农贷款增速高于全部贷款平均增速。同年召开的中央金融工作会议强调，要坚持金融服务实体经济的本质要求，坚决抑制社会资本"脱实向虚"。长期以来农村与城市金融资源配置存在的非均衡现象严重阻碍农村经济发展，提高经济基础条件薄弱农村地区金融服务水平成为推动统筹城乡发展的重要内容。

这一时期商洛市农村金融服务较快提升，新型农村金融机构蓬勃发展。但是，农村金融机构网点覆盖面依然不足，仍然存在金融服务空白乡镇。农发行、农行、村镇银行和小额贷款公司均未在乡镇设立网点，农信社在农村金融市场"一家独大"的局面日趋明显。农村金融机构体系存在的问题主要有：国有商业银行并未真正商业化；农业发展银行资金来源单一，业务狭窄，商业性贷款投放很少；农信社产权不明晰，历史包袱重，金融创新和服务提升动力不足；邮政储蓄银行"只存不贷"格局没有发生根本变化，未能真正体现其信贷投放服务功能。

金融机构体系所呈现问题的内在根源在于农村金融的体制弊端。需要思考在商业金融、合作金融、政策金融的多元格局基本形成的背景下，农村金融机构依然呈现出定位不明、发展趋势不均衡的状态。说明仅有政策设计以及新机构体系的建立，并不能解决农村金融发展的困境，农村金融市场发展缺乏应有的竞争张力，业务运作规范没有完全形成，农村金融服务质量难以提升的状况依然存在。

农村金融改革任重而道远。

三、调研流程

调研活动分两个环节，一是通过各县区金融机构座谈以及收集金融机构调查问卷，深入了解商洛市农村金融机构服务状况以及支持陕南山区特色经济发展方面的经验；二是选取当地有代表性乡镇，即商南县富水镇和镇安县云盖寺镇，进行为期一周的入户家访。

课题组入户家访调研的地区均选择国家确定的贫困县（区）农村，入户家访与收集问卷选择在位于豫、陕、鄂交界的商洛市商南县富水镇，以及镇安县云盖寺镇。① 调研地域分布在陕南的山区地带，农户主要生活在山区，生产生活条件比较艰苦。在奔赴调研地区以前课题组做了必要准备，为更好了解商洛市一区六县的经济社会发展概况，课题组编写了《农村经济金融调研材料汇编》，② 内容包括与金融机构座谈提纲、调研地区经济状况、田野调查方法、农村金融改革文献摘编、入户调研流程和调研守则。出行前对全体师生做了商洛地区经济社会简况、风土人情、调查方法与调查目标、入户调查流程与注意事项等五个单元的学习培训。

金融机构参会人员在问卷自选项（即在问卷题干设计之外自由申述）留下了宝贵的意见与建议。课题组在调研全程坚持每晚召开晚间小结会议，全体成员在活动结束返程前于柞水县驻地召开商洛农村田野调查总结会，交流讨论与金融机构座谈和入户调查中发现的问题，商讨应对措施及改进调研方法，争取全面、客观地反映调查地区农村金融服务和农户经济金融状况的资料信息。

第二节　农户问卷统计观察：生产性信贷的"发生学"

一、调查方法与范围

课题组 2013 年 8 月 12—24 日赴陕西省商洛市调研，先后赴商洛市一区五县（商州区，洛南、丹凤、商南、镇安和柞水县）与人行商洛市中心支行、县支行以及农村商业银行、农业发展银行等近 30 家金融机构座谈，在商南县富水镇王家楼村、王家庄村、洋淇村，镇安县云盖寺镇岩湾村等 4 个行政村入户调研，历时 12 天，走访 400 多家农户，收集农户经济与金融状况问卷表 396份，其中有效问卷 382 份，如表 6-1 所示。

---

① 商洛市所辖一区六县均为国家确定的连片扶贫重点支持地区。与以往不同，本次入户调研选择商洛市商南县的富水镇和镇安县的云盖寺镇，富水镇为商南县重点建设乡镇，云盖寺镇为镇安县新农村建设示范镇，两个乡镇农村居民人均收入高于同一县域其他乡镇的平均水平。2007 年、2008 年在陕西铜川市、安康市，青海海东市和西宁市入户调研选择在当地经济条件较为落后的乡镇。

② 2008 年 5 月和 7—8 月分别在陕南安康市与青海海东市、西宁市农村调研，先后编发了《农村经济金融调研材料汇编》第一辑、第二辑。

表 6-1　调查问卷收集来源与分类

市县	乡（镇）	行政村	收集问卷（份）	有效问卷（份）
陕西省商洛市	商南县	王家楼村	84	80
		洋淇村	111	105
		王家庄村	6	5
	镇安县 云盖寺镇	岩湾村	195	192
总计			396	382

农户调查问卷内容包括家庭基本情况、金融服务、家庭收支与储蓄信贷、投资与生产、家庭收入预期与公共设施集资、政策评价与期望、对新金融机构的了解与评价。此次调查事项分别有 55 个子项。其中，家庭收入中主要用家庭实物产量的方法，对家庭农作物、养殖业的产量等数据进行收集，返程后再根据当年价格估算其货币收入量，以避免和校正部分农户有意识压低家庭收入情况。调查问卷主要内容见本报告附录表 6-1。

二、农户家庭经济基础条件与技能分布

（一）基本经济条件

在所调查的 382 户农户中，平均每户人口 4.67 人，户均男劳动力 1.74 人，女劳动力 1.24 人，户均劳动力人数 2.98 人。平均每个劳动力负担（供养）人口 1.57 人。每户平均在外正式工作人员 0.15 人，户均经常性在外务工人员 1.4 人，户均在外务工人员占户均劳动力的 52.01%。所调查农户平均每户土地面积（可耕地）2.46 亩，其中户均山坡地 0.97 亩，川道地 1.44 亩。由家庭人口的均值—标准差判断，家庭人口分布集中范围在 2—7 人/户，户均劳动力人数分布集中在 2—4 人，户均土地分布集中在 0—5 亩，户均山坡地亩数分布集中在 0—3 亩，户均平地亩数集中在 0.07—2.81 亩的范围。调查地区仍然属于依靠手工劳作的传统农业耕作方式。由于耕地面积减少且部分土地位于山坡上，农户收入主要来源于城市务工，种养殖业收入占农户家庭收入比例约 20%。据现场了解，部分农户种植当地特色农业产品如香菇、茶叶、烟草等，收益较好。个别农户开办小型养猪场，收入可观。多数农户从事小规模农

业生产仅满足家庭生活需要，青壮年农民外出务工及当地打零工情况极为普遍。表 6-2 是对农户家庭基本情况的统计归纳。

表 6-2　农户家庭基本情况

调查项目	单位	观察值①	总计	最大值	最小值	平均值	标准差
家庭人口	人／户	382	1783	10	1	4. 67	1. 579
在外工作人员	人／户	382	57	4	0	0. 15	0. 54
在外务工人员	人／户	382	536	5	0	1. 40	1. 038
土地亩数	亩／户	382	940	23	0	2. 46	2. 46
山坡地亩数	亩／户	382	371. 3	20	0	0. 97	2. 22
平地亩数	亩／户	382	548. 4	7	0	1. 44	1. 37
男劳动力数	人／户	382	664	4	0	1. 74	0. 747
女劳动力数	人／户	382	473	4	0	1. 24	0. 846
劳动力数	人／户	382	1137	7	0	2. 98	1. 282

（二）农户年龄分布与受教育程度

所调查农户家庭年龄结构中 16 岁以下占 17%，16—30 岁占 28%，31—45 岁占 22%，46—65 岁占 25%，65 岁以上占 8%。16—65 岁占 75%，说明农户年龄分布比较均匀，主要集中在 65 岁以下，该地区人口老龄化状况不明显，中青年群体占总人口大多数。农户文化水平主要在初中、小学及以下，占总调查人数的 78.6%，高中、大专及以上水平人数很少，仅占 21.4%，农户文化水平偏低。户主平均年龄为 49.9 岁，基本上为家里的长辈，户主文化程度也偏低，主要集中在初中、小学及以下。户主性别构成中 87% 户主为男性，13% 为女性。

（三）农户经济状况

农村家庭中户主技能一定程度反映家庭收入来源特征。根据所调查农户户主技能的信息，户主以从事种植以及其他（外出务工）为主要收入来源，如图 6-1 所示。

---

①　此处观察值为实际填写该项目的户数。

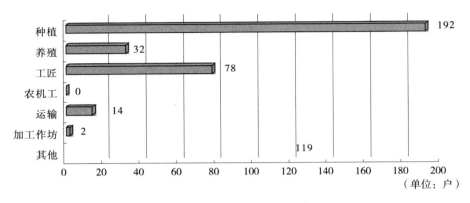

图 6-1　农户户主技能分布

　　农户家庭经济决策方式中，26.6% 家庭为户主独立决策，51.3% 家庭为户主夫妇议定，8.9% 家庭是户主隔代议定，13.2% 家庭是户主召集家庭成员议定。在被调查农户中，家庭经济来源的绝大部分依靠外出务工，种植粮食作物以及经济作物次之。所调查农户 2012 年人均年收入为 11934.69 元，人均年支出 17267.79 元。① 相关数据揭示出：一是由于外出务工，该地区农户经济状况有所改善；二是由于建房支出，该地区农户储蓄余额不足，生活状况依然艰苦；三是农户之间收入水平差距较大，并与家庭年龄结构相关。青壮年人口居多的家庭收入来源较广，收入水平较高，以老少人口为主的家庭收入水平偏低。样本农户中 33% 农户人年均收入水平低于当年全国水平。② 调查地区农村依然处于相对贫困状态。

　　商洛市样本农户家庭基本特征如下：

　　第一，近些年农村居民生活总体情况得以改善，居民普遍认为当今生活水平比 10 年前有较大提高（根据调查户平均认知水平，农户认为自身收入和生活状况比 10 年前增加了 5 倍），农户拥有的各种生活、生产用品明显增加（农户家庭平均拥有 4 种家用电器）。

───────────────

　　①　商洛山区大量农户从灾害高发地搬离，重新建房置业，使得 2011 年之后建房置业支出比大幅度提升，农户融资金额中建房支出高达 40.3%。建房支出引致人均支出水平迅速提升。

　　②　据《中国统计年鉴》显示，全国 2012 年农村平均每人年收入 7917 元，平均每人年支出 6303 元。

第二，农村居民耕地面积持续减少。由于征地、退耕还林以及对外承包等活动，商洛市农村平均每人经营土地亩数（0.53 亩）远低于全国水平（2.30 亩），实际拥有耕地面积未达到农户期望耕地面积，也制约着农户农业收入水平的提高。

第三，家庭劳动力负担重。样本农户的平均家庭人口数（5 人）高于全国平均水平（3.02 人），户均劳动力数（3.04 人）与全国水平基本持平，每个劳动力负担人口数（1.64 人）高于全国平均水平（1.42 人），说明农户家庭劳动力生活负担较重。

第四，农村地区老龄化趋势不明显。样本农户家庭人口 16—30 岁占 28%，31—45 岁占 22%，46—65 岁占 25%，65 岁以上仅占 8%。农村青壮年劳动力较为充沛，但青壮年人群大多数选择外出务工，并未从事农业生产。

第五，农村居民受教育程度普遍偏低。初中、小学及以下占总调查人数的 78.6%，高中、大专及以上水平人数仅占 21.4%。大部分农村居民只有小学和初中文化，农户更加倾向于固守传统的农业技术以及外出当廉价劳动力，成为阻碍传统农业向现代农业转变的重要诱因。

第六，农户掌握技能单一。大部分户主只掌握种植技能，外出务工但缺乏一技之长，主要为简单劳动力，收入低且工作环境差，有很强的季节性，打工收入不稳定。农业经营主要以传统种植和养殖业为主，农村第二、三产业发展缓慢。经济作物仍以小规模经营为主。

三、农户投资理财结构与创业意愿

为了分析农户对信贷资金的需求、分配使用及创业期望，调查问卷设计相关项目以发现农户金融需求特征、贷款用途和创业意愿等隐含信息。尤为关注：有效信贷需求不足还是供给过多，抑或供需之间缺乏有效连接沟通？

（一）农户金融需求特征

1. 农户贷款需求较高

所调查 382 户中 46.6% 有贷款需求，表明农户有较为强烈的贷款意愿。但农村居民对农信社了解程度一般，知道能够入股农信社的居民比例为 48.42%，有 39.27% 的居民会选择入股农信社。如表 6-3 所示。

2. 农户金融活动停留在"存、汇、兑"阶段，金融资产投资有限

所调查地区农户金融行为主要局限于存贷款。一方面，由于农户收入偏低，闲置资金少，对投资理财动力不足。另一方面，文化程度低，对金融知识理解困难。除去国家补贴的养老保险和医疗保险外，农户购买保险意愿偏低，有意愿也主要集中在人身保险，人身保险购买率为 15.9%。当问及未购买保险的原因时，大多数农户认为保险费用高。说明农户保险意识淡薄，对保险行业缺乏了解。综论之，农户对金融资产投资认知有限。

表 6-3　农户参与金融机构的意愿、动机

问题	单位	观察样本①	是（所占比例）	否（所占比例）
是否知道可以入股农信社	户	382	184（48.42%）	198（51.83%）
如有富余资金是否会入股	户	382	149（39.27%）	233（61.00%）
是否有贷款需要	户	382	177（46.60%）	205（53.67%）

（二）农户贷款用途与投资理财结构

1. 农户潜在贷款用途

农户贷款需求多样且分布不均，主要集中于传统生活需求。根据对 382 户的调查，发现农户对建房置业的潜在贷款需求占到总贷款需求的 39.62%，如图 6-2 所示。子女教育潜在贷款需求占比 11.32%，婚丧嫁娶潜在贷款需求占比 7.08%。上述三项总需求比达到 58.02%。反观农业生产性信贷需求仅为 1.41%，商业运营信贷需求为 17.45%。说明：一方面，随着农村经济发展，农户贷款需求不再仅仅用于常规的农业生产性信贷（农业流动资金贷款），其他消费性贷款需求迅速增长，建房置业是主要增长点；另一方面，农户创业和投资意识不够强烈，经济发展水平仍然停留在满足传统生活需求。此外，当地农户对于农作物种

---

① 此处观察样本为调查问卷中实际填写本项目户数。

植扩大再生产兴趣不浓，主因是受到耕地减少的刚性约束。①

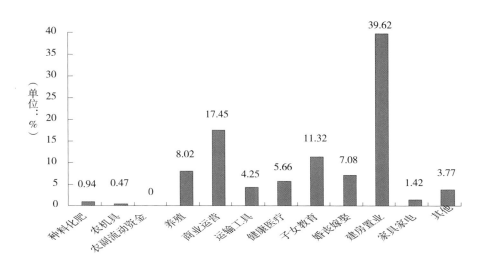

图 6-2　农户潜在贷款需求

2. 农户投资理财结构

为进一步了解农户的投资理财结构，我们在问卷中设计了如下问题："如果您有额外的 10 万元人民币，将如何处理这笔钱？"统计结果如图 6-3 所示②。可以发现，商洛地区农户对于额外的 10 万元更倾向于商业运营以及建房置业，其次用于存在农信社和偿还债务。这与前文对贷款潜在需求的分析一致。图 6-3 也表明，在农户的心理预期中农信社的地位远高于其他农村金融

---

　①　对建房信贷需求增长较快也可以理解为：由于居民传统的对家庭、家园的眷恋，一旦经济条件具备，总是将建房"垒屋"放置家庭预算的首要地位，因为住宅是人们感情依恋的家庭的物质载体，"无屋"即被体认为"无家"，评价家庭幸福的要件之一即为拥有体面的"宅子"。在农村这种观念更为根深蒂固。从积极意义上看来，由建房置业而负债，会诱致、激励农民更辛勤地劳作，成为努力向社会支付劳动力的一种动力来源。农户对于农作物种植扩大再生产缺乏积极性，除了耕地面积限制以外有更为复杂原因：一是由于土地制度约束，分散经营的土地难以交易流转和集中规模经营；二是农户即使有不菲的务工收入，对于务工收入存在不确定预期，进城务工人员融入城市并转变为市民身份仍有许多障碍，土地仍然是农户生存保障的重要资源；三是对于农作物种植内涵扩大再生产存在技术门槛以及市场信息不对称，即农户对于现代农业技术——包括高效农业与精致农业——的掌握需要公共政策支持，农户由于传统的、"足不出户"的分散经营不了解国内国际农产品市场变动趋势，对农业种植结构调整要依靠农业组织化水平提高。

　②　与调研组 2008 年在安康市的调研结果比对，商洛市农户目前对于增加 10 万元收入更多运用于商业运营。

机构。这与当地金融机构的发展状况相吻合：农行改革以后在商洛市县以下分支机构全部撤出；邮政储蓄银行贷款条件严格，利率较高；小额贷款公司发展才刚起步且主要局限于对县域企业放款。从而使农信社在农村金融领域持续保持主力军地位，农信社成为服务"乡土"经济社会发展、便利农户家庭金融需求而具有比较优势的唯一主体。

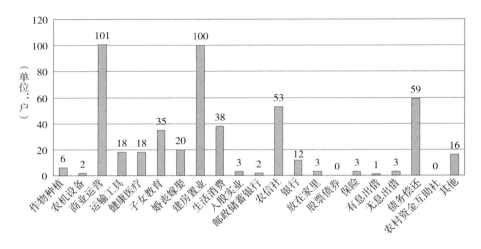

图 6-3　农户潜在投资理财结构

3. 农户创业意愿及制约因素

为了对商洛地区农户创业的情况进行相关了解和分析，并对商洛地区的农民创业前景进行合理预测，问卷设计了相关问题，如表 6-4 所示。

第一，"如果有人向您推荐一个创业项目，您觉得首先需要考虑的问题是什么？"48.7%的农户首先考虑资金来源和规模，26.94%的农户考虑自己是否具备经商能力，10.36%的农户首先考虑有无可能亏本。

第二，"目前生产经营中遇到的困难是什么？"绝大多数农户选择"资金缺乏"，其次是"缺乏技术"，仍有部分农户选择"缺乏劳动力"。

对如何克服资金不足导致创业困难这一问题，48.26%的农户期望取得农信社或农行贷款，23.69%的农户倾向亲友借款（其中无息借款22.73%，有息借款0.96%），22.73%的农户选择放弃项目，避免负担债务。农户商业性贷款优先考虑向正规金融机构贷款，尤其是向农信社借款，其次是亲友借款。

由调查数据观察发现：其一，缺乏资金是阻碍农户创业和生产经营的首要因素，是农户收入渠道多样化、农业经营现代化的瓶颈所在；其二，农户期望贷款来源与实际贷款来源相背离。农户大多希望从金融机构贷款，却因借贷手续、成本以及担保的制约而转向关系借贷。说明多层次、广覆盖、低成本的农村金融服务体系有待进一步完善。

表 6-4　农户创业意愿制约因素 （单位：户）

问题①	观察样本数②	选择 1	选择 2	选择 3
如果有人向您推荐一个创业项目，您觉得首先需要考虑的问题是什么？	375	资金够不够（190）	我有没有经商能力（104）	会不会亏本（40）
如果有一个适合您经营的项目，而您目前资金不够，您会怎么办？	375	争取信用社或农行贷款（201）	向亲友借（95）	资金不够就不做，不想欠账（94）
您家目前生产经营中最大困难是什么？	282	资金（224）	土地（31）	技术（27）

四、农户期望利率、借贷需求及融资偏好

（一）农户贷款与期望利率之间的关系

农户的期望利率分布如图 6-4 所示。从贷款利率看，所调查地区 382 户农户的平均期望利率是 6.75%。期望利率在 5%以下占总调查户数的 26.6%，期望利率在 6%—10%占总调查户数的 55.6%，期望利率在 10%以上占总调查户数的 3.7%。比较 2013 年人行制定的基准贷款利率不难发现，银行基准贷款利率保持在 5.6%—6.55%之间。初步判定基准贷款利率与大部分农户的期望利率吻合，但由于金融机构基于基准利率执行浮动利率，银行实际贷款利率高出农户利率期望。

---

① 此处三个问题为多选题，均只列出选择数量排名前三位的选择项。

② 此处观察样本数为调查问卷中实际填写本项目的户数。

我们希望观察到：期望贷款利率与农户贷款行为之间是否存在联系？针对这一问题对问卷进行分析，如表6-5所示。

在所调查341户农户中，2013年期望贷款利率高于当年银行基准贷款利率6%的农户有227户，其中，申请贷款的户数有50户，占总户数22.03%，获批户数占申请户数的98%；2013年期望贷款利率低于当年基准贷款利率的有114户，其中，申请贷款的户数为16户，占总户数14.04%，获批户数占申请户数的81.25%。

2012年期望贷款利率高于当年基准贷款利率①的农户有227户，其中，申请贷款的户数为79户，占总户数34.8%，获批户数占申请户数的97.4%；2012年期望利率低于当年基准贷款利率的农户有114户，其中，申请贷款的户数为26户，占总户数22.81%，获批户数占申请户数的88.47%。

2011年期望贷款利率高于当年基准贷款利率的农户有227户，其中，申请贷款的农户为57户，占总户数25.1%，获批户数占申请户数的98.24%；2011年期望贷款利率低于当年基准贷款利率的农户有114户，其中，申请贷款的农户为21户，占总户数18.4%，获批户数占申请户数的85.7%。

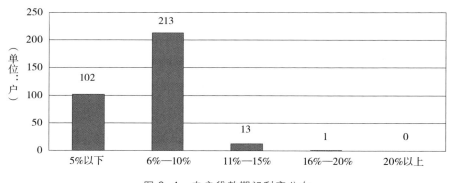

图6-4　农户贷款期望利率分布

依据上述可以发现，农户申请贷款与期望贷款利率存在如下关系：与农户

---

①　当年基准贷款利率采用当年一年期基准贷款利率的加权平均。例如，2012年6月的一年期基准贷款利率为6.31%，2012年7月的基准贷款利率为6%，则当年基准贷款利率为1/2×6.31%+1/2×6%＝6.155%，同理可求2011年的基准贷款利率为6.37%。

期望利率较高一致的是申请贷款概率增加，且申请贷款获批几率也更高；相反，农户期望利率越低，申请贷款概率较低，获批几率也较低。即农户的贷款需求、贷款成功率均与农户期望利率呈正向变化。究其原因：第一，期望利率既反映农户支付利息意愿，也潜在地揭示挣得收入与还本付息能力以及信用状况；第二，期望利率反映农户对当地民间借贷以及正规金融的了解程度。一般地，期望利率较高的农户挣得收入和还本付息能力较强，信用状况较好，农户对当地民间借贷和正规金融情况了解程度较高；第三，根据调查了解到的情况，部分金融机构通过增加隐含借贷成本排除那些负担借贷成本能力较低农户的贷款要求。

表 6-5　农户期望利率与申请贷款统计　　　　　（单位：户）

		2013 年	2012 年	2011 年
期望贷款利率>当年银行贷款利率①	申请贷款户数	50/227②	79/227	57/227
	批准贷款户数	49/227	77/227	56/227
期望贷款利率<当年银行贷款利率	申请贷款户数	16/114	26/114	21/114
	批准贷款户数	13/114	23/114	18/114

（二）金融机构对农户提供贷款服务分析

1. 金融机构对农户提供贷款服务的广度

所调查 382 户农户中，2013 年发生贷款户数为 58 户，占总调查户数的 15.14%，2012 年发生贷款户数 80 户，占总调查户数的 20.9%，2011 年发生贷款户数 64 户，占总调查户数的 16.7%。三年累计发生贷款 172 户，占总调查户数的 44.9%。根据样本调查推断商洛市农村金融机构对农户贷款的趋势如图 6-5 所示。

---

① 当年银行贷款利率采用当年一年期贷款利率的加权平均。例如，2012 年 6 月的一年期贷款利率为 6.31%，2012 年 7 月的贷款利率为 6%，则当年银行贷款利率为 1/2×6.31%＋1/2×6%＝6.155%，同理可求 2011 年的银行贷款利率为 6.37%。

② 诸如 A/B 形式表示：A 为申请贷款户数或者批准贷款户数；B 为期望贷款利率>或<当年银行贷款利率户数。

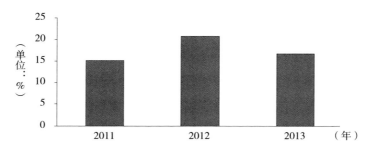

图 6-5 2011—2013 年商洛市农村金融机构对农户贷款趋势

根据调查情况推断，商洛市农户贷款（贷款面）呈上升趋势，大体维持在 20% 左右。2013 年贷款减缓原因主要在于：课题组开展商洛调查时间是 8 月中旬，对 2013 年全年贷款发放数据统计尚不齐全。

2. 金融机构对农户提供贷款服务的深度

在所调查商南县和镇安县 382 户农户中，发生贷款户数共计 172 户，占总调查户数的 44.9%，如表 6-6 所示。其中，2013 年发生贷款户数为 66 户，占总调查户数的 17.3%，其中，贷款额度在 10000 元以下的农户占总贷款户数 22.7%，10000—30000 元占 22.7%，30000 元以上占 54.5%；2012 年发生贷款户数 105 户，占总调查户数的 27.5%，其中贷款额度在 10000 元以下的农户占总贷款户数的 13.3%，10000—30000 元的占 18.1%，30000 元以上的占 70.5%；2011 年发生贷款 78 户，占总调查户数的 20.4%，其中贷款额度在 10000 元以下的农户占总贷款户数的 24.4%，10000—30000 元的占 27%，30000 元以上的占 48.7%。所调查样本的贷款趋势如图 6-6 所示。

表 6-6 商南县与镇安县样本农户贷款额度分布　　　（单位：户）

	10000 元以下	10000—30000 元	30000 元以上	总贷款户数
2011 年	19	21	38	78
2012 年	14	19	74	105
2013 年	15	15	36	66

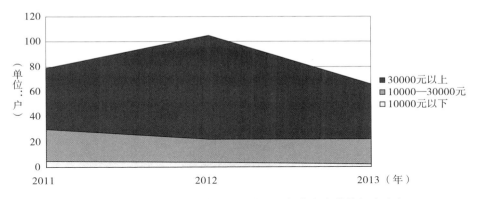

图 6-6　2011—2013 年商南县与镇安县样本农户贷款额度分布

可以发现，商洛市农户贷款发生率、各个层次额度的贷款有逐年增加趋势①，但仍以小额贷款为主，贷款额度在 30000 元以上的贷款数量明显增加。这主要由于经济发展和物价上升，人们对货币的名义需求量增加。此外，由于近年来当地居民的移民搬迁工程，推动了农户建房置业的需求，使得贷款建房在当地日益普遍，建房属于大额支出，引致农户所需贷款规模增加。

（三）农户融资偏好影响因素

1. 农户的融资偏好

对农户融资渠道可分为两类：一类是从正规金融贷款，包括向农信社、农行和邮政储蓄银行等金融机构贷款；另一类是民间借贷，包括向亲友借款和民间有息借贷。基于上述，选取填写此项问题的 356 户农户，通过分析调查问卷可知：第一，45% 农户偏好从金融机构申请贷款，如图 6-7 所示，其中，43% 的农户更倾向农信社。54% 的农户偏好亲友无息贷款，1% 的农户会选择民间有息借贷。在被调查农户中，大部分农户偏好亲友无息和农信社贷款。说明"关系借贷"仍然是当地较为普遍的借款方式；第二，从实际发生的农户借款来源可知，农户意愿贷款机构和实际贷款来源基本一致，如图 6-8 所示。农信社和民间无息借贷是农村信贷市场资金供给的主要来源。

———————————

① 2013 年数据为 8 月上旬前的数据。

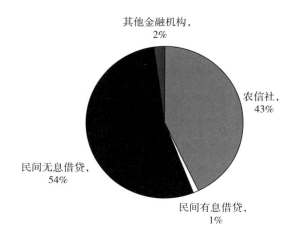

图 6-7 农户意愿贷款机构

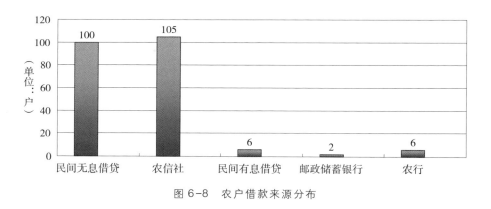

图 6-8 农户借款来源分布

2. 影响农户融资偏好的因素

由以上调查结果得到农户选择融资对象的次序。那么影响农户选择融资对象的因素是什么？为此在问卷中设计了如下问题："您在贷款时最看重的因素是什么？"回答该项问题的农户有 321 户，其中，35.75% 的农户在乎能否贷到，39.04% 的农户会关注利率高低，18.64% 的农户在意办理速度，4.17% 更在意还款期限，1.53% 的农户看重实际可贷款额度，如图 6-9 所示。

不难看出，农户在选择贷款金融机构时首先考虑的因素是贷款的利息高低与贷款可得性。这是由于当地农户经济收入较低，生活水平不高，申请贷款时

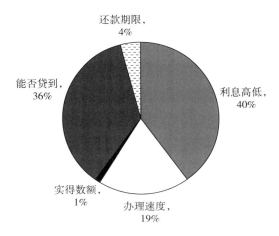

图 6-9　影响农户贷款因素排序

非常顾虑利息过高带来沉重还款成本。此外，金融机构出于降低经营风险的考虑，对缺乏抵押担保的贫困农户放贷极为谨慎。

五、收入对获贷机率和贷款用途的影响

为了更好地把握调查样本农户人均收入水平变动对借贷行为的影响，依据农户人均收入水平，将填写有效收入的 358 户农户分为 10 组。分组情况如下：

5000 元以下为 1 组，共 34 户，该组中位数农户人均收入 3970 元，农户人均收入 3308 元。

5000—6000 元为 2 组，共 33 户，该组中位数农户人均收入 5590 元，农户人均收入 5530 元。

6000—7000 元为 3 组，共 45 户，该组中位数农户人均收入 6476 元，农户人均收入 6531 元。

7000—8500 元为 4 组，共 37 户，该组中位数农户人均收入 7800 元，农户人均收入 7809 元。

8500—11000 元为 5 组，共 41 户，该组中位数农户人均收入 10160 元，农户人均收入 9968 元。

11000—12000 元为 6 组，共 31 户，该组中位数农户人均收入 11495 元，

农户人均收入 11481 元。

12000—14000 元为 7 组，共 30 户，该组中位数农户人均收入 12629 元，农户人均收入 12820 元。

14000—17000 元为 8 组，共 36 户，该组中位数农户人均收入 15536 元，农户人均收入 15550 元。

17000—22000 元为 9 组，共 37 户，该组中位数农户人均收入 19420 元，农户人均收入 19508 元。

22000 元以上为 10 组，共 34 户，该组中位数农户人均收入 25890 元，农户人均收入 28614 元。

（一）农户人均收入水平与获贷机率的关系

从前文分析可知，金融机构偏向给收入较高、信誉较好、担保抵押齐备的农户贷款，35.75%农户由于经济状况不好对是否能贷到款产生疑虑，由此初步可以认知，农户收入与获贷机率之间存在某种关联。通过绘制图 6-10，试图呈现两者的相关性。不难发现不同收入水平的农户在借款途径选择上存在较大差异，人均收入水平在 7000 元以下的农户（图中 1、2、3 组农户），三年来

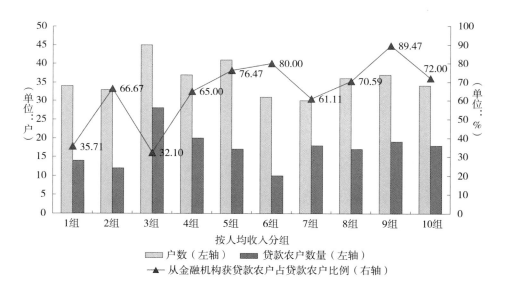

图 6-10　农户收入对农户获贷机率的影响

虽近半数发生过借贷行为，但其借款来源主要是民间无息借贷，从金融机构获批贷款农户占贷款农户比例仅在 35% 左右。① 反观人均收入水平在 7000 元以上各组（图中 4 到 10 组），从金融机构获批贷款农户占贷款户数比例在65%—90%之间。

以上说明人均收入水平越高的农户从金融机构获批贷款的几率大幅提升。也意味着调研地区农村金融机构对低收入、贫困群体存在所谓金融"排斥"。

（二）农户人均收入水平对户均贷款金额的影响

既然农户收入水平与向金融机构获贷机率存在密切关联，那么不同收入水平农户的贷款金额又会存在怎样的差距？选取每组农户中位数人均收入、组内平均人均收入，以及平均贷款金额三个指标，得到图 6-11。

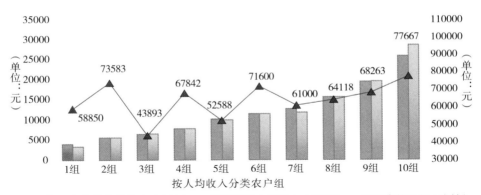

图 6-11　农户收入对农户获贷金额的影响

观察图 6-11，发现户均贷款金额曲线随着人均收入水平经历一定波动后呈现稳步上升的趋势。整体论之，人均收入水平越高，户均所需贷款金额也越高，实得贷款数量也越大。对其可以解释为：第一，当地很多农户贷款需求主要表现为建房置业，其占比高达 39.62%。该项支出所需金额较多，而所调查样本个数较少时，对不同收入组别农户冲击都较大，呈现出平均贷款金额——

---

①　人均收入 5000—6000 元组金融机构贷款占贷款户数比例为 66.7%，但贷款用途 31% 为盖房子，24% 为贫困助学，无商业运营贷款。由于该地区移民搬迁户较多，政府有相关政策扶持，因此获得贷款几率提升，不能由此理解该收入水平农户获批贷款比率高。

收入关系曲线前半段（分布在 1—6 收入组别）相应波动；第二，当人均收入水平达到约 12000 元时农户借贷需求更多是由于生产性投资，而投资水平与收入水平大体一致，投资水平潜在地成为贷款规模的解释变量，或者贷款规模是投资水平的函数（后文分析也证实了这一判断）。

（三）生产性信贷的"收入触发点"和"收入集聚区间"

据前文分析可知，农户收入水平的高低直接影响着获得贷款的几率以及户均贷款金额。根据我们对农户的家访经验，收入水平较高的农户其贷款用途更加多样化，不仅体现在建房置业、婚丧和医疗等传统生活需求方面，更可表现在商业运营、养殖和扩大农业经营规模等生产性、投资性用途上。这一趋势是否成立？可以根据调查数据分析验证。

图 6-12 为农户收入水平对贷款用途的统计分析，从中可以看出建房置业依然是当地农户贷款主要投入方向，其各组平均值可高达 40.3%，且曲线较为平缓，意味着不同收入水平农户均有此项贷款需要，反映出随着经济发展农户消费层次提升。

尤为值得关注的是，商业运营贷款需求体现出较强的伴随收入水平变化的阶梯形特征。不难发现，人均收入 6000—7000 元以下农户组（图中 1、2、3 组）基本没有商业运营需求的贷款发生，而一旦人均收入水平跨过 6000—7000 元（图中 4—10 组），此项贷款比例迅速提升，上升至 30% 左右保持稳定。

依据马斯洛需求层次理论，低层次的需求得以满足才会转向更高层次，农户贷款用途变化也是如此。因此，提升农户收入水平，加大对"三农"的支持力度，才会使农户跳出低水平循环陷阱，转向更高层次的贷款需求。图中教育和医疗贷款需求也表现出一定的收入层次性特点，但与商业运营趋势相反，人均收入在 6000—7000 元以下的农户（图中 1、2、3 组）对教育和医疗的贷款需求在 20% 左右，而人均收入 6000—7000 元以上农户（图中 4—10 组）的类似需求迅速下降，维持在 5% 以下。

由以上分析可知，农户收入水平的高低依然是影响农户贷款获批程度、贷款额度以及贷款用途的主要诱因。不过，申请且将贷款实际用于生产更多是农

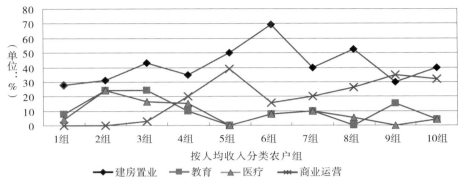

图 6-12　农户人均收入对农户贷款用途的影响

户出于考量增加家庭收入的主动选择。提升金融机构服务水平，解决农户融资难、金融机构贷款投放难问题，不仅需要金融机构经营理念转变，也需要采取其他途径、措施增强受信农户的经济实力。

由上述分析的重要发现在于：

第一，人均年收入 6500 元（6000—7000 元均值）是农户在满足基本消费以后产生生产性信贷需求的转折点，我们称作商业与生产性信贷的"收入触发点"。因此，应加大对低收入水平农户的扶植和引导，使其迈向更高层次，才能明显改善农村经济领域金融供需不均衡的矛盾。与国家确定的满足基本生活消费需要的"贫困线"收入水平比较，6500 元可能反映了农户平均的"意愿消费"或者"期望消费"水平。[1]

第二，人均年收入达到 13000 元（12000—14000 元均值）以上的群体具有相对稳定比例的商业和生产性信贷需求，由之出现"收入—投资—信贷"三种因素联动而较为稳定，且类似于"函数"的农村借贷关系。可以将人均收入达到 13000 元以上看作生产性信贷投放的"收入集聚区间"。[2]

贫困农村地区经济发展及农户增加收入的根本途径在于：改变地区、农户

---

①　我国 2009 年将满足城镇居民基本生活必需消费的最低费用线提高到 1196 元。

②　这里的判断结论是否具有一般意义，需要在更为广泛农村地区做深入调查。不同地区由于物价、基本消费结构差异，可能具有不同的商业与生产性信贷的"收入触发点"和"收入集聚区间"。

家庭的生计脆弱性，扩宽农户投资渠道。尤其是要加强对收入越过"收入触发点"农户投资提供必要的启动资金支持和产业指导，对收入水平处于"收入集聚区间"有较为强烈扩大生产愿望的农户提供创新型信贷产品，如供应链融资、仓单融资。

六、农村非正规与正规金融机构特征

由于在内部治理、信息处理以及面临监管条件等方面存在差异，农村非正规与正规金融机构具有不同特征。

（一）非正规农村金融经营特征

1. 易得性和便利性是民间借贷的主要竞争优势

为了解农户偏好选择民间借贷的原因，问卷列举出一些可能因素，如图6-13所示，在所调查 382 户农户中填写该项目的农户有 273 户，其中，43.96%的农户选择民间借贷是因为其无利息，5.77%的农户认为还款期限灵活，47.25%的农户认为方便快捷。除去亲友熟人无息借贷之外，方便快捷是农户选择民间有息贷款的首要考虑因素，可见便利性和可得性是民间借贷的主要竞争优势。这也从侧面反映出农村金融机构需要将提高服务质量，扩大贷款广度，简化手续作为改善金融服务的主要着力点。此外，无利息也是吸引农户转向民间借贷的重要诱因，不过无息借款仅存在于向亲友借款，其额度与用途存在很大局限性，主要是规模 10000 元以下的紧急周转资金。

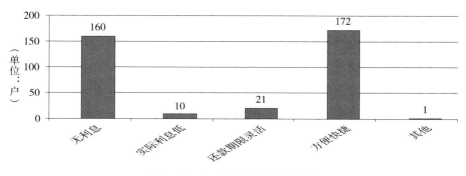

图 6-13 农户选择民间借贷原因

2. 熟悉程度是影响民间借贷利率的主要因素

调查结果显示，37%的农户认为熟悉程度是影响民间借贷利率的主要因素，16%的农户认为还本付息方式是影响利率的主要因素，14%的农户认为贷款期限决定贷款利率，如图 6-14 所示。不难看出，民间借贷利率更加取决于社会圈层关系即贷款人与借款人的熟识程度。究其原因：一方面，关系型借贷的贷款人与借款人越熟悉，双方信息更加对称，融资风险降低，收取利息减少；另一方面，关系型借贷虽收取较低利息，但借款人所欠人情债却以其他方式回报，存在隐性成本。

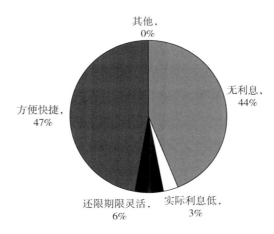

图 6-14　影响民间贷款利率的主要因素

（二）农户对农村正规金融机构的评价

1. 农户不选择正规金融机构贷款的原因

农户不选择金融机构贷款的原因为：55%的农户认为不需要，11%的农户认为贷款利率高，10%的农户担心自己还不了，7%的农户认为即使申请也批不了，5%的农户因为没有抵押品或担保，1%的农户认为在正规金融机构没有熟人，如图 6-15 所示。联系前文有关农户贷款看重因素的统计，首先考虑的因素是利息高低和能否贷到款。不难发现：一方面，正是因为农村金融机构利息水平偏高，借贷成本过大，阻碍了许多农户借贷创业或扩大农业经营的积极性。除传统性生活需求如盖房、婚丧、子女教育外，农户尽量减少向金融机构借贷；另一方面，由于农户缺乏抵押担保，无法达到金融机构的门槛条件，制约了农户信贷需求，即使有需求往往转向民间借贷。如何调整农村金融市场正规金融机构与民间信贷长期共存的局面，并协调好两者之间的关系，是亟须解决的问题。

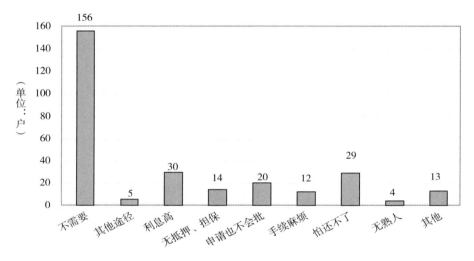

图 6-15　农户未向金融机构贷款的原因

2. 农户对农村正规金融机构的评价

根据以上数据可知，**45%** 的农户更偏向金融机构借款，说明随着金融机构自身改革和国家政策扶植，农村金融机构在农户心中地位日趋重要，农村金融机构能否提供适度规模的金融服务直接关系到农民的切身利益。为了了解农户对目前各农村金融机构的评价，在调查问卷中针对农信社、农行、邮政储蓄银行和保险公司等金融机构设计了农户对金融机构满意度评价选项。从调查结果看，大部分农户对各金融机构的评价基本满意，如表 6-7 所示。问卷也针对农村金融机构办理贷款申请手续、申请周期、选择对象标准、贷款额度、贷款利率等内容对农户展开调查，显示有 **56.54%** 的农户认为申请手续较复杂，**39.66%** 的农户认为申请周期较长，**67.17%** 的农户认为选择贷款对象的标准不公正，**69.58%** 的农户认为贷款额度小，**67.63%** 的农户认为贷款利率高，如表 6-8 所示。

表 6-7　农户对各金融机构评价表

评价＼金融机构	农信社（户）	占比（%）	农行（户）	占比（%）	邮政储蓄银行（户）	占比（%）	其他（户）	占比（%）
非常满意	70	19.18	5	13.00	15	18	1	5.26
基本满意	267	73.15	32	84.00	67	81.00	14	73.68
不满意	28	7.67	1	3.00	1	1	4	21
非常不满意	0							

表 6-8　农户对目前金融机构审贷以及放款的看法　（单位：户）

项目	选择 1	选择 2	选择 3
申请手续	复杂（111）	较复杂（93）	不复杂（138）
申请周期	长（24）	较长（78）	还可以（342）
选择贷款对象的标准	不公正（125）	较公正（164）	公正（52）
贷款额度	小（26）	较小（63）	还可以（253）
贷款利率	高（124）	较高（140）	还可以（73）
贷款期限	合适（265）	太短（72）	
抵押担保	要求合理（135）	要求太高（92）	要求一般高（99）

　　为了深入了解农户对农村金融机构贷款潜在症结的看法，问卷设计如下问题："您以前申请却未得到贷款，您认为原因是什么？"在所调查 382 户农户中，对该项目反馈信息有 78 户，其中，43.59% 的农户选择"偿还能力被质疑"，12.82% 的农户选择"与信贷员不熟"，16.67% 的农户选择"以前贷款未还"，如图 6-16 所示。近年来国家出台一系列鼓励农村金融机构增加"三农"贷款的政策，但由于农户收入水平低和违约概率高，导致农村金融机构即使存贷比持续偏低且有足够的贷款资金，也不愿贷给农户。

　　当被问及"您认为从农信社和农行得到贷款最重要的因素是什么？"填写该项目的农户有 321 户，其中，30.84% 的农户选择"历史信用好"，26.76% 的农户选择"有得力中间人担保"，15.42% 的农户选择"有抵押物"，14.06% 的农户选择"贷款机构有熟人"，如图 6-17 所示。如前所述，农户选择 3 万

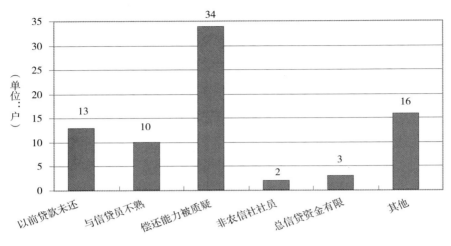

图 6-16　农户申请贷款未获批准原因

元以下的小额贷款居多，获批比率也比较高。此种小额贷款的获批与否和农户信用记录息息相关。

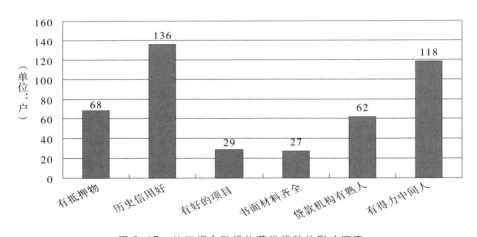

图 6-17　从正规金融机构获批贷款的影响因素

参考表 6-8，说明大多数农户对农村金融机构服务基本满意。根据家访了解到的情况，以及表 6-9 的统计分析，也有相当部分农户对农村金融机构服务不满意，有 78.3% 的农户认为贷款利率较高，59.65% 的农户认为申请手续复杂，58.6% 的农户认为抵押担保要求太高，36.66% 的农户认为选择贷款对象标准不公正，22.97%的农户认为申请周期长，21.73%的农户认为贷款期限短，7.6%的农户认为贷款额度小。说明大多数农户虽然对农村金融机构服务基本满意，但金融机构服务的具体环节仍存在改进与提升的空间。

试对上述问题做以下分析：第一，经过多年政策引导，农信社的金融服务已有所改善，尤其贷款额度提高幅度较大；第二，农村金融机构借贷利率偏高，农户借贷成本较高不，导致对农户形成信贷约束，信贷需求萎缩，农业利润较多转移到金融机构；第三，农村金融机构内部管理、审贷制度有僵化之嫌，不能依照农户贷款需求特点灵活调整申请与审批环节，致使部分急需用钱的农村小微企业转向民间借贷；第四，经过一系列改革，金融机构内部治理有所强化，但仍存在金融寻租和关系贷款发生。

七、描述性统计分析结论

通过描述性统计分析发现调查样本地区农户基本经济状况、信贷需求与贷款用途等一系列关系。结合与政府、金融机构以及农户访谈交流情况，对相关结论归纳如下：

1. 陕南农户总体经济状况得以改善，但农户储蓄资金不足，创业意愿不明显。所调研样本农户 2012 年人均年收入为 11934.69 元，人均年支出 17267.79 元。由于移民搬迁工程的实施，农户融资中建房支出占比达 40.3%。建房支出压低农户积蓄水平，潜在地形成对创业意愿的制约。

2. 农户受教育程度偏低，缺乏专业性技能。具体表现为农户户主代表的家庭劳动人口技能不足，农业生产的人力资本配置处于较低水平，导致农户从金融机构获批贷款较为困难。

3. 农户生产经营和创业项目中遇到的最大困难是资金缺乏，其次是缺乏技术和信息以及自身能力不足。农户生产性贷款优先向正规金融机构贷款，其次是向亲友借款。原因在于生产性贷款规模一般比较大，亲友无息借贷难以满足。说明在贫困农村地区仅依赖民间借贷无法消除金融供给不充分和金融空白问题。

4. 农户务工收入在家庭收入中占主导地位，农业收入占家庭收入比例日趋减少。一方面，由于征地、退耕还林以及对外承包等活动，商洛地区农村居民的土不断减少，影响当地农业发展；另一方面，由于农产品只是简单的初级加工，很少再加工和品牌包装，农业产业化链条短，农副产品附加值留存较低。

5. 农户贷款意愿较强，但贷款投向主要用于传统生活性需求，生产性投资动力不足。具体表现为贷款投向主要集中在建房置业、子女教育和医疗支出。商业运营和农业扩大经营贷款集中于中高收入水平的农户。

6. 农户收入水平对获批贷款几率、户均贷款额以及贷款用途影响较大。具体表现为农户收入水平越高，获批贷款几率提高和额度增加，且贷款用途也向生产性投资倾斜。

7. 农户具有向金融机构借款的潜在意愿，但是贷款利率偏高，贷款手续复杂，抵押担保门槛高，这些是阻碍农户向金融机构获取贷款病转向民间借贷的主要因素。

8. 观察统计数据希望能够判别：当其他条件一定时生产性信贷——实际是投资——是否具有收入水平触发效应？即是否存在生产性信贷起因于收入区间跃迁的"发生学"原理？宏观上经济增长或者国民收入增量积累会诱发和转化为投资，在微观家庭层面同样存在这样的机制，此时应该产生对生产性信贷的需求。

观察发现：人均年收入 6500 元是农户产生生产性信贷的"收入触发点"，6500 元也可能反映农户平均的"意愿消费"水平。① 人均年收入达到 13000 元以上群体是生产性信贷投放的"收入集聚区间"。相关结论的政策含义是：对于收入水平在 6500 元以下农户的生活消费贷款以及少数农户的生产性信贷支持，更加需要政策性金融的介入，否则容易出现农村信贷"排斥"和"偏离"问题；将人均年收入在 6500—13000 元的农户群体可以看作生产性信贷投放的"收入不稳定区间"，农户进行商业运营和生产性投资选择存在一定困难，应该通过商业银行提升风险管理手段，发展农村信贷担保与农业保险，创新贷款抵押工具，适当增加对这一群体的信贷投放。对于人均年收入 13000 元以上群体，需要加大政策引导力度，包括对农户的创业支持、技术帮扶、引导农业产

---

① 指按 2012 年收入水平。可参考计算，相应地人均每日"意愿消费"为 17.81 元。

业结构调整以及提高组织化水平，促使更多农户产生有效的生产性信贷需求。

第三节　涉农金融机构诉求：适度监管与加快创新

为全面了解商洛地区农村金融经济现状，寻求发现影响农村金融经济的各因素，包括金融生态环境、金融机构经营状况、对农户信贷供给、金融机构风险管理、农村金融监管等，机构调查涉及商洛市一区五县近 30 家涉农金融机构,①共发放问卷 49 份，收回有效问卷 47 份。调查问卷涉及参加座谈人员 49 人。其中，农发行 7 人；邮政储蓄银行 5 人；国有商业银行［农行与中国工商银行（以下简称"工行"）］13 人；小额贷款公司 4 人；村镇银行 2 人；农信社 18 人。

一、调查问卷的总体反馈

（一）商洛市金融生态环境总体向好发展

据调查，67.4% 的人员认为经过近些年推动征信体系建设与金融生态环境建设，商洛市金融生态环境有一定程度改善。28.3% 的人员认为有明显改善，4.3% 的人员认为基本没有变化，如图 6-18 所示。商洛市个人及企业征信系统降低了由于信息不对称而带来的银行业风险，在一定程度上改善了金融生态环

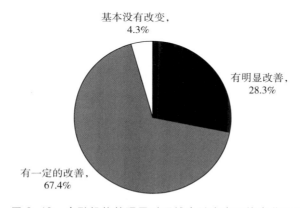

图 6-18　金融机构管理层对区域金融生态环境变化认知

①　一区五县即商洛市的商州区、洛南县、丹凤县、商南县、镇安县和柞水县。

境。同时，农村地区银行业管理层对进一步建立完善与优化金融生态环境相关的产权制度、金融法律法规、信用体系等方面仍怀有热切愿望。

（二）信贷资产主要为涉农贷款，发放贷款以抵押（质押）为主

对于信贷资产业务开展情况，有54.5%的人员认为信贷资产业务较之前增加较多，其中，贷款业务中涉农贷款占29.3%（涉农贷款有抵押贷款等不同形式）；抵押贷款占28.6%，个人信用贷款占20.4%。住房公积金贷款和汽车贷款较少，分别为5.4%和1.4%，如图6-19所示。

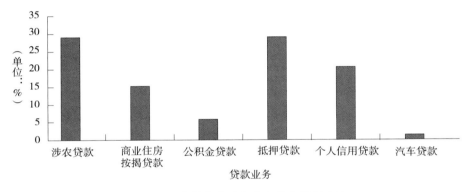

图 6-19　商洛市金融机构各贷款类别占比

对"信贷资产发放的方式"（多选），38.2%的人员回答以抵押（质押）为主，其次是个人信用和小组联保，如图6-20所示。随着加强征信管理和信用环境的改善，信用贷款以及三户、五户联保贷款有一定发展。由担保公司担保发放贷款方式较少。

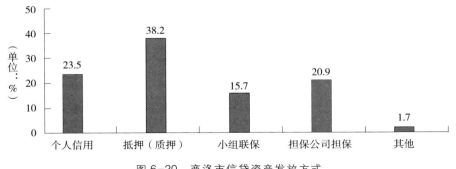

图 6-20　商洛市信贷资产发放方式

（三）金融机构运营迫切需要进行业务创新以及加强风险管控

对于"金融机构运营中哪些方面需要迫切提高和改善"（多选），43.5%的人认为首要是业务创新，即能否给予银行创新业务和产品的自主权；30.6%的人认为其次要加强防范风险，目前形成不良贷款主要为信用贷款，需要大力改善信用环境；15.3%的人认为需要改善内控机制；10.6%的人认为需要抓资产定价（即根据风险厘定利率）。

（四）涉农业务开展状况

第一，农信社（农商行）在涉农企业和农户贷款数量中占绝对优势。对"贵单位 2012 年向涉农企业和农户发放房贷的数量"调查中，放贷 50 家以下和 500 家以上各占 30.4%；发放 500 家以上的金融机构主要是农信社。其次是100—500 家，占 23.9%，主要机构是村镇银行和国有商业银行。可见，向涉农企业和农户放贷与各金融机构性质、职能、业务范围以及内控机制有密切联系。农信社涉农贷款较多与其扎根农村、服务农民和支持三农的方针政策有关；村镇银行发放涉农贷款较多也与其机构规模、业务范围、准入规则以及人力资源结构等有关。

对"涉农贷款的期限分布"的调查中，发现涉农贷款期限主要为 1 年以内，多数为农发行和村镇银行发放；其次为 1—3 年，多为农信社的小额贷款。

第二，金融机构发放涉农贷款最为关注农户信用状况和抵押物。对"发放涉农贷款最主要关注的方面"的选项，34.4%的人认为是贷款人的信用状况，31.2%的人认为是"抵押物"，但座谈交流中反映目前农户可提供的有效抵押物种类很少。抵押物的抵押率，主要集中于 0.6—0.7，占比 68.9%；一般情况下，抵押率不得超过评估价值的 70%，贷款风险越大，抵押率越低。而对于"抵押物的评估方式"，70.2%的人选择委托专业评估公司，其余选择贷款单位自行评估。

金融机构对"如何进一步加大对三农贷款的力度"（多选），36.3%的人认为首先要"创新信用担保形式"，31.8%的人认为需要"政府贴息政策"，18.6%的人选择需要"税收减免"，13.3%的人选择"呆坏账核销"。

第三，不同金融机构执行涉农贷款利率水平不同。对"执行涉农贷款利率水平"的调查事项，反馈意见中贷款利率为银行贷款基准利率 1.1—1.5 倍占 42.6%，其中多数为国有商业银行；1.6—2.0 倍占 31.9%，多为农信社。三家金融机构回复"利率在 2 倍以上"，均为贷款公司，如图 6-21 所示。国有商业银行的贷款利率较低，但由于其受到总行严格控制，手续复杂，不如农信社手续简便，信贷决策时效具有优势，再加之扎根农村和网点完善，农户对其接触了解较多，很多农户更倾向选择农信社而不是向农行申请贷款。小额贷款公司业务主要集中于小微企业。①

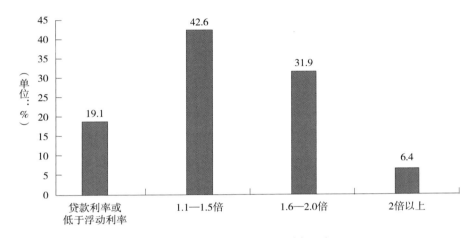

图 6-21　商洛市涉农贷款利率分布

（五）商洛地区农户信用状况整体表现一般

在"对农民（农户）信用状况总体评价"中，54.3%的人员评价为"一般"，26.1%的人员评价为"良好"，17.4%的人员评价为"担忧"，还有2.2%的人员评价为"差"，如图 6-22 所示，金融机构对农户信用状况评价不容乐观。随着信用征信体系和信用保障体系建设，农民（农户）信用状况有所改善，但是农民（农户）信贷违约事件也时有发生。理论与政策部门对农村信用状况的看法也颇多争论。农户对政策性金融支持存在认识误区，农村社区金融交易中的信息不对称也增加了征信系统的难度。

---

① 调研团了解到，商洛市有个别小额贷款公司发起成立之初未必是为了服务本地区农村经济，而是通过成立小额贷款公司套取政府财政补贴，成立以后很少发放贷款。为了应付宏观金融监管，由发起人所有的私营企业在小额贷款公司贷款，以达到一定信贷比。

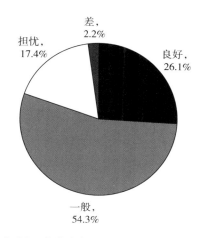

图 6-22　商洛市银行业对农户信用状况评价

（六）目前监管门槛不适应银行业务创新

金融监管是促使金融机构防范风险和维护金融市场稳定的"安全阀"。但是，严格金融监管与积极稳妥地促进金融创新是宏观金融管理不能偏废的同等重要的内容。在商洛市金融机构对目前农村金融监管的评价（多选）中，41.9%的人员认为金融监管可以"提供稳定的金融环境"，32.4%的人员认为监管对商业银行"业务限制过多"，20.9%的人员感到"过度"监管引起"业务创新受到限制"，还有 4.8%的人员认为监管使得"机构之间竞争不强"，如图 6-23 所示。可见，金融监管在维护金融秩序的同时却较大限制了金融业务

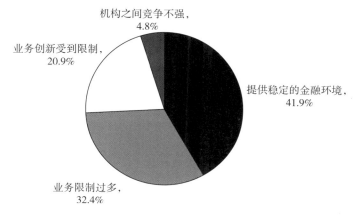

图 6-23　农村金融监管对涉农金融机构的影响

的开展，不利于金融创新，增加了产品同质化的可能性。

（七）推进利率市场化促使金融业竞争加剧

在"对当前货币政策的判断"调查事项中，有 15.2% 的人员认为"宽松"，50% 以上的人员认为"适度"，有 32.6% 的人员判断"偏紧"。

对"近期央行全面放开金融机构贷款利率管制"的影响，有 34% 的人员认为将"加剧农村金融市场竞争"，29.8% 的人员认为会"促进农村金融创新"，18.1% 的人员认为会促进"增加中小企业贷款"。选择"降低贷款利率""增加金融业风险"及"其他"的分别占比 8.5%、6.4% 和 3.2%，如图 6-24 所示。

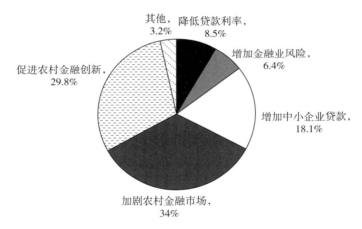

图 6-24　金融机构对放开贷款利率管制的看法

二、商洛地区金融机构运营优势

商洛地区农村金融机构对涉农贷款审查最为关注农户历史信用状况和能否提供有效抵押物。由于对农户信用状况评价不高以及抵押不足，金融机构普遍认识到在业务运营过程中需要加大业务创新和加强风险管控。

1. 商洛市农村银行业已经探索出较为完整的、系统的信用评级流程。农信社的农户信用评级采用先评信，后授信，再用信，主要做法是一个信贷员包一个村，信贷员通过村干部调查了解农户收入、固定资产、信用记录、家庭劳力、人口结构等家庭状况，据以发放一定额度的信用证，农户用信用证贷款可随到随办。

2. 各种小额信贷扶贫方式初步取得成功。小额短期、整贷零还和三户、五户联保是小额信贷扶贫的核心，其发放能充分考虑种养殖业生产周期、商品经济发展程度、农户居住的集中度、交通便利性、市场发育程度给农民提供的获取收入机会，以及整贷零还的操作成本、贫困户的综合还贷能力等各种变量，可因地制宜地灵活调整贷款额度和还贷期限。

3. 通过组建成立农民专业合作社减少农户面临的市场风险、交易成本和信息不对称等问题。但此项举措仍需要加大政策扶持力度和加强规范运作。地方政府和金融机构普遍认识到：大力发展农民专业合作组织，整合现有农村经济资源，开展适度规模经营，提高农业新技术的应用效益，增强农户抗风险能力，最终走出一条"农户+合作组织+公司"的农业产业化新模式，已经成为改善农村金融生态环境、促进农村经济发展的重要途径。

4. 大力扶持政策性核桃保险试点工作，推动商洛市山区特色农业经济发展。按照陕西省政府提出的"深入贯彻中央惠农政策精神，扶持特色农业产业发展，继续推行和扩大果业保险试点"意见（陕财办金〔2011〕4 号）要求，商洛市自 2011 年 4 月起在辖区内的丹凤、洛南两县进行了政策性核桃保险试点工作，从试点以来情况看，财政补贴充足、相关配套服务到位、农户参保意愿强烈、核桃产业规模化、专业化发展趋势增强。按照目前趋势，有望形成"核桃栽植农户+保险机构+商业银行+财政政策补贴"的四位联动推动核桃产业发展的良性互动模式。

5. 通过试办林权抵押加大农业贷款投放力度，促进农村经济金融发展。商洛地区目前已经建立了规范、公开的森林资源交易平台，实现信息发布、市场交易、林权登记、森林资源流转等一站式服务，开展林权抵押贷款业务，有效解决金融机构贷款抵押物不足问题。目前，林权抵押还仅在商州区和商南县两地试点推广，丹凤县正酝酿开展试点工作，需要摸索经验在全市开展林权抵押贷款。

6. 大力开展订单农业，创新涉农信贷投放的机制与途径。利用"公司+农户+信贷+保险+财政"的"商洛模式",把丹凤县辖部分乡（镇）生态鸡专业户联合起来，形成生产、加工、销售、防疫于一体的综合性生产服务组织，有效缓解了订单养殖户的资金瓶颈问题，建立了金融鼎力支持、财政积极扶持、保险跟进服务的养殖业综合服务体系，取得了良好的经济效益、社会效益和示范效应。

三、农村金融机构体系存在问题

从商洛地区加快农村金融改革的步伐来看，目前辖区金融机构在服务农户、扶持农业小微企业等涉农金融业务领域显示出一定优势，传统银行业的变革以及民间资本逐步发展成为农村金融有生力量。但是，农村金融服务体系依然不能满足农业发展的要求，是贫困农村地区经济发展的薄弱环节。

（一）多元竞争格局优势不明显，农信社一家独大局面未改变

农信社服务网点多，覆盖面广，在 2003 年改革以后不断加强支农业务，在农户和农业企业中认可度较高。但由于缺乏竞争，商洛地区农信社贷款利率上浮 2.0 倍，加之贷款需求较多，定价权由农信社自主设定，利率短期内不会下降，农户和农业企业反映贷款利率偏高，在一定程度造成贷款期限短期化，制约着农村的创业投资和扩大再生产。

农发行作为政策性银行在商洛市县域经济发展中功能未得到充分发挥。农发行仍主要以传统业务和政策性贷款为主，业务运营创新机制受到上级行以及总行严厉约束。农行仍呈现产权不明晰，法人治理结构不完善、股权结构单一等问题，风险管理体系、信息化队伍的全方位建设与其他银行有较大差距。20世纪 90 年代农行从乡镇基层撤并网点，不利于基层行开展涉农业务，损失了大量客户，使以农业为主的县域农行丧失了扩展业务的经济基础。

邮政储蓄银行未能彻底改变邮政储蓄"只存不贷"的格局。基层管理人员反映，邮政储蓄银行目前存在主要问题在于：通过机构改革成立邮政储蓄银行，但实际"换汤不换药"，对邮政业务与银行业务仍采取"混合"管理，邮政与银行两大业务并未"分家"，极大制约了银行业务的发展。

新型金融机构村镇银行、小额贷款公司的发展远落后于南方地区。洛南县

阳光村镇银行是商洛市仅有的一家村镇银行，辖区几家小额贷款公司也均成立较晚，资产规模小，对金融业务的运作不熟悉，制约其有效发挥作用。小额贷款公司反映，对其企业分类属于非金融机构，业务局限于只贷不存，制约其服务于农村经济的潜力。

（二）商洛地区存贷比较低，企业融资门槛要求较高

商洛市总体资金供求状况表现为供大于求，[①] 整个地区存款 570 多亿元，贷款 230 多亿元。贷款中个人贷款占 50%，法人贷款占 48%，中、小微企业贷款不到 30 亿元，全市存贷比不到 38%，整体存贷比偏低。按照对商业银行管理要求，正常存贷比应接近 70%。各区、县存贷比有所不同，以洛南县和柞水县为例，洛南县至 2013 年 7 月末存款 83 亿元，贷款 27 亿元，存贷比为 33%；柞水县 2013 年上半年信贷投放多于回收，主要投放于实体经济，存贷比达到 55%。大多金融机构认为难以找到信贷投放点，致使市场信心不足。问题在于：

从银行管理体制来看，银行信贷审批权上收，限制了银行业务发展。信贷集权的"一刀切"不利于调动基层分支行的积极性，不能满足客户需要，不符合项目融资的快速和多元化需求，最终影响农业经济发展。

企业无法获得融资与区域产业结构有关，商洛地区多为涉农企业和矿产资源企业，受市场需求波动影响显著，风险较大。同时，银行信贷门槛高，抵押物、资产质量和财务报表要求偏高。需要适当降低贫困农村地区审贷条件，因地制宜地制定适应贫困农村地区经济金融环境的信贷风险管理措施。

农行不良资产剥离后有一味追求大项目、偏向对大企业投放信贷的倾向，而商洛地区企业多为涉农小企业，达不到信贷市场准入条件，难以从国有商业银行获取贷款。无论农行和农信社，由于推行信贷责任终身追究制，造成对信

---

①　从资产负债表看来如此。这种格局并不说明商洛市农村资金需求——更准确应该是信贷需求——得到了满足。资产负债表显示资金供大于求仅说明：在现有贷款利率水平、商业银行信贷管理体制与内控机制、银行业竞争格局、农村金融监管环境、农村经济结构等形成的立体化约束条件（约束集）下资金未被充分利用。究竟是何原因造成这种情况发生？我们以为，至少不能将其简单地归咎于农村缺乏经济机会和有效信贷需求。实际上，央行对于邮政储蓄银行等机构上存利率定价也或许是产生问题的原因之一。

贷人员激励约束机制的不对称，在很大程度上制约了信贷投放。

（三）农户信贷需求增加，"贷款难"现象依然存在

商洛农村农户资金需求近期有所增加。例如在商南县，农户贷款在各机构贷款总额中占47%，农户贷款余额为9.2997亿元。在满足农户资金需求方面，农信社系统主导的农户小额信用贷款和五户联保贷款投放效果较好。农信社对大额资金需求投放信贷极为谨慎，诱使农户转向民间寻求信贷供给。

涉农金融机构均承担发放扶贫贴息贷款以支持农村资金需求。但由于审批流程复杂，实际发放存在困难。以洛南县为例，总人口46万人中13万人属于贫困人口，但对于贫困户的评审操作太过繁琐，农行贴息扶贫贷款没有完成，700万元额度实际仅使用130万元，发放占授予额度的18.57%。

（四）金融监管僵化，"一刀切"信贷规模管理不适应农村经济需求

自2011年开始，人行恢复启用的信贷规模管理制约了农信社支农信贷的顺利、及时和有效投放。[①] 例如，柞水县农信社2013年贷款额度116亿，截至2013年7月已经发放118亿。有旺盛贷款需要，但人行不给审批额度，有效贷款需求得不到满足。商业银行存贷比低一定程度是人行对贷款实施额度管理的结果。

此外，现行金融监管体制比较偏重对金融风险的控制，根据在农村领域实施的结果有过度监管之虞。金融监管、宏观金融调控往往采取"一刀切"做法。具体到现金管理，目前实行的是本月上报下个月的使用现金计划，有些类似计划经济的现金管理，不利于金融业根据经济环境变化适时应对市场流动性供需变化，合理自主地调整现金资产管理。

四、若干建议

（一）营造良好金融生态环境，大力发挥金融机构能动性

适当下放信贷权限，发挥分支机构业务自主权。经过近几年的银行商业化改革，在绝大多数基层行已经树立起信贷风险意识和风险防范观念，把握信贷

---

① 1998年1月，中国人民银行取消对国有商业银行的贷款限额控制，实行资产负债比例管理，体现货币信贷总量管理由直接规模控制向运用多种货币政策工具间接调控的转变。

投向的能力和自觉性明显提高。因此，为提高贷款审批效率，加大服务企业和支持地方经济的力度，信贷集权不宜再搞"一刀切"，应该从实际出发，下放贷款权限。适当分权有利于调动基层行的积极性，提高业务运营效率和满足客户需要；既有利于当地经济发展，又有利于基层金融机构盘活信贷存量，降低不良资产。加强对农村信贷风险重点渠道的监管，继续推动个人征信系统建设，使征信系统与各类型金融机构无缝对接，为涉农金融业务创建有益平台。

加快配套法律法规建设，制定林权评估、流转、抵押、税收等相关配套政策措施，尽快建立林权评估平台。探索建立各种形式的林业保险体系，积极开展林业主要品种的林业保险试点。创新抵押产品如采矿权抵押、农产品抵押、仓单融资，积极探索活猪或羊等作为抵押物。

（二）加强传统金融机构支农服务功能，加快涉农业务金融创新

继续深化农信社改革，完善内部治理结构，明晰产权关系。县级联社和省级联社应妥善协商，确定合理的约束激励机制，清晰界定部门间职责划分，既使内部力量互相制衡，各担其职，又避免权限不清、权责不对称造成的低效率。

继续发挥农发行的政策性导向功能，加大发挥农发行在县域经济中的正向激励作用，扩大其涉农业务范围，适当增加对农村基础设施建设等政策性贷款的规模。

发挥农行的独特优势，加大对县域经济的大力支持，优化和扩大县域、乡镇等网店分布，加强信贷投放，创新金融产品，积极开拓涉农贷款担保方式，提升农行在涉农贷款中的优势。

加强邮政储蓄银行的市场定位，依托邮政网络优势，扩大覆盖面积，加快发展小额贷款业务，拓宽个人零售业务，加快科技投入，提升网点服务水平。要通过改革内部治理、转换经营理念和提升人力资本配置，尽快改变邮政储蓄银行存贷比过低的局面，切实实现有效服务农村经济的机构改革目标。改变对邮政储蓄银行业务与传统邮政业务的交叉管理，理顺内部公司治理，强化邮政储蓄银行总行对银行业务相对独立的统筹管理。

（三）加快农村金融机构格局向多元化、竞争性方向发展

政府应给予民间资本适当支持，继续支持村镇银行的建设和发展。洛南县阳光村镇银行已成立五年，基本上无不良贷款，存贷比 70% 左右。其他区县应借鉴其发展经验，允许有条件的地方成立村镇银行。

明确小额贷款公司的市场地位。除政策给予必要的优惠税率，增加融资来源渠道，小额贷款公司应提高经营水平，健全风险防范机制，细分市场客户，明确市场定位，发挥自身优势。小额贷款公司利率定价适当关切小微企业实际盈利状况。需要创造条件，适时将业务扩展到农户。

第四节　农户何以获取信贷：土地、劳动力、技能抑或知识？

一、样本规模与计量模型选取

课题组 2013 年 8 月中旬赴陕西省商洛市商南县富水镇、镇安县云盖寺镇 4 个行政村入户调研，收集农户问卷 396 份，计量分析处理问卷 377 份（有效问卷）。调查问卷内容包括 52 个子项目，相关内容、信息可以体现陕南贫困农村地区经济金融领域在近些年中所呈现出的新特征。课题组与商洛市 6 县、区涉农金融机构及人行座谈交流，计量分析也参考座谈交流记录和金融机构提供的文本资料。采用计量方法包括 ML-Binary Logit 回归、ML-Binary Probit 回归和 OLS 回归。

二、农户借贷来源偏好与跨期选择

（一）模型与变量说明

在研究农户借贷行为倾向和跨期消费—投资选择时，首先设定两个模型：

模型 1：$Y_1 = C_1 + \beta X_i + \mu_i$（$i = 1, 2,..., n$）　　　　　（6-1）

模型 2：$Y_2 = C_2 + \beta X_j + \mu_j$（$j = 1, 2,..., n$）　　　　　（6-2）

上述模型引入两个被解释变量：（1）农户借贷（指借入资金）来源偏好（Y_1）。对借贷来源偏好作为虚拟变量进行赋值，如果农户倾向于民间借贷，对

其赋值为 0，如果农户倾向于向信用社等金融机构贷款，则赋值为 1；如果农户同时倾向于民间贷款与金融机构，则同样赋值 1；（2）农户跨期决策偏好（Y_2），如果农户倾向将可支配收入用于简单再生产或者消费、流动资金等，对其赋值 0，如果农户倾向将可支配收入进行扩大再生产或者商业投资，则对其赋值 1。由于上述两个被解释变量为二值选一型虚拟变量，使用 ML-Binary Logit 做回归分析，目的是通过解释变量系数符号及其显著性分析变量之间的相关关系。

关于 Y_1、Y_2 的解释变量，考察指标包括：家庭总人口数（X_1）、人均耕地面积（X_2）、劳动力数（X_3）、户主文化程度（X_4）、家庭人均收入（X_5）、债务占年收入比例（X_6）、户主技能水平（X_7）、对农贷政策的了解程度（X_8）、家庭主要收入来源（X_9）、家庭经济决策（X_{10}）。按照理论逻辑，农户跨期决策偏好（Y_2）对农户的借贷来源偏好（Y_1）产生影响，所以在第一个回归分析中将 Y_2 也纳入了解释变量；同理，农户借贷来源偏好（Y_1）也对农户跨期决策偏好（Y_2）形成影响，因此，在第二个回归分析中将 Y_1 也纳入解释变量。具体变量编制如表 6-9 所示。

表 6-9　解释变量数据编制说明（1）

解释变量	变量标识
家庭总人口数（X_1）	家庭总人口数是家庭生产生活程度的最重要影响因素
人均耕地面积（X_2）	据农户拥有人均耕地面积记值。耕地作为农民长期固定资产具有持续创收能力
劳动力数（X_3）	劳动力数是农业生产的基本资源，同时形成创造非农收入的人力资本存量
户主文化程度（X_4）	文化程度是人力资本积累的重要基础，其高低也决定着农户对先进农业技术知识的掌握状况。实证分析将户主文化程度作为家庭受教育程度的代理指标。赋值较高代表较高文化程度
家庭人均收入（X_5）	家庭人均收入在一定程度上反映农户综合经济实力和财产占有水平
债务占年收入比例（X_6）	债务占年收入比例反映农户家庭财务结构
户主技能水平（X_7）	该指标间接地反映家庭收入结构。拥有更多非农业生产技能成为农户重要的增收渠道，也为农民向企业家转型提供可能性。根据问卷中"户主技能"信息赋值，如果农户仅选择种植技能，赋值为 0，否则赋值为 1

续表

解释变量	变量标识
对农贷政策的了解程度（X_8）	根据农户对国家农贷政策以及金融常识的理解程度赋值。赋值越高意味农户对农贷政策有更好了解。对农贷政策了解影响农户会否积极利用农贷，进而影响家庭增收。根据问卷中"您是否知道农信社可以入股"赋值
家庭主要收入来源（X_9）	对非农业生产收入来源赋值较高，对传统农业收入来源赋值较低。家庭主要收入来源既代表农户的主要增收渠道，也反映农户的转型（如城镇化）趋势
家庭经济决策（X_{10}）	家庭经济决策是家庭运用农贷政策的重要决定因素，家庭成员的意见很大程度上左右家庭资金投向和信贷偏好。将户主独立决策赋值为 0，否则为 1

确定上述解释变量和被解释变量以后，根据在商南县、镇安县通过家访得到的 377 份调查问卷内容进行指标编制和数据处理。

（二）数据分析

1. 对农户借贷来源偏好的 ML-Binary Logit 回归

表 6-10　农户借贷偏好回归结果

Variables in the Equation							
		β	S. E.	Wald	df	Sig.	Exp（β）
step 1[a]	Y_2	.365	.236	2.380	1	.123	1.440
	X_1	-.047[**]	.095	.252	1	.616	.954
	X_2	-.526[**]	.264	3.970	1	.046	.591
	X_3	.234	.114	4.190	1	.041	1.263
	X_4	-.021	.037	.332	1	.564	.979
	X_5	.000	.000	1.144	1	.285	1.000
	X_6	.135	.087	2.397	1	.122	1.144
	X_7	-.118	.252	.218	1	.640	.889
	X_8	.268	.242	1.229	1	.268	1.308
	X_9	-.370	.452	.670	1	.413	.691
	X_{10}	-.339	.267	1.611	1	.204	.713
	Constant	-.568	.650	.763	1	.382	.567

注：[***]、[**]、[*] 分别表示在 1%、5%、10% 的水平显著

根据表 6-9 对解释变量标识说明处理调研问卷表数据，对人均收入等 11 种解释变量（X_1，X_2，…，Y_2）关于农户借贷来源偏好（Y_1）做 ML-Binary Logit 回归，结果如表 6-10 所示。

结果表明：（1）在包括农户跨期决策偏好等 11 种解释变量中只有人均耕地面积 X_2 与劳动力数 X_3 两种因素对农户的借贷来源偏好影响显著（Sig < 0.05），其他均不显著；（2）解释变量 X_2（人均耕地面积）回归系数（β）符号为负，表明每人均耕地面积越高，农户越不愿意从金融机构（主要是农信社）贷款，更为偏好民间借贷；Exp（β）一栏提供了发生比率，即人均耕地面积每增加 1 亩，农户对金融机构的借贷意愿即缩减为初始值的 0.591 倍；（3）解释变量 X_3（劳动力数）回归系数（β）一栏符号为正。表明家庭劳动力数量越多，农户更为偏好从正规金融机构贷款，反之，则倾向通过民间借贷满足筹资需求。Exp（β）一栏表示劳动力数每增加 1 人，农户对金融机构借贷意愿增加到初始值的 1.263 倍。

表 6-11　农户跨期消费—投资选择回归结果

		β	S. E.	Wald	df	Sig.	Exp（β）
				Variables in the Equation			
step 1ᵃ	Y_1	.361	.236	2.341	1	.126	1.435
	X_1	.038	.089	.183	1	.669	1.039
	X_2	.152	.191	.633	1	.426	1.164
	X_3	.067	.109	.382	1	.536	1.070
	X_4	.048	.036	1.798	1	.180	1.049
	X_5	.000	.000	.793	1	.373	1.000
	X_6	.067	.048	1.966	1	.161	1.069
	X_7	.550**	.243	5.109	1	.024	1.733
	X_8	-.216	.232	.870	1	.351	.806
	X_9	-.885**	.444	3.962	1	.047	.413
	X_{10}	.135	.260	.271	1	.603	1.145
	Constant	-.941	.625	2.266	1	.132	.390

注：***、**、* 分别表示在 1%、5%、10% 的水平显著

2. 对农户跨期决策偏好的 ML-Binary Logit 回归

对人均耕地面积等 11 种解释变量 (X_1, X_2, ..., Y_1) 关于农户跨期决策偏好 (Y_2) 做 ML-Binary Logit 回归，结果如表 6-11 所示。

实证结果表明：（1）对农户跨期决策偏好产生影响的因素包括 X_7（户主技能水平）与 X_9（家庭主要收入来源）（Sig<0.05），其他变量均不显著。说明户主技能水平与家庭主要收入来源是影响农户跨期选择的最主要因素；（2）X_7 的 β 值为正数说明户主技能水平较高的家庭（即户主所拥有的技能不限于种植）扩大再生产或投资欲望较高，反之，户主技能水平较低的家庭将可支配资金用于投资或扩大再生产的意愿较低；（3）X_9 的 β 值为负数说明家庭收入如果更多来源于农业收入，扩大再生产和投资意愿越强烈，反之，则倾向于将可支配资金用于当期消费或者储蓄。对此可以解释为：收入来源主要为非农收入家庭目前没有更好投资渠道，或者满足目前生产生活状况，扩大再生产和投资意愿不强烈，将务工或者已有营运项目收入主要用于当期消费；收入来源主要为农业收入的家庭收入水平较低，改善生活状况的愿望强烈，因而设法谋求增加收入的途径，扩大再生产和投资意愿较为强烈。或者，以农业为主要收入的家庭由于土地报酬低，农业生产的机会成本提高，导致农户期望转向从事其他报酬率较高行业，引致其扩大再生产和投资意愿较为强烈。

3. 从实证结果中所得到的延伸推论

（1）影响农户借贷来源偏好的因素分析。

推论 1：土地数量影响农户对借贷机构的选择。人均耕地面积与民间借贷的正向关系在一定程度上说明民间借贷供给方比较看重需求方的土地资本，部分原因在于土地数量决定粮食和经济作物产量，商洛地区民间借贷一般额度较小，土地收益产生的剩余大体能够满足民间借贷资本控制风险的预期。值得重视的是：在拥有一定数量土地的传统种植业区域农业收入仍占家庭一定比例，借贷需求主要为消费基金和种植业短期流动资金，民间借贷能够满足其大部分需求，这种民间借贷主要为发生在亲友间的无息借贷。如果反向论之，对于家庭收入中传统种植业收入已经退次要地位，或者，利用有限土地从事种植业已经"沦为"弥补家用的"拐杖"①，农户进城务工日益形成积累资本并转而从事其他非农经营活动，则需要从其他正规、非正规金融机构以付息方式获取信贷支持。

推论2：由于土地制度缺陷，农户土地没有进入农村金融机构对农户财产估值的视野。正规金融机构在审查农村居民的家庭财产状况时不考虑对农户承包经营土地使用权进行估值，这在一定程度上制约了农户从正规金融机构获取借贷的重要机会。根本原因在于目前农村土地制度具有不确定性。从1949年中华人民共和国成立至今，我国土地制度经历了四个阶段：第一阶段，农户家庭所有，家庭个体经营（土地改革后的个体经营以及互助组）；第二阶段，农户家庭所有，集体合作经营（初级社）；第三阶段，集体所有，集中统一经营（高级社与人民公社时期）；第四阶段，集体所有，家庭联产承包经营（目前阶段）。目前农村土地制度中农户对土地的使用权具有不确定性，原因在于：作为集体成员的农户在土地所有权变更时对土地转让收益的支配权被削弱、剥夺；无论土地承包经营权多少年不变，农民和农村金融机构均认识到"不变"的使用权并不可靠，其形成背景是"以史为鉴"，观念出于学习；即使土地集体所有权也频繁发生改变（包括集体所有形式变化和所有权变更）；进而，土地使用权受到集体所有权约束，成为政府所冀望的土地使用权流转的主要障碍。任何一种财产如果权属界定与实施不稳定、模糊均会成为其交易流转的障碍，即使能够在微小范围流转，其价值也会大打折扣。土地使用权流转的"所有权屏障"形成一种农户土地权益的"双重低效率收敛循环"，即："所有权屏障"——流转机会和范围收敛——流转交易价值收敛——流转机会和范围收敛——……最终，现存土地制度一方面制约农地作为抵押获得金融机构贷款；另一方面引致土地经营效率下降，因为很难实现土地集中规模经营，土地种植结构调整受到制约，对农地的资本投入也被抑制。现实发出改革土地制度的呼唤。

———————————

①　根据黄宗智分析，民国时期由于相对于家庭劳动力数量农户经营土地规模偏小，即出现农业领域劳动投入过密化，农户耕种土地以外兼做其他零星商业、小手工业等非农经营活动获取收入以弥补生活。将农户这种兼业以弥补家计的生存状态称作"拐杖逻辑"。

推论 3：农村家庭劳动力数量是影响农户向金融机构借款的重要因素。家庭劳动力数对农户从正规金融机构借款有一定促进作用，部分原因在于拥有劳动力数量潜在地反映家庭预期收入水平，正规金融机构进行借贷风险评估时会考虑这一因素。家庭劳动力数量对民间借贷没有正向影响作用，原因在于家庭劳动力数量实际反映农户家庭务工收入情况，由于近些年务工收入增长较快，带有救助性质的民间无息借贷较少发生在劳动力要素丰裕家庭与贷出者之间。

（2）影响农户跨期选择的因素分析。

推论 4：户主技能水平是影响农户消费—投资的重要因素。商洛地区农村居民目前生产生活的主要问题是没有合适的领域促使家庭进行扩大再生产，这在很大程度上又源自户主的技能水平较为单一（技能仅为种植，以及进城务工多从事简单体力劳动）。户主技能水平越多样化，技能水平越高级，家庭就愈益倾向将积累用于扩大再生产，原因是户主有能力将资金投入到新的领域并获取较高收入。

三、农村金融机构借贷环境分析

（一）模型与变量选择

为了基于样本数据对农村金融市场环境做实证分析，对模型设定如下：

模型 1：$Y_1 = C_1 + \beta X_i + \mu_i (i = 1, 2,..., n)$ （6-3）

模型 2：$Y_2 = C_2 + \beta X_j + \mu_i (j = 1, 2,..., n)$ （6-4）

模型 3：$Y_3 = C_3 + \beta X_k + \mu_i (k = 1, 2,..., n)$ （6-5）

所引入三个被解释变量分别为：是否申请贷款（Y_1）、实际获得贷款额度（Y_2）和农户年收入水平（Y_3）。其中，Y_1反映农户贷款需求，参考农户调查问卷中 2012 年借贷数据，对 2012 年申请过贷款的赋值为 1，对未申请贷款的赋值为 0。Y_2代表农贷市场供给状况。引入 Y_3 的目的主要是想观测影响农户收入的因素，尤其信贷对农户收入的影响。解释变量选择与赋值情况如表 6-12 所示。

表 6-12　解释变量数据编制说明（2）

解释变量	变量标识
家庭总人口数（X_1）	农户家庭总人口数。家庭总人口数是一个家庭生产生活程度的最重要影响因素
人均耕地面积（X_2）	根据农户人均耕地面积记值。耕地作为农民长期的固定资产具有持续创收能力
劳动力数（X_3）	家庭劳动力数是农业生产的基本资源，同时也形成创造非农收入的人力资本存量
户主文化程度（X_4）	文化程度是人力资本积累的重要基础，文化程度高低也决定着农户对先进农业技术知识的掌握状况。实证分析中将户主文化程度作为家庭受教育程度的代理指标。在赋值时，较高数值代表较高的文化程度
家庭人均收入（X_5）	家庭人均收入为 2012 年数据，一定程度反映农户综合经济实力和财产占有水平
户主技能水平（X_6）	该指标间接地反映家庭收入结构。拥有更多非农生产技能成为农户重要的增收渠道，也为农民向企业家转型提供可能性。根据问卷中对"户主技能"填写内容赋值，如果农户在多选项中仅选择"种植"即赋值 0，选择 2 项以上赋值 1
对农贷政策的了解程度（X_7）	根据农户对国家农贷政策以及金融常识的理解程度赋值，赋值越高意味农户对农贷政策有更好了解。对农贷政策了解影响着农户是否会积极利用农贷，进而影响家庭增收。以问卷中"您是否知道信用社可以入股"填写内容为赋值依据
家庭主要收入来源（X_8）	对非农生产收入来源赋值较高，对传统农业收入来源赋值较低。家庭主要收入来源既代表农户的主要增收渠道，也反映农户的转型情况
家庭经济决策（X_9）	家庭经济决策是家庭申请农贷的重要决定因素，家庭成员的意见很大程度上左右着家庭资金投向和借贷偏好。若户主独立决策赋值 0，否则赋值 1
借贷偏好（X_{10}）	与本节前文中 Y_1 的意义、赋值情况完全相同
跨期消费—投资偏好（X_{11}）	与本节前文中 Y_2 的意义、赋值情况完全相同

调查问卷样本范围集中在陕西省商洛市，商洛市一区六县属于国家重点连片扶贫开发区，对西部贫困农村地区的农贷特征有一定代表性。

（二）农户贷款行为及贷款意愿数据分析

1. 对上文提到的农户贷款意愿 Y_1 及其解释变量 X_1—X_{11} 做回归分析

由于被解释变量 Y_1 是二值选一型变量（按照是否申请过贷款分别赋值 1

和 0），我们采用 ML-Binary Probit 回归方法，结果如表 6-13 所示。

从表 6-13 中的结果观察，X_8（家庭主要收入来源）对农户是否贷款产生显著影响（Sig<0.05）；其次是 X_7（对农贷政策的了解程度）对农户是否贷款影响也产生较显著影响（Sig<0.1），但显著性不如 X_8。其余变量均不显著。根据变量系数 β 判断，家庭主要收入来源多样化、主要为非农收入的农户申请贷款概率增加，家庭收入来源对农户是否选择贷款产生正向作用；同样，农户对农贷政策的了解程度也对农户申请贷款起到了正向作用。

2. 对实证结果的解释

对表 6-13 的结果做如下解释：

第一，样本数据表明家庭收入来源对农户是否贷款产生显著影响。所调研村庄为商洛地区重点建设乡镇，许多收入主要来源于非农生产与劳务的农户需要向金融机构或民间商业性借贷寻求支持，以便达到进入政策扶持产业的资金"门槛"。根据调研了解到的实际情况，收入主要来源于农业生产的农户家庭成员主要为老人，他们大多满足于收入与消费维持平衡的生活状况，对借贷活动缺乏积极性。

第二，对农贷政策的了解在一定程度上影响着农户的借贷选择。计量结果表明农户对国家农贷政策了解程度越高，其用款需求越大、投资意愿越强，对农贷政策了解较多的农户申请贷款的概率提高。[①] 但是也发现，对农贷政策的了解程度对农户借贷选择的影响并不显著。原因可能在于：其一，所调研地区农户家庭青壮年成员大多常年在外务工，他们对农贷政策有一定了解，但由于与当地农村社区及地方金融机构联系愈益松弛，使得他们在户籍地的贷款需求无法实现；其二，所调查地区普遍存在民间借贷，农户为了较快捷方便获得贷款或者获取无息借款而选择民间借贷，降低了农贷政策了解程度对农户借贷选择产生的影响。

---

① 也有可能，农户由于其他因素引致借贷需求，转而通过各种途径了解农贷政策。

表 6-13　农户是否贷款（农贷市场需求）回归结果

变量							
		β	S. E.	Wald	df	Sig.	Exp（B）
step 1	X_1	.101	.097	0.088	1	.297	1.106
	X_2	.057	.202	.079	1	.778	1.058
	X_3	.119	.116	1.055	1	.304	.888
	X_4	.001	.039	.001	1	.972	.999
	X_5	.000	.000	1.313	1	.252	1.000
	X_6	.211	.264	.638	1	.424	1.234
	X_7	.478 ***	.248	3.720	1	.054	1.613
	X_8	1.311 ***	.644	4.136	1	.042	3.709
	X_9	.060	.285	.045	1	.832	1.062
	X_{10}	−.187	.258	.524	1	.469	.830
	X_{11}	.196	.245	.640	1	.424	1.216
	Constant	−2.434	.816	8.894	1	.003	.088

注：***、**、* 分别表示在 1%、5%、10% 的水平显著

无论如何，"农贷知识"作为无形的知识资源在农村地区没有成为联结农业信贷与农户潜在的生产与投资意向的"黏合剂"。由此可以思考：为何对于国家极力推动的"农贷"，农村地区许多家庭知之，但却难以用之？尤其对于长期进城务工转而希望返乡创业的农村劳动力，金融机构应该放松约束，积极提供信贷以支持他们回乡创业，成就其身份转型的梦想。①

3. 储蓄、消费等因素对农户借贷选择的影响

之前分析农户借贷选择时主要考虑家庭基本状况、土地面积以及收入水平。以下从消费等角度分析农户的借贷选择。

（1）变量说明。

使用模型同前一致。因变量仍取 Y1（是否申请贷款），对自变量的选择如表 6-14 所示。

---

① 相关讨论见陈圣强、梁潇：《开拓民间担保市场，服务返乡创业农民工——访陕西师范大学农村发展研究中心教授刘明》，《陕西日报》2009 年 5 月 20 日。

表 6-14　解释变量数据编制说明（3）

解释变量	变量标识
农户储蓄	问卷中的储蓄余额
农户固定资产	据农户拥有各类固定资产汇总
生产支出	农户对种肥药膜灌溉、农机具、临时性生产支出、养殖业等支出总额
生活消费支出	包括日常生活、医疗、子女教育、置业建房、财礼费等支出总和
期望利率	农户申请贷款时愿意负担最高利率
家庭社会资本	根据农户家中有无在城市正式工作人员赋值，有为 1，无为 0

（2）数据分析结果及解释。

根据所确定解释变量进行 ML-Binary Probit 回归分析，所得回归结果如表 6-15 所示。

从回归分析的结果中可以看出：对于农户是否选择借贷，消费支出具有十分显著正相关性，其余各项与农户是否选择借贷不具有显著相关性。这一结果合理解释了商洛地区农户的借贷特征：商洛地区绝大部分农户的借贷活动将资金用于建房置业，建房消费性支出几乎是农村居民是否选择向金融机构或民间借贷的决定性因素。当然，这未必意味着农户没有生产性借贷需求。

表 6-15　消费等因素影响借贷回归分析

变量		β	S. E.	Wald	df	Sig.	Exp（β）
step 1ᵃ	期望利率	.055	4.157	.000***	1	.989	1.057
	消费支出	.000	.000	39.672	1	.000	1.000
	生产支出	.000	.000	.574	1	.449	1.000
	储蓄余额	.000	.000	.302	1	.583	1.000
	固定资产	-.109	.076	2.040	1	.153	.897
	社会资本	-.073	.423	.030	1	.863	.930
	Constant	-1.177***	.441	7.107	1	.008	.308
a. Variable（s）entered on step 1：期望利率、消费支出、生产支出、储蓄余额、固定资产、社会资本							

注：***、**、*分别表示在 1%、5%、10%的水平显著

（3）农户贷款选择相关结论。

将根据收入分析农户借贷选择所得到的结果与消费对农业信贷的解释力相联系，不难得出一个较为普遍的结论：对于农村地区，收入来源较为多样，收入较高的农户一般更倾向于扩大建房置业等生活消费性支出，由于自有资金不足即导致借贷行为发生。商洛地区农村金融机构仍有待通过金融工具与机制创新，相应增加对农户的生产性信贷投放。

4. 影响农户信贷额度因素分析

（1）对贷款发放额度及其解释变量的 OLS 回归。

在对农户贷款发放额度进行回归的时候，我们在之前 X_1—X_{11} 的基础上加入农户年收入 Y_3，因为农户的年收入代表着农户的资产水平，也反映农户一年中生产生活的具体情况。由于年收入情况与家庭人均收入情况所代表的含义具有较高相关性，因此除去家庭人均收入 X_5。使用 OLS 回归的实证分析结果如表 6-16 所示。

表 6-16　贷款发放额度 OLS 回归结果（1）

方差分析[b]						
	模型	方差合	df	均方差	F	Sig.
1	Regression	1.546	11	1.406	1.213	.277[a]
	Residual	3.965	342	1.159		
	Total	4.119				
a. Predictors：（Constant），Y_3，X_3，X_9，X_2，X_{11}，X_4，X_{10}，X_8，X_7，X_6，X_1						
b. 因变量：Y_2						

由于表 6-16 得出的 Sig 值远高于临界值 0.05，因此需要剔除部分变量重新进行回归分析。经过分步回归分析找到总体显著性水平符合要求的自变量 X_1、X_7、X_8、X_9、X_{10}、Y_3，最终结果如表 6-17 所示。

表 6-17   贷款发放额度 OLS 回归结果（2）

模型		非标准系数		标准系数	t	Sig.
		B	Std. Error	Beta		
1	（Constant）	-9567.428	8269.079		-1.157	.248
	X_9	5641.338	4123.661	.074	1.368	.172
	X_1	1772.051	1306.153	.081	1.357	.176
	X_7	5122.693	3718.735	.074	1.378	.169
	X_{10}	-3555.295	3780.384	$-.050$	$-.940$	.348
	X_8	13683.165^{**}	6820.798	.108	2.006	.046
	Y3	$-.026$	.052	$-.030$	$-.501$	.617

a. 因变量：Y_2

注：***、**、*分别表示在 1%、5%、10%的水平显著

根据表 6-17 的结果，可以得知只有 X_8（家庭主要收入来源）对实际获取的信贷额度产生显著影响（0.046<0.05），其余各指标均不显著。

（2）解释性结论。

由于仅有 X_8 一项对农户信贷额度具有显著影响，且其系数为正数，说明随着家庭收入水平提增，农户可以从金融机构以及民间借贷得到更多信贷资金。说明主要收入来源决定着农户可贷资金数量。这与前文结果一致。在商洛地区，家庭收入水平越高的家庭更倾向于将现有资金用于提高当前生活舒适程度的消费性支出中（如建房），一旦资金不足，农户倾向寻求贷款以满足自身消费意愿。而由于其收入水平较高并且收入水平较为稳定，金融机构对于向其贷款所面临的风险也相对较小，因而金融机构也愿意为其提供更多信贷。

5. 农村家庭收入相关分析

进一步考察农村信贷市场供求关系是否对农户实际收入产生影响。把之前作为被解释变量的 Y_1（是否贷款）与 Y_2（贷款额度）纳入模型 3 的解释变量进行 OLS 回归，同样排除具有相关性的变量 X_5，结果如表 6-18 所示。

结果发现对收入影响显著的因素为：家庭总人口数、家庭劳动力数。上述

变量与农户收入均正相关。我们主要关心农贷供求关系是否影响农民年收入，回归结果也表明：至少在目前，商洛地区农贷供给对农民收入无显著性影响。[①] 但这一结果不能被作为"增加农业信贷对增加农民收入没有意义"的依据。相反，农贷供给对农民收入无显著影响是由于以下原因：第一，农业信贷主要投向消费领域，生产性信贷投入很少；第二，即使有少量生产性信贷，信贷额度与期限未能满足农业生产项目产生的信贷需求特点；第三，农业信贷对农民收入产生显著影响要求财政等政策予以配合，包括对农村公共产品的生产、供给和农村基础教育以及职业技术教育提供公共财政支持。

表 6-18　农贷供求对农户收入水平影响回归结果

系数					
模型	非标准系数		标准系数	t	Sig.
	B	Std. Error	Beta		
(Constant)	-33890.847^{***}	12360.571		-2.742	.006
X_1	12117.405^{***}	1280.943	.489	9.460	.000
X_2	2831.723	3119.011	.045	.908	.365
X_3	24626.509^{***}	8125.117	.152	3.031	.003
X_4	766.571	581.320	.064	1.319	.188
X_6	5906.738	3954.820	.074	1.494	.136
1 X_7	-1288.447	3836.902	$-.016$	$-.336$	.737
X_8	7491.770	7267.971	.051	1.031	.303
X_9	-2189.747	4266.058	$-.025$	$-.513$	.608
X_{10}	1721.645	3898.277	.021	.442	.659
X_{11}	4514.164	3739.770	.058	1.207	.228
Y_1	-5400.714	5572.336	$-.064$	$-.969$	.333
Y_2	.018	.074	.016	.246	.806

注：***、**、*分别表示在 1%、5%、10%的水平显著

---

① 对相关问题分析参见刘明：《对农贷与农业财政支出"悖论"的经济解释》，《陕西师范大学学报》（哲学社会科学版）2008 年第 5 期。

6. 对农户利率预期的回归分析

仍沿用上述模型来对农户期望利率回归，即：

$$Y_4 = C_4 + \beta X_1 + \mu_1, \ (l = 1, 2, \cdots) \tag{6-6}$$

与之前相同，引入变量 X_1—X_{10}，同时引入 Y_1、Y_2、Y_3 等解释变量。OLS 回归结果如表 6-19 所示。

表 6-19　农户期望利率 OLS 回归结果

系数[a]					
模型	非标准系数		标准系数	t	Sig.
	B	Std. Error	Beta		
1 （Constant）	.055***	.010		5.240	.000
X_1	.002*	.001	.112	1.720	.086
X_2	.001	.003	.031	.569	.570
X_3	.011	.007	.089	1.565	.118
X_4	.001	.000	.076	1.390	.165
X_6	−.004	.003	−.066	−1.191	.235
X_7	−.004	.003	−.069	−1.259	.209
X_8	−.005	.006	−.044	−.806	.421
X_9	−.007**	.004	−.108	−1.955	.051
X_{10}	.006**	.003	.103	1.920	.056
X_{11}	.003	.003	.057	1.052	.293
Y_1	.005	.005	.084	1.139	.255
Y_2	−7.785E-8	.000	−.092	−1.255	.210
Y_3	−5.611E-8	.000	−.075	−1.243	.215
a. 因变量：Y_4					

注：***、**、* 分别表示在 1%、5%、10% 的水平显著

OLS 回归分析的结果表明在置信度 5% 的水平下无解释变量与居民期望利率显著相关。在 10% 显著性水平下，家庭人口数 X_1，家庭经济决策 X_9 以及借贷偏好 X_{10} 对居民期望利率显著相关。根据相关系数符号得知：①家庭人口数与期望利率呈现正相关，这可能是由于随着家庭人口的增加，家庭对借贷资金所产生的利息支出预期越高，假设每个人所能承受的借贷利息一定，则随着家

庭人口增加，家庭作为借贷单位所能承受的利息越多，这就引起家庭对期望利率的承受水平越高；②家庭经济决策对家庭的期望利率呈现负相关，表明随着家庭参与经济决策的成员范围扩大，成员年龄跨度越高，家庭所能承受的利息水平越低，原因可能在于增加成员后家庭对金融机构执行利率以及家庭承受利率水平的能力判断趋于分离，最终降低利率期望。同样也说明，家庭成员广泛参与决策对形成借贷需求产生负向压力；③借贷偏好对期望利率呈现正相关，表明偏好从农信社等金融机构借款的农户利率预期水平较高，偏好民间借贷的农户利率预期水平较低，调研过程所得到的农户关于农信社贷款高利率（10%）与民间借贷低利率（0%）的信息能够很好对这一结果做出解释。

四、小结

由计量分析得到以下结论：

1. 农户的借贷来源偏好主要受人均耕地面积与劳动力数两种因素影响。人均耕地面积越多，农户越偏好民间借贷；劳动力数量越多，农户更为偏好从正规金融机构贷款。表明商洛地区的土地还未能够很好作为金融机构对农户财产评估的一项指标。

2. 农户跨期决策选择主要受户主技能水平与家庭收入来源影响。其中，户主技能水平较高的家庭（即户主所拥有的技能不只是种植）扩大再生产或投资欲望较高；家庭主要收入来源越是来自农业收入，扩大再生产和投资愿意越强烈。说明商洛地区农村土地利用不足，土地收入不足导致农民迫切希望能够通过其他途径获取收入。这也是近些年来商洛农村地区传统型以及过渡性农户家庭数量不断减少，"城市新贵"不断增加的一个基本原因。①

---

① 见刘明：《农贷配给、农户意愿与农业资本市场——基于农户调查、农贷与资本市场数据计量分析》，科学出版社 2015 年版，第 IV 页。其中将西部农村地区社会结构按照农户生产特征与收入水平正区分为：第一，部分农户主要依靠传统种植业为基本生活来源，务工取得工资性收入仅是偶尔为之，大部分农户收入来源中务工收入显著增加，分别称其为传统农户与过渡型农户；第二，部分地区约三成农户已经放弃农业耕作，成为城市新的两栖型产业工人或者经营私营企业的城市"新贵"；第三，通过较大规模转承包土地从事农业产业化经营的农户和"土著"企业家，分别称其为新农场主和"土著"企业家。传统农户、过渡型农户、两栖型产业工人、城市"新贵"、新农场主和"土著"企业家构成当代西部农村地区新的社群与阶层谱系。

3. 通过对 2012 年农户贷款数据进行分析，我们发现家庭主要收入来源对农户是否贷款产生显著影响，对农贷政策的了解程度对农户是否贷款产生较为显著的影响。家庭主要收入来源多样化、主要为非农收入的农户更多地选择贷款；同样，农户对农贷政策的了解程度越高的家庭也更多的选择贷款。这表明商洛地区农村居民在选择是否贷款时更多的考虑自身的偿还能力，这在一定程度上改善了商洛地区农户借贷的风险，在农户层面的信用环境已经得到改善。

而从另一个角度分析农户是否选择借贷，消费支出具有十分显著的正相关性。这表明目前在商洛地区，绝大部分农户的借贷活动都是为了进行消费性支出。提高自身生活舒适度成为当今农村居民所追求的主流价值观。

4. 在当今农村仅有家庭主要收入来源这一项对批准的信贷数额产生显著影响。这也从侧面反映了目前金融机构在对农户进行贷款风险评估时所存在的问题，即金融机构在进行农户风险评估时对于农民最主要的财富——土地——无法进行估值，这就需要我国政府出台相关政策来对土地的价值估量进行较为合理的引导。

5. 对家庭收入影响显著的因素为：家庭总人口数、家庭劳动力数。其与农户收入均正相关。而对于我们所关心的农贷供求关系是否影响农民年收入，回归结果表明目前在商洛地区农贷供求关系对于农民的年收入无显著性影响。这提醒我们以及相关金融机构，目前在农村信贷资金的投放上还存在着很大的问题，信贷资金并未真正投放到提高农民生活水平的渠道中去，这也是当前我国政府、学者以及金融机构需要迫切解决的问题。

而对居民期望利率的分析结果也很好地支持了目前农村金融机构资金投放不合理的现状，由于信贷资金仅投放到消费渠道，对于借方（农民）而言无法就信贷资金的收益做出数量估计，因此无法为利率预期提供合理的评价基础。

第五节　结　论

农村金融是农村经济发展的中心环节和核心内容，农村金融服务不足的问题得不到解决，农村经济就不能健康发展，无法形成农业结构的调整、传统农业向现代农业的转变、农业产业化经营和农民生活水平的实质改善。中央政府也将农村金融改革看作"三农"问题的重中之重，在经历几个阶段农村金融体制改革之后，农村金融服务体系已经日趋完善。但就本次商洛调研之行，我们发现该地区呈现出一些具有地域色彩的、值得我们深思的问题。比如，商洛地区存贷比偏低，大量资金无法有效配置，资金利用情况不尽人意；农村金融机构涉农资产覆盖失衡；陕南山区特色农业产业扶植力度不够；绿色金融、生态金融服务意识淡薄；小微型农村企业的融资需求难以满足等一系列问题。农村信贷无法充分发挥其重要功能，将分散农户潜在的经济机会转化为实际的投资生产活动，阻碍了农户收入上升空间，抑制了农户创业意识的觉醒，从而制约了县域经济的进一步发展。本章的前四部分分别从农村金融制度改革、农户调查问卷统计性分析描述、金融机构座谈资料和调研问卷整理分析以及农户调研数据计量检验等不同层面，并配以客观性的一手访谈资料，进行了深入探讨，意图发现阻碍商洛市农村金融发展的症结所在，并提出相关可行性建议。而本章第五部分着力从农户自身和金融机构两个维度去总结商洛市农村金融的主要问题，其中特别关注农户和金融机构之间金融服务的供需矛盾，并揭示矛盾产生的内在根源，进而提出针对农户自身发展和农村金融机构服务质量的相应建议，以期改善商洛地区资金利用不充分，涉农资金流动性失衡的问题。

一、主要结论

（一）农户致富渠道受阻，自身实力难提升

"三农"问题的解决需要金融资源支持，但这种支持不应是依靠行政手段，而应由市场机制来发挥基础性配置作用，其蕴含的前提就是金融资源在农村必须获得合理回报。为此，应加快农户自身实力提升，增强对金融资源的吸引力，才能形成长效互动机制，推动农村经济良性发展。针对样本农户调查问卷的描述性统计分析以及计量模型检验结果，结合农户面访资料，可得知商洛市农户的基本经济情况、融资偏好、贷款用途以及农户跨期消费—投资选择主要呈现以下几方面问题：

（1）陕南农户收入水平提升与创业融资意愿不足并存。据统计，商洛市样本农户 2012 年人均年收入 11934.69 元，人均年支出 17267.79 元，农户整体经济情况有所改善。但是商洛市与陕西其他城市相比较，还有很大差距。2011 年商洛市生产总值在陕西省仅占 2.93%①，33%的样本农户人年均收入水平仍低于当年全国水平。因此，商洛市仍然是经济基础薄弱的地区，商洛市农村仍处于相对贫困的状态。2012 年商洛市样本农户人均年支出高于人均年收入，究其原因主要在于当地移民搬迁工程的开展②。响应政府号召，大量的商洛山区农户从灾害高发地搬离，重新建房置业，使得 2011 年之后建房置业支出比大幅度提升，据统计，农户融资金额中建房支出高达 40.3%。而建房置业对于普通农户而言压力较大，不仅掏空了之前积蓄，还需要向外部融资。因此，产生了以下影响：一方面，样本农户 2012 年人均年支出明显高于人均年收入，农户存款发生率降低，农户储蓄金额不足；另一方面，农户由于存款较少，难以达到创业门槛值，创业意愿与生产性投资热情不高，极大阻碍了当地农村经济可持续发展。

（2）农户受教育程度偏低、专业技能单一，是农户获得金融机构信贷的主要障碍。据统计，样本农户初中、小学及以下人口占总调查人口的 78.6%，高中、大专及以上人口仅占 21.4%。大部分素质较高的劳动力流入城市，而存留于乡间进行农业经营和就近务工的农户，普遍只有小学和初中文化程度。大量低素质只能固守于传统的农业技术及当廉价劳动力的农户，面临着工作强度较大，工作环境较差，工作稳定性不强，工作收入微薄等一系列问题。此外，计量检验结果也表明，户主技能水平高低（即户主所拥有的技能不只是种植）极大影响扩大再生产或投资欲望。因此，一方面，低素质和低技能决定了农户落后的生产手段，狭窄的收入渠道，落后的思想观念，引致他们对改变自身状态力不从心，对金融知识和金融机构态度漠然，成为获取贷款的困难户。另一方面，金融机构也偏好素质较高、有良好经营项目的农户，而专业技能单一的

---

① 数据来源于《中国人民银行商洛市中心支行调研报告》2012 年第 10 期。
② 2012 年 12 月 7 日，《陕南地区移民搬迁安置总体规划（2011—2020）》已通过，计划 2015 年搬迁安置 38 万户。

农户被挡在借贷门槛之外。

（3）农户家庭经营中传统农业收入下降明显，外出务工成为主要收入来源。据统计，样本农户总收入 88.95% 为非农业收入，11.05% 为农业收入。农户的家庭经营模式从传统农业占主导向外出务工占主导兼传统农业转变。究其原因，主要在于：首先，近几年征地、退耕还林、高速公路修建和政府项目等活动的开展，致使商洛市样本农户耕地有所减少，并有继续下降的趋势。其次，土地过细的条块分割难以形成规模化农业经营，致使当地农业生产仍以小农生产为主，农业产品也只是简单的初级加工，没有相应的再加工和品牌包装，农业产业化链条过短，农副产品附加值留存较低。从农户面访中我们也可得知，农户对耕地减少极为不满。一方面，政府征占土地的同时，给予农户补贴较少，如岩湾村农户反映，征占 1 亩耕地只给予 20060 元的补贴。而所征占土地位置一般在便利地带，良田居多。失去土地而又没有一技之长的农户，失去了生活保障的底线，自身不稳定感较强；另一方面，当地政府对失地农户的引导力度不足，没有通过兴办农产品加工企业或农产品特色经营，吸收和引导农户再就业，使得农户收入渠道不畅，生活质量上升困难。

（4）较强的贷款意愿与不合理的资金使用结构并存。农户贷款意愿较强，但贷款投向主要用于传统生活性需求，生产性投资动力不足。所调查样本农户 46.5% 有贷款需求，表明农户有较为强烈的贷款意愿。居民在建房置业潜在贷款需求为总贷款需求 39.62%。子女教育和婚丧嫁娶的潜在需求分别为 11.32% 和 7.08%，这三项的总需求比高达 58.02%。反观用于农业生产性信贷的比例仅为 1.41%，商业运营为 17.45%，这一数据也与我们 2008 年在陕南地区的调研数据相符，说明陕南地区农户贷款用途偏好具有一定规律性①。究其原因，一方面，与陕南当地的风土人情、农户自身的价值观念有关。陕南地区农户非常重视房屋的兴建，认为盖新房子是对经济能力的肯定，并且也是提升脸面的主要途径。所以农户可以放下其他意愿，甚至可以放弃增加收入的创业项目，将资金更多投向于盖房；另一方面，当地农户思想依然陈旧，创新意识、创业

---

① 2008 年陕南安康的在建房置业消费性需求占到总需求的 43.6%，对生产性贷款的需求相对较少。

意识和信心都不足，并且缺乏有利的政府引导，只能固守于维持自身传统需求而停滞不前。

（5）农户投资意识不足，投资渠道不畅。受制于有限的金融知识，样本农户金融活动主要是存贷款、领取退耕还林补贴以及转账汇款。基本没有农户进行股票、基金、期货方面的投资，就连比较普遍的人身保险、农业保险也仅有少数农户参加。除去国家补贴的养老保险和医疗保险外，人身保险被农户的认知度最高，但购买率也仅为 15.9%。一方面，可以反映出农户收入偏低，闲置资金太少，对投资理财动力不足；另一方面，也表现出农村金融机构对农村理财产品的创新和开发不足，不能满足农户的需求，激发农户的购买欲望。而我国农村人口占全国总人口比重为 50.32%，农村市场的发展潜力巨大，应如何填补此处空白是值得我们深思的问题。

（6）滞后的农村金融机构服务阻碍了农户贷款意愿实现。据统计，45%的农户偏向从金融机构申请贷款，与 2008 年青海农户 29.7%愿向金融机构贷款相比较，农户对农村金融机构，特别是农信社的认知度、满意度大幅提升，说明改革后的农信社服务质量有所提升。而贷款利率偏高、手续复杂，抵押担保条件高仍是金融机构尚须改进之处。据统计，67.63%的农户认为贷款利率较高，56.54%的农户认为申请手续较复杂，67.17%的农户认为选择贷款对象的标准不够公正，69.58%的农户认为贷款额度较小。特别是过高的利率设定，一方面给农户造成较重的借贷负担，影响农户向正规金融机构的借款意愿；另一方面也会导致"逆向选择"的风险，使得信誉较好的农户转向其他途径借款，剩下风险较高的农户给金融机构造成借款风险。而这些反映农户真实需求的方面，也正是农村金融机构提升服务水平的着力点。

（7）农户收入水平高低对获批贷款几率[①]、户均贷款金额以及贷款用途存在明显影响。计量检验结果表明，收入来源较为多样、收入水平较高的农户更倾向于向金融机构贷款。统计结果也呈现人均收入水平 6000—7000 元是一个重要的临界值，在其水平之下的农户获批贷款几率更多体现为 35% 左右，贷

---

① 此处农户获批贷款几率是指向正规金融机构获得贷款几率，不包括民间借贷。

款用途也主要体现在建房置业、教育医疗方面，商业运营贷款少有发生。而在其水平之上的农户，获批贷款的几率可上升至70%左右，商业运营贷款也在30%左右保持稳定。说明金融机构审批贷款与农户收入水平息息相关，金融机构更偏向收入水平在中等以上的农户，事实也证明这部分农户创业意愿更强烈，收入来源更广泛，不良贷款风险较低。但是收入水平在7000元以下的农户也占到样本农户26%以上，是社会不能忽视的弱势群体。这些农户生活艰苦，负担压力较大，年龄优势丧失，是扶贫支持的主要对象，却很难得到贷款审批。因此，对此部分人群的指引和扶持，提升其收入水平，也是整个社会和金融机构提高金融机构服务水平的主要瓶颈。

（8）关系借贷现象依然普遍，易得性和便利性是农户选择民间金融的主要原因。据统计，43.96%的农户选择民间贷款是因为其无利息，5.77%的农户认为其还款期限灵活，47.25%的农户认为其方便快捷。与之相对，67.63%的农户认为正规金融机构贷款利率较高，56.54%的农户认为申请手续较复杂，67.17%的农户认为选择贷款对象的标准不够公正。以上数据从侧面反映了农户借贷的深层心理，也体现了正规金融机构无法逾越的服务障碍。亲友借款的无息性、便利性和可得性，也正是民间借贷挤占正规金融机构市场份额的主要竞争优势。因此，农村金融机构想要提升服务广度和深度，改进服务质量，更应该考虑攻克自身的薄弱一环。

（二）涉农金融机构竞争格局不明显，金融服务质量难提高

农户面访与农户调研问卷的统计和计量分析，为我们掌握农村居民生活水平和农村金融服务状况提供了客观真实依据。为了深入了解农户和金融机构的双向互动，信贷需求和供给矛盾的症结所在，本次调研除了开展与商洛市一区五县金融机构座谈之外，还特别以发放金融机构调查问卷的形式，从农村金融服务一线人员那里直接了解商洛地区农村金融机构服务状态。意图与农户反映状况相对比，最大限度还原商洛市农村金融服务的真实问题所在，其结论可表现在以下几个方面：

（1）农村金融机构网点覆盖率低，多元化竞争格局优势不明显。目前，商洛市涉农金融机构有农行、农发行、工行、邮政储蓄银行、陕西信合、阳光村镇银行和小额贷款公司。其网点设置大多集中于城区，基层乡镇网点少，截至 2012 年年底，全市农村金融机构网点共有 346 个，而有两个乡镇没有服务网点。直接服务于农户，农户认知度比较高的只有农信社，因此造成农信社在农村金融市场一家独大的局面，农村金融市场竞争不足。从经济理论可知，垄断是造成经济低效率的主要诱因，势必会引致金融服务定价过高，服务数量不足的状态，并且会带来无谓的"寻租成本"，丧失提升金融服务质量的动力。而这也与之前农户反映的金融机构信贷高利率、低效率、审批难的问题相一致。此外，据统计数据显示，67.17% 的农户认为农信社选择贷款对象的标准不够公正，有农户反映农信社凭借市场供方力量优势，违规放贷、吃回扣行为时有发生，严重影响到农信社信贷质量和社会影响。究其根源主要是农村金融市场竞争活力不足，市场格局多元化仍不明显。

（2）商洛市常年存贷比失衡严重削弱了农村金融支持农村经济发展的效率。商洛市长期以来存贷比偏低。2012 年商洛市农村金融机构存款余额为 387.41 亿元，贷款余额为 135.87 亿元。存贷比从 1997 年的 78.95% 下降到 2012 年的 35.07%，大量的存款无法有效贷出，造成了资金流动性不足，资金利用率不高。从经济理论可知，资源的合理流动才能推动资源的有效配置，使得闲置资源满足有效需求，达成整个社会福利效用最大化。而商洛市的现状与此相悖，一方面，依据报告统计分析，45% 的农户偏向从金融机构申请贷款，说明农户潜在贷款需求旺盛，并且对金融机构具备一定认知；另一方面，过多的储蓄存款并未真正流向农户，涉农贷款流入了高回报的城市商业主体，使得农户借贷信心萎缩，农村金融机构服务"三农"的重任流于形式。究其原因，主要在于：其一，农村经济较为脆弱，信贷风险较高，利润较低。以利益最大化为导向的金融机构更偏向收入高、回报稳的城市商业贷款，规避信贷风险的同时降低了当地农户的获贷比率；其二，作为涉农主力机构的邮政储蓄银行，由于受到先前制度限制，基本只存不贷，仅将 4% 的存款放出，而把更多的资金上交人行，从中取得高额回报，严重影响了当地金融机构的存贷比例；其三，农信社员工信贷风险责任过重，终身责任制的实施使得信贷员慎贷、惜贷现象严重，减少了向农户放款的数额和几率。

（3）配套服务不健全阻碍了商洛市农村金融创新的发展。商洛市积极推动农村金融创新，取得初步成效。如农信社推行富秦家乐卡①；建立农户征信档案；推行"公务员+多户联保""农民专业合作社+农户""公司+农户""农机合作社担保+农机抵押"等信贷模式；试行开展农民宅基地、林权抵押以及订单农业的贷款项目等。农村金融创新发展的同时依然存在以下问题：首先，满足农户和农业经营需求的金融产品和服务依然不足。针对农业生产投资周期长、季节性明显，对资金需求存在"短、频、急"的特点的产品和服务开发不到位。其次，随着金融创新的推进，配套保险、评估以及流转市场的弊病日益凸显。如订单农业企业——华茂牧业由于养鸡易受传染疾病的威胁，保险公司介入积极性不大并且保费收取过高，影响了订单农业的发展。又如林权抵押贷款业务，由于缺乏林权评估、登记部门以及二级流转市场，各金融机构由于惧怕法律风险，林权抵押推广受阻。最后，银行和保险产品的创新融合不足，应借鉴国外农村金融服务新模式，推广小额信贷来缓解农村经济主体"小、频、急"的资金需求特点。

（4）金融机构固有体制弊病制约了农村金融服务质量提升。目前，商洛市金融机构中国有商业银行并未真正商业化，县级农行、工商行信贷投放的灵活性和效率性欠佳，农村金融市场地位逐渐丧失；农发行资金来源单一、业务狭窄，商业性贷款介入较少；农信社产权不明晰，历史包袱重，金融创新和服务提升动力不足；邮政储蓄银行"只存不贷"，没有真正实现信贷投放功能；小型金融机构监管不力，宏观经营管理政策不能一视同仁。总之，农村金融市场发展缺乏长期性、规范性，各金融机构呈现定位不明、发展趋势不均衡的状态日趋凸显，导致农村金融市场长期缺乏竞争，金融服务质量难以提升。

（5）商洛市农村金融机构对绿色产业经济的支持流于形式。商洛地区因有商山、洛水而得名，生态植被覆盖率可达到18%，生态环境良好已成为当地的一大特色。因此，农业经济发展和农业信贷资金投放上应注重维持原有的生态优势，注重绿色产业经济如中草药、生态旅游的发展。而根据金融机构座

---

① 此卡特点为随用随贷，可直接到柜台办理。其对个体工商户的贷款额度为 20 万元以下，对农户信用限额最高是 10 万元，一般信用户是 3 万元。

谈可知，当地金融机构对绿色信贷只停留在观念上的理解，对相关绿色产业的扶植力度不大，究其原因：一方面，由于金融机构考虑成本利润空间，没有利益诉求来推动相应服务的开展；另一方面，各金融机构定位不同，而直接服务农村的农信社，各层级都是独立的法人机构，其更注重经济目标的达成，在宏观经济政策指引上本来就不充分。

二、政策建议

通过从信贷供求双方来总结商洛市农村金融的状况，我们不难发现商洛地区农村金融服务的困境可以归纳为：农户的信贷诉求难以充分实现，农村金融机构有钱难贷出。并且由此形成一个闭合的恶性循环，使得双难问题难以解开，共同影响新农村建设的良性发展，既使该地区农业发展后备供血不足，也造成农民缺乏借贷信心，创业意愿不足，农户收入难以进一步改善。怎样有效联接供求双方主体诉求，调和这种失衡的状况？笔者认为可以主要从农户自身实力提升和金融机构制度革新两方面相互配合、互动发展，缓解农村金融供需不均衡的矛盾。

（一）提升农户经济实力，增强对金融资源的吸引力

（1）提升农户素质水平，加强农民职业技能培训。从统计数据可知，目前城市人力资本积累基本处于中等和高等教育阶段，而该地区初中、小学及以下人口占总调查人数的78.6%，严重存在教育程度偏低的状况。在国家九年义务教育已经普及的背景下，该地农户必须转变观念，除了享受国家补贴之外，自身也应加大对子女教育支出的倾斜力度，重视知识积累的重要性，督促子女更好地完成课程学业，推动农村人力资本质量的提升。除此之外，作为子女家长的青壮年农民，也应重视自身职业技能的培训，积极寻找适合自己的技能去学习，努力将自己转变为有知识、懂技术、愿创新、能管理的新型农民，成为发展现代农业、生态农业、农业产业化的后备人才大军。而面访经验和统计数据也证实，当地收入水平偏高的农户，也通常教育水平更高，或者掌握了一技之能。并且这部分农户获得贷款的比率也高于他人。

（2）加强农户金融知识普及，改善农户投资意识和支出结构。农村金融

是现代农业的核心，农村经济的各项发展都离不开金融的支持。作为想要脱贫致富，寻求更多资金支持，改变自身生活状态的商洛市农户，更应学习一定的金融知识，对信贷服务和产品有所了解。而农户的精力有限，信息来源途径不畅，仅靠自身积累很难实现。因此，一方面，农信社或当地政府可以结合一些高校师生，举办"大学生农村金融服务志愿者"的相关活动，为当地农户提供更多的金融知识，从而转变农户的理财观念；另一方面，当地金融机构应加大自身金融产品的宣传和介绍，推出符合乡土民情的储蓄类替代产品，丰富农户的金融知识和投资选择。让农户不再把建房置业作为主要的贷款目标，不再将彩礼费用作为家庭开支的重要负担，不去把所有积蓄投向传统生活型消费，而有更多的想法去进行生产性投资，推动当地农业实体经济的发展，形成具备当地特色的农产品产业集群。

（3）充分发挥政府引导作用，为农户搭建有效的创业信息平台。调研统计数据显示，农户不选择金融机构贷款的原因中，有 55% 的农户认为不需要贷款。而在农户访谈中也可发现，一些收入水平一般，仅能维持日常基本开销的农户，也似乎对贷款创业、拓宽收入来源表现漠然。并非农户已经满足现状，不想增加收入。只是由于农户自身素质较低、经营能力较差、信息来源渠道不畅等问题抹灭了农户为创业而贷款的信心。因此，在农村尚未形成一批有责任、有胆识、有素质、懂管理的"农村企业家"之前，政府应担当引导者角色，为农户提供更多的创业信息，并结合当地人情地貌和特色优势，开发新兴的带动当地经济发展的产业增长点。如本次调研乡村之一王家楼村，一方面，积极响应政府号召，维持当地生态原貌，开展"美丽乡村"试点建设；另一方面，依托当地人文历史背景，修建"闯王寨"旅游风景地，推动当地旅游业发展。此外，路村长还大力引进和推广香菇种植技术，依靠特色农业拓宽当地农户收入渠道。

（4）立足区域比较优势，发展特色产业、龙头企业和科技农业。商洛素有"八山一水一分田"之称，具有丰富的钒、钾、钼、铁、铅及黄金储量。土特产包括中药材、茶叶、烤烟等经济作物。但在调研的村户中部分农户虽种植茶叶、烤烟等作物，但是规模较小，产量不高，生产加工仅处于初级阶段，特色农产品的产业化经营不足，产业链条不长。因此，其一，当地政府应融合本地人文文化，树立特色农产品品牌，加深大家对商洛特产的印象，带动农产品生产的规模化经营；其二，应当向农户提供更多技术支持，增强农户的种植技能，以科技带动农业高效生产。根据农户面访可知，当地农户种植茶叶、烤烟、香菇更多是自发形成，缺少技术指引和信息渠道。由于土地耕作不当和抵御自然灾害风险较差，打击了农户的种植信心，部分农户转向外出务工，茶叶和香烟的种植面积有所缩减；其三，应培养农产品精细加工意识和技术，改变目前仅停留在初级加工的状态，提升农产品附加值，让农户体会到现代农业带来的经济利益。

（二）稳步推进农村金融机构体制改革，调整农村金融供需失衡状态

上述通过农户自身的素质提升、投资结构改善和收入来源的扩宽，试图推动当地农村经济发展，提高农户收入水平。农户实力的内在增强，必然会转变农户信誉水平、获批贷款机率、贷款金额及贷款用途。而商洛市农村金融的"双难"问题，不仅需要农户的努力，更需要当地金融机构的一系列变革，如打破原有的体制弊病，打造贴近农户需求的服务和产品，改善抵押物难落实、评估系统不健全的现状，注重绿色信贷的实施，以及增强金融机构社会责任的承担。通过农户自身和金融机构的共同努力，双向互动，提升商洛市农村金融服务水平，使农村金融更好服务于农民、农村和农业经济。

（1）推动各类金融机构完善体制机制，改善金融格局不均衡状态。目前，商洛市县域的金融机构有农行、农发行、工行、邮政储蓄银行、农信社、村镇银行和小额贷款公司。这些金融机构大多只在县域设有网点，而真正服务于农村，在乡镇设有网点的只有农信社，从而造成农信社在当地农村金融市场"一家独大"的局面。因此，各金融机构只有突破内在体制障碍，才能从根本上改变农村金融市场不均衡局势。

一是强化农行为"三农"服务的使命。2009 年股改后，农行全面推进三农业务、加大支持三农、服务三农的力度。但由于县级农行没有信贷权，极大限制了县级农行信贷投放灵活性和效率性，使得农行在农村金融市场的份额不断下降，其为"三农"服务的特殊使命也未得以完成。所以，首先应加大放权，将业务决策权和财政权下放县级支行，让其实行单独核算和资源配置，构建专业化支农服务体系。其次，应进一步加快试点工作的开展，将农行在试点地区改革为更具活力的具有独立决策权的村镇银行，如洛南县的阳光村镇银行已成立五年，发展势头良好。不良贷款比为 0.19%，存贷比 70% 左右。在金融座谈中，也有农行的同志表示愿意尝试。再次，应试行商业银行控股银行制。上级行为总公司、下级行为子公司，子公司参股母公司控股，并且按照参股比例划分相应的提款权利。最后，应加大小额贷款发放比例，支持农行重点乡镇网点的恢复，促进农村金融领域的全面竞争。

二是发挥农发行政策性银行优势。作为唯一一家国有农业政策性银行，农发行承担着农业政策性金融的使命。根据商洛市农发行反映，商洛市县域农发行资金主要来源于总行发行债券和企业存款，且以传统粮棉油收购贷款业务为主，商业性贷款较少。由于上级规定贷款发放资产质量、信用等级、抵押物等要求较高，致使许多好的项目被排除在外。因此，一是应当放松农发行商业性业务准入，调动农发行商业性贷款的发放活力，为农村金融市场增添竞争之力；二是应当进一步发挥政策性银行在服务国家宏观调控、促进"三农"发展中的职能作用，努力做政府的银行；三是加大对农村公益性、长期性、高风险和低效率贷款的政策性金融支持，弥补政策性金融在商洛市农村金融的发展中缺位。

三是扩大邮政储蓄银行的服务功能。邮政储蓄银行是在改革邮政储蓄管理体制的基础上组建的商业银行，由于其与中国邮政集团公司的从属关系，银行业务的开展受到邮政业务的拖累，在庞大的企业规模和管理结构下，内部运行和交易成本较高，无法达到业务开展的效率最优化。因此，一是应当改变中国邮政储蓄银行的管理组织结构，让中国邮政储蓄银行更具有独立性，摆脱沉重的集团包袱，更好地服务于农村金融市场；二是增加县级分支机构的审批权。商洛市邮储银行商务贷款审批权县级只在 10 万元以内，并且审批手续麻烦，利率偏高。而这个额度已经不能满足农村小微企业的贷款需求；三是充分利用其存款规模大、农村网点多的优势，扩大其业务范围和综合能力，发挥邮政储蓄银行的信贷功能；四是整合银行内部人力资源，改善内部员工非专业化状况，增强员工金融知识储备、业务创新和风险把控能力；五是改变"只存不贷"现状。据农户面访可知，许多农民对邮政储蓄银行的印象是"只存不贷"，这极不利于邮储银行在农村金融市场的长期发展。

四是发挥小贷公司和村镇银行的重要支农作用。商洛市有十家小额贷款公司和一家村镇银行。小贷公司挂牌经营都在 3 年以内，村镇银行成立已有 5 个年头。村镇银行与西安银行合作，发展势头良好。而小贷公司主要以抵押和担保方式为主，发放期限为 1 年以内单笔金额不超过 60 万元的贷款。从座谈可了解，其发展背后仍存在严重的金融道德风险问题，需要金融部门有效监管。其一，要防范小贷公司钻政策空子，享受国家政策补贴的同时，并没将贷款资金有效贷出，反而让更多资金存留于内部企业循环使用。其二，要给予小型金融机构更多的政策支持，最大限度做到宏观经营管理政策的一视同仁。让农村资金互助社、小贷公司、村镇银行可以享受同业拆借和人行再贷款的服务，使得新型金融机构资金流动顺畅，缓解资金源头不足的尴尬局面。其三，应制定符合现阶段新型金融机构特点的税收政策，并给予一定的税收优惠，以扶持、促进其健康、可持续发展。

五是继续发挥农信社涉农主力军作用。农信社在商洛市农村金融市场具有绝对的垄断地位，在农民群体中认知度较高。商洛市农信社业务 80%以上都是涉农贷款，以农户小额贷款和联保贷款为主；对农户信用限额最高是 10 万元，一般信用户是 3 万元。2000 年农信社在产权制度改革后，发展势头迅猛，但是在高速发展背后涌现出所有人缺位、贷款利率较高、创新动力有待加强等一系列问题。因此，其一，将农信社管理交由省级政府负责，构建职责分工明确、相互合作的监督管理组织。让省级政府有更大的权限掌握金融风险信息，对农信社进行监督控制；其二，坚持股份制为主导的改革方向下，尊重农信社的自主选择。加快农信社向农村商业银行的改革步伐，坚持商业化经营，并将商业化经营目标与改善农村金融服务目标有机统一；其三，积极引进战略投资者，提高战略投资者持股比例，优化股权结构，发挥战略投资者在法人治理结构的主导作用；其四，注重提升自身金融创新意识，满足多层次、多类型的农村金融需求，并强化企业道德责任，适当降低贷款利息。

（2）放宽农村地区金融机构准入门槛，建立多层次农村金融服务体系。截至 2012 年年底，商洛市农村金融机构网点共有 346 个，而有两个乡镇没有服务网点。随着商洛市农村经济的发展，新农村建设涉及的多领域、多层次、多类型的金融需求与农村金融网点过少、服务产品单一的矛盾日趋凸显。因此，一是切实强化农村金融服务基础设施建设，推动健全农村支付网络体系的建立；二是设定符合县域农村金融服务需求差异的组织机构、产品服务和政策支持，切忌按照城市金融改革思路构建农村金融服务网络；三是调低农村金融准入门槛，合理确定新设金融机构注册资本、业务准入条件与范围、审批权限和公司治理的条件。让市场机制自身决定金融市场的运行和金融机构的去留，降低行政干预对金融活力的抑制，实现真正的金融民主；四是加大社会资本放开力度，让境外银行资本、产业资本、民间资本都可以融入农村金融市场中来。不仅为农村金融市场注入竞争活力，也可带来更多的经营管理经验。

（3）统筹配套相关服务，构建扶持农村金融良性发展的外部环境。目前商洛市金融机构开展农民宅基地、林权抵押以及订单农业贷款等创新项目，都遇到了不同程度的障碍，其中主要表现为农业保险、林业保险推行太少；林权资产评估机构和人员欠缺；评估机构平台不完善等。因此，其一，应加快制定出台林地、宅基地评估、流转、抵押、税收等相关配套政策措施，确保抵押担保业务的顺利开展；其二，积极发展林业、农业保险。依照政策支持市场运作和农民自愿的原则，积极开展对林业、农业产业主要品种的保险试点，并且各级财政应对林业、农业企业和给予保费补贴，逐步建立多种形式的林业、农业保险制度；其三，主管部门要依据现有法律法规，尽快提高林权、农民宅基地评估机构的评估资质，建立相关评估平台；其四，简化审批程序，延长贷款期限，降低贷款利率，破解抵押贷款瓶颈，推进农户小额贷款。

（4）推进农村金融业务产品和服务工具的创新，提升金融服务满意度。在我国现阶段，农村金融需求可归结为三个层次：一是解决温饱的扶贫性资金需求；二是维持日常生产生活的小额资金需求；三是在农业产业化背景下涉农企业和种养大户发展生产、扩大再生产的大额资金需求。在所调研的商洛市农户中，金融需求主要集结在后两层次。因此，应设计满足不同层次需求的产品和服务，改善金融服务质量。其一，全面巩固发展农户小额信用贷款和农户联保贷款，推出符合农业生产周期性、季节性的借贷产品，推广低成本、可复制、易推广的农村金融产品；其二，鼓励各银行业金融机构开展银团贷款和代理合作业务，探索新型农村金融业务合作机制；其三，探索多种抵押担保方式，创新融资担保机制。如林权抵押、农机具、牲畜、农作物收获权、农村土地承包经营权抵押、耕地宅基地使用权抵押、商家协会联保或龙头企业担保等多种方式；其四，由于农户风险厌恶性，应开发储蓄替代型的低风险产品满足公众需求。

（5）以绿色生态观为指引，落实农村金融机构的绿色信贷实施。根据金融机构座谈可知，当地金融机构对绿色信贷只停留在观念上的理解，对相关绿色产业的扶植力度不大。因此，一方面，商洛农村金融机构应从观念上重视绿色农村信贷的地位，在农村信贷资金投放上应更加倾向于绿色产业经济如中草药、生态旅游等环保产业的发展，注重当地经济发展的长远利益，促成金融与生态的良性循环；另一方面，把握绿色信贷投放标准，通过对不同类型企业信贷投放力度的把持，扭转企业污染环境、浪费资源的粗放经营模式，避免陷入先污染后治理、再污染再治理的恶性循环。根据笔者调研所遇实例，当地农户生态意识淡薄，部分农户为了扩大香菇种植规模，私下砍伐森林。也有许多当地养猪农户和养猪小企业，由于养猪规模不大，配套设施不完备，没有修建相应的猪粪储蓄池，将大量猪粪直接排放河内，造成河水变质、颜色污浊，臭气熏天。这些做法都极大危害了当地生态环境的维持，不利于当地农业可持续发展。

总之，要解开"农户信贷诉求难实现，农村金融机构钱难贷"的双难问题，促进农村金融在农村的顺利开展，推动新农村建设的稳健步伐。需要农村金融市场供需双方主体的相互配合，互动连接，以政府外部力量的有效指引为方向，以农户自身经济实力和金融机构深层变革的双向升级为基础，在改革探索中逐步实现金融市场供需双方的诉求均衡，农村金融服务质量有效提升。

第 七 章

农户金融素养与投资、财富积累间的关系

2016—2017 年人行金融消费权益保护局组织的"消费者金融素养调查"表明,西部地区居民在金融教育、储蓄、信用及贷款风险方面均落后于中、东部地区居民。对西部贫困地区农村而论,农村居民金融素养水平低成为制约农户生产、投资活动以及收入和财富增长的因素之一。本章依据课题组 2018 年 7 月在甘肃陇南市康县和青海海东市乐都区农村调查数据,对西部贫困地区农户金融素养与风险资产投资、金融素养与个人财富积累之间的关系进行探索,分析影响金融素养的因素,试图探究农户金融素养—投资行为—个人财富积累之间的内在逻辑,并为提高农户金融素养水平提供实践方案。首先建立关于农户金融素养的跨期选择模型,引入风险资产比例系数,建立两阶段消费约束方程,在约束条件下求解消费者效用最大化的最优金融素养水平及风险资产比例。进而将模型拓展至多阶段,在生命周期内效用最大化条件下得到个人财富积累与金融素养的倒 U 形关系。最后对调研数据进行数据模拟。

第一节　文献综述

相关文献涵括与农户金融决策联系的跨期选择理论,研究对象包括城镇居民、农村居民,系统刻画农户消费、储蓄、信贷行为特点及其局限,克服农户因金融素养局限性所产生问题的途径必然在于加强金融教育,提高农户金融素养。直面金融素养的理论研究包括对其主要内容进行梳理,以及金融素养测评、金融素养理论模型和金融素养影响金融决策的统计与计量分析。

一、农户金融决策的局限性

（一）农户跨期选择及其局限性

家庭的跨期选择理论起源于 20 世纪 50 年代的米尔顿·弗里德曼建立的持久收入理论，其在两阶段模型的框架下，区分持久收入与暂时性收入，提出持久收入的变动对消费的影响明显大于暂时性收入对消费的影响，这会使消费者将暂时性收入的增加更多地用于储蓄，而持久收入的增加会被用于消费。随后，莫迪利安尼的生命周期假说对两阶段模型拓展至多个阶段，强调人们是在整个生命周期中安排消费和储蓄的，将工作时期的储蓄用以改善退休时期的消费水平，使得一生的消费水平处于平稳状态。霍尔（1978）以持久收入假说和理性预期为基础，将不确定性引入消费函数，提出了随机游走假说，认为当期的消费只与前一期的消费有关，从而否定了生命周期假说，此后的一些实证研究却并未证实这一观点。也有用随机游走假说刻画消费者的消费行为，虽然在理论上对消费函数进行创新，但其适用范围较窄，需满足的条件比较苛刻，当期的消费仅与上一期有关。随后流动性约束理论渐趋盛行，代表人物有Deaton（1991）等，认为生命周期理论假定个人能随时从资本市场借入和储蓄与现实不符，由于存在着市场之间的非对称利率、消费信贷市场不完善、小额信贷市场缺失等因素，都将使消费者面临流动性约束，对于面临着流动性约束的消费者而言，在最优化自身的消费决策时，其储蓄行为往往是逆经济周期的。Carroll、Kimball（2001）论证了在流动性约束下和不确定因素的影响下，消费者会减少当期消费水平并增加储蓄，即采取预防性储蓄行为。但是，在确定消费者是否面临流动性约束，以及流动性约束的度量方面，学术界仍未形成定论，由此对实证分析带来困惑。

此后，消费与储蓄理论主要沿两个方向发展，一方面，根据消费者的不同特点，将消费需求进行分层，指出不同消费需求会产生不同经济行为。对于风险厌恶的消费者而言，在面临不确定性可能导致消费水平下降时，大多提前进行预防性储蓄，他们认为储蓄的目的不仅仅是为了在整个生命周期内平滑消费，更重要的是能应对不确定性事件的冲击。预防性储蓄的代表人物有 Leland（1968）、Zeldes（1989）、Carroll（1992）和 Dynan（1993），通过刻画消费者不同的效用函数和不同的消费变动规律来解释效用最大化下的最优消费行为。另一方面，通过将理性人的假设进行修改，借助心理学、行为经济学理论，探讨决定消费者选择的行为。主要通过构建"心理账户"，在消费者时间偏好出现动态变化时，采用不同的贴现函数描述消费者行为，在此过程中考虑不确定性、外部环境等因素。具有代表性的学者有：王曦、陆荣（2011）等。

（二）农户跨期选择的局限性

中国在保持经济高速增长的同时，也一直保持着较高的储蓄率，高储蓄一方面导致高投资，另一方面也制约居民消费。在探讨中国储蓄与消费方面，从宏观上看，大部分实证研究支持生命周期理论，从决策者的角度看，优化消费与储蓄来最大化一生的效用，然而利用微观的城镇入户调查数据的实证研究并不完全支持生命周期理论。Kraay（2000）、Horioka（2007）分别从经济增长率、人口结构、预期寿命、储蓄惯性等方面解释中国储蓄率的形成机制及其与消费之间的关系，相关结果对生命周期理论并未形成支持。

由于我国存在典型的城乡分割的特点，上述以城镇居民为主要对象的研究难免会以偏概全，研究农村居民的消费储蓄行为，显得既有必要性，又有很强的现实意义。对于我国，在实施"脱贫攻坚"战略中提出激发贫困群体内生发展动力就极有必要，研究农村贫困群体的消费储蓄与投资行为（及其金融素养）。

我国农村地区居民储蓄行为有其特殊性。刘生龙（2016）指出我国农村储蓄率在 1999 年以后呈现下降的趋势，由于新生代进城务工人员看重当前消费，所以认为其比重上升是农村储蓄率下降的主要原因，这与观念中农村地区的"高储蓄"印象相反，在探究农户储蓄的形成机制方面，不同的学者主要从流动性约束、预防性储蓄、工业化、非农就业、农村教育等方面做出解释，如谢勇（2011）、陈霞（2014）等。毋庸置疑，较高水平的储蓄率对于一个发展中的经济体是非常重要的，农村地区"低储蓄率"的现实使我们意识到农民的储蓄行为面临很大的局限性。

居民的消费行为与储蓄行为相互对应，两者有共同的影响因素，如收入水平、预防性储蓄动机等，但消费与储蓄相比，更具不确定性，如雷钦礼（2009）指出，对于农村居民而言，除了收入和财富以外，消费习惯和消费偏好的改变是影响农民消费的重要因素。2007 年农村消费问题研究课题组对我国农村消费变化和趋势进行了深层次的研究和分析，提出了制约农村扩大消费的七个因素，其中教育、医疗、住房"三大"支出比重偏高，严重地挤压了农民的即期消费水平，同时指出农村地区消费观念、消费习俗落后，导致农民消费结构失衡，消费不科学。刘宏宇（2006）在农村消费需求面临的约束方面，强调农民的实际收入和未来预期收入对其消费的影响。实际上，农村居民消费变动很大程度受到农村改革进程以及工业部门对农业推动效应影响，也非常具体地受到劳动力流动过程所伴生的职业岗位不稳定以及收入不确定性的影响。

二、农户投资的局限性

（一）投资理论的发展

投资理论起源于马克维茨（1952）提出的均值—方差模型，该模型表明，一个理性的投资者在投资预期收益最大化下，选择波动最小的资产组合，模型中以方差刻画风险，且收益率对称分布。随后许多学者依据实际情况对模型进行扩展，例如，Konno、Suzuki（1995）考虑收益不对称的情况，J. P. Morgan（1995）等拓广了度量市场风险的 VaR 方法，用某一证券组合的最大可能性损失测量风险。

20 世纪 60 年代的夏普对马克维茨模型进行扩展并提出了资本资产定价（CAPM）模型，主要研究资产的预期收益率与风险资产之间的关系，是现代金融市场价格理论的支柱，广泛应用于投资决策等领域。Samuelson（1969）采用离散时间模型，将单期模型扩展为多期模型，考察基于整个生命周期的个人最优资产组合选择和消费规划，得出最优资产配置与财富无关、且不随时间变化的结论，这一理论成果成为资产投资组合的动态配置理论的经典结论。Merton（1969）和 Fama（1970）等研究了动态资产组合选择问题，具有代表性的是 Merton（1973）。随后，随机占优理论开始盛行，其主要思路是在效用函数满足的一些基本前提下，根据效用函数的概率分布特征分析和判断占优和被占优的关系，其主要缺陷在于并未形成统一有效算法。

以上研究均在理论上对投资组合问题进行了探讨与修正，在实际运用过程中，绝大多数的研究均以马克维茨的理论为基础，不断地提出新方法以实现最优化投资选择。Litterman（2002）模型在市场中资产收益率满足多元正态分布，假设决策者的投资选择是线性的，用以估计各种资产的收益率和不同资产收益率的协方差。然而在实际运用过程中，其市场收益率的线性假定备受争议。2008 年 Meucci 提出"熵池"概念，在固定资产权重下，考虑投资者非线性的资产选择行为，但忽略了资产之间的协方差信息，随后一些学者改进了以上缺点，如葛颖（2015）。

经典的理论模型都是建立在完全市场、理性投资者的假设条件下，但随着研究的深入，这些理论遇到了很大的挑战。有鉴于此，一些学者致力于不完全市场的形成条件；部分学者转向对理性人的研究，从主观和客观两个维度对理论模型进行修正，使其与市场运行更为吻合。

（二）金融素养与农户投资选择

由投资理论的发展可知，理性人的假设条件非常重要，所有的决策均基于理性的基础。但若将一般基于发达金融市场的投资理论应用于不发达地区，尤其农村地区，理论的实际应用效果将极为不同，原因在于农村居民所赖以生产生活以及做出金融决策的历史条件。

较早研究我国农民投资的是高用深（1992），其指出了农户投资的基本特征，一方面，农户的投资潜力不断增强；另一方面，农户投资收益率由于农业生产条件制约而偏低。张改清（2005）进一步探讨农户投资收益受限的原因，认为农户投资呈现规模小、力度不足、分布不均的特征是影响农户收入的主要原因。孔祥智（1998）依据地理位置将农户的投资进行分类，指出由于西部地区农村的自然、经济环境，农民自身经济实力较差，所以处于农业和农村经济市场化进程的初级阶段。为了打破农村发展的瓶颈，姚耀军（2005）指出得到信贷资金对农户投资的重要性，为了加强对农户投资的金融支持，应加快农信社改革的步伐，放松对非正规金融的管制，大力发展小额信贷，充分发挥政策性金融的职能。马晓青等（2010）重点关注了受到信贷抑制农户的金融行为，认为要改善金融服务质量，必须解决金融市场信息不对称的限制，同样认为对最贫困的农户而言，创造投资机会和贷款需求是首要的，指出了金融扶贫的根结所在。

如何有效激发贫困农村地区农民群体的内在发展动力，从而形成促进农业投资和满足农村发展需求的内在条件，加强对贫困群体金融教育，提升其金融素养，无疑是极为重要途径。边志良（2014）提出把农村金融教育纳入国家返贫战略，认为金融教育的普及不仅有利于新型金融政策、金融工具的实施，且对提高农户收入具有显著影响。何学松（2019）利用陕西 905 户农户的调查数据，实证分析了金融素养对农民金融行为的影响及金融行为在金融素养影响农民收入路径关系中的中介效应。

综上，由于客观条件和主观能力的限制，农村居民的储蓄、消费、借贷行为均有着各种各样的局限性，如何打破这种局限性，行之有效且效果明显的方式是充分发挥人力资本在金融决策中的作用。既然人力资本是通过教育投资实现的，那么，在金融等领域，教育投资在金融决策者决策的过程中就形成了金融素养，即金融知识和经验，可以说金融素养是人力资本在金融决策方面的体现。总之，提高农村居民金融决策能力的根本途径是提高其金融素养水平，使之对自身的决策能力和决策环境具有理性认识，从而提高决策水平。

三、金融素养理论

（一）金融素养的定义与度量

1. 金融素养的定义

最早研究金融素养的是 Campbell，他在 2006 年提出了金融素养这一概念，并指出金融素养较高的家庭投资更有效率。随后学术界对这一概念进行了广泛地探讨，其中具有代表性的有：Lusardi（2008）把金融素养定义为对基本或者关键金融概念的理解；Huston（2010）认为金融素养是一种包含金融知识与技能的专项人力资本，具体指消费者对金融知识的理解、应用能力和信心；经济合作与发展组织（OECD）2011 年指出金融素养是为实现个人金融福利所做出的合理金融决策的能力。上述学者和组织主要从金融素养的内容上探讨，在金融素养形成机制方面，代表性的观点有：Bay 等（2014）将金融素养分为自发型与情景型两种模型，对金融素养的概念、研究内容及思路进行探讨，自发性金融素养是通过金融教育、培训所获得的，例如，OECD（2005）定义金融素养是消费者提高自身金融福利而必须具备的一种综合素质。Mandell（2007）认为金融素养是消费者最大化其长期利益，所具备的正确评估、判断、选择并使用新出现的复杂金融工具的能力。情景型金融素养进一步强调金融素养与环境的关系，认为需要根据环境差异和运用金融知识的具体过程识别金融素养的特征，如 Remund（2010）。

2. 金融素养的度量

由于对金融素养的定义存在争议，对金融素养进行测量的内容与方法也不同。在测量内容方面经历了从客观金融素养、主观金融素养、主客观金融素养相结合的过程。在测量方法方面出现直接和间接的测量方法，直接测量法是依据金融知识的问答水平，采用得分法，进行加总，间接测量法是根据研究问题的不同对研究内容设置不同的权重因子，构造复合型的金融素养指标。

（二）金融素养测量方法

在测量金融素养的方法方面，以得分加总法和构造指标法为主。使用得分加总法具有代表性的是 Lusardi、Mitchell（2011），他们设计了测量金融素养的一系列标准，该方法可概括为三个基本原则，即简单性原则、相关性原则和区分度原则，在此原则上设计三个问题测度金融素养，具体涉及复利计算、通货膨胀认知和金融资产风险分散等知识。随后，Huston（2010）对已有的金融素养测度方法进行总结，并设计出从不同的维度评价金融素养的框架，该评价维度涵盖了金融素养的概念、测评内容与结构、金融素养评级等三个主要方面。Arrondel 等（2014）把在其他文献中出现的测量金融素养的方法与金融背景的评估结合在一起。Amari（2016）在设计金融素养评估问卷时，从一个更广阔的视角考量，将地理人口、家庭金融行为以及金融知识三方面结合起来，使金融素养的评价更加全面客观。

因得分加总法并未针对不同的研究问题设置得分，不能体现关键测评问题的重要性，因而具有一定的局限性，由之考虑构造复合型的权重指标以解决这一问题，Kimball、Shumway（2010）通过考察受访者股票市场参与、投资时点的选择和资产多样化的行为，借助主成分分析构造金融素养指标。朱涛（2015）运用中国家庭金融调查数据，采用迭代因子分析法构造了一个金融素养变量，研究金融素养与家庭财富规模、耐用品消费偏好和养老规划的影响。Huston（2010）为解决遗漏变量偏误的问题，使用美国家庭金融数据库，在构造金融素养指标时考虑受访者回答问题的熟练程度，采用多元变量分析方法，以因子得分作为金融素养的代理变量。

（三）金融素养测量内容

在测量金融素养内容方面，学者们逐渐认识到，对金融知识的客观询问与询问者的自我评价之间存有较大的偏差，在对金融素养测度过程中，如何权衡这种偏差，学者们提出了不同的看法，具有代表性的是 Amari（2016），他将客观金融知识考量与主观金融素养评价结合在一起。Kramer（2016）在探究金融素养与金融咨询之间的关系时，为全面而客观地测量金融素养，分别统计对客观金融知识回答正确的个数与对金融知识的自我评价程度，随后将其两两组合形成四种不同的评价模式。

（四）金融素养影响金融行为的理论模型

目前，学术界对于金融素养理论模型的推导主要涉及金融素养与风险资产投资、金融素养与个人财富积累两个方面。Spataro、Corsini（2013）将金融素养、人力资本、储蓄和股票市场参与置于一个统一的理论框架中进行考察，证实了这些决策之间是相互关联的。他们构建相关模型研究金融素养差异是否会造成财富积累差异。曾志耕等（2015）使用中国家庭金融调查数据，采用有序 Probit 模型研究金融知识对家庭投资组合的多样性影响，发现金融知识水平越高的家庭，越倾向于投资多种类的金融产品。陶春生、肖建华（2016）梳理了 Campbell 的家庭金融理论，分别从学科框架的构建、战略性资产的配置、家庭投资错误、最优按揭合约选择等重大家庭金融决策研究上取得的成果及政策含义。以下将对金融素养影响金融行为的经典模型进行简要介绍及分析。

1. 金融素养与风险资产投资

Spataro、Corsini 在两阶段框架下构建模型。阶段 1 消费者工作，在阶段 2 消费者以阶段 1 的储蓄为约束条件进行消费。阶段 1 和阶段 2 的消费量分别为 c_1、c_2，定义两阶段的效用函数为 $U = -e^{-\alpha c_1} - \beta e^{-\alpha c_2}$，分别在下述两种情况下讨论：

情况 1：消费者只投资无风险资产

情况 2：消费者既投资无风险资产又投资风险资产

情况 1 与情况 2 的区别在于：情况 2 中消费者购买的风险资产的收益率具有波动性，在定义了人力资本函数、成本函数、总收入函数后，讨论两期效用最大化的条件下的人力资本水平和收入水平，随后进一步讨论购买风险资产与否所对应的最优总收入应满足的条件。Spataro、Corsini 的模型提供了在两阶段模型下研究金融素养与风险资产投资的基本思路，但由于其潜在地将风险资产和非风险资产作为单一市场分析风险资产投资问题。模型设定与现实情况不符，因为在现实生活中，消费者既可能考虑无风险资产，同时也可能考虑风险资产，并非如模型设定只能选其一。

2. 金融素养与个人财富积累

Jappelli、Padula（2013）建立了生命周期中如何决定内生金融素养的两期模型，之后又将其扩展至多期，模型研究表明，财富和金融素养在生命周期中是正相关的。Lusardi（2013）建立一个基于金融知识的积累的随机生命周期模型，研究了金融素养与财富分配不均，以及对财富分配影响。Rooij 等（2011）首次将金融素养、规划行为与个人财富联系，为金融素养对财富的正向影响提供了强力的证据。Behrman 等（2010）研究金融素养与财富关系。以下将评述出上述学者的主要观点及模型思路：

Jappelli、Padula 建立了两期选择模型，用于探讨在无风险资产的储蓄最优化问题，在最大化效用函数的条件下，得到最优家庭储蓄量与初始金融素养存量之间存在正相关关系，随后将模型拓展至多阶段，同时考虑了风险资产的收益率和风险资产的选择的不确定性问题，具体体现为

$$R(\varPhi_1, \alpha, \zeta, \omega) = \begin{cases} \varPhi_1^{\alpha}(1 + \omega\zeta) \ \eta(\varPhi_1) \\ \varPhi_1^{\alpha}(1 - \omega\zeta) \ 1 - \eta(\varPhi_1) \end{cases}$$

阶段 1 的消费不仅与阶段 0 时的储蓄有关，还与阶段 0 时的投资组合所带来的收益有关，收益率的具体形式为同样在效用最大化条件下，其中 $\omega\varepsilon[0,1]$，代表风险资产占比，ζ 为风险资产的报酬率，$\eta(\varPhi_1)$ 为风险资产选择的概率，同样在效用最大化的条件下，验证了金融素养与家庭储蓄之间的正相关关系。

Jappelli 等学者在考虑资产收益不确定性时，将其描述成概率选择问题，具有一定的合理性，也具有可操作性，但对于不确定的探讨不仅限于收益率等问题，Lusardi（2011）等学者进行了更全面、更系统的建模。

Lusardi 以生命周期为框架，对的金融素养与个人财富的不均衡模型做以介绍，首先，假定资产收益、家庭收入和支出具有不确定性，个人选择消费流来使自身的效用最大化；其次，个人面临着不确定的死亡风险，决策的时间范围 $t \in [25, T]$，$T = 100$；最后，考虑到随机因素造成的异质性，将研究群体根据不同的教育程度分为三个组，用贝尔曼方程表达最优的状态方程为

$$V_d(s_t) = \max n_{e,t} u(c_t / n_{e,t}) + \beta p_{e,t} \iiint V(s_{t+1}) d F_e(\eta_o) d F_e(\eta_t) dF(\varepsilon)$$

约束条件为

$$a_{t+1} = \widetilde{R}(f_{t+1}) \ (x_t - c_t - \pi_i(i_t) - c_d k_t)$$

$$f_{t+1} = \delta f_t + i_t$$

$$\widetilde{R}(f_{t+1}) = (1 - k_t) \ \bar{R} + k_t \widetilde{R}(f_t)$$

用网格搜索法，通过计算机模拟可得，不同教育分组的金融素养程度有差别，教育程度与金融素养成正相关，同时，教育程度与家庭总财富成正相关，可得金融素养与个人财富亦呈正相关关系。

综上，在多阶段模型的框架下研究金融素养与家庭财富间的关系，首先需建立金融素养与资产收益率之间的关系，其次构建状态转移方程，将不确定性引入资产收益率函数、收入函数、支出函数等，最后在最大化效用函数的基础

上，寻找金融素养与家庭财富间的关系。

（五）金融素养影响金融行为的实证研究

1. 以城镇居民为研究对象

金融素养这一概念一经提出，诸多学者将其应用于家庭储蓄、资产及负债等方面。关于金融素养对信贷决策的影响，比较早的是 Lusardi（2009）的研究，首先提出了"债务素养"概念，进一步发现，债务素养水平低者往往倾向于使用高成本的交易方式，比如高成本借贷，并且不能准确的判断自身的债务情况。Diagne、Villa（2014）重点分析了法国的贫困线以下群体的债务素养与信贷行为，发现该群体债务素养很低。Stango、Zinman（2009）发现付款、利息偏差与家庭的多借贷、少储蓄，资产配置倾向短期资产偏好等特征密切相关。

在探讨金融素养影响家庭储蓄决策方面，Brockman、Michayluk（2015）分析了个体金融素养对储蓄决策的影响，按照年龄、收入、性别分组后，发现金融素养水平低者的储蓄率也很低。Steelyana、Lie（2015）在探讨家庭储蓄率的影响因素时发现，金融素养、资本市场知识及环境因素等对中低收入的家庭储蓄和投资决策均有显著影响。以上结论均表明金融素养对家庭储蓄的影响是显著的。

家庭资产增值除了依靠储蓄，还可借助投资这一工具，在探讨金融素养如何家庭投资决策方面，Rooij 等（2011）于荷兰中央银行的家庭调查数据，分析了金融素养与股票市场参与的关系，研究表明金融素养低的居民，其投资股票的比例也低。Arrondel（2014）研究了金融素养与股票市场参与的关系，基于法国家庭的微观数据建立模型，回归结果显示金融素养与股票市场参与间存在很强的正向因果关系。国内学者尹志超（2015）也发现金融知识与居民家庭参与股票市场、股票财富占家庭总财富的比值之间存在显著的正相关关系。曾志耕等（2015）发现金融素养高的家庭投资组合程度高。

以上实证研究均表明，金融素养在家庭储蓄、投资与借贷决策方面中均有重要的影响。金融素养水平与借贷意愿、投资意愿均正相关，金融素养水平越高，其行为越倾向于理性决策，风险规避意识和投资理财意识越强，最终，在储蓄、投资和借贷方面实现自身效用的最大化的同时实现收入和财富的最大化。

2. 以农村居民为研究对象

上述实证的研究对象大多为发达国家或发展中国家的城镇居民，而城镇居民与农村居民相比，因其所处社会、经济、教育环境的不同，可能造成两者间的金融素养水平、金融决策行为存在较大的差异，最终会对收入水平产生不同程度的影响。以发展中国家的农村居民为研究对象，在探讨其金融行为与收入之间的关系方面，国外学者主要讨论了信贷与收入间的关系，例如，Ogundeji等（2018）对莱索托国家的农户的收入进行研究，发现信贷可获得性的提高能显著提高农户的净收入水平，同样，Utomo 等（2014）指出，对于发展中国家印度尼西亚来说，农业信贷与农户收入之间存在很强的正相关关系，国内学者沈倩岭、王小月（2018）也验证了这种关系，其利用 1995—2009 年全国 28个省域面板数据，发现农业信贷投入是农民工资性收入增长的 Granger 原因，同样，刘艳华、朱红莲（2017）对 1979—2015 年全国 31 个省份面板数据进行分析，发现农业信贷配给显著影响农民收入的地区差异。在研究不同区域的信贷问题方面，代表性的观点如：温涛等（2016）发现西部地区的农户信贷对中低收入农民的增收效果显著，中部地区的农户信贷只对最高收入农民的增收效果显著，东部地区农户信贷对各收入层次农民的增收效果均不显著。综上，对于发展中国家的农村居民而言，提高其信贷的可得性是提高其收入的重要手段。

第二节　农户金融行为理论模型构建

本节以西北地区农村居民为研究对象，在 Spataro、Corsini、T 和 M 等构建的理论模型的基础上，进一步探讨农户的金融素养与风险资产投资、金融素养与个人财富积累的关系。

一、农户金融素养与风险资产投资

本节在两阶段跨期选择模型中讨论农户的风险资产投资行为，进而探讨金融素养与个人财富积累之间的关系，在第一阶段，农户工作并消费，除此之外，还根据自身的金融素养存量选择投资风险资产或无风险资产，与 Spataro、Corsini 模型不同的是，引入无风险资产占比系数，同时考虑购买无风险资产和风险资产。在第二阶段，农户以第一阶段购买的资产的本利和为约束进行消费。

对本章构建的模型做以下规定：（1）为了投资风险资产，农户必须获取一定的金融素养；（2）农户金融素养的获取与其教育年限有关，反映出一定的机会成本，即放弃工作选择受教育的机会成本；（3）农户的非风险投资主要指银行定期存款，风险资产投资主要指生产性投资。

对于决策者来说，不仅需要考虑金融素养的投资水平，还须考虑无风险资产与风险资产之间的投资比与总投资量，在每期面临的消费约束条件下，最优化自身的效率。为实现最优效用的跨期选择问题，本节对农户的消费效用函数、金融素养函数、收入函数等做以下设定。

（一）两阶段模型函数的基本设定

1. 两阶段模型的农户消费效用函数

本节的消费效用函数采用常系数绝对效用函数，其中，风险厌恶程度的度量为

$$ARA(c) = -\frac{u''(c)}{u'(c)} \tag{7-1}$$

式（7-1）中，c 为农户的消费量，$u'(c)$、$u''(c)$ 分别为消费效用函数 $u(c)$ 一阶导数和二阶导数，令 $ARA(c) = \alpha$，求解上式微分方程，可得常数绝对效用函数，即 CARA 消费效应函数：

$$u(c) = -C\exp(-\alpha c) + D \tag{7-2}$$

式（7-2）中，α 为绝对风险厌恶系数，C、D 为任意常数，为计算简便，这里取 $C = 1$，$D = 0$，在两期选择模型中有

$$U_i = -\exp(-\alpha c_i^1) - \beta\exp(-\alpha c_i^2) \tag{7-3}$$

其中，U_i 为农户 i 的总效用，c_i^1、c_i^2 分别为农户 i 在阶段 1、阶段 2 的消费量，β 为阶段 2 效用的折现系数，当 $0 < \beta < 1$ 时，表明农户更偏好阶段 1 的效用；

当 $\beta = 1$ 时，表明阶段 1 和阶段 2 的效用对农户无差异；当 $\beta > 1$ 时，表明农户更偏好于阶段 2 的效用。

2. 两阶段模型的农户金融素养函数

假设 h_i 表示农户 i 的人金融素养水平，设定农户的金融素养水平与农户的受教育年龄呈线性、正相关关系，借鉴 Spataro、Corsini（2013）函数的设定形式，具体为

$$h_i = A + B\, t_i \tag{7-4}$$

式（7-4）中，t_i 为农户 i 受教育年龄，即最高学历的毕业年龄，因本节仅考虑农户的金融素养水平与其受教育年龄间的关系，故将除受教育年龄外的年龄、个人总收入等因素外生化，用 A 表示，B 为受教育年龄对金融素养水平的影响程度。

3. 两阶段模型的农户收入函数

由表 7-1 可知①，农户的收入与金融素养之间存在线性关系，设定金融素养的转化年均收入的效率为 k，农户 i 的年均收入 y_i 就有

$$y_i = k\, h_i \tag{7-5}$$

那么，农户 i 在阶段 1 时的总收入 W_i 为：

$$W_i = (T_0 - t_i)\, y_i = (T_0 - t_i)\, k\, h_i \tag{7-6}$$

其中，T_0 为农户 i 的退休年龄，$T_0 - t_i$ 为农户 i 的工作年限。

4. 两阶段模型的农户两期消费约束

假设 E_i 为农户 i 在阶段 1 购买的风险资产与无风险资产总和，S_i 为农户 i 在阶段 1 购买的无风险资产，R_i 表示农户 i 在阶段 1 购买的风险资产，θ_i 为农户 i 购买的无风险资产占比，则有

$$S_i = \theta_i E_i \qquad R_i = (1 - \theta_i)\, E_i \tag{7-7}$$

假设 c_i^1、c_i^2 分别为阶段 1 和阶段 2 农户 i 的消费量。农户 i 在阶段 1 的消费量等于总收入减去总投资量，即 $c_i^1 = W_i - E_i$。在阶段 2，农户的消费量由两个部分组成：一是由购买无风险资产带来的收益，二是由购买风险资产带来的收

---

① 见本章第三节分析。

益。假设无风险资产的收益率为 s ，风险资产的收益率服从均值为 r ，方差为 σ^2 的正态分布，那么就有

$$c_i^2 \sim N[\,S_i(1 + s) + R_i(1 + r)\,,\ R_i^2\,\sigma^2\,] \tag{7-8}$$

由于农户 i 阶段 2 的消费量 c_i^2 总体服从均值为 $S_i(1 + s) + R_i(1 + r)$ ，方差为 $R_i^2\,\sigma^2$ 的正态分布的随机变量，故 c_i^2 的效用值取其期望效用，即 $u_i(c_i^2) = E[\,u_i(c_i^2)\,]$ 。

$$E[\,u_i(c_i^2)\,] = \int_{-\infty}^{+\infty} u_i(c_i^2)\,f(c_i^2)\,d\,c_i^2 \tag{7-9}$$

令 $c_i^2 = x$ ，$A = S_i(1 + s) + R_i(1 + r)$ ，$B^2 = R_i^2\,\sigma^2$ ，就有

$$E[\,u_i(c_i^2)\,] = -\int_{-\infty}^{+\infty} exp(-\alpha x)\,\frac{1}{\sqrt{2\pi}\,B}exp\Big[-\frac{(x - A)^2}{2\,B^2}\Big]dx \tag{7-10}$$

式（7-10）可变形为

$$E[\,u_i(c_i^2)\,] = -exp\Big(-\alpha A + \frac{\alpha^2\,B^2}{2}\Big)\int_{-\infty}^{+\infty} \frac{1}{\sqrt{2\pi}\,B}exp\Big(-\frac{[\,x - (A - \alpha B)\,]^2}{2\,B^2}\Big)dx \tag{7-11}$$

因 $\displaystyle\int_{-\infty}^{+\infty} \frac{1}{\sqrt{2\pi}\,B}exp\Big(-\frac{[\,x - (A - \alpha B)\,]^2}{2\,B^2}\Big)dx = 1$ ，故

$$E[\,u_i(c_i^2)\,] = -exp\Big(-\alpha A + \frac{\alpha^2\,B^2}{2}\Big) \tag{7-12}$$

将 $A = S_i(1 + s) + R_i(1 + r)$ ，$B^2 = R_i^2\,\sigma^2$ 代回式（7-12）中，

$$u_i(c_i^2) = E[\,u_i(c_i^2)\,] = -\exp\Big\{-\alpha\Big[S_i(1 + s) + R_i(1 + r) - \frac{\alpha R_i^2\,\sigma^2}{2}\Big]\Big\} \tag{7-13}$$

（二）农户两期选择模型的建立及求解

将农户 i 的总收入，阶段 1、阶段 2 的消费约束 W_i、c_i^1、c_i^2 代入效用函数，为求解农户 i 效用最大化，建立以下模型：

$$max_{H,\,\theta,\,E_i}U_i = -\exp\{-\alpha[\,(T_0 - t_i)\,k\,h_i - E_i]\,\} - \beta\exp$$

$$\{-\alpha[\,\theta_i E_i(1 + s) + (1 - \theta_i)\,E_i(1 + r) - \frac{\alpha(1 - \theta_i)^2 E_i^2\,\sigma^2}{2}]\} \tag{7-14}$$

求效用最大化时的 h_i^*，需 U_i 对 h_i 求导：

$$\frac{\partial U_i}{\partial h_i} = -\exp\{-\alpha[(T_0 - t_i) k h_i - E_i]\}(-\alpha)\left(-\frac{1}{B}k h_i + (T_0 - t_i) k\right) = 0$$

$$(7-15)$$

故 h_i^* 为

$$h_i^* = \frac{T_0 B + A}{2}$$

$$(7-16)$$

同样，效用函数 U_i 对 θ 求导：

$$\frac{\partial U_i}{\partial \theta_i} = -\beta\exp\{-\alpha[\theta_i E_i(1+s) + (1-\theta_i) E_i(1+r) -$$

$$\frac{\alpha(1-\theta_i)^2 E_i^2 \sigma^2}{2}]\} * (-\alpha)[E_i(1+s) - E_i(1+r) + \alpha(1-\theta_i) E_i^2 \sigma^2] = 0$$

$$(7-17)$$

可得风险资产与无风险资产所占比率分别为

$$1 - \theta_i^* = \frac{r-s}{\alpha E_i \sigma^2}, \quad \theta_i^* = 1 - \frac{r-s}{\alpha E_i \sigma^2}$$

$$(7-18)$$

那么，效用最大化下的风险资产为

$$R_i^* = (1 - \theta_i^*) E_i = \frac{r-s}{\sigma^2}$$

$$(7-19)$$

效用函数再对 E_i 求导：

$$\frac{\partial U_i}{\partial E_i} = -\exp\{-\alpha[(T_0 - t_i) k h_i - E_i]\}(-\alpha)(-1)$$

$$-\beta\exp\{-\alpha[\theta_i E_i(1+s) + (1-\theta_i) E_i(1+r) -$$

$$\frac{\alpha(1-\theta_i)^2 E_i^2 \sigma^2}{2}]\} * (-\alpha)\begin{bmatrix}\theta_i(1+s) + \\ (1-\theta_i)(1+r) - \alpha(1-\theta_i)^2 \sigma^2 E_i\end{bmatrix} = 0$$

$$(7-20)$$

将 θ_i^* 代入 $\frac{\partial U_i}{\partial E_i} = 0$ 中，可得农户 i 在效用最大化下购买的资产总量 E_i^* 为

$$E_i^* = \frac{W_i^* + \dfrac{ln\beta(1+s)}{\alpha}}{2+s} \tag{7-21}$$

其中，最优金融素养水平下的最优总收入 W_i^* 为

$$W_i^* = \left(T_0 - \frac{h_i^* - A}{B}\right) k\, h_i^* \tag{7-22}$$

由于总资产量 E_i^* 为风险资产和无风险资产总和，那么 S_i^* 为

$$S_i^* = E_i^* - R_i^* = \frac{W_i^* + \dfrac{ln\beta(1+s)}{\alpha}}{2+s} - \frac{r-s}{\sigma^2} \tag{7-23}$$

将 E_i^* 代入 θ_i^* 的表达式中可得效用最大化下的风险资产占比为

$$1 - \theta_i^* = \frac{(r-s)(2+s)}{\alpha\sigma^2\left[W_i^* + \dfrac{ln\beta(1+s)}{\alpha}\right]} \tag{7-24}$$

那么，将 h_i^*、θ_i^*、E_i^* 代入 U_i 中可得农户 i 的最大化效用 U_i^* 为

$$U_i^* = -\exp\left\{-\alpha\left[\left(T_0 - \frac{h_i^* - A}{B}\right) k\, h_i^* - E_i^*\right]\right\} - \beta\exp\left\{-\right.$$

$$\left. \alpha\left[\theta_i^* E_i(1+s) + (1-\theta_i^*) E_i(1+r) - \frac{\alpha(1-\theta_i^*)^2 E_i^2 \sigma^2}{2}\right]\right\} \tag{7-25}$$

（三）对两阶段模型结果的进一步推论

在农户工作和退休两个阶段效用最大化的条件下，可分别得到农户最优金融素养水平，最优总资产购买量和最优风险资产占比的具体表达式，为进一步分析外生变量对最优状态的影响，以下进行比较静态分析。

1. 农户效用最大化的金融素养 h_i^* 仅与退休年龄 T_0、A、B 相关，且呈正相关关系。即农户退休年龄越大，其工作时间越长，农户效用最大化下的金融素养水平 h_i^* 越高；农户受教育程度越高，农户效用最大化下的金融素养水平 h_i^* 越高。

2. 农户效用最大化的风险资产投资量 R_i^* 与 $(r-s)$ 呈正相关关系，与 σ^2 呈负相关关系。即超额收益率（风险资产收益率超过无风险资产收益率）越高，最优风险资产投资量越大，风险资产收益的波动性越大，最优风险资产投

资量越小，此外还可看出，最优的风险资产投资量 R_i^* 与最优的金融素养存量 h_i^* 并无关系。

3. 农户在效用最大化下购买的资产总量 E_i^* 与无风险资产的收益率 s 正相关，即无风险资产的收益率 s 越大，购买的资产量 E_i^* 越多。

证明：E_i^* 分别对 s 求导：

$$\frac{\partial E_i^*}{\partial s} = \frac{1 + \dfrac{1}{1 + s} - ln\beta(1 + s)}{\alpha(2 + s)^2} \qquad (7-26)$$

为判断 $\dfrac{\partial E_i^*}{\partial s}$ 的正负性，令 $f(s) = 1 + \dfrac{1}{1 + s} - ln\beta(1 + s)$，$f(s)$ 对 s 求导：

$$\frac{\partial f(s)}{\partial s} = -\frac{1}{(1 + s)^2} - \frac{1}{1 + s} \qquad (7-27)$$

因为 $s \geq 0$，所以 $\dfrac{\partial f(s)}{\partial s} < 0$，$f(s)$ 为单调递减，当 $s = 0$，$f(s)$ 取最大值；$f(0) = 2 - ln\beta > 0$，故 $\dfrac{\partial E_i^*}{\partial s} > 0$。

4. 当 $h_i < h_i^*$ 时，农户的财富 W_i 与其金融素养 h_i 呈正相关关系，当 $h_i > h_i^*$ 时，农户的财富 W_i 与其金融素养 h_i 呈负相关关系。即当金融素养水平未达到 h_i^* 时，随着 h_i 不断提升，农户的收入 W_i 随之提高；当金融素养水平超过 h_i^* 时，随着 h_i 不断提升，农户的收入 W_i 随之降低；当 $h_i = h_i^*$ 时，农户的收入 W_i 取得最大值 W_i^*。

证明：将农户收入 W_i 对金融素养水平 h_i 求导可得：

$$\frac{\partial W_i}{\partial h_i} = \left(T_0 + \frac{A}{B} - \frac{2h_i}{B}\right)k \qquad (7-28)$$

因为 $k > 0$，若 $h_i < \dfrac{T_0 B + A}{2} = h_i^*$，$\dfrac{\partial W_i}{\partial h_i} > 0$，$h_i$ 随着 W_i 上升而上升；若 $h_i > \dfrac{T_0 B + A}{2} = h_i^*$，$\dfrac{\partial W_i}{\partial h_i} < 0$，$h_i$ 随着 W_i 上升而下降；当 $h_i = h_i^*$ 时，$W_i = W_i^*$。

5. 当 $h_i < h_i^*$ 时，农户的风险资产投资程度 θ 与其金融素养水平 h_i 呈正相

关关系；当 $h_i > h_i^*$ 时，农户的风险资产投资程度 θ 与其金融素养水平 h_i 呈负相关关系。即因为 θ 为农户购买的无风险资产所占比例，那么 $1-\theta$ 为农户购买风险资产占比，当金融素养水平未达到 h_i^* 时，随着 h_i 不断上升，农户购买无风险资产的意愿随之增强，购买风险资产的意愿降低；当金融素养水平超过 h_i^* 时，随着 h_i 不断提升，农户购买无风险资产的意愿降低，购买风险资产将增加，参与金融市场程度加强。

证明：最大化求解 θ^*、E_i^* 过程中，均将 W_i^* 看作是与之无关的常量，将 W_i^* 替换为 W_i，θ 对 h_i 求导：

$$\frac{\partial \theta}{\partial h_i} = \frac{\frac{r-s}{\sigma^2}(2+s)}{\left(W_i + + \frac{log\beta(1+s)}{\alpha}\right)^2} \frac{\partial W_i}{\partial h_i} \tag{7-29}$$

$$\frac{\partial W_i}{\partial h_i} = T_0 + \frac{A}{B} - \frac{2h_i}{B} \tag{7-30}$$

若 $h_i < \dfrac{T_0 B + A}{2} = h_i^*$，$\dfrac{\partial W_i}{\partial h_i} > 0$，$\theta$ 随着 h_i 上升而上升；若 $h_i > \dfrac{T_0 B + A}{2} = h_i^*$，$\dfrac{\partial W_i}{\partial h_i} < 0$，$\theta$ 随着 h_i 上升而下降，由于 θ 与 h_i 呈倒 U 形关系，那么 $1-\theta$ 与 h_i 呈 U 形关系。

总的来说，在两阶段模型中，农户首先需要在受教育时间和工作时间中取舍，因为受教育时间过长，那么，放弃工作的机会成本越大；反之，若工作时间过长，因受教育时间不足，导致较低的金融素养水平，将会直接影响家庭总财富，进而影响风险资产投资，压缩资产购买总量。在金融素养未达到最优水平之前，金融素养水平的提高将引致农户风险资产投资提高。

上述两阶段模型存在如下缺陷：（1）因在考虑风险资产收益等问题时，未将金融素养内生化，使得最优风险资产与金融素养无关，这一结论与现实不符；（2）在设置金融素养函数时，简单设定为受教育年龄的函数，当其毕业时，其受教育年龄确定，进而金融素养水平确定，由于设定年均收入与金融素养正相关，那么总收入已经确定，意味着当农户毕业时，未来总收入已经确定，这一系列设定与现实不符。由于两阶段模型及其模型设定所具有的局限性，引起相关结论适用性问题，故以下将建立多阶段动态规划模型探讨金融素养与个人财富积累之间的关系。

二、农户金融素养与个人财富

由于在两阶段模型中农户的最优风险资产的投入量是一常量，与风险资产的收益率和无风险资产的收益率的差值成正比，与风险资产的波动性成反比，而与农户对金融市场的参与度并无关系。其原因在预先设定风险资产收益率和收益率的波动性无内生性问题，即风险资产的收益率与波动性是与金融素养无关的常量。在本节的模型中，将重点考虑风险资产收益率的内生性问题。

本节以多阶段生命周期模型为研究框架，对模型实现的背景环境做以下规定：（1）将整个生命周期分为两个阶段，在工作阶段，农户对每一期的净收入进行财富积累；在退休阶段，农户的每一期消费以积累的财富为约束；（2）农户金融素养的获取成本包括学习金融知识和能力所付出的时间和金钱，每一期为提高金融素养需要支付一定数量货币，例如培训费；（3）农户每期购买的资产既包括风险资产也包括无风险资产，其资产收益率与金融素养相关，金融素养水平越高，其资产收益率越高。

对农户而言，在多阶段生命周期模型的分析框架内，须考虑因投资金融素养所带来的资产收益率差异对最终财富积累的影响，同时也要考虑整个生命周期内如何实现自身的效用最大化。

（一）多阶段模型函数的设定

1. 多阶段模型农户消费效用函数

本节的消费效用函数采用常系数相对效用函数，其中，风险厌恶程度的度量为

$$RRA(c) = -\frac{u''(c)c}{u'(c)} \tag{7-31}$$

式（7-31）中，c 为农户的消费量，$u'(c)$、$u''(c)$ 分别为消费效用函数 $u(c)$ 一阶导数和二阶导数，令 $RRA(c) = \alpha$，求解上式微分方程，可得常数相

对效用函数，即 $CRRA$ 效应函数：

$$u(c) = \frac{A \, c^{1-\alpha}}{1 - \sigma} + B \tag{7-32}$$

式（7-32）中，α 为相对风险厌恶系数，A、B 为任意常数。为计算简便，这里取 $A = 1$，$B = 0$。在多期选择模型中有

$$U_i = \frac{1}{1 - \alpha} \sum_{s=t}^{T} \beta^{s-t} \, c_s^{1-\alpha} \tag{7-33}$$

其中，U_i 为农户 i 的总效用，c_t 为农户 i 在阶段 t 的消费量，β 为折现系数，T 为死亡年龄，取值为 $0 < \beta < 1$。β 越大，表明农户越看重将来的效用；β 越小，表明农户越看重现在的效用。

2. 农户金融素养的状态转移方程

因金融素养的本质是人力资本，而资本在状态转移的过程中须考虑折旧和新增投资量，设定 $t + 1$ 期农户的金融素养存量为

$$h_{t+1} = (1 - \delta) \, h_t + \varphi \tag{7-34}$$

式（7-34）中，δ 为金融素养折旧率，φ 为 $t + 1$ 期金融素养增量，为简化模型计算，规定 δ 和 φ 外生。假设每年投资金融素养的行为只发生在工作时期，故退休时期 $\varphi = 0$。设定农户获取金融素养所需支付的价格为 p，则 t 期农户获取金融素养的成本为 $p\varphi$。

3. 农户财富的状态转移方程

本节对 t 期农户购买的风险资产和无风险资产暂不做区分，将两者归结为资产 E_t 的总和，设定 t 期农户的财富为 w_t、t 期农户的收入为 y_t、t 期农户的消费支出为 c_t、那么 E_t 的具体形式

$$E_t = w_t + y_t - c_t - p\varphi \tag{7-35}$$

将资产收益率内生化，借鉴 Jappelli（2011）中对资产收益率的设定形式，即将其看作是 t 期农户金融素养 h_t 的函数：

$$r_t = h_t^{\sigma} \tag{7-36}$$

可以看出，金融素养 h_t 与 t 期利率 r_t 存在正相关关系，也就是说，农户金融素养水平越高，资产增值速度越快。那么，$t + 1$ 期农户的财富转移方程为

$$w_{t+1} = r_t(w_t + y_t - c_t - p\varphi) \qquad (7-37)$$

即 $t+1$ 期农户的财富 w_{t+1} 为 t 期资产 E_t 收益的本利和。

（二）农户多阶段选择模型构建及求解

本节模型是在多阶段生命周期的框架下，以农户的财富状态转移方程和金融素养转移方程为约束条件，最优化整个生命周期内农户的总效用。首先需要对效应函数进行处理，由于农户 t 期至 T 期效用现值和为 $U_t(c_t)$，将其展开为

$$U_t(c_t) = \frac{1}{1-\alpha}\sum_{s=t}^{T}\beta^{s-t}c_s^{1-\alpha} = \frac{1}{1-\alpha}c_t^{1-\alpha} + \beta\frac{1}{1-\alpha}c_{t+1}^{1-\alpha} + \beta^2\frac{1}{1-\alpha}c_{t+2}^{1-\alpha} + \cdots +$$

$$\beta^{T-t}c_T^{1-\alpha} = \frac{1}{1-\alpha}c_t^{1-\alpha} + \beta U_{t+1}(c_{t+1}) \qquad (7-38)$$

容易发现，式（7-38）反映了 t 期效用总现值和 $U_t(c_t)$ 与 $t+1$ 期 $U_{t+1}(c_{t+1})$ 之间的关系。对效用方程取最大值，令 $V_t(w_t, h_t) = \max_{c_t} U_t(c_t)$，则效用最大化的目标函数为

$$V_t(w_t, h_t) = \frac{1}{1-\alpha}c_t^{1-\alpha} + \beta V_{t+1}(w_{t+1}, h_{t+1}) \qquad (7-39)$$

约束条件为 $w_{t+1} = h_t^{\sigma}[(w_t + y_t - c_t - p\varphi)]$，$h_{t+1} = \varphi + (1-\delta)h_t$。

以下对式（7-39）采用贝尔曼方法求解。式（7-39）中的自变量有 c_t、w_{t+1} 和 h_{t+1}。则式（7-39）的一阶条件为

$$c_t: \quad c_t^{-\alpha} - \beta h_t^{\sigma}V_{t+1}^1(W_{t+1}, h_{t+1}) = 0 \qquad (7-40)$$

$$W_{t+1}: \quad -c_t^{-\alpha}\frac{1}{h_t^{\sigma}} + \beta V_{t+1}^1(W_{t+1}, h_{t+1}) = 0 \qquad (7-41)$$

$$h_{t+1}: \quad \left[\frac{\sigma}{(1-\delta)}\frac{1}{h_t}E_t - p\right]h_t^{\sigma}V_{t+1}^1(W_{t+1}, h_{t+1}) + V_{t+1}^2(W_{t+1}, h_{t+1}) = 0$$

$$(7-42)$$

由式（7-40）和式（7-41）均可计算出 $V_{t+1}^1(W_{t+1}, h_{t+1}) = \dfrac{c_t^{-\alpha}}{\beta h_t^{\sigma}}$，为求 $V_{t+1}^2(W_{t+1}, h_{t+1})$，须对式（7-39）关于 W_t、h_t 求偏导。

对 W_t 求偏导为

$$\frac{\partial V_t(W_t, h_t)}{\partial W_t} = V_t^1(W_t, h_t) = \beta h_t^{\sigma}V_{t+1}^1(W_{t+1}, j_{t+1}) \qquad (7-43)$$

对 h_t 求偏导为

$$\frac{\partial V_t(W_t,h_t)}{\partial h_t} = V_t^2(W_t,h_t) = \beta\sigma h_t^{\sigma-1} E_t V_{t+1}^1(W_{t+1},h_{t+1}) +$$

$$\beta(1-\delta) V_{t+1}^2(W_{t+1},h_{t+1}) \qquad (7-44)$$

将式（7-42）、式（7-43）代入式（7-44）可得

$$V_t^2(W_t,h_t) = p(1-\delta) V_t^1(W_t,h_t) \qquad (7-45)$$

于是，$V_{t+1}^1(W_{t+1},h_{t+1})$ 和 $V_{t+1}^2(W_{t+1},h_{t+1})$ 间的关系：

$$V_{t+1}^2(W_{t+1},h_{t+1}) = p(1-\delta) V_{t+1}^1(W_{t+1},h_{t+1}) \qquad (7-46)$$

进而将式（7-46）代入一阶条件可得

$$\left[\frac{\sigma}{(1-\delta)}\frac{1}{h_t}E_t - p\right] h_t^\sigma V_{t+1}^1(W_{t+1},h_{t+1}) + p(1-\delta) V_{t+1}^1(W_{t+1},h_{t+1}) =$$

$$\left[\frac{\sigma}{(1-\delta)}\frac{1}{h_t}E_t - p\right] h_t^\sigma + p(1-\delta) = 0 \qquad (7-47)$$

其中，$E_t = W_t + y_t - c_t - p\varphi$。

则效用最大化下的农户财富积累路径为

$$W_t^* = \left[\frac{-p(1-\delta)}{h_t^\sigma} + p\right]\frac{(1-\delta)h_t}{\sigma} - y_t + c_t + p\varphi \qquad (7-47)$$

也即效用最大化下农户的财富 W_t^* 与 h_t、$y_t - c_t$ 有关。

可以论证，效用最大化下农户财富积累 W_t^* 与其金融素养水平 h_t 呈倒"U"形关系。当农户金融素养水平 h_t 小于某一确定值 h_t^0 时，由于投资金融素养的成本小于收益，所以农户的财富随着金融素养水平的提高而增加；当农户金融素养水平 h_t 大于某一确定的值 h_t^0 时，由于投资金融素养的收益小于成本，农户的财富随着金融素养水平的提高而下降。

证明：效用最大化下财富 W_t^* 对金融素养 h_t 求导：

$$\frac{\partial W_t^*}{\partial h_t} = \frac{p(1-\delta)^2}{h_t^\sigma} + \left[\frac{-p(1-\delta)}{h_t^\sigma} + p\right]\frac{(1-\delta)}{\sigma} \qquad (7-48)$$

当 $h_t^\sigma = (1-\sigma)(1-\delta)$ 时，$\frac{\partial W_t^*}{\partial h_t} = 0$，当 $h_t^\sigma > (1-\sigma)(1-\delta)$ 时，$\frac{\partial W_t^*}{\partial h_t} > 0$，当 $h_t^\sigma < (1-\sigma)(1-\delta)$ 时，$\frac{\partial W_t^*}{\partial h_t} < 0$。

在多阶段生命周期模型下，农户财富与其金融素养之间存在"U"形关系，设定资产收益率为金融素养的幂函数。由于每期须支付投资金融素养的价格，当资产收益不足以支付投资金融素养的成本时，农户的财富会伴随投资金融素逐渐减少；当资产收益超过须支付的成本时，农户财富会逐渐增多。此外，养农户每一期的财富状况和当期收入与支出的差值有关。后文将结合调研数据，分别呈现调研样本地区农户两阶段选择模型、多阶段选择模型最优解的数据模拟结果。

第三节　基于理论模型对田野调查数据模拟

本节将重点分析西北贫困地区农户的金融素养与风险资产投资、个人财富积累间的关系。具体步骤包括对理论模型参数的确定，求解最优金融素养水平，以及对西北贫困地区农户个人财富积累路径的讨论。模型参数确定主要依据在西北地区特定贫困县——甘肃康县、青海乐都区的调查问卷数据。基于数据类型为截面数据，在根据分析具体问题时需要将截面数据转换为时间序列数据时，假定不同农户户主为家庭主要决策人，年龄农户的金融素养及金融行为在时间上具有连续性，即某一农户在不同年龄的金融素养水平、收入及消费可看作是不同年龄下不同农户的平均状况，在此假设条件下，即设定研究对象均为同质的。

一、农户两阶段选择模型的数据模拟

（一）两阶段模型参数的确定

为求解康县和乐都区样本农户的最优金融素养，最优投资总额及最优风险资产投资，须根据田野调研问卷所包含数据信息合理确定参数，两阶段模型中须确定的参数有：个人金融素养转化成年收入的效率 k ，金融素养函数的参数 A 、 B ，无风险资产的收益率 s ，风险资产的收益率 r 和风险程度 σ^2 ，退休年龄 T_o ，效用函数中的绝对风险厌恶程度 α ，折现因子 β 。

1. 农户金融素养转化年收入效率 k 的确定

k 为康县、乐都县 995 户农户金融素养转化为总收入的效率。在选取个人

总收入的解释变量时，结合已有文献（Mincer J.，1958），根据调研问卷数据的可得性。最终选取金融素养（h）、年龄（age）、受教育年限（edu）、职业类型（typ）四个解释变量，建立线性关系为

$$inc_i = \lambda_0 + k\, h_i + \lambda_2\, age_i + \lambda_3\, edu_i + \lambda_4\, typ_i + \varepsilon_i \tag{7-49}$$

Rooij（2011）和 Behrman（2010）均提出金融素养可能与家庭收入两变量间存在内生性问题，解决内生性问题的普遍做法是找到内生变量的工具变量，并采用两阶段最小二乘法估计模型[1]。为金融素养与个人总收入的内生性问题，需要寻找金融素养的工具变量，在寻找工具变量的过程中，首先考虑衡量金融素养的金融知识、能力及风险态度这三方面问题，一方面，这些问题与金融素养水平直接相关；另一方面，这些问题在直观上大多与收入无关，逐一排除后发现，农户的计算能力和意愿贷款渠道数量这两个变量一起作为金融素养的工具变量时，模型估计结果和拟合优度均达到最优，回归结果如表 7-1 所示。

表 7-1　甘肃康县、青海乐都区样本农户年均收入与金融素养回归结果

收入 inc	（1）	（2）	（3）
金融素养（h）	0.2715	-0.6969*	0.3117**
年龄（age）	0.1071	0.0786	0.1696
受教育程度（edu）	0.2569	0.7668**	0.3983
职业类型（typ）	0.3939	0.9093**	0.4812**
常数项	3.2019	6.5639**	2.1817*
$IV(1)$	√		
$IV(2)$		√	
$IV(1) + IV(2)$			√
R^2	0.000	0.000	0.0151
p 值	0.094	0.0048	0.0033

注：$IV(1)$：工具变量为计算能力；$IV(2)$：工具变量为意愿贷款渠道数量

[1]　关于模型内生性检验、工具变量的选取、两阶段最小二乘法的原理及工具变量的有效性检验等问题，详细说明见本章第五节计量分析。

为防止因工具变量过多造成的过度识别问题，选择 1—2 个变量作为金融素养的工具变量。由表 7-1 可知，当选择计算能力和意愿贷款渠道数量同时作为工具变量时，估计结果的拟合优度最大，方程及各回归系数均通过统计检验。并且可得，金融素养转化为个人总收入的效率为 0.3117，即

$$k = 0.3117$$

2. 农户金融素养函数的参数 A、B

农户金融素养水平的具体测算过程见第六节，参考表 7-10 可得参数 A、B，将参数 A 视为除教育年龄外的外生参数对金融素养的影响程度，即未受教育时农户初始的金融素养水平。参数 B 为农户受教育年龄对金融素养的影响程度，即其他条件不变情况下，农户教育年龄增加一年对其金融素养的影响程度。在金融素养影响因素分析时，对受教育年龄的数据处理如下：设定小学及以下学历农户的金融素养得分为 1，其毕业年龄为 15 岁；初中学历农户的金融素养得分为 2，其毕业年龄为 20 岁；高中及以上学历农户的金融素养得分为 3，其毕业年龄为 25 岁。结果可得：

$$A = 1.7982，B = 0.1831$$

3. 无风险资产的收益率 s

在确定农户购买无风险资产的收益率 s 时，以银行定期存款利率为重要参考。考虑到贫困地区农户对风险资产投资主要涉及存贷款和信贷市场，国债市场交易基本从不涉及，选择银行存款利率为风险收益率有一定合理性。通过统计调研问卷，可知大部分农户倾向于选择在农商行存款（占比 68.78%），故以农商行的一年期定期存款利率为无风险资产的收益率，即

$$s = 0.0175$$

4. 风险资产的收益率 r 和风险程度 σ^2

在确定农户购买风险资产的收益率 r 和风险程度 σ^2 方面，调研时发现西北地区农户的民间借贷存在一定的规模，假设农户民间借贷和购买风险资产两种行为间可相互转换，且不存在转化费用，那么，若农户购买风险资产，进行了生产性投资，其收益率应与民间借贷的收益率相等。参考 Spataro、Corsini（2013）中参数设定：

$r = 0.1$，$\sigma^2 = 0.01$

5. 农户退休年龄 T_o

关于退休年龄 T_o 的确定，须根据实际情况，对国家法定的退休年龄做以调整，相关数据显示（来自"全国农村老龄问题高峰论坛"），我国农村人口的老龄化程度已经达到 15.4%，高于全国平均水平的 13.26%，农村地区老龄化原因主要在于大规模城乡人口流动和人均预期寿命的延长（崔丽，2007；李文政，2009），这些都会延长农村居民的退休年龄，本章在调研的基础上，对农户的退休年龄做以下规定：

$T_o = 65$

6. 消费效用函数中的绝对风险厌恶程度 α

农户消费效用函数中的绝对风险厌恶程度 α 用于测量其主观风险态度，当 $\alpha < 0$ 时，该农户为风险喜好型；当 $\alpha > 0$ 时，该农户为风险厌恶型，α 的估计须进行实验，实验思路主要围绕不同概率下风险资产的收益率选择问题展开，如 Carlsson 等（2009）采用该方法估计中国的个体风险厌恶程度，得到风险厌恶范围为 0.14—0.68。由于农村居民的风险厌恶程度相对高于平均水平，故 α 的取值如下：

$\alpha = 0.68$

7. 折现因子 β

折现因子 β 测量农户对未来效用值的偏好程度。由于农户普遍存在短视行为，尤其在中学教育普及率不高的农村地区，故本章限定 $0 < \beta < 1$，β 值越大，意味着农户越看重退休时期（即农户丧失劳动能力）的效用，因我国农村地区具有较高的生育率，农村居民"养儿防老"的思想观念和退休期间面临低水平的社会保障的事实，促使农户更倾向于推迟享乐，更加重视为退休期间的生活水平提供保障，即 β 值较高，参考 Spataro、Corsini（2013）中参数设定，故 β 的取值如下：

$\beta = 0.97$

（二）农户两阶段选择模型最优解

在探讨农户金融素养与个人财富积累及与风险资产投资间的关系时，通过最大化两阶段的农户消费效用函数，可以确定其最优金融素养水平，以及农户最优总收入积累情况和最优资产购买量及最优风险资产投资。

1. 农户最优金融素养水平 h_i^*

将以上参数校正确定的 A、B、T_0，代入 h_i^* 式（7-16）中，可得

$$h_i^* = \frac{T_0 B + A}{2} = 6.8499$$

即农户效用最大化的金融素养水平为 6.8499，在甘肃康县、青海乐都区实际统计的 995 户农户的平均金融素养水平为 4.4884，可以看出，农户的平均金融素养显著仅有最优的金融素养水平的 65.53%。根据调研问卷数据计算，995 户农户中金融素养水平显著高于最优金融素养水平 6.8499 的有 178 户，占比 17.89%，低于最优的金融素养水平的有 817 户，占比 82.11%。总体来看，贫困地区康县、乐都区样本农户的金融素养水平偏低。这实际反映了贫困农村地区的普遍情况。

2. 农户最优总收入 W_i^*

将以上参数校正确定的 A、B、k、T^0 和 h_i^* 值代入农户的最优财富 W_i^* 式（7-22）中，可得

$$W_i^* = \left(T_0 - \frac{h_i^* - A}{B} \right) k\, h_i^* = 79.8749$$

上述结果意味着农户在效用最大化下的工作总收入为 79.8749 万元，上式中的 $(h_i^* - A)/B$ 表示农户最优的受教育年龄为 27.59 岁，按照本章对受教育数据的处理情况，可知农户效用最大化的受教育程度为高中及以上学历。若毕业年龄为 27.59 岁，那么工作年限为 37.41 年，经计算 995 户农户 2017 年人均收入为 1.3362 万元，可大概估计出每一农户在工作时期的总收入为 49.9872 万元，低于效用最大化下的最优的个人总收入 79.8749 万元。

3. 农户最优资产购买量 E_i^*

将以上参数校正确定的 s、α、β、W_i^* 代入农户最优资产购买量 E_i^* 中，即代入式（7-21）可得

$$E_i^* = \frac{W_i^* + \dfrac{ln\beta(1+s)}{\alpha}}{2+s} = 39.5815$$

上述结果表明农户在效用最大化下购买的资产总量为 39.5815 万元，式（7-19）可计算出农户最优风险资产投资量 R_i^* 为 8.25 万元，那么无风险资产投资量为 31.3315 万元。农户最优的风险资产投资，即风险资产占比为 20.84%。

二、农户多阶段选择模型的数据模拟

在两阶段模型中设定农户金融素养与其总收入之间呈简单的正相关关系，当深入探讨金融素养如何影响农户财富时，需要建立多阶段动态模型。须确定的参数、方程：多阶段生命周期模型参数、金融素养和个人财富积累的状态转移方程、最优财富积累路径。

（一）多阶段生命周期模型参数的确定

多阶段生命周期模型参数包括：金融素养的折旧率 δ、退休年龄 T、金融素养的新增投资量 φ、获取金融素养所支付价格 p 以及资产收益率函数的参数 σ。

1. 农户年金融素养的折旧率 δ

Heckman（1976）利用工资和劳动供给信息估计了人力资本的年损失率为 3%—7%，Kipps 等（1984）估计了本科毕业生学习金融知识的年损失率为 4—10%。本节在确定农户金融素养时以上述范围为参照，在实际调研的基础上进行调整。首先，统计计算 995 户农户的每一年龄对应的平均金融素养水平，具体分布情况如图 7-1 所示；其次，计算退休时期的年金融素养折旧率。

60 岁以上的农户的金融素养水平下降的幅度较大，由于某些年龄的统计频数较少，数据的波动性较大，故在逐年计算金融素养增量时将其频数小于 10 的年龄剔除，剔除后的年龄段为 30—70 岁。已知退休时期农户的金融素养转移方程为 $h_{t+1} = (1-\delta) h_t$，其年均金融素养的下降率 τ 为

$$\tau = (1-\delta) = \left(\frac{h_{70}}{h_{61}}\right)^{\frac{1}{10}} = 0.98 \tag{7-50}$$

其中，h_{61}、h_{70} 分别为农户 61 岁和 70 岁的实际金融素养水平，所以，农户年金融素养的折旧率 $\delta = 0.02$。

2. 农户退休年龄 T

两阶段模型的退休年龄 T_0 的确定是以农户是否工作为标准，上述 $T_0 = 65$ 是因为农村地区普遍存在年龄较大的农户仍旧劳作的情况，这里须确定的农户退休年龄 T 是以是否存在新增的金融素养投资量为依据，由图 7-1 可知，60 岁以上农户的金融素养水平开始逐渐下降，故在多阶段模型中，设农户的退休年龄为 T，$T = 60$。

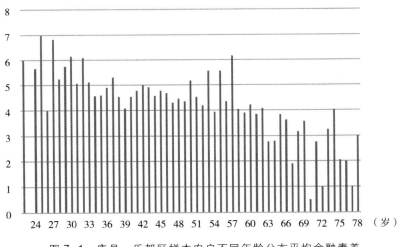

图 7-1　康县、乐都区样本农户不同年龄分布平均金融素养

3. 农户年金融素养的新增投资量 φ

农户素养的新增投资量 φ 意为每年农户金融素养的增量，由已经确定的农户退休年龄 T 可知，农户新增金融素养投资量 φ 发生的时间段为 30—60 岁，已知在此期间的金融素养转移方程为 $h_{t+1} = h_t(1 - \delta) + \varphi$，那么 φ 的具体计算公式为

$$\varphi = \frac{1}{30} \sum_{t=31}^{t=60} h_{t+1} - (1 - \delta) h_t \tag{7-51}$$

经计算，农户年金融素养的新增投资量 φ 为 0.0772。

4. 金融素养价格 p

农户获取金融素养所需的货币或人力（时间、精力）要包括购买金融知识和相关教育（培训）服务所付出货币和时间，可以从两个方面进行考虑。从数量上看，既可理解为农户为获取一单位金融素养所需支付的价格；从时间上看，也可理解为农户为购买一小时的金融知识和金融教育所需支付的价格。第一种理解符合本章模型对于 p 的定义，但不具有操作性。由此，基于第二种含义计算金融素养价格。具体方法为：农户一年内购买金融知识和金融服务的总支出除以新增金融素养投资量 φ。据调研问卷中农户 2017 年支出数据，计算可得康县和乐都区样本农户的人均教育投资为 1364.29 元。参照受教育程度与金融素养水平之间的相关系数为 0.1219，即金融素养投资为 166.31 元（1364.29 × 12.19%），据此获取一单位金融素养所需支付的价格 p 为

$$p = \frac{C_h}{\varphi} = \frac{166.31}{0.0772} = 2154.27 \tag{7-52}$$

5. 资产收益率函数的参数 σ

资产收益率函数的参数 σ 的范围介于 0 和 1 之间，在多阶段模型中设定资产收益率函数 r_t 为金融素养水平 h_t 的幂函数。通过图 7-2 可知，农户处于 30—70 岁间的金融素养水平的范围为 $2.7632 < h_t < 6.1667$，则 30—70 岁之间的 $r_t = h_t^\sigma > 1$，在多阶段模型下，效用最大化的财富与金融素养正相关，当 $h_t^\sigma > (1-\sigma)(1-\delta)$ 成立，由 h_t 取值范围可知，不等式 $h_t^\sigma > (1-\sigma)(1-\delta)$ 恒成立，即在 30—70 岁之间，农户的财富均不断增加，这显然与事实不符，因金融素养水平的测定具有一定的主观性，为使模型的设定更具实际意义，须对金融素养 h_t 进行调整，金融素养调整 h_t^1 公式如下：

$$h_t^1 = h_t - INT[\min(h_t, 30 \leq t < 70)] \tag{7-53}$$

式（7-53）中，$INT(\cdot)$ 为向上取整函数，这里 $INT[\min(h_t, 30 \leq t < 70)] = 3$，$h_t$ 为农户金融素养水平。由于资产收益率 r_t 不仅包括风险资产收益率 r，还包括无风险资产收益率 s，且由两阶段模型可知，最优的风险资产占比为 20.84%，将式（7-36）变形可得：

$$h_{30}^1 = [1 + 0.2084 * r + (1 - 0.2084) \times s]^{\frac{1}{\sigma}} \tag{7-54}$$

可计算出资产收益率函数的参数 σ 为 0.0206。

（二）农户多阶段选择模型的最优解

1. 农户金融素养的状态转移方程

由于农户新增金融素养投资量只发生在工作时期，故对 h_t 须分两个阶段考虑，首先考虑农户工作时期的金融素养状态转移方程，由于 $h_{t+1} = (1 - \delta) h_t + \varphi(t \leq T)$，初始状态的金融素养存量为 h_0，虽然问卷数据统计的农户（户主）的年龄范围是 24—85 岁，但由于某些年龄的统计频数较少，数据的波动性较大，所以将频数低于 10 的年龄段剔除，这样处理后的初始年龄为 30 岁，工作时间为 30—60 岁，那么，在此期间的金融素养转移方程为：

$$h_{t+1} = 0.98 \, h_t + 0.0772 (t \leq 60) \tag{7-55}$$

其次考虑农户退休时期的金融素养状态转移方程，由于在退休时期 $\varphi = 0$，所以 $h_{t+1} = (1 - \delta) h_t (t > T)$，由图 7-1 可知 $h_T = 4.0383$，就有

$$h_{t+1} = 0.98 \, h_t (t > T) \tag{7-56}$$

根据已确定的金融素养转移方程，可计算不同年龄下拟合的金融素养水平，具体分布情况如图 7-2 所示。结合状态转移方程的定义可知，农户从 30 岁至 60 岁期间的金融素养水平不断递增，但 60 岁以后，其金融素养水平不断递减，对比拟合图 7-2 与实际金融素养的年龄分布图 7-1 可知，两者分布特点比较一致。由此说明将 60 岁确定为金融素养衰减的年龄节点符合事实。

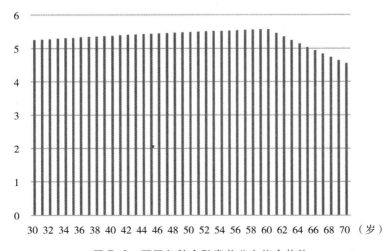

图 7-2　不同年龄金融素养分布拟合趋势

2. 农户年储蓄额 $y_t - c_t$

在统计和计算农户年储蓄的问题上，本章借助调研问卷数据，统计康县、乐都区 2017 年农户的收入与支出，并计算农户每一年龄对应的储蓄额的平均值，统计年龄段为 30—70 岁。具体计算方法分三个步骤：第一步，统计样本农户 2017 年总收入水平，并计算不同年龄下的平均收入水平；第二步，统计样本农户 2017 年的总支出水平，并计算不同年龄下的平均支出水平；第三步，计算不同年龄的平均储蓄，即平均收入减去平均支出，具体情况如图 7-3 所示。

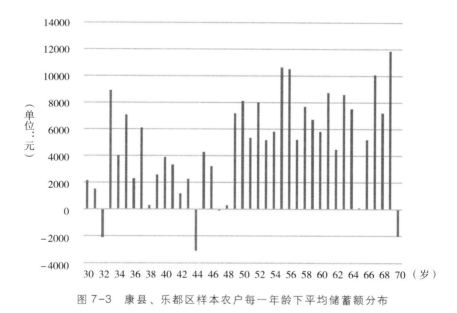

图 7-3 康县、乐都区样本农户每一年龄下平均储蓄额分布

如图 7-3 所示，农户在 50 岁以前的年均储蓄较少，大多低于 5000 元，年均储蓄为 3043.54 元，50 岁以后的年均储蓄增加明显，每户年均储蓄为 6662.56 元。

3. 农户最优财富积累路径

由多阶段模型的结论可知，农户的最优财富积累路径满足式（7-47）：

$$W_t^* = \left[\frac{-p(1-\delta)}{h_t^\sigma} + p \right] \frac{(1-\delta)\, h_t}{\sigma} - y_t + c_t + p\varphi$$

将已确定的参数 p、δ、φ、σ、h_t 以及 $y_t - c_t$ 代入以上式，可得图 7-4。

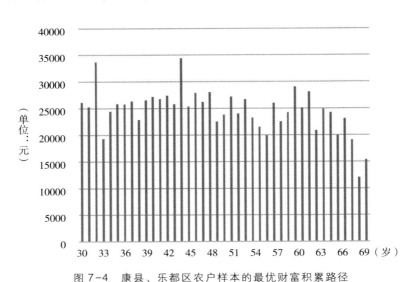

图 7-4　康县、乐都区农户样本的最优财富积累路径

由图 7-4 可知，农户在 30—50 岁之间的个人财富大致呈现不断递增态势，平均年增量为 772.77 元，50—60 岁之间的财富围绕人均值为 24484.36 元波动，60 岁以后农户财富处于不断递减态势。

第四节　测评框架与测评标准

一、金融素养测评一般框架

Lusardi、Mitchell（2008）提出对关于测评金融素养的三个维度，即复利、通货膨胀和风险多样性，但对测评内容方面颇受争议。较为全面的金融素养测评框架起源于由经济合作与发展组织（OECD）于 2000 年开发的 PISA 测评框架，随着学者们对金融素养理解的不断深入，目前 PISA 测评框架从金融知识认知的内容、过程两大范畴共 11 个方面对金融素养进行分析和测定，表 7-2 罗列了 PISA 金融素养测评框架的范围、内容以及具体含义。

表 7-2　金融素养基本测评指标框架

	PISA 金融素养测评框架的范畴和内容	具体含义
内容	1. 货币和交易：对货币的不同形式和用途的理解，以及对简单财务问题的处理能力，如货币价值、银行卡、银行账户等	（1）对货币形式及用途的理解：对货币概念的理解；（2）简单财务问题的处理能力：利率的理解和计算能力；（3）能理解货币时间价值；（4）银行卡、银行账户等知识：对银行金融产品了解
	2. 规划和理财：记录收入、支出，利用资源提高金融福祉的基本技能	（1）制订定期支出和储蓄的预算计划——收入规划意识；（2）了解储蓄复利的影响——复利计算能力
	3. 风险和回报：管理、控制风险及对金融产品潜在收益和损失的理解	（1）对金融产品收益和损失的理解——风险回报认知；（2）对管理、控制农产品生产风险的理解——风险多样性认知
	4. 金融环境：金融体系特征	对消费者在金融环境中的责任与义务的理解——信用评价
过程	1. 识别金融信息：寻找和获取金融信息及识别它们之间关联性的能力	识别银行账单余额和通货膨胀——复利计算能力、对通货膨胀的理解
	2. 分析金融背景中的信息：在金融环境中惯犯的认知活动	在金融背景下识别金融信息的潜在影响——贷款利率选择能力
	3. 评估金融问题：在特定背景下运用金融知识做出金融判断的能力	贷款利率选择能力
	4. 应用和理解金融知识：在特定金融背景下，运用金融产品和背景的知识，采取有效行动	（1）计算超过两年的贷款利率——复利计算能力；（2）理解购买力——通货膨胀理解；（3）在特定背景下采用有效金融行为——贷款利率选择能力
	5. 家庭和家人：维持家庭所需费用及相关金融问题	收入规划意识
	6. 个人金融：个人金融决策及其相关的利益、风险和责任	（1）挑选个人产品和服务的风险和责任——储蓄责任意识；（2）贷款决策——贷前准备、利率比较能力
	7. 社会金融：经济利益与社会利益的相互影响	了解金融消费者的权利和义务，理解政府政策——储蓄责任意识、投资意识

二、农户金融素养测评标准

依据不同的经济发展水平，居民金融素养所包含的内容可能也会有差异，鉴于中国贫困农村地区居民的金融活动内容与一般居民实际存在较大差异，本节在 PISA 金融素养测评框架的基础上，结合中国农村金融发展程度与贫困地区农村居民的实际特点，对金融素养测评框架的内容进行转化。实际选取有关金融素养测评的 8 方面问题，其中 3 项关于基本金融知识认知，5 项有关金融知识的运用。比较而论，对金融知识的运用对测量金融素养有较大的影响。为使测量问题的得分均匀分布，设置问题的最高得分为 2，如表 7-3 所示。

表 7-3　农村居民金融素养测评框架

测评内容	测量题干	选项及得分
基本金融知识认知	1. 您了解哪些金融服务与产品？ A. 存折　B. 银行卡　C. 信用卡　D. 网银　E. 银行保险或理财产品　F. 黄金业务	不了解 = 0，了解 1 类或 2 类 = 1，了解 3 类及以上 = 2
	2. 假如您将 100 元存入银行，银行存款年利率是 5%，物价每年上涨 3%，您这 100 元在银行存一年以后能够买到的东西？ A. 比一年前多　B. 与一年前一样多　C. 比一年前少　D. 不清楚	选择 A = 2，选择 B、C = 1，选择 D = 0
	3. 您获取金融知识的渠道是： A. 从未获得相关知识　B. 亲朋好友　C. 广播电视、报纸书籍及网络　D. 政府宣传 E. 金融机构工作人员	没有渠道 = 0，选择 1 种或 2 种渠道 = 1，选择 3 种渠道及以上 = 2
金融知识运用	4. 您认为从农商行、农行或其他银行能得到贷款的重要因素是： A. 有抵押物　B. 历史信用好　C. 有好的项目　D. 与贷款机构人缘好　E. 有担保人　F. 其他途径	不选择 = 0，选择 1 种和 2 种因素 = 1，选择 3 种因素及以上 = 2
	5. 假如您获得 10 万元贷款，您将用于： A. 生产　B. 投资　C. 消费　D. 其他	选择 A 和 B = 2，选择 A 或 B = 1，选择 C 或 D = 0
	6. 急需资金时您愿意选择的贷款渠道是： A. 亲友无息借款　B. 典当及民间借贷（向钱庄）　C. 农行及农商行　D. 邮政储蓄银行　E. 村镇银行、资金互助社和小额贷款公司　F. 其他_____（请注明）	没有渠道 = 0，选择 1 种渠道 = 1，选择 2 种渠道及以上 = 2
	7. 如果有富余的钱，您是否将钱存入银行或农商行？ A. 是（其首要目的是：①获得利息；②存起来安全；③预防不时之需）B. 不是	是 = 1，否 = 0
	8. 假设您有 10 万元可以投资，成功的可能性是一半，如果成功，您将得到 30 万元，如果不成功，您将损失这 10 万元，您是否会投资？ A. 是　B. 否	是 = 1，否 = 0

本节沿用 Lusardi、Mitchell（2008）在测量金融素养水平时的处理方法，认为回答"不清楚"的农户比回答错误的农户更缺乏金融素养，统计计算了995户户主的问卷信息，按照表 7-3 计算得分，农户金融素养得分情况如图 7-5 所示。

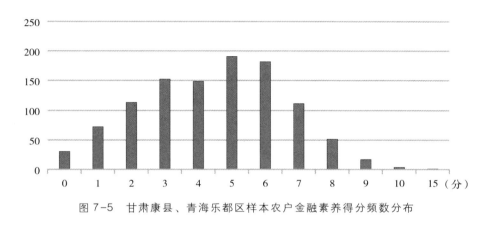

图 7-5　甘肃康县、青海乐都区样本农户金融素养得分频数分布

由图 7-5 可知，995 户户主的金融素养水平得分最高为 15 分，大多集中在 2—7 分之间，占比 83.5%，户主得分 7 分及以上占比 17.24%。总体来看，甘肃康县、青海乐都区样本农户的金融素养水平处于中等偏低位置。

为论证第八章理论模型得到的农户金融素养与风险资产投资及与收入间的倒 U 形关系，本章利用甘肃、青海贫困农村地区的田野调查数据进行实证分析，实证研究包括：一是探讨金融素养与投资间的关系，即两阶段模型得出的金融素养与风险资产投资是否满足 U 形关系；二是讨论金融素养与收入之间的关系，即多阶段模型得出的金融素养与收入是否满足倒 U 形关系；三是分析农户金融素养形成及影响因素。

第五节　金融素养对农户实体经济多重影响

为深入探讨农户的投资行为，须将农户投资进一步分为：实际信贷规模、生产性投资意愿、正确投资选择及固定资产投资四个方面。其中，农户生产性投资意愿与实际信贷规模相比，体现了农户生产发展的意愿与现实条件约束间的差距，农户正确投资率反映农户投资行为的合理性和科学性，农户固定资产投资具体指房屋和土地的投资，因房屋支出占农户总支出比重很大，其与农户消费、储蓄间的关系是非常紧密的。

一、各因素分析与解释变量

影响农户投资的因素很多，具体可分为个人因素和社会因素两大类，个人因素包括性别、年龄、收入、受教育程度等，社会因素主要指家庭因素、教育环境等。由于数据的可得性及实地调研时的外部环境的类似性，这里仅考虑个人因素对农户投资的影响。

1. 性别。例如，Lusardi（2011）等发现女性金融素养低于男性，说明男性在家庭投资决策方面更具主动性，因性别产生的金融素养的差距与各自金融素养形成方式、自信心、社会经济地位等因素有关（Bucher-Koenen 等，2012）。从本节计算出的 995 个户主的金融素养水平可知，男性的平均金融素养得分为 4.524，高于女性得分平均值的 4.092，可知男性金融素养高于女性。后文实证过程中，将女性作为基组，男性作为对照组。

2. 年龄。相关研究在讨论个人投资决策时均考虑年龄因素的影响，认为个人的投资需求符合生命周期的特点，即投资需求伴随着年龄的变化而变化，呈 U 形曲线或呈倒 U 形曲线。如秦建群等（2011）、徐璋勇和杨贺（2014）、刘立民等（2018）。也有不同观点，即认为个人的投资行为与年龄无关，如韩俊等（2007）、刘西川等（2014）。故在分析农户投资行为时，将年龄作为控制变量，通过对田野调查数据分析加以论证。

3. 受教育程度。受教育程度对个人投资行为的影响比较直接，一般来讲，受教育程度越高，知识存量及学习能力越强，参与金融市场的成本较低，则投资需求会比较强烈，在实证研究中也论证这一观点，如胡金焱和张博（2014）等对此做了分析等。调研问卷中的受教育程度分为三个级次：小学及以下、初中、高中及以上。经统计计算，受教育水平不同的农户投资行为各有不同，具体分析中将小学及以下学历的农户作为基组，将初中学历、高中及以上学者作为对照组。

4. 金融素养。在论证受教育程度对个人投资影响的实证分析过程中，有些学者并未得到个人受教育程度显著影响投资行为的结论。一种解释可能是：金融知识及金融知识的运用能力所形成的金融素养不同于受教育程度，且两者不存在完全替代关系，所以影响个人投资行为的是金融素养而非受教育程度。支持上述观点的学者有：吴雨等（2016）、宋全云等（2017）。有鉴于此，在讨论农户投资的影响因素时，将农户的金融素养作为重要解释变量。

5. 收入。一般来讲，收入对投资的影响比较直观，存在两者之间的双向因果关系，一方面，当家庭增收时，为进一步扩大生产规模，投资需求会比较强烈。秦建群（2011）、刘西川（2014）等对此做了论证；另一方面，当投资投入生产时，可能使得家庭收入增加。以此说明投资与收入之间存在着内生性问题，故寻找适当的工具变量处理内生性问题显得很重要。

6. 职业。在讨论不同的职业对投资行为的影响时，大多数学者们仅考虑两种情况，将传统种植养殖业和以务工为主进行对比。秦建群（2011）、胡金焱和王博（2014）认为以传统种植养殖为主的农户更易产生投资需求。何广文和李莉莉（2005）、黄祖辉（2009）认为以务工为主的农户家庭收入支出比较稳定，因而不易产生投资需求。课题组 2018 年 5—7 月在西北两省贫困农村地区所收集调研问卷涉及的农户职业类型有传统种植养殖业、餐饮服务业、个体工商业、家庭作坊、运输业、工匠、工长等，经计算发现不同职业从业者的投资与信贷行为存在较大差异，为进行对比，将从事运输、传统种植、养殖、林果药材的职业为基组，从事餐饮服务业、工长、个体工商业、加工作坊和工匠农户的职业类型统称为 typ1，为对照组。

经计算，甘肃省康县、青海省乐都区 995 个农户户主 2017 年的生产性意愿贷款、实际贷款规模、正确投资选择、固定资产投资及其影响因素得分的统计性描述情况如表 7-4 所示，变量总收入的单位为万元。

7. 生产性投资意愿：具体对应问卷中涉及种植、养殖、设备加工、商业运营、运输工具五个方面的意愿贷款量。

8. 实际贷款规模：为农户 2017 年的实际借贷数量。

9. 正确投资选择：具体指问卷中"假如您有一个项目，分两年完成投资，两年共需要投资 30 万元。以下 3 种投资方案您选择哪一种? A. 第一年投资 10 万元, 第二年投资 20 万元; B. 每年投资 15 万元; C. 第一年投资 20 万元, 第二年投资 10 万元; D. 不清楚"问题设定, 选择正确备择答案, 即意味着正确投资选择, 正确选择情况; 固定资产投资具体指农户的住房和土地方面的投资。

表 7-4 康县、乐都区农户金融素养及影响因素的描述性统计

解释变量	频数	最大值	最小值	均值	标准差
性别 (gen)	995	1	0	0.995	0.0707
年龄 (age)	995	86	24	50.5857	10.9456
受教育程度 (edu)	995	3	1	1.6422	0.7385
金融素养 (h)	995	15	0	4.4884	2.1423
总收入 (inc)	995	100	0.06	6.0289	6.7260
职业类型 (typ)	995	1	0	0.3516	0.4792
生产性投资意愿 (I^d)	995	10	0	3.3446	4.5529
信贷规模 (loan)	995	84	0	1.3305	4.2568
正确投资选择 (I^c)	995	2	0	0.747	0.6052
固定资产投资 (I^f)	995	463.5	0	35.82	27.84

二、多元线性回归模型构建

为研究农户的金融素养水平对农户信贷规模、生产性投资意愿、正确投资选择和固定资产投资的影响, 本节建立多元线性回归模型。因模型中可能存在内生性问题, 故须对以上四类被解释变量分别进行内生性检验和弱工具变量检验。下文以农户信贷规模为例建立模型, 其他三类解释变量的计量模型构建与其相类似。事实上, 影响 4 类被解释变量因素有别, 不过, 为了观察解释变量对不同被解释变量影响强弱, 在同一模型推导框架中分析亦有其合理性。以农户 2017 年的信贷规模为被解释变量, 解释变量如前文分析, 分别为性别、年龄、受教育程度、金融素养、个人总收入与职业类型。结合图 7-2 以及理论模型, 可知年龄变量与金融素养大致呈倒 U 形变化趋势, 故引入年龄的二次项, 具体形式如:

$$loan_i = \beta_0 + \beta_1 gen_i + \beta_2 age_i + \beta_3 age_i^2 + \beta_4 edu_i + \beta_5 h_i + \beta_6 inc_i + \beta_7 typ_i + \mu_i$$

$$(7-57)$$

由于信贷规模可能与个人总收入间存在内生性问题，在对以上模型回归分析前，须对解释变量进行外生性检验，即豪斯曼检验，其原假设为"所有解释变量均为外生"，也就是说不存在内生变量。豪斯曼检验结果如表 7-5 所示。可以看出，由于 p 值为 0.0081，可以在 1% 的显著水平上拒绝"所有解释变量均为外生"的原假设，即认为存在内生变量。由于本节选取的解释变量中除收入外，均为前定变量，可以推测个人总收入可能为内生变量。为证明模型所具有的内生性问题，以下进行内生性检验。

表 7-5 金融素养解释变量的内生性检验

变量	$IV(b)$	$OLS(B)$	$(b-B)$ 差分	Sqrt
收入（inc）	1.0861	0.1899	0.8961	0.3386
性别（gen）	0.2335	0.2555	-0.0219	0.0083
年龄（age）	0.9306	0.9721	-0.0415	0.0157
年龄平方（age_sq）	0.9102	0.9531	-0.0429	0.0169
受教育程度（edu）	0.1831	0.2259	-0.0427	0.0161
金融素养（h）	0.2154	0.2957	-0.0803	0.0576
职业类型（typ）	0.2357	0.3100	-0.0744	0.0281
常数项	-0.4542	1.1152	-1.5694	0.5929
统计量 $chi = (b-B)'[(V_b-V_B)^{\wedge}(-1)](b-B) = 7.01$ $p > chi = 0.0081$				

由于需考虑总收入这一变量的内生性问题，故须引入工具变量 x_i。内生变量的选择须满足以下两个条件：其一，相关性：工具变量与内生解释变量相关，即 $Cov(x_i, inc_i) \neq 0$；其二，外生性：工具变量与扰动项不相关，即 $Cov(x_i, \mu_i) = 0$。

满足以上两个条件意味着，工具变量影响被解释变量的唯一渠道是通过与其相关的解释变量传导，工具变量的选取一般选择滞后变量。本节选取农户家庭子女的数量作为总收入的工具变量。一方面，某一年农户的户均收入与家庭子女数相关，一般情况下，家庭子女数越多，家庭负担越重，农户增收的意愿越强烈；另一方面，由于滞后变量已经发生，与当期的扰动无关。

传统的工具变量法是通过"二阶段最小二乘法"来实现的，即通过两个回归完成。具体如下：

第一阶段回归：用内生解释变量 inc_i 对工具变量 x_i 回归，采用 OLS 方法，得到内生变量的拟合值 $\hat{inc_i}$。具体形式如下：

$$inc_i = \alpha_0 + \alpha_1 gen_i + \alpha_2 age_i + \alpha_3 age^2{}_i + \alpha_4 edu_i + \alpha_5 h_i + \alpha_6 typ_i + \alpha_7 x_i + \varepsilon_i$$

$$(7-58)$$

第二阶段回归：用被解释变量 $loan_i$ 对第一阶段回归的内生变量拟合值 $\hat{inc_i}$ 采用 OLS 方法进行回归，具体形式如下：

$$loan_i = \beta_0 + \beta_1 gen_i + \beta_2 age_i + \beta_3 age^2{}_i + \beta_4 edu_i + \beta_5 h_i + \beta_6 \hat{inc_i} + \beta_7 typ_i + \upsilon_i$$

$$(7-59)$$

其中，$\upsilon_i = \mu_i + \beta_4(inc_i - \hat{inc_i})$，因为 $\hat{inc_i}$ 与 υ_i 不相关，故 OLS 估计量无偏。具体回归结果如表 7-6 所示。

表 7-6　农户信贷影响因素的两阶段最小二乘法回归结果

信贷（$loan$）	（1）	（2）	（3）	（4）
性别（$male$）	0.3266	0.3234	0.1895	0.3505
年龄（age）	-0.0193	-0.0231	-0.0267	-0.0316
年龄平方（age_sq）	-0.0001	-0.0001	-0.0001	-0.0001
金融素养（h）	0.2312***	0.4242	0.2244***	0.2264***
金融素养平方（h^2）		-0.0228		
高中毕业（edu_hig）			0.0734	0.0851
初中毕业（edu_mid）			-0.3636	-0.3548
职业类型（$typ1$）				0.2752
收入（inc）	-0.0125	-0.01527	-0.0135	-0.0219
常数项	1.3468	1.1419	1.8769	1.8908
R^2	0.0176	0.0178	0.0186	0.0184
p 值	0.0024	0.0041	0.0083	0.0107

总体来看，以上回归方程均在 1% 的水平下显著，两阶段最小二乘法回归结果均表明农户金融素养对其信贷具有稳定的正相关关系，且金融素养的回归系数均在 1% 的水平下显著。将回归结果（1）与回归结果（2）比较可知，将农户金融素养的平方项引入方程后，虽然从理论上得到农户金融素养与其借贷规模呈倒 U 形关系，但实证回归系数均不显著，可能是多重共线性导致的，故舍弃平方项；将回归结果（1）与回归结果（2）、回归结果（3）对比可知，随着逐步加入受教育程度及职业类型等变量，金融素养的回归系数比较稳定，均显著，且方程的拟合系数也有所提高。具体而言，由回归结果（4）可知，在其他控制变量不变的情况下，农户金融素养水平提高 1 个单位，农户的信贷规模将增加 0.226 万元。

为判断所选取的工具变量是否有效，须进行不可识别检验和弱工具变量检验，不可识别检验的直观意义是验证工具变量与解释变量是否相关，而弱工具变量检验的意义在于判断工具变量与解释变量是否微弱地相关，由于本节中选取的工具变量唯一，故无须进行过度识别检验。不可识别检验和弱工具变量检验结果如表 7-7 所示。

表 7-7　工具变量的不可识别和弱工具变量检验

第一阶段回归的统计描述					
变量	R^2	调整后 R^2	局部 R^2	F 统计量	p 值
inc	0.0662	0.0614	0.0554	74.2782	0.000
Shea's partial R^2 统计描述					
变量	Shea's partial R^2		调整后 Shea's partial R^2		最小特征值统计量
inc	0.0554		0.0516		57.929
Wald 检验结果					
	10%	15%	20%	30%	
2SLS 的 5% Wald 检验	16.38	8.96	6.66	5.53	
LIML 的 5% Wald 检验	16.38	8.96	6.66	5.53	

由表 7-7 可以看出弱工具变量的统计量 Shea's partial R^2 为 0.0554，F 统计量为 74.2782，F 统计量的 p 值为 0.0000，除此之外，最小特征值统计量为

57.929，大于对应的临界值 8.96，故可以拒绝"弱工具变量的原假设"，即工具变量和内生解释变量强相关。检验过程证实，选取家庭子女数量作为个人总收入的工具变量有效。

三、农户投资类别的实证分析

类似地，在以农户生产性信贷意愿、正确投资选择、固定资产投资为因变量时，处理内生性所选择的工具变量仍然为子女的数量，也同样通过了弱工具变量的检验。使用两阶段最小二乘法估计参数。具体的回归结果如表 7-8 所示。

表 7-8 农户四类投资因素的两阶段最小二乘法回归结果

	信贷规模（1）	生产性投资意愿（2）	正确投资选择（3）	固定资产投资（4）
性别（male）	0.3505	−1.3284	0.1628	20.8333
年龄（age）	−0.0316	−0.1266	−0.0164	−1.6475**
年龄平方（age_sq）	−0.0001	0.001	−0.0001	0.0153
金融素养（h）	0.2264***	0.5779***	0.1217***	0.7773*
初中毕业（edu_mid）	0.0851	0.1259	0.0264	3.5518*
高中毕业（edu_hig）	−0.3548	−0.3269	−0.0749	5.0672*
职业类型（typ_1）	0.2752	0.1637	0.008	2.0017
收入（inco）	−0.0219	0.0102	−0.0003	0.2841*
常数项	1.8908	5.5899*	0.4412	50.0211**
R^2	0.0184	0.0178	0.1783	0.0125
p 值	0.0107	0.0041	0.0000	0.011

注：***、**、* 分别表示在 1%、5%、10% 的水平显著

由表 7-7 可知，总体来看，以上回归方程均整体显著，农户金融素养对其信贷规模、生产性投资意愿、正确投资选择及固定资产投资均具有显著的正向影响，其中，农户金融素养对其固定资产投资和生产性投资意愿的影响较大，对其信贷规模的影响次之，对其正确投资选择的影响最小。具体而言，在其他变量固定不变的条件下，农户金融素养水平提高 1 个单位，其固定资产投

资增加 0.7773 万元，其意愿生产性投资增加 0.5779 万元，其信贷增加 0.2264 万元，对其正确做出投资选择的概率会增加 12.17%。

进一步分析可得：对比表 7-8 中（1）和（2）可知，农户的金融素养对其生产性投资意愿的影响，是对其信贷规模影响的两倍多，说明农户实际的生产投资意愿大部分没有得到满足。这一方面体现了农户强烈的生产发展意愿，另一方面间接地体现了现有农村金融机制的不完善。表 7-8 中回归结果（3）表明，若想提高农户正确投资的概率，一种可行的方式是提高其金融素养水平。

表 7-8 中回归结果（4）显示，受教育程度对农户固定资产投资的影响最大，与小学毕业农户拥有的固定资产相比，高中毕业农户的固定资产多 5.0672 万元，初中毕业农户的固定资产投资多 3.5518 万元。金融素养对农户固定资产投资的影响次之，农户的年龄与其固定资产投资间呈现负相关关系，可能是由于调研对象以年长者为主造成的。

四、农户金融素养对收入的影响

为研究农户金融素养对收入的影响，尤其在不同的时间跨度下农户收入变动的原因，本节所使用的数据分别来自刘明主持的国家社科基地项目课题组 2008 年对青海省民和县、乐都县、湟中县的 815 份调研问卷，以及同一课题组依托教育部人文社科重点基地"十三五"重大项目组织的 2018 年对青海省乐都区、甘肃省康县的 995 份调研问卷①。本节选取户主的性别、年龄、受教育程度、户主职业类型、家庭人口、家庭土地规模等变量，核心解释变量为户主的金融素养，对于 2008 年 815 户户主的金融素养的测评标准依据表 2。

由于 Rooij（2011）和 Behrman（2010）提到金融素养可能与家庭收入两变量间存在内生性问题，为寻找金融素养的工具变量，将金融素养测量题干作为拟工具变量进行筛选，最终选择测量题干 5 "假如您获得 10 万元贷款，您

---

① 取自 2008 年、2018 年两个年份截面的客观基础：第一，均为国定贫困县；第二，乐都县（区）在两次调研期间均进入样本范围；第三，康县、湟中、民和均属于浅山区，同属贫困山地经济区域；第四，2008 年、2018 年农民人均可支配收入分别为 4761 元、14617 元。

将用于生产、投资、消费还是其他?"回归结果如表 7-9 所示。

表 7-9　农户收入影响因素的两阶段最小二乘法回归结果

收入（income）	（1）	（2）	（3）	（4）
性别（male）	4.3753	4.3753	4.9001	5.1516
年龄（age）	0.4678	0.4284	0.4284	0.4512
年龄平方（age_sq）	−0.003	−0.003	−0.0003	−0.0003
金融素养（h）	4.5892*	4.6529*	4.6529*	5.1545
高中毕业（edu_hig）		1.9971	1.9972	2.1903
初中毕业（edu_mid）		1.6375	1.6375	1.5679
职业类型（typ_1）		0.1396	0.1396	0.3817
信贷（loan）				−0.448
2008 年年份变量（year08）			√	√
2018 年年份变量（year18）	√	√	√	√
常数项	−37.586	−38.5452	−38.5452	−41.1083
R^2	0.000	0.000	0.000	0.000
P 值	0.532	0.5678	0.5678	0.7224

注：***、**、*分别表示在 1%、5%、10%的水平显著

　　回归结果表明：对于所选取的解释变量而言，农户金融素养与家庭收入间存在稳定的正相关关系且显著，但整体的回归效果均不理想，F 检验的 P 值均比较大，且方程整体的拟合程度 R^2 不高，可能在数据收集及整理方面存在偏误。对比回归结果（2）和（3）可知，对于贫困地区农户收入的影响因素而言，不存在结构性的差异，农户的金融素养水平对家庭收入的影响比较稳定。

第六节　农户金融素养影响因素

　　前文实证分析得到农户金融素养对其投资行为具有显著影响，农户金融素养与其收入间也存在正相关关系，有鉴于此，研究农户金融素养的形成及影响因素，在可能条件下，通过多种途径提高农户金融素养水平，就显得尤为重要。现有金融素养研究发现，影响金融素养水平的因素很多，具体可个人因素

和社会因素两大类，个人因素包括性别、年龄、收入、受教育程度等，社会因素主要指家庭因素、教育环境等。本章仅考虑个人因素对农户金融素养水平的影响。

一、各因素分析与解释变量

1. 性别。例如，Lusardi（2011）等发现女性金融素养低于男性，说明男性在家庭投资决策方面更具主动性，因性别产生的金融素养的差距与各自金融素养形成方式、自信心、社会经济地位等因素有关（Bucher-Koenen 等，2012；OECD，2014）。从本节计算出的 995 个户主的金融素养水平可知，男性的平均金融素养得分为 4.524，高于女性得分平均值的 4.092，可知男性金融素养高于女性，将女性作为基组，男性作为对照组。

2. 年龄。Agarwal 等（2008，2010）发现金融素养与年龄间存在倒 U 形关系，此外，Lusardi（2011）通过调查德国人的金融素养水平，发现人们从少年开始，金融素养水平不断积累，在中年时期，金融素养水平达到顶峰，由中年步入老年时，金融素养水平会逐渐减少。根据在甘肃、青海贫困地区调查样本数据统计计算，发现农户的金融素养得分也体现了上述趋势。户主年龄介于 25—65 岁之间的农户的平均金融素养水平为 4.6265，年龄低于 25 岁和高于 65 岁农户的平均金融素养水平为 3.3302，可直观看出金融素养随着年龄呈现倒"U"形变化趋势，所以在分析金融素养形成因素时，还须考虑年龄的平方项。

3. 受教育程度。金融素养本质是人力资本，人力资本形成的重要途径为教育培训，所以农户的受教育程度对其金融素养的形成有直接关系，普遍认为受教育程度越高，金融素养的水平越高。本节统计计算的农户金融素养水平也具有这一特点，小学及以下学历农户的平均金融素养水平为 4.2731，初中学历农户的平均金融素养水平为 4.5706，高中及以上学历的农户的平均金融素养水平为 5.051，由于受教育程度与金融素养正相关，故将小学及以下学历的农户作为基组，初中学历农户及高中学历农户分别为对照组。

4. 收入。Rooij（2011）和 Behrman（2010）均提到，由于个人财富是由

家庭收入与支出长期积累的结果，所以，金融素养与个人财富间可能存在内生性问题。一方面，金融素养提高有助于提高家庭收入；另一方面，当家庭收入增加时，决策者通过培训、教育以及对金融市场的参与提高目前的金融素养水平，以期获得更好的收益。故将金融素养作为因变量，家庭收入作为自变量时，需引入适当的工具变量。

本节根据农户个人总收入分布情况，将总收入分为三个层次：总收入小于等于 3 万元的农户占比 34.57%，其平均金融素养水平为 4.1503；总收入大于 3 万元小于等于 6 万元的农户占比 33.77%，其平均金融素养水平为 4.6228；总收入大于 6 万元的农户占比 31.65%，其平均金融素养水平为 4.7。总体来看，金融素养与农户收入水平成正比。

5. 职业。不同职业从业者的金融素养存在较大差异，例如，与金融、生产经营行业更为紧密相关的农户的金融素养水平较高。根据户主不同技能统计计算出的金融素养水平体现上述特点。从事餐饮服务业和工长的农户平均金融素养水平最高，分别为 5.9375 和 5.1563；从事个体工商业、家庭作坊和工匠户主的平均金融水平分别为 4.878、4.8333 和 4.8571；从事运输业户主的平均金融素养为 4.64，其余职业的平均金融素养水平低于 4.343。由于职业与金融素养存在某种关系，故将职业类型得分划分组别如下：从事运输、传统种植、养殖、林果药材的职业为基组，从事餐饮服务业、工长、个体工商业、加工作坊和工匠农户的职业类型统称为 typ1，为对照组。

二、多元线性回归模型构建

为研究农村居民金融素养水平的影响因素，建立多元线性回归模型，其中，因变量为农户的金融素养水平，自变量分别为性别、年龄、受教育程度、个人总收入及职业类型，由第三章图 3-1 可知，年龄变量与金融素养可能具有倒 U 形变化趋势，故引入年龄的二次项。模型具体形式如下：

$$h_i = \beta_0 + \beta_1 \, gen_i + \beta_2 \, age_i + \beta_3 \, age_i^2 + \beta_4 \, edu_i + \beta_5 \, inc_i + \beta_6 \, typ_i + \mu_i$$

$$(7-60)$$

同样，为解决金融素养与家庭之间的内生性问题，将子女数量作为工具变量，回归结果如表 7-10 所示。

表 7-10　金融素养影响因素的两阶段最小二乘法回归回归结果

金融素养（h）	（1）	（2）	（3）
性别（male）	1.7499***	1.7812***	1.775***
年龄（age）	-0.0419***	-0.0384***	-0.0386***
年龄平方（age_sq）	0.0004	0.0003	0.0003
收入（inc）	0.1872**	0.1686**	0.1683
高中毕业（edu_hig）		0.4321*	0.4327*
初中毕业（edu_mid）		0.1219	0.1219
职业类型（typ_1）			0.0305
常数项	3.7633***	3.5734***	3.6097***
R^2	0.0005	0.0004	0.0004
P 值	0.0000	0.0000	0.0000

注：***、**、* 分别表示在 1%、5%、10%的水平显著

表 7-10 中两阶段最小二乘法回归结果（1）显示，农户的性别对其金融素养的贡献率最大，其次为户主收入。户主的学历分三种情况：小学毕业及以下、初中毕业，高中毕业及以上，引入两个虚拟变量，由回归结果（2）可知，学历越高的农户其金融素养水平越高。将户主技能分为传统种植养殖业及非种植养殖业两种情况，将传统种植养殖业作为基组，引入一个虚拟变量，由回归结果（3）可知，与传统种植养殖业相比，非种植养殖业的金融素养水平较高，但其回归系数并不显著。

三、农户金融素养分组回归

由表 7-10 回归结果可知，农户的个人年龄、总收入、受教育程度对其金融素养水平影响较大，为进一步探讨不同年龄、不同收入及不同受教育程度下农户金融素养水平形成特点，分以下三个方面考虑，相应回归方法均采用引入工具变量的两阶段最小二乘法。

1. 年龄分组：为讨论不同年龄阶段下，农户金融素养形成的特点，考虑

三个年龄段，即：户主年龄小于 30 岁；户主年龄 30—60 岁，户主年龄大于 60 岁。对应三个年龄分组。

2. 教育分组分析：依据受教育程度对农户进行分组为：小学及以下、初中、高中及以上。分组回归主要讨论与金融素养与户均收入之间的关系。

3. 家庭总收入分组分析：2017 年国家确定的贫困线是农户家庭收入平均为 3070 人/年以下，经统计，康县、乐都区 995 户家庭的户均人口为 4.68，可计算贫困家庭年收入为 1.44 万元，将农户家庭总收入按照 3 倍贫困线以下、3 倍贫困线至 6 倍贫困线、6 倍贫困线以上三个标准划分，即家庭总收入 ≤ 4.31 万元，4.31 万元 < 家庭总收入 ≤ 8.62 万元，家庭总收入 > 8.62 万元。分组回归结果如表 7-11 所示。

表 7-11　农户金融素养影响因素分组回归结果

类别	分组	常数项	性别	年龄	受教育程度	家庭总收入	职业类型
年龄	≤30 岁	2.032	0.3385		0.6895	1.1481***	-0.4207
	30—60 岁	1.9947	0.8454		0.2483	0.1453	0.2262**
	>60 岁	-4.091	2.9832**		0.7698	0.2221	0.009
受教育程度	小学及以下	-2.4216	1.9076***	0.3378		1.1994***	0.0641
	初中	0.774	0.981	0.8564		-0.1662	0.3927**
	高中及以上	1.1774	0.7699	-0.4263		1.3987	0.3017
家庭总收入	≤4.31 万	0.8839	0.1311	1.3702***	0.2308		0.1011
	4.31—8.62 万	0.9341**	0.8318**	0.7618	0.1603***		0.4129
	>8.62 万	3.2274***	-0.3716	0.6577	0.2969*		0.3952***

注：***、**、* 分别表示在 1%、5%、10% 的水平显著

以上分组回归均通过了 F 检验，由表 7-11 可知，与金融素养整体回归相比，分组回归的结果较差，其原因可能因为分组回归更加凸显了极端值在回归中的作用。

对不同年龄农户的金融素养影响因素回归后发现，对于小于 30 岁的户主来说，提高金融素养水平主要依靠个人总收入的提高，具体而言，在其他条件不变的情况下，当小于 30 岁农户总收入增加 1 万元，其金融素养水平显著提

高 1.1481；对于年龄 30—60 岁的户主来说，金融素养水平的主要由于其所从事职业不同，与金融、生产经营等行业相关农户的金融素养水平较高，具体而言，在其他条件不变的情况下，对于年龄 30—60 岁的农户来说，与从事其他职业类型农户相比，从事金融、生产经营等行业农户的金融素养水平高出 0.2262；年龄大于 60 岁以上农户的金融素养水平仅与性别相关。可能的解释为：当农户进入退休阶段，其金融素养水平的高低仅与初始状态相关，具体而言，在其他条件不变的情况下，对年龄大于 60 岁农户来说，男性农户比女性农户的金融素养水平高出 2.9832，说明了贫困农村地区的农户金融素养存在明显的性别差异。

对不同受教育程度农户的金融素养影响因素回归后发现，受教育程度处于小学及以下水平的农户的金融素养水平，一方面与性别有关，另一方面与家庭总收入有关，且呈正相关关系，具体而言，在其他条件不变的情况下，对于受教育程度处于小学及以下水平农户来说，男性农户比女性农户的金融素养水平高出 1.9076，家庭总收入增加 1 万元，其金融素养水平提高 1.1994；最高学历为初中的农户的金融素养水平与其职业类型有关，这一教育水平下的农户具备一定的学习能力，"干中学"可能是提高金融素养的最好途径，具体而言，在其他条件不变的情况下，对于初中毕业的农户来说，与从事其他职业类型农户相比，从事金融、生产经营等行业农户的金融素养水平高出 0.3927；高中毕业及以上学历的农户的金融素养水平与性别、年龄、收入及职业等因素均无关，一方面是由于本节选取的指标比较基础，比较直观，另一方面可能因为受教育程度较高农户提高自身金融素养水平的渠道较多，比如接受金融培训、在实践中提高金融决策能力等。

对于家庭总收入不同农户的金融素养影响因素回归分析可得，农户家庭总收入小于 4.3 万元农户的金融素养水平与自身的年龄相关，年龄越大，积累的金融素养水平越高，具体而言，在其他条件不变的情况下，农户年龄每增加 1 岁，其金融素养水平提高 1.3702；农户家庭总收入大于 4.31 万元小于 8.62 万元农户的金融素养水平与性别、年龄及个人总收入均有关，且均呈正相关关系，其中性别、年龄的影响程度较大，具体而言，在其他条件不变的情况下，性别对农户金融素养的影响最大，与女性农户相比，男性农户金融素养水平高出 0.8318；农户家庭总收入大于 8.62 万元农户的金融素养水平与性别、受教育程度及职业有关，对农户家庭总收入处于较高水平下的农户来说，绝大多数农户为男性，且职业类型对金融素养的影响程度高于受教育程度。

第七节　结　论

一、研究结论

本章对金融素养及其相关因素、金融素养与风险资产投资及农户财富积累间的关系进行探索。理论分析首先建立关于金融素养的跨期选择模型，引入收入函数，建立两阶段的消费约束方程，在此假设条件下，求解消费者效用最大化的最优金融素养水平及风险资产比例，得到最优的风险资产投资量仅与风险溢价及风险资产收益的波动性有关，而与金融素养无关，与现实不符，故将模型拓展至多阶段。在建立金融素养转移方程、财富转移方程基础上，以整个生命周期内的效用最大化为目标，得到农户的财富积累与金融素养呈倒 U 形关系。进而利用调研数据对理论模型进行数据模拟，同样论证了农户金融素养与其财富积累间的倒 U 形关系。实证研究借助问卷数据，建立金融素养的测评框架和方法，对康县、乐都区 995 户农户的金融素养水平进行测算、评价。为了探讨农户金融素养对其投资的影响，将农户投资分为信贷、生产性投资意愿、正确投资选择和固定资产投资四个方面，进一步探究金融素养与收入间的关系，剖析农户家庭财富的增长路径。最后对金融素养的影响因素进行分析。分析结论如下：

1. 西北地区农户的金融素养水平偏低。依据金融素养的测评框架和方法表 7-2 和表 7-3，可得到调研农户的实际金融素养水平如图 7-5 所示。由图 7-5 可知，995 个户主的金融素养水平得分最高为 15 分，且大多集中在 2—7 分之间，占比 83.5%，户主得分 7 分及以上占比 17.24%。总体来看，西北地区农户的金融素养水平处于中等偏低位置。

2. 西北地区农户的金融素养与风险资产投资呈正相关关系。在两阶段模型中，得到农户最优风险资产占比与其金融素养呈现倒 U 形关系，然而，在实证研究中，得到农户金融素养水平与其投资间均具有稳定的正相关关系，农户金融素养对其固定资产投资和生产性投资意愿的影响显著，这源于西北地区农户的金融素养水平偏低，其金融素养水平与投资间的关系仍处于倒 U 形关系的上升阶段。

3. 西北地区农户的金融素养与其个人财富呈正相关关系。在多阶段模型中，得到农户最优财富积累路径与其金融素养水平呈倒 U 形关系，同样在理论模型的数据模拟方面，也得到同样的结论，在实证分析金融素养与个人财富关系时，得到二者间存在稳定显著的正相关关系，可能的解释是西北地区农户金融素养整体水平偏低，其金融素养水平与个人财富间的关系仍处于倒 U 形关系的上升阶段。

4. 农户的年龄、学历、收入均对其金融素养有不同程度的影响。对年龄进行分组：小于 30 岁农户的金融素养水平主要与个人收入有关，30—60 岁农户的金融素养与其职业选择有关；对学历进行分组：小学及以下学历者的金融素养水平与性别及个人收入有关，初中学历者的金融素养水平与职业选择有关，高中及以上学历者金融素养的形成与所选取的基本指标均无关；对收入进行分组：对于总收入小于 4.31 万元的农户的金融素养水平与自身的年龄相关，总收入大于 4.31 万元小于 8.62 万元农户的金融素养水平与性别、年龄及总收入均有关，总收入大于 8.62 万元农户的金融素养水平与性别、受教育程度及职业有关。

二、政策启示

国内外相关研究均表明，金融素养对家庭储蓄、投资与借贷决策具有不容忽视的影响。金融素养水平与借贷和投资意愿正相关，金融素养水平越高，其行为越倾向于理性决策，风险规避意识和投资理财意识越强，最终实现对储蓄、投资和借贷的理性决策，在追求自身效用最大化同时实现收入和财富最大化。本章从理论和实证两个方面论证农户的财富积累与金融素养的正相关关系，试图从专有的人力资本角度为"精准扶贫"以及超越贫困后促进贫困地区农村经济社会可持续发展提供思路。

1. 中国金融教育发展基金会自 2014 年起开始实施"金惠工程——农村中学金融知识普及项目"，但该项目培训对象以农村地区志愿者为主，并未深入涉及贫困农村地区居民。依据本章分析，农户金融素养水平的高低直接决定其金融决策水平，从而对个人财富产生重要影响。若想突破贫困地区农户的发展瓶颈，充分发挥金融素养在家庭决策中的作用，无疑应该将金融教育作为乡村振兴战略的必要内容。建议由中国金融教育发展基金会牵头，重点解决贫困农村地区的金融教育培训问题。

2. 人行和银保监会进一步拓展并完善针对贫困地区农户的金融教育措施，形成一整套提升农户金融素养的教育体系。首先，针对目前农民实际的金融素养水平，根据不同年龄、不同受教育程度及不同收入水平的特点，制定有针对性的金融教育规划。针对 30—60 岁且初中以下学历的农户，可通过培训与生产投资相关的职业技能渗透、提升农户金融素养水平。通过银行同业协会、农业合作社等第三方组织对农户储蓄、信贷和投资进行保护性干预，培养农户的金融风险防范意识。

3. 完善农村金融市场，创新农村金融服务产品，将完善与强化金融服务与提升农户金融。素养的体制、措施相结合。分析农户金融素养对投资的影响时发现，农户生产性投资意愿被压制，说明现存农村金融体制不能很好解决农户投资问题。除了进一步完善农村金融市场外，还应及时发现农户投资需求，创新金融产品，使之与农户的投资需求相匹配，着力解决中低收入农户家庭的生产发展问题，促进农户在生产要素与资本要素组合运行过程中提升金融素养，催生和激发其内生动力。

4. 在对贫困地区农户金融教育培训过程中，重视培养农户的契约精神和产权意识。农户契约意识的提升对其从事经营活动的规模和效率均有重要影响。金融契约意识养成应与诚信、信用意识相结合。农户产权意识具体指农户对宅基地、房屋财产和土地权配置等财产权利的理解和意识觉醒。在当代市场经济条件下，在我国农村领域伴随深化改革目前正在发生巨大变革的情况下，契约精神和产权意识实际是农户金融素养的"上层建筑"，其重要性应该超过一般的金融工具、金融市场知识，其影响在于：农户将真正增加自身自由选择经济金融活动的机会。譬如，若具备契约精神，农户将很有可能规避所谓缺乏抵押物而难以获得信贷的尴尬；只有具备产权意识，农户才有可能最大限度运用拥有（未必所有）的物质或者货币资本获取财产性收入。而非仅仅依靠实现终归是有限劳动力的价值创造家庭财富。

金融素养提升教育应该聚焦克服农户生计脆弱性目标，有针对性并循序渐进地培育贫困农户的创业精神、资本运作意识、风险投资意识、风险控制能力、契约精神及产权（财产）意识。

第 八 章

农户融资意愿及次序偏好

——基于新疆农户调查微观数据

新疆作为西北乃至全国经济欠发达的边疆地区，农业占地区经济总量比重较高。尽管中央政府对新疆的农业投入逐年加大，但由于其自然环境恶劣，经济基础条件薄弱，金融发展滞后等因素，农业发展仍然缓慢。在现有农村金融体制环境中，农户投资以及创业意愿不足亦成为贫困农村地区经济发展的主要瓶颈。因此，选择新疆贫困地区农户的融资行为进行调查分析，深入了解贫困地区农户的融资渠道意愿及其次序偏好，对完善民族地区农村金融体系、强化对农户投融资支持，具有重要意义。

第一节 文献综述

农户借贷行为特征的研究是农村金融制度安排的核心议题之一，脱离了行为主体的考察进行农村金融制度安排，效果会差强人意。伴随农村经济社会的发展，农户具有强烈的融资需求，借贷活动也日益频繁。在国家降低金融市场准入门槛、鼓励民间金融发展的背景下，农村地区正规金融机构与非正规金融机构并存现象普遍，而且非正规金融在很大程度上缓解了正规金融的缺位问题（Petrick，2004），国内外学者对农户借贷行为的研究格外重视，都把对于农户借贷的研究乃至农村经济发展具有举足轻重的作用（Tang，1995）。农户是我国农村社会的微观经济主体，农户融资不仅是一种农户的经济活动，也是一种社会行为。融资通常是指货币资金的持有者和需求者之间，直接或间接地进行资金融通的活动。农户融资从严格意义上讲，不仅仅是信贷问题，信贷只是农户获得金融支持的一种方式。农户还可以通过运用金融资产或变现耐用消费品等来实现直接融资的目的。但是，由于我国农村金融市场发展不完善、产权界限模糊、信息不对称等原因造成了这些融资渠道的堵塞。事实上，农户借贷行为有其自身特征，且借贷需求的差异往往会导致借贷渠道的不同融资，且农户所处的社会经济环境不同，融资渠道选择意愿及次序偏好也受各种因素影响。融资渠道意愿描述的是农户是否愿意选择在农村区域经营多年的老牌金融机构如农信社或农行，或选择非正规渠道获得贷款。融资渠道多元化主要是进一步细化贷款渠道意愿，农户是根据效用最大化的原则在各种融资渠道之间进行选择。目前，中国农户可选择的在融资渠道主要以农信社为主的正规金融和非正规金融为主（钱水土，2008）。国内外已有很多研究表明：农户受到正规金融的信贷约束很普遍，从而会影响其融资需求。然而，农户虽然通过非正规金融能满足资金需求，但非正规渠道资金供给规模偏小，无法满足农户创业性融资需求（孔荣等，2011；张兵，2012；张三峰等，2013；易小兰等，2016；严予若等，2016），普遍认为非正规金融可以满足农户的生存需求，但不能满足农户的发展需求。

关于农户融资次序偏好的研究，Bell 等（1997）发现，由于非正规金融机构的贷款利率高，农户会按照从正规金融机构到非正规金融机构的顺序选择融资路径。国内学者主要是运用意愿调查方法和对所获得数据进行统计描述的方法，分析已经发生的农户融资行为，得出的结论均表明：农户无论是在行为上还是意愿上都更倾向于从非正规金融机构融资（朱守银等，2003；丁志国等，2011）。总体来看，已有研究成果对农户融资路径偏好的特征及其影响因素做了许多有价值的探讨，并得出了一些重要的结论。

新疆作为西北经济欠发达、多民族和边疆地区等多属性叠加地区，经济整体发展水平相对落后，农业在经济总量中所占比重较高。虽然现阶段中央政府对于新疆的农业投入力度在逐年加大，但是本身经济基础薄弱，自然环境恶劣，金融体系不完善，协调机制不健全等因素导致这些地区农业发展仍然缓慢。而农业增产难，农民增收难的重要原因就是农户融资难的问题。一方面，农信社等正规金融机构不愿意贷款给农户；另一方面，农户在向正规金融机构申请贷款的过程中，遇到众多限制条件，往往会望而却步，进而转向融资成本相对较高但融资条件相对宽松的非正规金融机构。因此，选择新疆地区农户的融资行为进行调查分析，对于了解农业大省农户的融资渠道意愿及其次序偏好具有一定的代表性。

本章所用数据是根据 2013 年和 2014 年在新疆开展地方少数民族农户抽样调查所获取的数据整理而成。调查区域位于新疆集中连片特困地区，分别为南疆喀什地区莎车县，巴音郭楞蒙古自治州和静县与和硕县，克孜勒苏柯尔克孜自治州阿图什市，北疆伊犁哈萨克自治州伊宁县，东疆吐鲁番地区吐鲁番市。被调查农户样本采用随机抽样方法选取。首先，从融资目的中可以看出农户融资需求主要在哪些方面。调查地区共有 667 个样本农户调查年份有过各种渠道的借贷交易，占总样本的 93.8%。首先，回答农户为什么对融资渠道会做出不同的选择？从融资目的来看，用于生产性和消费性目的各占一半左右，其中，用于种植肥料贷款占总笔数的 34.6%，是发生频率最高，农户最需要的。消费性贷款的用途多样化，建房和婚丧嫁娶是农户家庭传统大事，样本农户的借贷用途统计结果和当地农户交谈得知，当地农户攀比之风很严重，顾及面子问题红白事大操大办，追求排场，如婚礼中的彩礼的攀升和大宴宾客的情况就从一定侧面反映出其根植于传统的巨大力量在现阶段被强化，可以说，这种生活性贷款用途影响着一个家庭资金状况，可能会影响融资渠道意愿。如表 8-1所示。

表 8-1　农户融资目的

融资目的	频次户数	所占比例（%）	融资目的	频次户数	所占比例（%）
一、生产性	341	44.5	二、消费性	400	52.79
种植肥料	263	34.6	应付灾病	30	3.95
购置农机具	48	6.33	置业建房	160	21.2
购买农用物资	3	0.4	子女上学	5	0.61
商业运营	22	2.90	家具家电	23	3.03
运输工具	4	0.52	婚丧嫁娶	182	24

融资目的	频次户数	所占比例（%）	融资目的	频次户数	所占比例（%）
三、其他	18	2.37			

注：借贷目的为多选题，因而所有融资目的的借款项目频次总和超过借款笔数

Feder（1992）指出发展中国家二元金融结构决定正式借贷满足创业性融资需求但资金供给规模偏小，而非正式借贷只满足消费性需求。作为农村金融市场的资金供给者，正规金融部门和非正规金融部门均在农村金融市场中承担了重要资金供给任务，但具有不同的特点。例如，前者主要满足农户生产投资资金需求，对农户抵押、担保、期限都严格要求；后者更多服务于农户消费性资金短缺，方便，比较灵活。因此，农户在面临不同的融资目的时，其选择的融资渠道也不相同。从表8-2可以看出，农户急需资金或者创业资金首先考虑农信社及其他正规金融，然后通过亲友无息贷款，其他民间渠道像高利贷是不得已的选择。

表8-2　不同情形下农户最愿意选择的融资渠道分布

急需资金时最愿意选择的融资渠道	频次户数	所占比例（%）	扩大再生产或自主创业时最愿意选择的融资渠道	频次（户）	所占比例（%）
农信社=1	481	69.3	自有资金=1	115	16.1
其他正规金融机构=2	22	3.28	农信社及其他正规金融=2	347	48.8
亲友无息贷款=3	171	24.6	亲友借贷=3	227	31.9
其他民间渠道=4	19	2.73	其他民间渠道=4	22	3.09

农户融资渠道选择的影响因素有哪些？在中国各地区不同经济发展水平和二元金融结构的特征下，对农户融资渠道选择的影响因素有很多，已有大量研究对这一问题进行了多视角实证分析，但并没有取得一致的结论。主要影响因素有：家庭规模、劳动力、耕地面积等农户家庭资源禀赋（杨婷怡等，2014；尹超志等，2015）；农户声誉或社会资本（王性玉，2019）；家庭自身禀赋和收入特征（秦建群等，201）；信用和信任（周小刚等，2017）；放宽市场准入（易小兰等，2017）；人力资本对农户创业决策的直接影响和联动影响（董晓

林等，2019）；信息成本（Mushinski，1999）及利率水平也是农户选择非正规渠道融资的主要因素（Yuan Y.，Gao P.，2012）。各个融资渠道各有特点，那么农户究竟遵循怎么样的融资顺序呢？农户选择借贷渠道的时候，会根据借贷用途来决定借贷渠道。已有的研究可以看出，农户自身特征可能会造成其融资渠道选择上的"次序"的关键因素。

综上所述，现有研究成果对农民融资渠道选择的特点和影响因素进行了许多讨论，并提出一些重要结论。然而，研究主要集中在一定因素对农民融资渠道选择的影响，欠缺对这些因素的整体分析。此外，这些研究主要是基于对经济发展省份数据的实证分析，忽视了西部偏远民族地区农民融资渠道选择的特殊性。根据新疆维吾尔族农民的调查数据，首先了解农民的融资目的，然后建立一个离散选择模型，具体分析农户急需资金和扩大经营或创业启动资金时融资渠道选择意愿的影响因素，最后总结出农户融资次序的路径依赖。期望相关研究能够为深入理解民族地区农村金融发展提供微观经验事实。

不同融资渠道在不同地区的活跃程度及行为选择的研究对于促进农户信贷可得性以及推进农村金融包容性发展具有重要的现实意义。近年来家庭效用理论为其提供了一种分析思路，本章使用新疆少数民族农户入户调查的微观数据，从农户家庭初始禀赋状况深入分析影响农户借贷渠道选择以及顺序偏好的成因，力求找到少数民族农户融资行为的差异性特征，并采用多项离散选择模型，检验多种融资渠道并存的情况下哪些因素影响着农户融资渠道选择意愿，以及评估是否存在一定的融资次序偏好。这为政策部门和涉农金融机构更加科学地决策提供理论依据和数据支持，对农户成功获得资金和促进当地农村金融发展具有重要的现实意义。

第二节　研究设计

一、模型选择

经济学中认为消费者在选择某一商品时会给消费者带来某种效用，这种效用可以理解为满足感等，而消费者选择商品的原则就是其满足感或者说效用最大化，决策者在进行选择时，会考量商品及自身经济限制的一些因素，而研究者在建立模型时只观测到其中的一部分，始终存在不能观测到的部分，效用就由这些可观测和不可观测的部分组成。离散模型中最基础并且应用最广泛的离散选择模型当属多项 Logit 模型，而其最著名的应用之一是 1974 年 McFadden 的随机效用最大化模型。

离散选择模型用于描述决策者（个人、家庭、企业或其他的决策单位）在不同的可供选择的选项（如竞争性的产品、行为的过程等）之间所做出的选择（聂冲等，2005）。本节将采用多项离散选择模型（multinomial choice model），即存在多个选择，但不同选择之间没有排序关系。

假设农户 i 有 J 个融资渠道，将在 J 个融资渠道中进行选择，无论选择哪一个融资渠道都可以获得一定水平的效用。第 i 农户对融资渠道第 J 个选择中获得的效用称为 U_{ij}，$J = 1，2，3，...，J$。由于农户进行效用最大化选择，因而行为模型为 $U_{ni} > U_{nj}$ 农户 N 选择项目 i，$i = 1，2，3，...，N$，N 代表样本量。从第 J 个融资渠道中获得的效用由

第 i 个农户的第 J 种选择的效用函数为

$$U_{ij} = V_{ij} + \varepsilon_{ij} = x_{ij}\beta + \varepsilon_{ij} \tag{8-1}$$

式（8-1）中，V_{ij} 为效应函数中的确定部分，和解释变量呈线性关系 $V_{ij} = X_{ij}\beta$，ε_{ij} 为没能包含在 V_{ij} 中的随机项，给 ε_{ij} 指定不同分布假设将产生不同的离散选择模型。式（8.1）中的，$i = 1，2，3，...，N$，$J = 1，2，3，4$；V_{ij} 表示第 i 个农户选择第 J 个融资渠道带来的效用；X_{ij} 代表影响农户 i 选择第 J 个融资渠道的变量，包括农户自身特征。

当 $U_{ij} > U_{ik}(j \neq k)$ 时，如果对于面临 J 种选择的第 i 个农户选择了 J，说明第 J 个选择的效用大于其他选择的效用，即 U_{ij} 最大。那么，农户 i 选择第 J 个融资渠道的概率为

$$prob(x_{ij}\beta + \varepsilon_{ij} > x_{ik}\beta + \varepsilon_{ik} \quad k \neq j \quad k = 1，2，3，4 \tag{8-2}$$

$$prob(Y_i = j) = pr(U_{ij} > U_{ik}) \ \forall k \neq j$$

接着，其问题转化为求 U_{IJ} 最大的顺序统计量。由于影响农户融资选择模

型中的不能知道哪种选择带来最大化效用，因此，为了方便起见，本章假设 $\varepsilon_{ij}(J=1,2,3,4)$ 各融资渠道之间的选择服从相互独立且极值分布 $F(\varepsilon_{ij})=\exp(e^{-\varepsilon_{ij}})$。在上述假设下，根据 McFadden（1974）将农户 i 选择 J 类融资渠道的概率表达为

$$prob(Y_i = j) = \frac{e^{x_i\beta}}{\sum_{j=1}^{4} e^{x_i\beta}} \tag{8-3}$$

式（8-3）为本实证研究采用的多项 Logit 选择模型。利用极大似然法，通过对式（8-3）的似然函数最大化可求得模型参数 β 的解。

农户作为决策主体，行为选择取决于多个潜变量，并且农户融资选择顺序是否存在排序关系并不明确，于是，本章采用了 Ordered-logistic 回归模型。设定三种选择，第一选择为自身资本积累，则赋值 Y_1 为 1；第二选择为内源融资，则赋值 Y_2 为 2；第三选择为外源融资，则赋值 Y_3 为 3。具体方程为

$$y_i = a + \sum_{i=1}^{n} \beta_i x_i + \varepsilon_i \tag{8-4}$$

需要指出的是，多项 Logit 选择模型的大样本一致性估计性质使用要求备选方案不相关性（independence of irrelevant alternatives，IIA）假设。IIA 的原假设认为两种选择的机会比与其他选择的概率无关，因此，在使用多项选择模型之前一般通过 Hausman 或者 Small-Hsiao 检验来判断 IIA 性质的满足情况。本章使用了 Hausman 检验对回归结果展开检验，得到的卡方统计量 $X_2 = [88, 92]$，相应的伴随概率 $[Prob > X_2]$ 为 0.0000，不能拒绝 IIA 假设，表明使用 MNL 模型对农户融资选择意愿的分析是合适的。

二、样本选择和变量设定

国内外学者关于影响农民融资路径偏好影响因素研究取得了很大成就，但主要集中在选择经济计量方法和变量选择上。关于方法的选择，主要是二元 Logit 模型，Probit 模型和 Tobit 回归模型。关于自变量的选择上，通过调查问卷直接获得农户融资意愿相关信息。本处首先对农户融资目的整体情况进行了了解，然后对农户急需资金时最愿意选择的融资渠道和创业或扩大再生产时最愿

意选择的融资渠道影响因素通过四大类（农户自身特征、农户家庭资源禀赋、农户金融意识和地区特征）16 种因素进行回归分析，以保证研究结果的稳健性。最后，对新疆农户融资顺序选择做出了解和判断。

1. 因变量

在调查问卷中，设计"家庭急需资金时，最愿意选择的借贷渠道是什么"和"有适合你的创业项目时，首选的融资渠道是什么"的问题。据此，我们分别考察农户急需资金和扩大再生产或创业时最愿意选择的融资渠道这两种选择意愿。农户融资决策取决于多项潜在变量，农户最愿意选择的渠道之间是否存在自然顺序关系并不确定。因此，在农户急需资金时时，可供选择的融资渠道方式有"农信社""其他正规金融机构""亲友无息贷款"和"其他民间渠道"4 种渠道，分别赋值为（渠道 1、渠道 2、渠道 3、渠道 4）。通过分析样本农户融资渠道意愿选择的结果，能够更好地理解农户融资渠道选择的先后顺序。

2. 自变量

（1）农户自身特征因素。这里使用家庭规模、劳动力数、户主年龄结构、户主受教育程度等变量。这些信息可以反映一个农户家庭基本家庭状况。一方面，家庭规模大，可能意味着其家庭消费较多，对资金需求更强烈；另一方面，家庭规模大，家庭劳动资源更加丰富，收入状况相对较好，资金来源渠道更加广泛。劳动力数在一定程度上反映了农户家庭偿还能力与收入水平。一般而言，劳动力数较多的农户融资意愿较强烈，创造收入的可能性较多。样本户主平均年龄在 46 岁左右，这表明随着年龄的增长，农户的生产能力和投资能力不断增强，此时，农户家庭人口数量增加，子女开始进入高等教育以及婚嫁阶段，老人赡养义务开始加重，因此，农户融资需求逐渐增加，更加愿意寻找各类融资渠道，遵守先内源后外源的融资顺序。户主文化程度高可以反映农户的生产和经营能力以及对金融知识的认知水平高，从而获取信息迅速，参与新型金融服务的积极性更高，同时其对贷款投资收益的预期相应更高，获得正规金融贷款和自主创业的可能性越大。马晓晴（2012）证明了农户受教育程度对农户融资渠道倾向的影响。在调查问卷中记录了户主文化程度，实证分析中将户主文化程度作为家庭受教育程度的代理指标。在赋值时，较高数值代表较高的文化程度。

（2）家庭资源禀赋。通过家庭耕种土地面积、家庭总收入、家庭收入来源、农户技能水平、是否有存款、借贷用途、家庭经济决策来可观察农户家庭经济能力。由于农信社和其他金融机构对农户经济能力和贷款偿还能力很难能进行评估，只能通过个人和家庭资源禀赋等外在标准来获得信息。如果农户的外在条件没有达标时，优先考虑非正规金融来满足其融资需求。收入水平高，表明农户有更高的偿还能力和更多的私人财产，于是更倾向于获得正规金融渠道。农户家庭的实际耕地面积决定农户生产规模，规模越大自己需求也越大，融资可能性也就越大。同时，由于借贷使用于生产性领域，农户从正规金融获得贷款的可能性越大。

（3）农户金融意识。这里使用农户以往借贷经历、认为借款时的重要因素、利息承受水平、是否农信社成员来确定农户参与金融意愿和对金融机构的感知。这是因为，这些因素促进农户和农信社、正规金融机构的密切关系，降低获取信息成本，从而更偏向于能给自己带来最大便利的融资渠道。如果农户有借贷经历，那么他有意愿参与金融实践，并了解相关金融知识，从而建立金融意识。农户对金融产品和服务的认知偏差可能会影响农户的融资渠道意愿，因此，将农户的金融意识作为影响融资渠道意愿和农户融资顺序的一个重要变量。

（4）地区差异。在研究新疆农户借贷行为时有必要考虑南北疆差异。新疆北疆和南疆的自然资源和人力资源均有差别。而且，我国一系列改革是分地区有次序推进的，在疆内也是如此，引致新疆天山南北经济发展水平差距很大，而这又影响农户的融资渠道选择意愿。以上变量的定义、赋值和描述性统计如表 8-3 所示。

表 8-3 变量选取与描述性统计

变量	定义与赋值	均值	标准差
家庭规模（X_1）	农户家庭人口总数（人）	4.896	1.399

续表

变量	定义与赋值	均值	标准差
劳动力数（X_2）	家庭劳动力人数是进行农业生产的基本资源，同时也形成创造非农收入的人力资本存量	2.448	1.134
户主文化程度（X_3）	文化程度是人力资本积累的重要基础，也决定着农户对先进农业技术知识的掌握。小学以下赋值为1，小学2，初中3，高中或中专4，大专及以上学历为5	2.430	0.915
户主年龄（X_4）	平均年龄	46.107	10.415
实际耕种面积（X_5）	根据农户拥有的实际耕地面积（亩）	14.394	30.475
家庭总收入（X_6）	调查农户家庭总收入，5000元以下为1；5000—1万元之间为2；1万—3万元之间为3；3万—5万元之间为4；5万元以上为5	2.254	3.695
家庭收入来源（X_7）	收入来源既代表农户增收渠道，也反映农户的转型进展，传统种植收入赋值为0，否则赋值为1	0.448	0.498
户主技能水平（X_8）	该指标间接地反映家庭收入结构。在赋值时根据问卷中"户主技能"选项，如果农户只选择种植技能一项，则赋值为0，否则赋值为1	0.590	0.492
储蓄存款（X_9）	是否有储蓄存款，有赋值为1，没有赋值为0	0.595	0.491
家庭经济决策（X_{10}）	家庭经济决策是家庭农贷政策的重要决定因素，家庭成员的意见很大程度上左右着家庭资金投向和信贷偏好。将户主独立决策赋值为0，否则为1	0.728	0.445
以往借贷经历（X_{11}）	农户是否有借贷申请但未获得，是赋值为1，否则为0	0.619	0.486
期望利率（X_{12}）	农户申请贷款是能接受的利率水平，5%以下为1；6%—10%之间为2；11%—15%之间为3；16%—20%之间为4；20%以上为5	1.419	0.763
借贷用途（X_{13}）	生产性用途为1；生活性用途为0	0.440	0.497
地区划分（X_{14}）	南疆地区赋值为1，其他地区赋值为0	0.473	0.499

数据来源：上述解释变量和被解释变量全部根据在新疆维吾尔族农户通过家访得到的调查问卷内容进行指标编制，根据问卷相关指标整理所得

第三节　实证结果

一、模型设定检验

基于样本数据，采用 Stata 11 软件对多项 Logit 选择模型进行独立不相关检验（Hausman test for IIA），结果如表 8-4 所示。

表 8-4　Logit 模型独立不相关检验结果

愿意选择的融资渠道		
去掉的融资渠道	X_2	结论
农信社	-3.94	不能拒绝原假设
其他正规机构	-2.08	不能拒绝原假设
其他民间渠道	0.12	不能拒绝原假设

说明模型估计结果是有统计学意义的，采用多项 Logit 选择模型来进行农户自身禀赋及其他因素对农户融资渠道选择意愿的影响所做的计量分析是可行的。模型的 Pseudo R^2 = 0.1224；对数似然值（log likelihood）为 -318.77185，此值越小则模型的适应性越好；卡方统计检验量 [LR X2] 为 88.92，相应的伴随概率 [Prob>X2] 为 0.0000，此概率越接近 0 则说明模型的显著性越好。以上结果表明所建模型的拟合效果很好，能够达到分析目的。

二、影响农户融资渠道选择意愿的因素计量分析

由于很难解释多项 Logit 选择模型自变量估计系数的经济意义，在 4 种不同融资渠道选择中，将亲友无息贷款=3 作为对比组，分析农民个人及家庭特征、经济金融状况和地区特征等变量对农户急需资金时融资渠道选择的影响，回归结果如表 8-5 所示。

表 8-5 农户急需资金时最愿意选择的融资渠道多项 Logit 选择模型估计结果

变量	农信社			其他正规金融			其他民间渠道		
	系数	Z 值	相对风险比	系数	Z 值	相对风险比	系数	Z 值	相对风险比
X_1	0.1333*	0.47	1.1426	-0.1521	-1.48	.8589	0.4477***	0.67	1.5647
X_2	-0.6814	-1.44	.5059	0.1597	1.19	1.1731	-0.4040	-1.12	.6676
X_3	-0.0647	-0.18	.9373	0.2459*	1.93	1.2787	0.0196	0.06	1.0197
X_4	0.0006	0.02	1.0006	-0.0076	-0.62	.9924	0.0080	0.28	1.0080
X_5	0.0836***	3.87	1.0872	0.0844***	4.21	1.0880	0.0154	0.28	1.0154
X_6	0.1036	0.33	1.1091	-0.1193	-1.01	.8875	-0.4957**	-1.1	.6091
X_7	1.8688**	2.26	6.4808	-0.0590	-0.24	.9427	-0.0638	-0.1	.9382
X_8	-0.1192	-0.15	.8876	-0.5574**	-1.98	.5726	1.6756**	1.12	5.3419
X_9	0.5890	0.84	1.8021	0.0508	0.21	1.0521	0.4271	0.67	1.5328
X_{10}	0.0186	0.02	1.0187	-0.0172	-0.06	.9829	0.4055	0.55	1.5000
X_{11}	-0.5201	-0.71	.5944	-0.5262	-1.03	.5908	0.6454	0.79	1.9067
X_{12}	0.4370	1.2	1.5481	-0.0114	-0.08	.9886	-0.1439	-0.4	.8659
X_{13}	-0.2228	-0.33	.8002	-0.3652	-1.52	.6940	-0.0867	-0.14	.9169
X_{14}	-0.8565	-1.19	.4246	0.2433	1.03	1.2754	0.8576*	1.26	2.3573
_ cons	-4.0069	-1.65	.0181	1.1802	1.42	3.2551	-3.8989	-1.95	.0202

注：（1）***、**、*分别表示在 1%、5%、10%的水平显著；（2）以"亲友无息贷款"渠道为参照组

第一，家庭规模 X_1 的影响。相对于选择亲友无息借款渠道，在其他条件不变时，家庭规模较大的农户选择从农信社和其他民间渠道融资的概率分别是家庭规模较小农户的 1.1426 倍和 1.5647 倍，农户选择从其他民间渠道融资的概率是选择从农信社融资概率的 1.369 倍（计算方法为 1.5647/1.1426），但家庭规模变量在其他正规金融渠道选择模型中不显著。这可能是由于家庭劳动力较多的农户家庭，收入来源更加有保障和安全。当农户需要资金的时候，劳动者的收入可以通过外部渠道来融资，满足家庭的基本需要。农户资金需求规模较大而需要创业融资时，农户可能会从正规金融或非正规金融渠道融资所支付的交易成本和利息等因素综合考虑后再决定融资渠道。

第二，户主文化程度 X_2 的影响。相对于选择亲友无息借款渠道，在其他条件不变时，户主文化程度越高的农户选择从其他正规金融渠道融资的概率是户主文化程度较低农户的 1.2787 倍，但家庭规模变量在其他渠道选择模型中不显著。户主文化水平系数为负，表明户主学历越低，则无法获得贷款的概率越高。户主学历之所以会对农户融资渠道意愿产生影响，可以主观上理解为，文化程度高的人，往往学习能力较强，接受新技术速度快，在信用评估时会适度加分，因此选择正规金融渠道；由于户主的教育程度较低，他们对生产经营融资的重要性的理解可能很低，对融资渠道的了解可能有局限性。与低等教育水平相比，正规金融机构普遍倾向于向文化程度高的农户贷款。

第三，家庭实际耕种面积 X_5 的影响。实际耕地面积可以反映其农户家庭收入状况，并预测其还款能力。相对于选择亲友无息借款渠道，在其他条件不变时，实际耕种面积越大的农户选择从农信社和其他正规金融渠道融资的概率是实际耕种面积较低农户的 1.0872 倍和 1.0880 倍，但实际耕种面积变量对农户选择从农信社渠道融资的影响为正，在其他民间渠道选择模型中不显著。农户种植面积越大农业投入越多，非正规融资不能满足融资需要，农民为正规渠道融资的主要选择。如果内生融资不能满足其生产需要，就会产生外源贷款需求，从非正规金融机构融资到正规金融机构，同时从两个渠道筹集资金，啄食融资路径选择。

第四，家庭总收入 X_6 以及家庭收入来源 X_7 的影响。相对于选择亲友无息借款渠道，在其他条件不变时，家庭总收入越高的农户选择从其他民间金融渠道融资的概率是家庭总收入较低农户的 0.6091 倍，家庭收入来源越多样的农户选择从农信社融资的概率是家庭收入来源单一农户的 6.4808。家庭收入水平较高的农户生产经营规模较大，生产经营所需资金量也较多。根据回归结果，多收入来源的家庭收入水平将会更高，农民越来越多选择从农村信用合作社筹集资金。家庭收入高更有可能被农村信用合作社评级和认证，这也增加了对正规金融渠道的偏好。虽然家庭收入来源较好，却降低了农民选择渠道融资的可能性，但影响并不显著。也可能表明，拥有更好的收入来源的农民将拥有多余资金时融资需求小，可以在需要资金的时候依靠自己的资金来解决。

第五，户主技能水平 X_8 的影响。相对于选择亲友无息借款渠道，在其他条件不变时，户主技能水平多样的农户选择从其他正规金融和其他民间渠道融资的概率是户主技能水平单一农户的 0.5726 倍和 5.3419 倍。农户从事非农业生产，扩大再生产和投资意愿越强烈，想办法得到资金，专业技能会提高农民农闲时节的务工机会，从而提高农民非农收入，因而专业技能能够增强农户的还贷能力。

第六，地区分布 X_{14} 的影响。相对于选择亲友无息借款渠道，在其他条件不变时，南疆地区农户选择从其他民间金融渠道融资的概率是北疆地区农户的2.3573 倍。可能的解释是，由于南疆和北疆的区域发展水平不同，在经济相对落后，文化氛围相对浓厚的南疆地区，农户与正规金融关系较未显著，农户对金融机构服务了解程度较低，部分农户在融资时偏好于从亲友无息贷款。

如前文所述，由于信息不对称、农户缺乏抵押品和得力担保人等条件，农户从事扩大经营或创业活动时遇到很大程度上的资金阻碍。在这里我们关注的时，家庭自身禀赋会不会缓解农户在创业时受到的信贷约束。在不同融资渠道选择中，将自我积累 =1 作为对照组，分析农户创业时选择各种可能的融资渠道的影响因素，模型回归结果如表 8-6 所示。

表 8-6　创业时最愿意选择的融资渠道影响因素多项 Logit 选择模型回归结果

变量	获得商业性金融组织的外源融资渠道			通过农村熟人内源融资渠道		
	系数	Z 值	相对风险比	系数	Z 值	相对风险比
X_1	-0.2854	-1.03	.7517	-0.1333	-0.47	.8751
X_2	0.8411*	1.8	2.319	0.6814	1.44	1.9766
X_3	0.3105	0.9	1.3641	0.0647	0.18	1.0667
X_4	-0.0082	-0.26	.9918	-0.0006	-0.02	.9993
X_5	0.0007	0.08	1.0007	-0.0836***	-3.87	.9197
X_6	-0.2229	-0.74	.8001	-0.1036	-0.33	.9015
X_7	-1.9278**	-2.38	.1454	-1.8688**	-2.26	.1543
X_8	-0.4383	-0.58	.6451	0.1192	0.15	1.1265
X_9	-0.5381	-0.78	.5838	-0.5890	-0.84	.5548

续表

变量	获得商业性金融组织的外源融资渠道			通过农村熟人内源融资渠道		
	系数	Z 值	相对风险比	系数	Z 值	相对风险比
X_{10}	-0.0357	-0.05	.9649	-0.0186	-0.02	.9816
X_{11}	-0.0061	-0.01	.9938	0.5201	0.71	1.6821
X_{12}	-0.4484	-1.27	.6386	-0.4370	-1.2	.6459
X_{13}	-0.1424	-0.22	.8672	0.2228	0.33	1.2495
X_{14}	1.0998	1.56	3.0036	0.8565	1.19	2.3549
_ cons	5.1872	2.18	178.96	4.0069	1.65	54.9786

注：（1）***、**、* 分别表示在 1%、5%、10%的水平显著；（2）以"自我积累"渠道为参照组

首先，劳动力数 X_2 的影响。相对于选择自我积累，在其他条件不变时，劳动力数多的农户选择从商业性金融组织的外源融资渠道的概率是劳动力数少农户的 2.319 倍，对农户选择正规渠道有着正向影响。

其次，实际耕种面积 X_5 的影响。相对于选择自我积累，在其他条件不变时，实际耕种面积越大的农户选择从农信社和其他正规金融渠道融资的概率是实际耕种面积较低农户的 1.0872 倍，但家庭规模变量在其他渠道选择模型中不显著。相对于从农信社融资而言，农户实际耕地面积越多，从亲朋好友及其他民间渠道融资的概率越低。该变量虽然对农户选择从其他正规机构融资的影响为正，但不显著。这一方面说明，农户耕地面积越大，农业生产中需要的资金投入就越多，然后，由于中国农村土地属于集体所有，农户并不完全拥有对其承包土地的处分权，也即耕地无法成为合格的抵押品。因此，尽管农户创业融资需求十分强烈，但他们还是不能从正规金融机构那里得到满足。

最后，家庭收入来源 X_7 的影响。相对于选择自我积累，在其他条件不变时，收入来源越多样的农户选择通过获得商业性金融组织的外源融资渠道以及农村熟人内源融资渠道融资的概率是家庭收入来源单一农户的 0.1454 倍以及 0.1543 倍。收入来源单一的农户降低了选择其他渠道融资的倾向。可能的解释是收入来源多元化不仅增加了农户对创业活动的了解和青睐，也增强了农户

从正规金融渠道融资的意愿。这一结论意味着，在农村金融市场上，正规金融与非正规金融之间的确存在着一定的替代关系。

第四节　农户融资次序偏好决定

农户由于受到信贷配给的限制，且中国农户家庭经济行为的假设并不能确定，影响农户急需资金和扩大再生产资金因素取决于多个潜变量，故有必要考虑对不同类型的融资渠道是否存在融资偏好的顺序，并对农户心中所想的融资顺序做出了解与判断，也为农户未来融资过程中已有借贷路径的依赖程度和趋向做出比较与参照。国外对于农户融资偏好顺序的研究结论是正规与非正规金融部门所提供的全部服务除了利率水平以外其他都相同的假设前提下获得的。贷款规模、期限、抵押品等要素的考虑很难说明农户融资偏好服从这种顺序。因此，基于农户急需资金和创业资金农户意愿调查基础上再考虑农户融资偏好次序问题。通过农户的直接评价来判定其融资偏好次序固然存在一定的主观性，但它是农户权衡两种渠道的各个方面后的最终选择，能够更准确地反映出这两种渠道在农户眼里的所认可程度。为了使问题简单化，根据 McFadden 的随机效用最大化模型和美国经济学家 Mayer 的啄食顺序理论（Pecking Oder Theory），农户融资决策应该遵循理性人效用最大化准则，在融资渠道顺序上表现为首先选择自我积累，其次为亲朋好友的非正式借贷渠道，再次为农信社等正规渠道，最后才选择高利贷。那么，现实中新疆农户融资次序偏好表现如何？为此，按照研究目的将农户融资渠道总体分为自身资本积累、通过农村熟人内源融资渠道、获得商业性金融组织的外源融资渠道三种，第一种是农户的自有资金已经能够保证生产扩大经营和日常消费；第二种是从亲戚朋友、地下钱庄或高利贷者等非正规金融机构获得贷款，这种融资途径又被称为私人贷款；第三种是农户从农信社或商业银行等正规金融机构获得贷款，这原本应该是农户产生融资需求时首先考虑的融资路径。而实际上在许多情况下，由于正规金融机构的贷款条件限制过于严格，并且存在较高的交易成本，农户根本无法从该渠道获得所需要的贷款。本章选用横截面模型检验啄食顺序理论。

第一选择为自身资本积累即农户自有资金能够保证创业或扩大再生产，则赋值 Y_1 为 1；

第二选择为内源融资，是从亲朋好友、地下钱庄或高利贷者等其他民间金融渠道获得贷款弥补资金缺口，则赋值 Y_2 为 2；

第三选择为外源融资，从农信社或其他正规金融机构获得贷款。这原本农户创业时首先考虑的融资渠道，而实际上，由于正规金融贷款条件过于严格，并且存在较高的交易成本，农户很难从该渠道获得需要的资金，则赋值为 Y_3 为 3。

具体方程为

$$Y_i = \beta_1 X_1 + \beta_2 X_2 + \cdots + \beta_{14} X_{14} + \varepsilon \tag{8-5}$$

式（8-5）中，Y_i 代表融资渠道偏好顺序，$i = 1$，2，3。

融资渠道顺序是由其背后独特而又富有生命力的农业文化所决定。从本土农耕文化的特征中可以看出，农户遇到困难，尽可能依靠自己力量去应付，然后从亲朋邻里得到帮助，遇到更大的困难或集体性的困难，容易自发形成合作组织。通过这一逻辑就能清楚农户的融资渠道次序：内部融资、熟人借贷、自发性融资合作组织（如合会、农村基金会）、民间私人金融组织（如钱庄、典当）、正规金融组织（如农信社、农发行、商业银行）。表 8-7 是以农户选择依赖于自身资本积累扩大再生产为基准的农户融资渠道次序偏好结果。

表 8-7 农户融资渠道次序偏好决定因素的实证结果

变量	Coef.	Std. Err	z	$p > \mid Z \mid$
X_1	.1074508	.0844598	1.27	0.203
X_2	.0368402	.1085085	0.34	0.734
X_3	.144966	.103853	1.40	0.163
X_4	.0197837**	.0099852	1.98	0.048
X_5	−.0032426	.002286	−1.42	0.156
X_6	.2064922**	.090758	2.28	0.023
X_7	.1996413	.1915096	1.04	0.297
X_8	.6877586***	.2552226	2.69	0.007
X_9	.4971899***	.1940378	2.56	0.010

变量	Coef.	Std. Err	z	$p > |Z|$
X_{10}	.7827338***	.2223322	3.52	0.000
X_{11}	-.3368759*	.2036665	-1.65	0.098
X_{12}	.1318821	.1199817	1.10	0.272
X_{13}	-.0721095	.1902969	-0.38	0.705
X_{14}	.2066627	.188544	1.10	0.273
Numberof obs	450			
Wald chi2（15）	45.88			
Prob>chi2	0.0000			
Log likelihood	-413.22271			

注：***、**、* 分别表示在 1%、5%、10%的水平显著

根据模型回归结果，能够得出最终的回归方程为

$$Y_l = 0.1074 X_1 + 0.3684 X_2 + 0.1449 X_3 + 0.0197 X_4 - 0.0032 X_5 + 0.2064 X_6 + 0.1996 X_7 + 0.6877 X_8 + 0.4971 X_9 + 0.7827 X_{10} - 0.3368 X_{11} + 0.1318 X_{12} - 0.0721 X_{13} + 0.2066 X_{14} + \varepsilon$$

其中，户主技能水平、储蓄存款以及家庭经济决策十分显著影响农户的融资渠道偏好次序，农户非农收入越高，储蓄存款越多，对正式渠道的偏好就越强。户主年龄和家庭收入对农户融资渠道的选择具有较为显著的影响。以往借贷经历通过了 10%显著性水平检验，说明其对农户融资渠道次序选择具有一定的影响。

最后，通过对融资渠道概率进行均值化处理，从而得到各融资渠道选择的平均概率，在按照平均概率值的高低，将各融资渠道逐一排序，如表 8-8 所示。

表 8-8　Ordered-logistic 回归的次序融资结果

融资渠道次序	平均概率（%）	融资选择
1	12.2	自我积累资金
2	37.1	内源融资
3	50.7	外源融资

根据美国经济学家 Mayer 的 "啄食" 顺序理论（Pecking Oder Theory），农户融资决策首先遵守理性人效用最大化准则，融资渠道次序上表现出自我积累，其次亲朋好友等非正规渠道融资，然后农信社等正规渠道，最后选择高利贷。由表 8-7 可知，对于新疆地区农户来说，最优的融资渠道意愿为外源融资（概率为 50.7%），其次为内源融资（概率为 37.1%），最后则是自我积累资金（概率为 12.2%）。根据新疆地区农户的实际情况最优的融资次序应该为外源融资>内源融资>自我积累。因为实证结果所揭示出的融资次序与 "啄序理论" 相反，将它命名为 "倒啄序理论"。为什么是这样呢？合理的解释为：第一，在新疆有相当数量的农户是小农家庭，没有内部积累，原始资金实力薄弱，亲朋好友经济状况处于同一层次，所以很难使用内源融资来扩大再生产。这说明：农户家庭初始禀赋决定了农户对外来资金的依赖性，农户缺乏自我积累的动力，农业的经济效益低，导致内部积累的欠缺，尤其，南疆地区农村大部分农户没有内部积累，即便少数人有也只能维持生存，自身资金创造能力弱，无法将内源融资作为首选，农户的客观情况造成了必须要依赖和首选外源融资。而在外源融资中首选是农信社，而不是其他金融机构。所以，考虑新疆地区农户的融资渠道次序 "啄序理论" 作为依据，"倒啄序理论" 反而是适合新疆地区农户融资渠道次序偏好。第二，融资渠道次序意愿选择行为的考察部分地验证了农户经济行为的基本假设问题。当前中国农户在扩大再生产等经济行为中仍然坚守 "安全第一" 原则，在获得外源贷款支持上，无论互助方式获得资金或正式借款渠道之间没有显著差异。这进一步说明，农户经济行为观念的转变是发展农村金融组织形式的关键。

第五节　结　论

本章使用新疆少数民族农户借贷入户调查微观数据，采用多项离散选择模型检验多种融资渠道并存的情况下哪些因素影响着农户融资渠道选择意愿以及是否存在融资渠道次序偏好。研究结果表明：农户急需资金和扩大再生产时最愿意选择的融资渠道受不同因素影响。当其他条件不变，家庭规模、耕地面积、收入来源、文化程度有助于选择正规渠道融资与亲友借款，上述各因素对正规渠道融资的推动作用更大。在扩大再生产的刺激下，新疆农户最优融资渠道遵循正规金融机构、亲友等非正规渠道、自我积累的"倒啄序理论"的次序偏好。

依据对新疆维吾尔族聚居地区农户信贷活动的田野分析可进一步发现：第一，农户扩大再生产或创业倾向选择农信社、国有商业银行等正规金融机构获得信贷支持。农户非农收入对信贷需求具有较强替代作用；第二，随着农户家庭收入增长，农户对正规信贷的需求日益强烈，农村经济发展对农村金融市场开放和农村金融组织体系完善提出更高要求；第三，农户对农村金融机构信贷业务的了解程度是影响其获得信贷的重要因素。因此，非常有必要加强农户金融知识教育、提高农村居民的金融素养；第四，鉴于正规金融与非正规金融相互替代均可以满足农户融资需求，发展何种正规抑或非正规金融或许并不重要，重要的是进一步开放农村信贷市场，通过扩大农村金融开放、强化农村领域金融竞争可以有效提升农户获得信贷的机会。

结论的政策含义是显而易见的。首先，深入分析影响农户融资渠道偏好的因素，为政府和涉农金融机构科学决策提供理论依据和事实材料支持。其次，在农户缺少合格抵押品的情况下，金融部门应立足于农户真实的融资需求，设计出能够满足农户需求的金融产品和服务，从而解决农户在急需资金或创业时的融资难问题，使更多的农户得到正规金融机构的服务。最后，正规金融与非正规金融将长期共存于中国农村金融市场，因此，政府可以通过完善相应的政策，构建正规金融和非正规金融分工协作并相互竞争的农村金融体系。

第 九 章

乡村借贷、非正式治理与信贷效率①

——基于维吾尔族借贷契约的启示

20 世纪初，学术界对新疆维吾尔族契约文书的关注达到顶峰，缘起于塔里木盆地考古发掘出土大量相关文献。20 世纪 50 年代后期和 60 年代前期又因全国少数民族社会历史调查组赴南疆各地进行田野调查而进一步温升。然而，在维吾尔族不同历史阶段与以不同文字记载的对契约文书的研究中，存在过分关注从语言学角度对契约文书做出解释，从其他学科出发所做研究不多，也更加缺乏立足于契约文书自身特征的研究。

事实上，可获得的新疆维吾尔族契约文书资料颇为丰富，包含的形式各种各样，内容涉及不同阶级、不同社群人们的社会关系，为对民间借贷及其所蕴含的特征进行分析提供了可能。本章使用 13—14 世纪民间为买卖和借贷需要书写的文书，18 世纪末至中华人民共和国成立前期南疆收集到的民间契约文书，以及当代维吾尔族地区入户调查中所得到的借贷文书。我们通过了解借贷要约的各项条款，对维吾尔族民间借贷特征进行系统分析，探讨新疆少数民族地区金融活动整体形式和非正式治理机制对民间借贷的作用。维吾尔族民间契约文书展示了各类借贷契约的书面形式和借贷执行机制，结合出土文书中所披露的借贷契约凭据与实际案例，可以了解新疆社会粮食作物的种类、经济与贸易、社会结构与社会关系、债权人和借贷人的身份与社会地位，以及借贷物品的种类、借贷的条件、期限、利率、担保、生产性借贷等民间经济相关问题，

---

① 本章原载《上海经济研究》2017 年第 9 期。

进而观察整个时代新疆的社会生活。

本章探讨维吾尔族借贷契约中的执行机制，用经济学的方法和思维审视借贷契约蕴含的非正式治理，从而对民间借贷的实施绩效做理论剖析。首先述及维吾尔族民间契约研究现状、已有成果及其现实意义。进而用实证材料说明新疆民间契约中古代各种文字记载的借贷契约形式和农村信贷运作方法，对维吾尔族契约文书的特点进行条分缕析。在上述基础上试图从执行机制的角度分析民间文书蕴含的非正式因素，客观评判其对契约治理的作用机制和信贷措施。最后探讨民族地区农户民间借贷治理机制对当下农村信贷的启示。

第一节 引 言

关于新疆维吾尔族民间契约文书的文献，按其研究侧重点不同大致可分为三种类型：第一类是对原始文字材料的转译，如对回鹘文、突厥文、敦煌吐鲁番文书、察合台文和于阗文书的研究，旨在转译或释读文书（即语言学研究）；第二类以国外研究为参照，将原始文字材料与中文史料结合，试图对特定维吾尔族地区社会状况进行综合研究；第三类以描述为主，包括各种调查报告、资料汇编等，缺乏专题和分析性研究。现有文献以前两类为主，专题分析性研究资料稀少。事实上，现已发掘的民间契约文书对研究维吾尔族社会生活、政治、经济、法律、宗教、农业、手工业、集市、婚姻以及民族习惯习俗等各方面均具有重要的研究价值。

第一类文献主要出现于 20 世纪初期。其时不同国别学者对吐鲁番地区进行考古发掘出土了大量文献、编译资料，如德裔俄国著名突厥学家拉德洛夫（W. Radloff）的《1898 年俄国皇家科学院吐鲁番考察队报告》，他的学生马洛夫先后于 1928 年、1932 年出版的《回鹘文文献》和《奥登堡新疆考察队所获写本》。中国冯家昇（1954、1958、1960）、日本山田信夫（1960、1961）、法国 J. Hamilton（1969）、德国 P. Zieme（1993）汇集整理了不少同类资料。这些资料由于年代久远或因纸张、颜色、保管等条件的限制，有的已破碎残缺，有的字迹模糊难以辨认，有的缺名少姓，有的缺少时间、地点等，加上人事、翻译、经费等问题，整理工作十分艰巨。中国学者李经纬、耿世民、刘戈、斯拉菲尔、买提热依木、张鸿义、赵国栋、艾合买提·孜亚仍循序对契约文书中语言进行翻译和释读（李进新，1996），对契约文书的转写、翻译和释读堪称细致和全面系统，更为注重契约信息的参校、对比，对后继学者了解新疆农村地区社会经济制度及经济状况具有独特的史料价值。

由于编译优势，20世纪形成的史料成为绝大多数学者研究维吾尔族文学和历史的主要文献来源之一，也成为研究维吾尔族社会的重要素材。社会史学者的相关著述无疑属于第二类文献。不过，在那些动荡年代形成的资料质量参差不齐，学者们整理出来众多原始资料进行的研究领域仅限于对新疆历史和社会经济的描述上，佐口透（1963）、殷晴主（1992）、D. 吉洪诺夫（2000）、王东平（2003）、蔡家艺（2006）等学者的作品颇能够代表这一时期的研究成果。上述学者所呈现的文献通过将新疆当时社会经济情况与中国更大范围相关史料做比较，研究新疆社会经济发展，而不是参照经典理论与原始材料相结合——即历史与逻辑一致的方法。以 D. 吉洪诺夫（2000）的研究为例，他们认为新疆高利贷盛行，原因与中国统治者汉代以后国家在天山南北发行货币（汉代为五铢钱），设置管理货币的机构，又为商业贸易的发展创造了有利条件，出现大宗商业利润。有些维吾尔族商人不仅经营商品流通，而且把钱贷给西北各地商家，一年的利息成倍。

随着越来越丰富的民间契约面世，其中蕴含的大量经济信息，如经济活动过程、土地转让状况等，直接反映当时维吾尔族农户之间的经济关系，比官方的记载更为真实。它们又表明了维吾尔族"惯例"或"习俗"的制度含义，因为这些文书中所反映的文化同质性有助于分析老百姓民间经济往来状况和发展趋势。由于分析性研究的缺乏，本章通过民族文化对契约执行机制的解读，来改进传统的认识。邓乐平、皮天雷（2011）认为把金融的一些问题说清楚了，或许有希望找到经济发展中一些难题的钥匙，而新制度经济学的理论和方法正好能够满足这类分析需要。

如果说制度是由一系列正式约束、社会认可的非正式约束及其实施机制所构成的，那么特定民族文化等非正式制度对新疆农村金融发展是促进的还是阻碍的？如果是促进的，那么这种促进是长期的还是短期的？如果是阻碍的，那么我们如何推动正式制度的改革达到发展的目的呢？这样的问题同样出现在国内近年的文献中。冉易（2012）的研究中强调正式制度只有与非正式制度相容才能发挥其最好作用。然而，上述研究均限于谈论非正式制度对正式制度的特性，并非专门针对契约治理机制本身。契约治理本质上是通过对签约双方机会主义动机的约束使契约诚实履行。但即便这样，在契约的履行中可能会违背他们的契约协定。在约翰·克劳奈维根（2002）看来，由于个人的有限理性、社会环境的复杂性、信息不对称、机会主义讨价还价行为等问题的存在，契约的不完全性要求参与方通过谈判来适应不可预见或无法证实的一切情况。如果违反契约的当事人不能够自己解决违反契约行为给对方造成损失的话，那么必须寻找第三方仲裁解决出现的问题。契约执行通常是依靠习惯、诚信、声誉等方式完成的，强制解决可能是一种不得已的次优解决方法。在国家法律和国家机器没有产生之前，这种第三方强制解决是解决问题的主要方式（科斯、哈特、斯蒂格利茨，1999）。但是，对传统乡村社会个人之间发生的借贷契约来说，还存在非常突出的不稳定因素，即借贷契约发生在个人之间、个人与民间金融机构之间，所以就产生了强制执行的难题。如果缺少强制执行的内容，契约双方的利益就很难得到保障。因此，不完全契约执行的困难促使其寻找其他治理机制。

如果舍弃了非正式因素，契约理论的发展是狭窄而绝望的。契约能否实现最优履行，取决于形成有效率的契约治理机制。可是，契约包含的非正式因素往往存在于各种非文本形式（如口头承诺）中，且难以度量，订立契约的条款极不完备（不完全合约），在很大程度上签约双方的宗教信仰、道德规范和契约执行中的风俗习惯等非正式因素的作用常被研究者忽略了。但不可否认的是，契约的交易和完整执行不能忽视潜在的非正式因素。为此，本章以史为鉴，结合新疆维吾尔族借贷文书做专题研究，试图对民间借贷蕴含的非正式治理机制进行比较系统的探讨，并提出民间借贷契约的四种治理机制，试图证明挖掘运用民族优秀传统文化以促进农村信贷的必要性。希望从契约文书的治理机制中抽取出非正式要素的制度蕴含，从而促进深化对新疆维吾尔族经济金融问题的认识。

第二节　维吾尔族民间借贷形式及运作原理

借助于民间文书、各种调查资料、翻译资料，对维吾尔族民间借贷的模式本身是不难把握的。其中，最普遍的契约文书是土地买卖和借贷文书，前者土地有放款人接管，收租代息，借款人通过原价赎回的方式还本。后者接近现代的做法，有亲友乡里之间的信用借贷、银钱借贷和实物借贷，但总的来说，最主要的仍然是私人借贷，其中又以土地借贷为重要。毋庸置疑，回鹘文、察合台文文书是研究维吾尔族经济社会生活各方面罕见的鲜活资料，开拓了新的研究领域。需要回答如下问题：维吾尔族历史上契约的双方当事人在什么样条件下建立起借贷关系？借贷契约一经签立又靠什么来维护，或者说契约的执行机制与方法是什么？这些对于研究民间借贷特征来说，都是要首先搞清楚的问题。

契约文书是人们社会实践活动中为了凭证、记载、公布和传递的需要，以文字形式在一定书写材料上表达思想意图的一种书面记录，它包括私人文书和公务文书（陈习刚，2014）。本章较为强调对文书的释读必须考虑订约当时的语境（context）。解释借贷文书契约的要旨在于分析双方各自在一个合约中向对方做出的承诺是否为绝对严格的。契约本身与承诺有关。维吾尔族经济社会文书是一种广义意义上的概念，是指所涉及的社会和经济制度的契约文书，即除了经济事务的文书之外，还包括社会各领域的文书，如买卖类契约（土地和人口）、租佃租用类契约（土地、牲畜）、借贷契约（货币、粮食等实物）、典当契约、土地交换契约，还有不少各种杂文书（便条、单据）等。由于9—14世纪时期，回鹘文记载的契约文书比维吾尔族历史其他任何时期的数据加在一起还要多，这段时间当地十分流行各种书写契约和证文，以广泛的书面契约文书，确保完成契约的执行方法为特征，存在着一个特权阶级，如巴依、伯克、和加、依禅、海力排、毛拉等，保护自己的利益"按照氏族的习惯法"实行偿还债务和缴纳地租。一般而言，所有交易由那些属于上层阶级的宗教人士实行保证条款的执行。10—14 世纪流行赊账，商人把商品赊给熟人，商品卖出去了还给钱，卖不出去退还原商品。以贷款还期长短来确定利率，贷款还期越短，利率越高。贷款只用于生活用品，没有用于生产领域，所以没能发挥作用。从贷款分类来看，分为借银文书、借布文书、借麦文书、借粮食文书、借地文书、借家畜文书。借贷内容不一样，但格式一样，履行职责一样。文书头一行时间（使用生肖）、双方名字、贷款原因、贷款物品和数量、还款时间、利率、执行职责、保证金或保证人。最后保证人和订约双方签字，按指印，格式很规范。

一、回鹘文民间借贷契约

回鹘文借贷契约内容十分丰富，行文用语的格式套语十分相似，各类条款基本上保持这样时序：立约时间——借贷双方身份——贷款用途和数额——贷款利率——还贷期限——违约责任及其解决方式——身份确认条款——保人确认条款。我们从每个时序中发现民间契约隐性信息。（1）日期条款：契约开头为时间信息，年，通常使用十二生肖；月（Ay）前使用序数词（元月和十二月例外，分别使用"aramay"，直译为"斋月"）。契约文书的开头为借贷行为发生的时间信息。（2）借贷双方身份：主题事宜叙述，如"我某某……需要……钱或……实物……从某人哪里……借取"的格式。借贷和放贷双方作为借贷行为的主体，在契约文书中的关系表现出"一对一"借贷关系、"多户借一"关系以及平民之间双向借贷关系，涉及权利和义务的实行第一种类型占的比例大。（3）借贷用途条款：借贷人的借贷行为原因，它涉及放贷人的借贷风险，因此，在契约中明确表述借贷用途和数量，如"因付利息需要银子（Lo7①）""急需银子（Lo10②）""需用棉布（Lo12、13、15③）""因需谷物（Lo23④）"等。在借贷契约中，按借贷标的的类型大致分为借银

---

① 参见耿世民：《回鹘文社会经济文书研究》，中央民族大学出版社 2006 年版，第 191 页。
② 参见耿世民：《回鹘文社会经济文书研究》，中央民族大学出版社 2006 年版，第 193 页。
③ 参见耿世民：《回鹘文社会经济文书研究》，中央民族大学出版社 2006 年版，第 196—198 页。
④ 参见耿世民：《回鹘文社会经济文书研究》，中央民族大学出版社 2006 年版，第 205 页。

文书、借布文书、借麦文书、借粮食文书、借地文书、借家畜文书等类型。至于银钱类契约类型，可以说明银钱在货币系统中发挥媒介作用，被老百姓普遍接受，贷款只用于生活用品，没有用于生产领域，所以没能发挥作用。

（4）借贷利息条款：相关借贷利息的信息一般出现在违约条款中，如"急需银子，从 Shinsun 那里，借取十两银子，我要归还，如我发生什么，就由我弟 Ozmish Toghril 如期归还（Lo10）借贷人 Shiwasadu Tutung 的银子，借十两还十两"，这就说明此次借贷行为是连带责任；但是一旦没能按时归还，债权责任转化为关系网络内部了。另外，文献中带有惩罚性质的还贷条款很普遍。在一些有息借贷契约中，借贷利率有时单独出现，有时又包含在违约条款中，借贷利率条款与违约条款有时合而为一，这与借贷契约的性质有一定联系。"按民间惯例"的约定出现在所有表述中，为民间认可的"乡法"提供了有力的证据。在回鹘文借贷契约中违约声明的"一倍（赔）二"是普遍现象。可以看出，违反契约行为的惩罚亦是最为严重的。这类违约行为不存在借贷利率的问题了，只要违约了，就会受到"一倍（赔）二"的惩罚结果。（5）违约和解决方式：有些文书中明确声明不能违约。如果借贷任何一方，无论何种原因造成契约不能履行或不能完全履行时，按照契约签订条款应承担责任。它是保证契约行为能够履行的主要条款。回鹘文借贷契约书中违约惩罚的套语，明确标出一旦借贷人由于"未及时清还""如有迟误""还前如我发生什么""如未如期归还"，借贷责任由其"妇儿""家人""兄弟"① 连带承担。"如……出现纠纷，要加倍赔偿，来纠纷的人将丢脸，债主不丢脸②" 等特殊表述形式，这不仅从公众舆论的角度反映借贷双方契约的合法性，还间接地反映当地约定俗成来确保资金归还，防范违约行为的发生。（6）契约文书的结尾：订立契约最后，留下借贷双方及相关证人的署名与盖章、画押，以此作为解决契约纠纷的依据。一般先为证人的名字和责任，然后为某人的印戳，最后是某某人书写（受命 Shiwsadu Tutung 书写）此约。根据回鹘文契约文书内容，可以把借

---

① 参见李经纬：《回鹘文社会经济文书研究》，新疆大学出版社 1996 年版，第 121—130 页。

② 参见耿世民：《回鹘文社会经济文书研究》，中央民族大学出版社 2006 年版，第 191 页。

贷契约的表现形式分为三个部分：（1）借贷行为的具体描述，主要包括时间、借贷、放贷人、借贷数额、借贷利率、还贷期限等条款；（2）借贷经济履行机制（或民间惯例限制）主要包括违约责任及其违约处罚条款；（3）借贷行为的仲裁依据，主要包括当事人确认和保人确认依据等。从性质来看，具有民间惯例的实施性质，又具有统治阶级控制民间经济行为的信息媒介作用。

总之，随着借贷行为的增多和借贷经验的丰富，借贷契约书写形式越来越复杂，内容越来越完善，契约逻辑也越来越清晰。借贷契约形式与内容是一个动态的演变过程，在不同时代与不同区域有着不同的时代特征与地方特色，这种时代特征与地方特色随着时间与空间的变迁或是渐进或是突变地逐渐发生变化。从回鹘文时期借贷契约的整体性质来看，既具有民间惯例的实施性质，又具有统治阶级控制民间经济行为的信息媒介作用。

二、察合台文民间借贷契约

从 14 世纪中期至 20 世纪初期，新疆与中亚突厥语族共同使用察合台文为书面文学语言。察合台文民间契约文书大多发现于南疆地区，是维吾尔族原始的民间经济活动凭证，其中蕴含了大量的经济信息。从时间上看，最早的为伊斯兰历 1195 年（公历 1781 年），最晚的为伊斯兰历 1368 年（公历 1949 年）。国内的察合台文文献主要收藏在新疆维吾尔自治区博物馆、新疆大学、新疆维吾尔自治区古籍整理办公室、中国社会科学院民族研究所、北京图书馆、新疆维吾尔自治区文联、新疆社科院历史所、新疆维吾尔自治区图书馆、新疆维吾尔自治区档案馆等地。察合台文契约文书的整理与研究，与察合台文文献的整理与研究相比，起步较晚，成果也不多察合台文契约文书的研究，基本上是在《新疆维吾尔族契约文书资料选编》的基础上展开的。收集到 500 余件察合台文契约文书，但是由于年代久远或因纸张、颜料、保管等条件的限制，有些已经破损残缺，有的字迹模糊难以辨认，有的缺名少姓，时间和地点均不清楚。1983 年由艾合买提·孜亚将其从察合台文转译成现代维吾尔文，又由张鸿义、赵国栋译成汉文，后由王守礼、李进新对汉译稿进行加工、复核、编排目录索引、统一维吾尔族人名、地名和其他专业术语，于 1994 年以内部交流的形式印刷出版，书中收入的 314 件文书，内容较为广泛，契约文书的内容涉及对土地、住宅、院棚、果园、树木、水磨、客店、水井、牲畜、道路等的买卖，涉及有关清真寺、经文学校、麻札瓦合甫财产的捐赠、出租、经营、出卖、侵犯等问题，涉及耕地、荒地、庄稼的赠送、转让、租佃。《新疆维吾尔族契约文书资料选编》的出版，为研究清代南疆地区的政治、经济、宗教、婚姻以及维吾尔族社会中伊斯兰教法和民族习惯法等方面的问题提供了珍贵的第一手资料，极大地弥补了汉文文献的不足。同时，维吾尔族古典文学期刊《源泉》也整理刊布了部分文书，分别在 2006 年第 5 期和第 6 期刊出了 19 份文书，2009 年第 1 期和第 2 期刊出了 6 份文书。关于察合台文契约文书的研究成果主要有：1995 年，陈国光在《新疆维吾尔族契约文书资料选编》的基础上编辑的《民国时期南疆地区部分契约文书编目》；李进新撰写的《近代新疆维吾尔族契约资料评介》、王东平撰写的《清代回疆法律制度研究：1759 — 1884 年》等。金玉萍发表在《西域研究》2001 年第 1 期上的《清季吐鲁番地区的租佃契约关系——吐鲁番厅察合台文契约文书研究》，对清朝光绪年间吐鲁番地区的察合台文契约文书进行了介绍，并对文书中关于土地的租佃关系进行了比较深入的分析研究。

察合台文契约文书从内容来看，可分为买卖契约、租佃（租赁）契约、典当契约和借贷契约四大类。这些文书虽然遍及新疆各地，但是其内容和格式大致相同，书写顺序为：契约签订日期——立约双方名字及身份（这里指的宗教身份）——立约依据（以伊斯兰法为主）——契约理由——还债期限——违约处罚——担保或典押——契约效力——文书结尾（证人、保人、印章）。综合起来，察合台文契约文书的签约形式各地比较统一，在内容上有一种约定俗成的程序。在契约开头都要做信仰表白来说明立约的依据，这几乎在每一份契约中都要显示。签订契约以宗教的法规为基本准则，立约人必须符合宗教规定的行为规范和道德规范。违约或者说谎将遭到诅咒式的誓言惩罚，如 "下地狱" "瞎眼" 等。遇有重大的信用问题，往往还通过 "抱经宣誓" 才能解决。一般形式为：（1）描述性条款：包括根据伊斯兰历的日期，缔约双方身份和名字、契约类型和内容。这种陈述根据事实状况，必须在双方自愿、公平的原则上进行交易或达成协议，并承担各自的义务。在维吾尔族中，奉守伊斯兰教法教规，并以此约束个人的社会行为，是长期形成的风俗习惯。签订契约是以宗教的法规为基本准则的。立约人必须符合宗教规定的行为规范和道德规范。契约在写明立约方的姓名、父氏、身份之后，再陈述里约的内容。这种陈述必须是有事实根据的、说理的，根据自愿、公平合理的原则达成协议，并承担各自的义务。立约的日期一般用伊斯兰历，可以写在引文之前，也可以写在末尾，最后有证人签名，盖印，由立约人保管，死后交给继承人保存。这件立约便有了社会效力。（2）证人条款：凡契约必须有证人和担保人。维吾尔族人重视证人的传统。一般情况下，在当地宗教权威、德高望重的人出面作证，此契约的社会效力明显会提高。对证人身份来看，既有老乡、富绅、巴依和在宗教界担任各种职务的人，也有自己的亲属、近邻或其他不相干的人。因此，同一时期、同一地点发生的一些契约里，有些证人总是反复出现，如某某毛拉、某某阿訇等。显然，这些人在当地群众中享有较高的声望，受到尊重，容易取得民众的信任，被大家公认为具有证人的资格。（3）执行条款。伊斯兰教规定一切经济关系用契约的方式进行，无论债额多少必须以契约的形式立约。一经立约，则不能爽约，要恪守不渝。穆圣说："伪信士有三个标志：说谎、爽约、背信弃义。"（马明良，1996）莱斯特·库尔茨（2010）认为制约对双方当事人权利行为时，伊斯兰教法（沙里亚特法）起到了重要作用，它是一种伊斯兰社会的法律，也是一套宗教伦理规则。从契约格式中能看到，依据伊斯兰教法立约的契约本身具有法律效力，而且还受到宗教法庭的保护，以确保当事人的利益。

总之，生活在社会底层的农民通过契约文书来保护自己的权益，这种契约形式具有维吾尔族地方特色。从契约文书中不难看出，宗教在维吾尔社会群体社会生活中，有着比较广泛的作用，无论在契约内容、格式和执行都有着明显地到伊斯兰教痕迹，并且在当今社会也普遍存在。

三、当代维吾尔文借贷契约形式

根据我们对维吾尔族农村入户调查研究，当代维吾尔族借贷载体主要有以下几种形式：（1）资金作为依据的借贷契约。这种借贷主要发生在借款人与专门从事资金贷方的农村富农或商人之间。由于双方彼此并不熟悉，面临规模较大贷款时，为降低风险要求当事人有价资产作为抵押，以便保障贷款收回率，减少不必要的损失。（2）实物作为依据的借贷契约。维吾尔族历史上最早的借贷形式，并且民间借贷中有着重要的位置。实物借贷的对象大多是粮食和牲畜等。（3）"关系"作为依据的借贷形式。主要表现在个人与个人之间的"关系"作为抵押参与借贷。例如，通过血缘的亲情"关系"轻而易举地从父母、兄弟、姐妹那里借到所需要的钱。又如，利用大量的"弱关系"即非血缘关系的亲朋好友等，就可以使借款人与放款人之间建立起借贷关系。实际上，这种借贷形式，是将各种关系当成信贷的抵押物，一旦借款人不能及时全额还款，那么贷款人失去的就是大量的社会关系网络。（4）"中介人"作为依据的借贷形式。中介人在维吾尔族农村无论是借贷还是买卖活动中往往起到了沟通和担保的作用，是"决定契约的有效性"。由于在借款人和放贷人之间存在一定的信息不对称，因此，中介人在农村信贷活动中就具有一定的存在和发展空间。在维吾尔族农村中，中介人的身份一般比较特殊，多为宗教人士和当地权威人士。他们在借贷活动中充当了调解或缓冲双方潜在风险的角色。

从借贷契约来看，当代维吾尔族农户借贷存在的根本原因在于新疆落后的农业社会、脆弱的小农经济、相互依赖的人际关系。对借贷关系而言，双方的借贷行为将会受到伊斯兰教的保护和约束。基于各时期的主要借贷形式都有共同的特点，即都体现了抵押和防范风险的借贷思想，这是金融活动得以平稳和可持续发展的基础和保障。

上述民间契约中所体现出来的乡村借贷契约的种种特点简要归纳如下：

第一，维吾尔族具有重视契约的传统，常用签订契约这种方式来处理民间纠纷、调整社会关系。借贷契约形式上有口头契约和书面契约，前者以信用为载体，没有签订契约；后者必须要签立契约。一般而言，债权人与债务人之间金钱借贷多为书面契约；第二，借贷对象的身份不同，如农民、商人和宗教人士，利息也有区别，借贷利息的高低是由跟借贷双方之间的"疏远"关系决定。维吾尔族社会里，借贷多发生在亲友之间，谁家有余资，借给遇到突发困

难的对方，这种借贷利息很低或几乎没有；第三，借贷的担保形式上可以看出
"人的担保"，如宗教权威等第三人担保形式和容易报关的"物的担保"，如黄
金首饰、房产、牲畜、树木等物品。在借贷过程中"保证人"的作用不能忽
视，债务人不能偿还债务时由保证人代为偿还。在此关系中，"保证人"所担
负的责任都按照"事先"约定并履行与自己身份相符的责任，而且还为各地
遵行情况都相同；第四，违约惩罚依靠约定俗成的一些乡规标准实行，此时民
间纠纷很大程度上依赖于乡规民约调解。

综上所述，无论是古代还是近当代契约的形式、内容和执行机制并非经济
学家想象的那么复杂。在民间契约中正式文本和条款背后，签约者的信仰和道
德特征在起作用。但是，对于并没有成文的影响契约执行的文化、习俗、乡规
等隐性或"意会"因素，很少有相关理论学者关注，在近期文献中也自然很
少看到。既然在契约执行中文化传统因素具有重要影响，那么，在民间借贷执
行中，非正式制度因素如何存在并发挥作用呢？后文从非正式治理视角加以
探讨。

第三节　非正式治理：民间借贷契约执行的隐性保障

契约理论关注签约双方在事前或事后信息状况以及签约者之间的制约手
段。契约中的任何一方都按照既定的规则来约束自己的行为。民间契约中影响
契约履行和执行的一个隐性因素是非正式约束，其实此因素很大程度上总是被
忽略。由于整个社会的交易活动主要靠乡规民俗、习律以及宗教规则来调节，
从社会秩序的经济分析角度来看，这种制度安排会从整体上节省交易费用。那
么，借贷契约中非正式制度是如何规范民间借贷市场秩序的，仅仅依靠人的自
律显然不可能。通过对维吾尔族契约文书的研究，可以发现内在约束力量来自
与维吾尔族文化传统相关的一系列非正式制度因素。非正式治理机制主要是一
系列旨在能够保障民间自发融资立约关系的实现机制之约束条件的有效组合。
从维吾尔族历史上的民间契约来看，民间契约机制主要分为三类：基于内疚感
的传统道德约束机制、基于社会关系网的第三方治理机制、基于禁忌演化的习

惯习俗地域压制机制。

一、对违约者的监督和惩罚——基于内疚感的传统道德约束机制

道德观念是在社会生活的人应当自觉遵守的社会行为规范和信念，它包括行为规范、行为者的信念和社会制裁。维吾尔族农村社会结构是一种典型的"无陌生人"社会。道德约束，即在经济主体相互尊重产权的情况下形成的"欠债还钱"的非成文习律，是思想意识和社会舆论的约束，如果侵害了对方权益，就会受到良心和社会舆论的谴责。这种基于内疚感的机制就是道德机制，它靠加大自身的心理成本实施，也就是说它靠良心来实施，其过程表现为个人意识活动的调整，与同情、羞耻感、内疚等情感形式相连。它的最大功能在于降低人际交往中的不确定性，节约社会交易成本。在统一价值观的社会群体内，道德约束通过羞耻心对人们行为发挥约束。违规行为是当事人名誉扫地，承受羞愧的惩罚（贝克尔，1981）。信用是人与人之间赋予的一种信任。由信任而产生的信用便成为一个重要问题。对于名声的重要性，每个人像爱惜自己的生命一样爱惜自己的名声。任何行为主体如果在所生活的农村社区失去了名声，它就不能正常生活或与别人交往，"舆论"在乡土社会中对违约起着潜在的惩戒作用。具体表现为：第一，羞辱性惩罚。一般来说，道德是依靠羞耻感来维持人们的自律行为。在借贷关系中，对拖款者和违约者给予"流言蜚语"的惩罚，降低借贷关系中的不确定性，节约交易成本，达到道德约束效应；第二，由社会认可（approval）、讥讽（ridicule）、驱逐（ostracism）、信誉（reputation）来执行；第三，舆论贬斥。据民族志资料记载，近代维吾尔族对于借贷违约者此大不韪者"嘲笑、鄙视、唾弃"，甚至不与之交往。对于借贷违约者羞辱，民谚谓"羞耻重于死亡""与其背恶名活着，不如落美名死去"。"丢失钱财不要紧，丢失名声不得了"。从这些道德条律的谚语中可见，村民出于看重名声和羞耻感（shame）而自觉遵守道德束缚。"违约行为"普遍遭到鄙视，违约者因此遭受到"边缘化"。总而言之，基于内疚感的伦理道德治理机制是依靠加大行为主体自身心理成本来实施。

二、基于社会关系网的第三方治理

在理论上来说，关系网络与不同国家、地区的社会结构、文化传统有非常密切的内在联系，因此，应该注重它的文化特殊性和地域特殊性。米切尔（Michel）从社会关系的角度出发，将关系网络界定为"某一群体中个人之间特定的联系关系"①。一个群体和主流社会之间的文化差异越大，以关系网络为基础的社会资本就越高。作为一种非正式制度，它是无形的，但是有许多载体，比如家庭、社会信仰、信任和互惠的方式、风俗习惯等（马光荣，2011），在乡村，社会资本更多表现于相互借贷、创办或巩固小产业。而这些融资活动完全建立在借款者的个人信誉上，"人品"使当事人有融资的可能，并由此获得经济机会。从农户的行为特征来看，在特定区域或关系网络中，他们对个人口碑、名声、社会评价和家族声誉等高度关注，能严格遵守信用。关于这一点，农户私人借贷大多不需要凭证，就是典型例证（褚保金，2009）。一个社区内的成员往往彼此很熟悉，对个人行动的监督成本很低，能够有效缓解道德风险，引导或制约他们行动，从而提高还款能力（Karlan，2007）。张亚维（2003）认为通过农户关系网络可以降低农户信息不对称程度。马光荣（2011）发现农户拥有的关系网络越丰富越倾向于非正规融资渠道，从而弥补正规融资滞后的缺陷。从文献中可以看出，既有的研究都是笼统地检验关系网络对信息共享、抵押功能、风险控制以及行为决策的作用，或者讨论社会关系网络提高农民收入的影响。上述文献中，虽然对关系网络及其非正规金融关系方面的研究比较多，但研究关注点都放在获取借贷的农户上，而很少有研究对未获得借贷款或无法申请借贷的农户上。事实上，后者的融资难问题却一直困扰着他们生活。虽然在理论上有通过转变观念、改造结构、加强监管来突破农户融资难问题，但是经济欠发达的地区正规金融部门，一方面，面临为贷款安全性的保证要求选择良好的借款人；另一方面，政策上的压力要求信贷员必须把款贷出去，从而造成信贷员与优质农户的"合谋"。这样一来，穷人和没有

---

① 转引自［美］帕特里克·博尔顿、霍华德·罗斯塔尔编：《穷人的信贷市场》，徐晓萍等审译，上海财经大学出版社 2011 年版，第 145—153 页。

抵押品的农户急需资金时很难从正规金融部门获得。而对于难以从正规金融渠道获得借款的农民来说，关系网络促进的民间借贷尤为重要。自 20 世纪 80 年代法国社会学家皮埃尔·布迪厄首次提出"社会资本"概念后，社会资本逐渐成为学术界普遍关注的理论热点和前沿问题。社会资本关注社会信任、关系网络、互惠规范和公民参与在社会治理中的地位和作用，对处于转型期的新疆经济和社会发展具有特殊的理论意义和实践价值。社会资本与契约治理的关系是在学术界探讨契约治理理论的背景下展开的。可以看出，民间契约通过合作、协商、伙伴关系等方式，依靠关系网络进行融资，并对民间纠纷进行有效管理。社会资本和契约治理之间存在关联与互动。一方面，社会资本是实现契约治理的前提和社会基础，社会资本克服了集体行动的困境，促进了关系资源的合理配置和正确运用，从而实现了契约实现的契约双方当事人良性互动的理想状态；另一方面，契约双方的有效合作是社会资本的生成机制。广泛存在的民间金融组织是社会资本得以构建的土壤和基石，而国家则为社会资本的提升提供了制度保障。

社会嵌入这个概念被美国社会学家马克·格兰诺维特首先使用。在他看来，市场中的行动同时嵌入行动双方的社会网络关系中，其结果是社会网络中的社区文化及社会资本便可有效地约束经济行为主体的机会主义倾向。借贷双方作为社会声誉的社区成员，出于维护自己社会资本和声誉价值的需要，只有克制机会主义行为才不会被社区人员抛弃和孤立。

在维吾尔族历代生活在自然封闭的、没有陌生人的小世界里，对他们来说，以血缘、地缘、亲缘为基础的社会关系以及关系网络内的名声作为一种无形资本具有契约没有履行后的自我调节作用，并且替代实际抵押品而维持他们的诚信行为，从而达到的治理效应。在关系网络内发挥作用，社会关系网络内的信用、信任关系促进交易。在维吾尔族农村，广泛存在个人之间，以血缘、地缘、亲缘为基础的社会关系，这些社会关系构成了社会资本。Biggart 等（2001）认为，社会关系而形成的社会资本具有执行抵押品功能，促进契约行为的实施。在维吾尔族这样一个注重人与人之间关系"人情"社会中社会资本具有重要地位和特殊的作用，跟契约治理是互动与关联的。社会资本作为农村特有的资本形态，不仅可以作为抵押品有效缓解信息不对称的问题，还能在一定程度上解决融资活动发生之后的隐藏行为问题。在民间借贷关系中，贷方（一般是借方的邻居、亲友、合作伙伴或私人放贷者）比较了解借方的声誉，并可以做出借贷决策。借方在考虑关系网内的名声并不轻易违约。可见，名声与违约成本（如面子成本）呈正相关，名声越好的成员，越不愿意因欠债或赖账而"丢人"。一旦违约，其面临的社会群体压力将使其在"圈子"中步履维艰。由民族、亲属关系、地缘关系的因素而形成的社会群体内部的信息网络而进行群体惩罚是契约有效执行的关键，社会性担保是民间金融可持续发展的重要一步。

三、基于禁忌演化的习惯习俗性地域压制机制

习惯从属于文化，借鉴维吾尔族文化的演化过程，可以看出当今农村借贷市场内的借贷习惯，民间借贷习惯，即有关民间借贷中的民事习惯。可以看出，这里有两个概念，即民间借贷习惯与民事习惯。民间借贷习惯在维吾尔族社会经济生活中扮演着"准法律"的角色并在维护社会秩序中起着不可或缺的作用。对维吾尔族民间借贷习惯进行深入研究，不仅有助于全面认识新疆社会经济、政治、思想文化的全貌，而且还可为新疆农村金融的发展提供参考。民间借贷习惯是关于民间借贷的习俗、惯例。认识维吾尔族民间借贷习惯，须首先对维吾尔民间借贷有一大致了解。民间借贷习惯生成与契约文书是紧密交融在一起的，即具有双边效力的私人契约条款逐渐转化为多变效力的扩散到民族或区域层次的习惯。借贷习惯，是除了法律上规定的信贷制度之外，人们普遍遵照施行的风俗，它是当时的金融制度的组成部分之一。不论哪一种借贷习俗，都不能违反当时当地法律规定。

借贷习惯与借贷契约执行中的"道德风险"行为表现在借贷中的任何一方利用自己所掌握的信息优势，损害对方而增加自己利益中采取的利己行为。"道德风险"行为表现为行动隐藏和信息隐藏两个方面。借贷主体的义务感和道德感，在借贷市场上有利于借贷主体自觉遵守和维系良好的借贷秩序的有序进行。这种心理意识来源于习惯的价值内化，即把习惯"作为一种社会信息

和社会刺激符号对人们的思想、意识、价值观念等发生作用和影响，内化进入人们的主观需要之中，而对人们的行为所进行的控制"。这种控制通过对人的精神因素的影响进行，是一种间接的内在控制。反过来说，维吾尔族借贷习惯的价值内化是将借贷习惯灌输和教化给民族共同体。这项作为契约治理机制的一个内容，似乎很难被现代社会的人们接受。它对经济行为的影响，与宗教不同，不是建立在神圣的宗教仪式上，而建立在自己身上；遇到的禁忌有所不同，主要是不是明显可以观察到的禁止声明，同时，也没用任何说明禁止的理由来达到习惯的治理效应。惯例是非正式制度的一种表现形式，它基本上诉诸自愿的协调。当以上手段仍不能够扼制"违约"时，习惯法将给予"违约者"最严厉的惩罚，起到习惯习俗的约束作用，视当事人为"犯人"，对人本能行为进行限制、制止和预防。

我们发现，受父债子还的传统社会习俗影响，即使没有抵押品甚至不用签订任何形式的借款契约，缺钱的人就可以从私人或者清真寺那里借到需要的资金，传统习俗作为一种契约治理因素起着关键作用。是否遵从借债还钱、父债子还的传统社会习俗是对一个人诚信程度的评价依据之一，借贷关系也建立在此种信用基础上。习惯习俗对人本能行为进行限制，制止和预防潜在的危险，控制潜在危害。良好的习惯就像有效的道德资本，而不良好的习惯像是一笔偿还不清的债务。

综上所述，以非正式制度为特征的契约结构中蕴含不成文的隐性约束，给我们的启示是借助于社会文化力量调节乡村纠纷往往比正式治理要来的有效。如签订者的社会关系网络、习惯习俗和道德准则，均为乡村社会蕴含的文化力量要素。在契约治理机制中，道德准则作为第三种机制来自习惯性行为在人们脑海中内部化的道德判断（青木昌彦，2001）。正式制度治理是合法的第三方强制实施的法律机制，而非正式制度治理则以社会传统文化为基础的三种机制。契约治理机制既是非正式制度实施的基础，又是非正式制度的载体；各种治理机制之间作用对象是一致的，即契约双方必须严格执行，又相生共长，互为条件，相向制约。因此，必须注意非正式制度各因素之间的相容，减少彼此之间的冲突和漏损。可以说，维吾尔族历史上的这些契约实行机制对当代民间借贷的实施具有启迪作用。由此分析我们可以得到如下认识：

（1）回归文化传统的非正式治理通过共同价值观来影响行为主体的道德观念和履责意识，使其成为借贷契约执行的隐性保障。"敬畏""心理成本""羞辱感""流言蜚语"等非正式治理构成节约借贷违约成本的非正式制度。

（2）非正式制度的形成机制是模仿和顺从，当整个社会都处在一个总的非正式制度的合理框架内，为了避免摩擦或引起他人的歧视，人们会选择遵守共同遵守的非正式制度。传统文化在非正式制度安排中处于核心地位，它包括由国家和社会共同持有的价值观、伦理道德、风俗习惯等，具有某种"先验"的功能特点，对人们的思想和行为产生共同的隐性约束作用。

（3）契约是维护正常交易的工具。作为主流契约理论如交易费用理论，对契约选择的分析更多局限于技术层面的交易，忽视社会环境对契约选择可能产生的影响。笔者认为正规金融机构可以通过某种形式有效利用农户信用，从而降低借贷风险；农户可以利用集体信用提高自身的借贷可得性。

第四节 结论与启示

每一项经济交易通过各种契约来完成的。民间契约是个人为主体的自然人规制经济交易的文件协议或关系凭据，例如，借贷契约、买卖契约、婚姻契约等。民间契约治理就是通过一定机制达到契约执行从而降低违约率的目的，是对订立签约双方履行交易约定行为的约束。对传统乡村社会，民间契约的履行存在非常突出的不稳定因素。那这种契约关系的建立之后靠什么来维护？或者说契约治理机制与方法是什么？维吾尔族乡村借贷关系借助信仰的力量确保交易或合作的成功而达到维护经济社会秩序目标。在金融监管和正规交易协调不健全的情况下，应该利用非正式制度的社会规范作用和有效机制维护乡村借贷关系，毕竟，非正式制度治理机制在维吾尔族民间一直持续存在着。

维吾尔族民间契约中的借贷文书实际上是一系列维护农村信贷的方法，而通过对借贷契约特征的分析可以看出，虽然它尚存诸多漏洞和不规范，但作为民间内部的真实资料，当代人们可以从中汲取历史经验以及教训，为完善当今农村信贷体系做借鉴。这些非正式治理机制既是正式制度形成的基础，也是正式制度有效发挥作用的必要条件。诺思（1991）认为非正式制度来源于社会所流传下来的信息以及我们称之为文化的部分遗产，它是人们的大脑在获取外界信息以后形成的自然语言，这些自然语言渗透于我们的感性认识和态度中，每时每刻无处不在地影响我们的行动。非正式制度影响人类经济行为选择和决策，但并非直接决定人类行为。因此，正式制度如何在非正式制度的"合力"下对农村金融发展发挥作用很值得我们思考。毋庸置疑，在不断完善建立正式制度治理机制的同时，充分地综合运用建立非正式治理机制，可以在很大程度上提高农村信贷市场效率。其机制如图 9-1 所示。

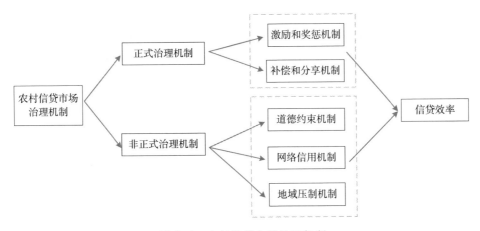

图 9-1 农村信贷市场治理机制

我国金融体制现阶段正处于转型时期，一定程度上边缘化了农村金融，使农村经济的平稳快速发展受到了极大的制约。同时，农户借贷获得性在农村金融体系中显著降低，对农村生产发展以及农户生活水平的提高带来一定冲击。在新疆维吾尔族农村，正规金融与非正规金融一同服务于农户家庭以及农业经济总体是一种可供选择的农村金融发展途径。有理由认为，未来对农村信贷市场的改革，一方面要充分发挥游离于正式制度体系之外的非正式制度的激励机制，从而使交易成本得到控制，各方也能获得交易收益和期望效用；另一方面通过非正式制度的约束机制，通过发挥族群内部软约束力量降低违约的概率，最终有效控制降低信贷风险，有效提高信贷效率。

农村金融制度演进路径的初始条件是高度集权的政治经济秩序和大一统的农业经济体制。经济转型之后，金融市场化改革的进程降低了农户从正规金融机构获得信贷的机会。从借贷用途看，生活性资金受到抑制，农户不得不依赖非正规金融。进一步从产业发展视角分析，北疆经济资源等自然条件较好，农业产业机会也较多，正规金融抑制较低；南疆作为以农业为主的经济区域，自然条件和资源禀赋不利于农业产业发展，正规金融对农户信贷供给严重不足，农户更多依赖非正规金融。因此，南疆民族地区农村金融发展首先要允许和鼓励形成金融部门自我演进机制，摆脱发展不均衡，从而为民族地区经济发展和农户经济增长创造条件；其次，必须着力改善信贷交易条件；再次，要构建适合民族地区商品交易活动发展的制度平台；最后，正式制度治理是合法的第三方强制实施的法律机制，非正式制度治理是以社会传统文化为基础必要补充。正式与非正式制度之间是一种互动与耦合的关系，彼此相互联系、相互作用，共同影响着经济发展。政策设计要高度重视正式制度与非正式制度的相容，促进农村信贷市场的发展。

从我国理论界和政策制定层面观察，民间借贷仍然是经济界激烈争辩的一个主题。国内学界对民间借贷问题的研究视角不断拓宽。作为当前民间借贷领域研究的热点问题，对借贷契约治理的研究主要围绕民间借贷契约的正式治理展开，强调民间借贷实行的最佳方式是依赖正式法律承认的借贷契约。本章试图总结维吾尔族借贷契约实施特征，以便深入分析其中存在的多渠道非正式治理机制。通过维吾尔族历史上的民间契约实施机制考察民间借贷存在的社会文化背景，可以适当拓宽对当代民间借贷的视角。

第 十 章

乡村的呼唤——田野调查记述

本着深入农村基层社会和服务农村发展的初衷，课题组长期以来开展对西北陕、甘、宁、青、新五省区贫困农村地区的田野调查。[①] 2003 年 7 月至 2018 年 7 月，先后赴以下地区调研：陕西商洛市六县一区（2003 年 7 月、2013 年 8 月、2018 年 8 月），汉中市南郑县、勉县、略阳县、汉阴县、城固县和留坝县（2003 年 7—8 月、2013 年 10—11 月），安康市汉滨区（2008 年 5 月），铜川市印台区、耀州区、王益区、宜君县（2007 年 8 月、2011 年 8 月）；青海海东区（市）民和县、乐都县（区）（2008 年 7—8 月、2011 年 12 月、2018 年 7 月），西宁市湟中县、湟源县、大通县（2008 年 8 月、2011 年 12 月）；新疆喀什地区莎车县（2013 年 8 月）、巴音郭楞蒙古自治州和静县与和硕县（2013 年 8 月）、伊犁哈萨克自治州伊宁县（2013 年 9 月）、克孜勒苏柯尔克孜自治州阿图什市（2014 年 4 月），吐鲁番地区吐鲁番市（2014 年 4 月）；宁夏吴忠市同心县（2018 年 6 月）；甘肃省陇南市康县（2018 年 7 月）。师生在西北黄土高原的乡间阡陌留下足迹，收获的是乡情乡音，感知的是广袤穷乡僻壤伴着时代步伐而激荡连绵的脉动。尤为重要的是，基层的呼吁客观上"隐喻"着

[①] "田野调查"被用以概括为相关研究工作收集原始资料的实地考察活动。田野调查通行于人类学、考古学、社会学、语言学、艺术史等社会科学门类。但实际上，基于田野调查的经济学研究与经济分析由来已久，国家统计局统计调查大队长期以来开展的城乡家户调查，班纳吉（Abhijit V. Banerjee）与迪弗洛（Esther Duflo）为了弄清"贫穷陷阱"的怪圈，在 15 年中深入调查贫困人群最集中的 18 个国家和地区，从穷人的日常生活、教育、健康、创业等多个方面，探寻贫穷真正的根源，这些田野工作无疑已经成为经济学研究的重要资源或典型范例。后者 2019 年 10 月 14 日获诺贝尔经济学奖，很大程度是由于他们开创的田野调查与实验方法极大地推进了发展经济学以及对贫困问题的研究贡献。

农村金融改革的方向。无论理论思辨抑或制定政策，均无法绕过来自社会基层或"草根"的声音。伴随农村劳动力大规模转移和新一轮土地"三权分置"改革，农村正酝酿、发动一场史无前例的农业生产方式的重大变革。农村金融系统的演化，无疑将与这一变革"荣辱与共"，深切融入农村当下与未来的场景。

本章选辑在不同时期、不同地区调研期间的座谈交流部分文字资料，力求真实、"原始"地反映源自不同主体的对当下中国农村图景的述说与对未来的预期、诉求。① 由此读出什么，汲取哪些有价值的信息，归纳演绎出何种思想结论？有待读者沉静下来推敲。一样文字在不同场景表意可能不同，况乎又是一种貌似驳杂的语境，或许，阿尔都塞所推崇的"症候阅读"法可资我们借鉴。

第一节　到田野去

一、访中国银行业监督管理委员会安康市银监分局

时间：2008 年 5 月 6 日上午

地点：安康市银监分局会议室

参加人员：安康市银监分局戴太银局长、吴副局长、刘科长、李副科长、李主任（办公室）、王副主任（办公室），陕西师范大学农村发展研究中心刘明教授，陕西师范大学国际商学院赵天荣博士、胡秋灵博士，陕西师范大学国际商学院研究生梁建峰、赵静、贾怡琳、常家升，本科生李哲、杜元鹏、朱护国、王亮、张曼等同学

记录整理：杜元鹏

---

① 　本章文字由作者依据原始记录审定。由于做现场笔记和由录音转录文字同学对地方口音生涩，以及对一些专门术语不熟悉，原文表意模糊、不准确之处在所难免，加之原录音文字夹杂大量冗余口语，审定时对原文做必要整理、删节和订正，以便完整、准确记录现场访谈亦同时具备可读性。——刘明。

问题1：请介绍安康市金融监管基本情况，特别是对农村金融业务的监管。①

戴太银：安康市银监分局内设三个监管科室，分别负责监管商业银行、政策性银行和农村信用合作社。其中10个县区设有6个监管办事处，每个办事处3—4人。

吴副局长：银监局现在面临人员不足、监管业务重等问题。

戴太银：安康地区经济落后，银行业监管分为三块，即国有商业银行、政策性银行、合作性质的银行，其中，农行县县有支行，农发行县上有代管，农信社是服务农村的主力军。

问题2：银监局是如何处理和人行安康市支行之间对银行监管的职责划分的？两个部门的金融信息交流是否便利？

戴太银：不存在职责划分问题，《中华人民共和国中国人民银行法》和《中华人民共和国银行业监督管理法》对人行与银监会的法律界定很清晰，业务交叉不多。根据《银行业突发事件应急预案》《存款保险条例》和《企业破产法》等相关规定出台，人行出钱给破产者买单的局面以后不一定成立。

安康市银监分局与人行安康支行主要通过以下平台开展交流：①经济形势分析会议；②政府工作会议；③信息资料共享；④双方联合发文，开展一些课题研究，共同监督货币金融政策的执行，相互反馈执行情况；⑤人行安康支行与安康市银监分局负责人之间临时性沟通、重要信息交流不限形式。

问题3：安康市银监分局怎样发挥对金融机构的监管作用，具体实施情况如何？对农村金融机构的监管，主要依据哪些数量指标？比如对不良资产比率、流动性指标、信贷资产结构的指标管理。

戴太银：银监分局实行法人属地监管，即对派出机构按法人监管。日常监管包括机构市场准入、业务准入和退出，以及高管人员的准入。运行监管包括：①非现场监管（如通过统计报表）；②现场检查（适当减少监管频率）；

---

① 座谈形式采取由戴太银局长对调研团事先提供调研提纲所列问题予以回应，后续为自由问答环节。

③开展调查研究、进行专项治理，监控与化解金融风险。监管方式需要改革，目前方式不完全切合实际，权职划分需要调整；④外延性的、安全性的工作，对中小企业宏观调控，支持其发展，中小企业经营好了，银行的信贷风险就会降低。这些主要依据基础报表，但数据的真实性存在一定的问题。

不良贷款率是监管重点，因为不良贷款率的高低代表着银行信用风险的高低。不良贷款在很大程度上不取决于银行本身，而取决于宏观经济形势。不良贷款率不降反升，则说明宏观调控未起作用。要将银行负担不起的企业调下去，资金撤出，项目下马，否则贷款就要烂掉。次贷危机后出口紧缩，企业不敢接单，银行贷款无法放出。金融业是经济的附属业，一荣俱荣，一损俱损。按照不良贷款率，安康地区很好，指标明显低于全国指标，新增贷款不良率控制在 15%，流动性状况≥25%。在信贷资产结构方面，存款短期化，贷款长期化，存贷期限存在严重不匹配，贷款结构变化过快。中长期贷款大幅上升，问题比较突出。基础设施主要集中在水电建设，陕西省建设的 7 个水电站安康就占 6 个，近几年共有 55 项水电项目，贷款都在国有银行，但好项目比较少。安康地区贷款的风险集中度高，但放在陕西省不算高，放在全国就微不足道了。

刘明：水电站放贷以安康分行为主体还是以省行为主体？

戴太银：以安康分行为主体，但省行会分掉一部分。

问题 4：在安康地区，银监分局在监管农村金融方面面临哪些困难，如何解决这些问题？农村金融机构所面临的实际风险有哪些，如何防范风险？

戴太银：安康地区经济不发达，但金融很稳定，各金融机构无一亏损，信用社营业额在全省排第二，将在 5—10 年内建成完整金融体系。面临的主要困难：①社会责任问题，安康地区生产力水平层次性差距大，为农服务不发达，生存条件差，人员分散，交通成本高，小额贷存款不去信用社。部分县由于通信条件不具备，没有设立金融服务机构，无法设立柜台办理；②金融产品服务：机构结算渠道不发达，每个县信用社都是法人，必须有人牵头，投入非常大，但服务跟不上；③机构服务问题，专门从事产业化经营者往往无法偿还贷款，农行 20 亿元扶贫贷款就有 10 亿元是不良贷款。每年输出 50 万劳务大军，客观上减少了信贷需求。国有银行退出农村为农信社留下了更大的空间。

目前金融机构主要面临的是信用风险：①道德信用环境方面；②市场产业因素（占比重较大）。防范措施：①建设信用环境，信用村，这一过程是缓慢的；②不把贷款放给没有还贷能力的人。

问题 5： 对于农村灰色、黑色金融市场和农村合作金融机构案件高发的特点，银监分局是如何应对的？

戴太银： 这样说有贬义，界定不合适。案件无高发情况，资金全部追回。

问题 6： 造成农村金融机构不良贷款率偏高的原因是什么，怎样加以解决？农信社 2003 年改革试点至今，对不良资产处置的进展如何？

戴太银： 不良贷款率未超过偏离区间，安康地区不良贷款率为 15.89%，较全国来说不高（按五级分类），我们狠抓金融监管，目前农信社已完成改革，不良资产处置已经完成 100%（采用央行票据贴现）。

问题 7： 今年将实行从紧的货币政策，抑制物价上涨，这对农村地区金融机构经营风险是否产生影响？银监分局将如何根据安康地区的实际情况进行应对？

戴太银： 对于宏观条件下安康的农村金融服务谈一下：第一，安康地区工业不发达，市场不健全，政策传导慢，对农村影响较大。第二，银行内部宏观调控力度不减，贷款指标分期按季度下达有问题，管理方式不科学。由于农业具有季节性，使贷款效率大减，农信社很被动，存贷款比率在年中可以超过 80%，但年底要回到 75%。第三，一些宏观调控手段在农村地区不适应，计划体制手段不合理，无任何弹性。信贷资金规模严格控制，存贷比不变，但贷款规模下降，调整情况较好。对其他方面目前还无具体方法应对。

问题 8： 从农村基层金融机构的角度看，国家对西部不发达地区的金融监管是否应采取不同的监管准则？

戴太银： 现在还没有特殊准则，但希望有。

问题 9： 银监分局是如何推动农村金融体制改革的？银监分局如何更好地服务三农？

戴太银： 银监分局做了一些直接推动农村金融服务的工作，借助金融机构的力量服务三农。

问题10：农信社在改革过程中存在哪些问题？如何在积极推动农信社深化改革同时改善对农信社的监管？

戴太银：农信社改革已基本结束，改革主要集中在组织形式上，在内部管理（例如对佣金、薪酬管理的改革）、运行机制上，基本架构已经形成，但距现代企业还有很大差距。主要表现在：第一，信用社人员有限，难以支持"三会一层"，监事会、理事会没有设办公室，作用发挥有限；① 第二，改革在机制上是失败的，有缺陷。设立省联社的定位与职责不明确；第三，内部管理、制衡机制还没有解决好。农信社的管理是由党支部管理还是由理事会管理？监事长兼纪委书记，理事长兼党委书记，存在监管层权限划分不清。如果出问题是该找信用社主任还是该找理事长？内部监督部门科室职能交叉、混乱、越位现象严重，这些都是体制、机制问题。是否应该以银行的标准监管农信社的准入、经营和退出？

银监分局对于这个问题采取模糊处理，否则会影响农信社的经营，凡事要有利于农信社发展。信用社对业务品种、服务方式与手段的改革效果明显，向现代银行迈进的步伐较大。

问题11：银监分局怎样看待社区金融机构——例如农村资金互助组织的作用？对于在安康推出村镇银行、贷款公司和农村资金互助社等新型农村金融机构有何规划？对于金融创新产品将如何有效、具体地引导，使其在农村地区更好发挥作用？

戴太银：安康市不属于成立新型金融机构试点地区，暂无具体规划与设想，贷款公司不归银监分局管辖，尚无具体政策，其与当地状况也不是很适应。人行办贷款公司属于越位，经营不下去，缺乏后续资金动力，其业务已经转归村镇银行。村镇银行与资金互助社归银监分局管辖，但在短期，至少3—5年内还不会在安康地区出现。当地还不能承载类似的金融机构，设立村镇银行与目前经济状况不是很适应。而且，上述新型金融机构属于高风险机构，由

---

① 农信社"三会一层"指其组织管理体制中的社员代表大会、理事会、监事会、经营管理层。

于交通不便等因素，会让银监分局监管压力增加，困难较多。要解决农村金融空白或者金融服务不足问题，更大程度要依托农信社在农村的作用，同时发挥民间借贷市场的作用。

问题 12：安康农村地区的金融生态环境和信用环境如何？存在哪些突出问题？

戴太银：安康农村地区的金融生态环境状况良好，农村信用环境优于城市，农民好于市民，私人企业优于国有企业，农民还款积极。信用道德建设是社会系统工程，应该以政府为主导。银监分局已经建立黑名单制度，加强诚信体系建设，这属于社会道德层面的问题，银行业协会作为民间组织在这方面应该发挥更大的作用。

问题 13：担保抵押成为制约农村信贷的主要障碍，从监管角度观察，解决这一问题的出路是什么？

戴太银：暂时无具体的解决办法，担保抵押也是农村信贷要解决的主要问题。对于房产抵押现在缺乏法律支持，主要涉及土地流转问题，中央尚无明确规定，但农信社已在部分地区试点，允许使用房产做抵押。

问题 14：安康地区的民间借贷发展态势如何？银监分局对于民间借贷有无规范性措施？如何有效引导民间资本在促进农村经济发展中发挥更好的作用？

戴太银：民间借贷在安康地区很普遍，主要存在于城区。对于民间借贷不好调查统计，因此没有统计信息。银监分局对民间借贷做过一些引导性的活动，但不是太多。

问题 15：邮政储蓄银行陕西支行去年（2007 年）成立，银监分局如何看待它在农村金融体系中的作用？其成立对农村资金逆向流动问题能否有所缓解？

戴太银：安康市邮政储蓄银行于今年 3 月 27 号挂牌，开始在旬阳县试点质押贷款，利率 13%，目前贷款余额 50 多万元，其作用已开始呈现。资金逆向城市流动现象是金融领域中的怪胎，邮政储蓄的机制不是完全的银行，财务不独立，监管无法仲裁，其他商业银行对此也不满，认为银监分局对邮政储蓄银行监管不力。目前邮政储蓄银行面临的最大困难是资金运营中的风险控制问题，双向经营要承担很大风险，可能会有很多资金从上层派发。要彻底抑制资金逆向流动，在短期内还不可能。

问题 16：安康地区金融业经营的法律环境如何？立法、司法部门以及政府在这方面可以做哪些工作？

戴太银：地方各商业银行（分）行长的思想有所转变，已经有敢于担当责任的行长。《企业破产法》《物权法》对解决担保问题的路子更宽了。各地的法律环境一样，中央与地方在利益上的矛盾会在银行有所体现，目前法律、司法对银行维权不是很有利，《企业破产法》中无优先处理的规定，而《物权法》在有些地方又无法操作。在司法实践中存在以下问题：第一，对银行诉讼案件有政府介入时往往对银行很不利；第二，即使官司打赢了，资金也无法追回。相关问题严重程度近期有所缓和。

问题 17：安康地处我国南北交界一侧，有无一些特殊的商业文化和地方风俗习惯，这些因素对农村金融业经营有无潜在影响？除了正式的法律法规，能否通过风俗教化、乡规民约等非正式制度优化农村金融业经营环境？前几年推广试点信用村镇建设的实际效果如何？

戴太银：有关风俗教化、乡规民约对于农村金融业经营影响，我未给于太多关注，尚无研究。农信社与工商局、劳动协会、乡镇政府、村委会等地方基层组织共同推动，开展信用户评定并对其授牌，信用村镇建设的实际效果比较明显。

问题 18：农村地区贷款违约的个案主要与哪些因素有关？与农户户主或者家庭成员文化程度是否有关？

戴太银：农民基本没有违约的技巧，违约的个案主要是因为天灾人祸而导致无法偿还，文化水平越低，违约反而越少，农民的信用度最高。

问题 19：您能否评估、预测安康未来金融发展的新格局？还可以进一步推出哪些适应农村经济发展和农户需求特点的金融工具？能否考虑拓展农村区域性的、相对独立且具有农村特色的金融市场？

戴太银：现代化的最终发展不是金融超前发展，只有经济突破发展才能促进金融主体发展。在未来几年内，城市金融要与农村金融相匹配，加快推动农村金融的发展。保险业要与银行业相匹配，农村灾害保险尚未开办，由此制约农业产业化发展；证券业要与银行业相匹配，安康地区至今尚无一家完整的证券交易机构，西部证券只在安康设了一个营业部；农村市场上各金融机构也要相互匹配，共同促进农村经济发展。

国有银行应向县级单位延伸，大力发展股份制银行和区域性银行。农行、农发行与邮政储蓄银行在农村都有作用，但所占分量不大。典当行与担保公司由政府倡导主办，但资金不足，有待发展。至于金融租赁、信托与当地情况还有很大差距。对于具有农村独立特色的金融市场，在当前经济水平下还不好界定，实施起来还有困难，是有形市场还是无形市场？农户的需求层次多，但目前需求最迫切的是小额贷款。农信社在农户中的威信较高。

赵天荣：不良贷款与宏观调控之间有无联系？美国处理次贷危机的做法是否值得借鉴？

戴太银：安康市的不良贷款率不会很高，只会进一步下降。我们要学习美国，但美国出现这么大的问题，是否还应该学习？中国出现的问题应该用中国自己的方式来办。

赵天荣：西方的社区银行、村镇银行、贷款公司运作很好，违约率很低。

戴太银：西方很多人信教，不还贷款违背教义，与中国民情不同，基础也不同。

赵天荣：小型农村金融机构是否有必要建立完整的现代企业制度？这会造成成本的上升。

戴太银：小网点的运行肯定会有点损失，但农信社要承担一定的社会责任，在法人统一、盈利的情况下是可以接受的。但设立村镇银行（——指安康地区）在3—5年内没有必要。

刘明：谢谢戴局长和银监分局的同志！

二、访中国人民银行安康市中心支行

时间：2008 年 5 月 6 日下午

地点：中国人民银行安康市中心支行会议室

参加人员：中国人民银行安康市中心支行：副行长邹林，办公室温主任，信贷科科长曲波，货统科丁科长、张宏副科长，货币发行科邝科长。陕西师范大学农村发展研究中心刘明教授，陕西师范大学国际商学院赵天荣博士、胡秋灵博士，陕西师范大学国际商学院硕士生梁建峰、赵静、贾怡琳、常家升，本科生李哲、杜元鹏、朱护国、王亮、张曼等同学。

记录整理：张曼、王亮

座谈活动首先由刘明教授说明调研目的，并提出了以下几个方面问题供人行参加座谈人员参考交流。一是关于农村金融状况，包括安康地区农村金融的供求状况；金融机构改革进程及其对货币供给需求状况的影响；宏观金融调控在农村金融领域有哪些体现，地方金融机构发展态势。二是在政策制定过程中，什么样的货币政策对促进农业发展更为有效。三是如何看待货币政策的区域差别化问题。四是关于2003年人行在银监会成立以后，双方保持怎样沟通联系。

人行领导对预先提供调研提纲所提出问题作答：

问题1：安康市农村金融运行基本情况如何？

张宏：①当前农村金融供给不足。部分原因是农行在改革后县以下机构全部撤出（这也使得农信社在农村地位得到巩固，成为农村经济发展的主力军）；②农村金融服务品种很少，农业保险中险种较少，寿险虽然在外出务工人群中取得了一定成绩，但在农村地区还很缺失；③农村金融服务手段在不断创新。自2003年省信用联社成立始，系统联网不断升级，推出了富秦卡（银联信用卡），同时与金融服务向配套的信用等级评定、信用村镇建设、小额信用贷款发放情况也开展得较好。

问题2：人行有无引导农信社在农村设立网点以满足农户的生产性贷款需求？

丁科长：农民生产性贷款经营成本高、风险大，同时在农村设立网点的运营成本也非常高，这样农村金融需求对商业银行的吸引力是非常小的，与此同时人行在向涉农资金再贷款（农信社再贷款）时给予了一定的政策优惠，这也是人行引导农信社在农村设立网点给予的必要扶持。但是这也产生了金融机构经济效益与社会责任之间的矛盾。

问题 3：人行安康市中心支行如何看待贷款公司、资金互助社、村镇银行在安康的发展机遇？

丁科长：当前虽然农信社是农村经济发展的主力军，但是针对县级以下只有农信社和邮政储蓄银行两家金融机构网点，农村金融需求还不能得到很好满足的情况，应该积极尝试一些为农村提供金融服务的各种组织形式，这也是对农信社和邮政储蓄银行的补充。目前在安康地区已经出现了这样的组织：①在汉阴县成立的一种会员制经济合作组织"养殖协会"，是一种担保组织，会员交纳会费后由协会担保向农信社贷款，用来发展生产；②2004 年在宁陕县江口镇新浦村由香港乐施会提供启动资金 11 万元，成立了农村经济合作组织"妇女发展基金管理委员会"。资金滚动使用，主要用于养牛、养猪等生产性需要。使用费为 6%，主要发放给妇女，每人借款限于 2000 元。据悉，从 2004 年该组织成立至今，只出现了两笔坏账，一笔是 200 元，一笔是 2000 元（后来还了 1000 元）。乐施会目前已有 3 个试点。

问题 4：能否在行政村一级建立 10—30 万元的扶贫基金支持农村大户等农村贷款项目？根据了解到情况，乐施会所设立基金还是比较成功的，可否将这种模式在安康地区予以推广？

丁科长：扶贫基金成功的关键是管理人员的责任心以及乐施会审核验收时选择出信誉良好的求贷农户。新浦村试点的负责人主要是一名村妇联主任和两名教师，他（她）们的责任心都很强，带有很大的奉献精神，因此这种民间经济合作组织带有一定的慈善性。

问题 5：民间组织的扶贫基金也有可能被认为是政府的扶贫款，结果导致使用效率低下。如何避免这种情况发生？

丁科长：首先应教育引导农民，告诉他们若资金使用得好则可以永远使用下去，使用不好则"自生自灭"（在新浦村的影响下，周边的村也渐渐形成了这种意识）；同时要发挥好民间组织的优势，通过乡规民俗约束保障发放资金的收回，而不必通过法庭就可以很好地解决。

曲科长：管理能力和个人道德是成功的关键，在相对封闭的环境中成功的可能性更大。因为在相对封闭的地方，人口流动性小，道德约束力大，客观环境的制约使得农民贷款违约少，资金的偿付也就越能得到落实。（另外两个扶贫基金试点的情况不够乐观。第一笔贷款发放给了原村党支部书，其拖欠借款产生连锁反应，导致基金总体还款情况不好。）

问题 6：近期央行施行从紧的货币政策，在具体执行过程中对农村、农业领域有无不同安排？这种安排对农村金融产生什么影响？

丁科长：政府在执行宏观金融紧缩政策时对农村领域区别对待。宏观政策大力支持农业发展，因而对农业贷款规模限制较少。当前农村贷款需求旺盛，但农信社的贷款若不是投放给农业也会受规模限制。人行对农信社的再贷款既要看其规模又要看其投向。虽然国家在 1998 年已经取消了贷款规模限制，但是由于市场经济发展不平衡，各方面的因素复杂，宏观调控需要其他政策与货币政策配合使用。

赵天荣：农信社既然已经按商业化银行运作，那为什么还要对其进行规模控制？

邹林：这是当前的一种权宜之计，但是未来的发展趋势是规取消模控制。此外，在信贷问题方面同时实行数量控制和价格控制，但利率已经实现初步市场化，贷款下限已经放开，尽管存在存款利率上限，但在执行过程中存款利率上限实际很难达到。

问题 7：货币政策对调整商品供给会产生什么效果，对产业结构调整又将产生什么影响？

邹林：当需求具有刚性特点时，紧缩的货币政策将会失效。目前从紧的货币政策未能有效地控制通货膨胀，主要是因为此次通货膨胀的特殊性。由于中国的发展正处于需求增长阶段，在需求刚性和国际市场因素的综合影响下，货币政策调控不能有效增加商品的供给，也未能抑制住此轮物价上涨。

问题 8：由地方政府换届引发的地方经济发展与从紧的货币政策之间是否存在冲突？

邹林：短期内两者的目标之间存在冲突，但从长远来说，人行支持地方政府的发展，与地方政府的长远经济发展目标是一致的。同时，地方政府也越来越理性化，领导班子的经济金融水平越来越高，对经济金融的理解也越来越深入，能够较好地协调各方，对央行宏观金融调控政策给予一定的理解和支持。央行地方机构与地方政府每季度召开经济金融分析例会，有利于双方沟通，了解各自的工作需求。

人行安康市中心支行的职责主要是贯彻执行信贷政策，发挥主观能动性的空间较小。当初在人行和银监会分家的时候，确实出现了诸如人事、职责划分的一些问题，但经过这几年的调整和磨合，双方都更能理解对方。中心支行与银监分局的工作配合较积极，比如在农信社的信贷资金支持方面能够较好合作。

2003 年农信社改革时采用中央票据兑付方式，但当时由于担心兑付问题，没有积极争取票据额度。这是比较可惜的事，还好后来补充了一些中央票据。对于资金互助社等自发性的互助合作组织，组织成立时的审批程序不复杂，政府宜指导性介入，但不宜干涉太多。

邝科长：当前安康市人民币流通的总量、结构都比较合理，流通质量较好，还成立了反假币宣传站，制订年度货币投放回笼计划，执行情况较好。

李主任：当前农民有向城市转移的趋势，农业产业还未形成特色产业，农村资金需求依然主要是建房、子女教育和就医贷款。在全国从紧的货币政策条件下，商业银行在农业领域的信用贷款额度未减少。安康的植物、药材品种丰富，但都没有形成规模，缺少龙头企业引导产业规模扩大。农业还只是工业的一个原料车间，因此需要尝试把农业当成工业来办。

问题 9：在县域经济范围如何解决中小企业贷款难问题？

李主任：未建立现代企业制度的小企业与采用现代企业制度的大银行之间有"天然矛盾"，知识导致对农业部门的信贷投放不足的主要原因。由于存在上述问题，是否非要规范民间借贷？值得思考。

邹林：中小企业贷款难问题被夸大了。实际情况是很多中小企业财务管理不规范，客观上还款能力不够，主观上还款意愿弱，部分中小企业甚至存在投机钻空子思想，其成长的不确定性也较比大。同时，信贷需求必然受供给的制约，所以信贷需求未必都得到满足。需求的满足度应该有一个平衡点，中小企业贷款的满足度也应有一个平衡点。

刘明：感谢邹行长和所有参加座谈交流人员！

三、访中国农业银行安康市分行

时间：2008 年 5 月 7 日下午

地点：中国农业银行安康市分行办公室

参加人员：中国农业银行安康市分行副行长庄永安，风险管理部张经理，相关科室马经理、皮主任、寸主任、罗主任。陕西师范大学农村发展研究中心刘明教授、陕西师范大学国际商学院赵天荣博士、胡秋灵博士，陕西师范大学农村经济金融调研志愿团同学梁建峰、赵静、贾怡琳、常家升、李哲、杜元鹏、朱护国、王亮、张曼等同学。

记录整理：王亮、张曼

基本情况：农行安康市分行下辖 14 个支行，安康城区 5 个支行，对外营业网点 29 个，员工 889 人。存款余额 47 亿元，贷款余额 20 亿元，涉农 12 亿元左右（包括扶贫贷款，发到农户 2.7 亿元，惠及 14 万农户）。商业贷款主要面向产业龙头企业，流动性充分，存贷比 45% 以下，其他资金和富余资金有 15 亿元。2007 年进行股份制改造，核心财务重组，坏账、固定资产清理已经完成，预计今年 8、9 月份完成股份制改革。1997 年以前农行包揽农村基层金融业务，现在倾向以效益和风险考量业务运营。2005 年全市农行乡镇网点已经全部撤销。

问题 1：农行股改以来对农村金融服务的职能有哪些变化？具体政策是怎样的？

马经理：从总行到基层一直探讨农行服务"三农"的市场和定位，体制经历了从政策性银行——商业性银行——股份制银行的转变。农行 20 世纪 90 年代以前是农村金融服务的主力军，1997 年行社（指农行与农信社）脱钩，后来又实现了与农发行的业务分离，走上了商业化的道路，逐步由支持千家万户转变为以县域经济为主，连接城乡，支持对象为县域中小企业，以支持农业产业化龙头企业为主，到户为农民生产和生活服务的业务转到了农信社，农行主要发挥产中产后服务，企业扩大再生产形成规模后单靠农信社不行，间接服务农村，扶植农村中学、大中专教育，发放中长期贷款、扶贫贴息贷款，支持县级重点医院。主体业务是个体工商户和私营企业，农业产业化龙头企业。经营原则是坚持安全性、流动性和收益性，近期对风险控制更为重视。

问题 2：农行下一步改革发展的重点是以县域为基础，城乡联动，工农商综合经营，具体是如何操作的？

马经理：我们的发展思路是：巩固县域网点，充实一线人员，搞好"三农"服务，实现城乡联动。业务操作实行包收包放包管，与薪酬挂钩，既要面向"三农"又要体现商业性特点，着力建立风险防范体系。

问题 3：农行在服务"三农"过程中是否有业务创新或者独特的经营方式？

庄永安：比较难。在服务"三农"同时有农行自身发展的出路问题。安康工业薄弱，第三产业发展缓慢，农行有资金放不出去。出现农行对农村发放贷款难的原因在于：第一，农行县域以下无机构，服务能力达不到；第二，农村贷款载体条件达不到要求。农行有 2 亿多元贴息贷款，有效投放以及管理难度很高。农行的市场定位是县域经济。经营方式仍然是传统方式，利润来源主要是存贷款利差，中间业务发展较快，但并未改变传统经营模式。贷款难的原因也在于风险控制机制约束，有时有发放贷款意愿、有较好需求，但做分行做不了主。

农行贷款利率低于农信社的利率，但手续更繁琐，好多客户有时不愿从农行贷款。

张经理：农行也是弱势群体。风险管理是近一两年提出的，包括信用风险、操作风险和市场风险，重点是信用风险。农行一是自身能力不足，机构网点缺失；二是风险防范问题，农民信誉较好，但经济能力较弱，盈利达到15%已经算比较好的了。政策上对农村、农民的差异化问题要有所突破。对贷款需求周期长情况难以满足。农行贷款比农信社利率低，但手续麻烦。

问题 4：农行针对"三农"的信贷是如何进行风险管理的？如何完善风险补偿机制？

张经理：客户选择方面，采用五户联保，城镇采用房产抵押方式。完善风险管理机制是亟须解决的问题。司法环境差，也存在信贷政策全国"一刀切"问题。

问题 5：农行发展经营过程中存在哪些困难？有什么经验？

张经理：服务对象是弱势群体，信用环境差，贷款标准全国统一不合适，对欠发达地区审贷标准太高，不利于贷款投放。

问题 6：农行的不良贷款率是多少？四级贷款分类法改为五级贷款分类法后，对统计不良贷款率有何影响？

张经理：以前不良贷款率很高，超过 50%。导致这种情况的原因：一是大量的政策性业务，如对扶贫项目投放信贷；二是政府推动国有企业改革，企业改制，国退民进，银行为此买单，企业破产时银行没有还款优先权（注：安置职工应该财政出钱，但安康政府并没有出钱）；三是自身处于改革中，政策稳定性差。

四级贷款分类和五级贷款分类对不良贷款率影响很大，它们的划分方式和内涵有很大不同。四级分类主要是以期限划分，五级分类法综合考虑财务、担保等多方面因素。1998—2002 年产品技术含量低，产业结构有问题，资金链断裂后形成大量不良贷款。

庄永安：过去投放产业不合理，风险管理跟不上，贷款冲动也有，主要为县级国有企业和农业企业发放贷款。2003 年以后也有，但影响不大，2003 年以后不良贷款率较低，在 8% 以下，控制比较严格，抗风险能力较强

刘明：能不能通过诉讼解决欠款？

庄永安：破产诉讼不能上诉，只能申诉，但申诉不被受理。行政法有约束但无人执行，各家银行均如此，为国有企业买单。

赵天荣：资产剥离应该由国家补偿。

庄永安：改制前通过给银行补充资本金，打包不良资产，差额财政补偿，

改制后就没人管了。

刘明：马经理有双重身份（——指马经理在政府挂职），会不会动员银行给县上放款？

马经理：有这种想法，但要符合放款条件。

庄永安：比较大额的贷款，贷审会采用无记名投票方式决定。

刘明：上贷审会前行长必须同意？

庄永安：贷审办审查后上会。

刘明：对农行安康分行 15 亿元的富余资金如何运营呢？

庄永安：上存。给的利率略高于存款利息，有一些存差，没有同业拆借授权。

问题 7：对于发生的贷款拖欠、违约等行为农行是如何处理的？

马经理：一个是非诉讼方式，主要是催款通知书；另一个是诉讼方式。

问题 8：安康地区金融业经营的法律环境、信用环境如何？立法、司法部门以及政府在这方面可以做哪些工作？

马经理：法律环境有待改善，要解决有法不依，执法不严的问题。需要加大普法力度，政府带头按法律办事。政府官员在任期内希望金融机构投放大量资金，有风险后政府不承担任何责任。2003 年后政府干预少了很多，但目前仍存在贷款催收难，诉讼执行难。民营企业无政府干预，可以诉讼。但对于有政府背景的企业一般不诉讼。有了坏账打官司的诉讼费太高，诉讼成本超过 10%，银行要考虑成本收益。

张经理：法律执行上有很大困难。

庄永安：贷款抵押登记前要进行评估，评估机构由政府指定，收取评估费，占评估资产的 3%—4%，而且每年重新登记一次，明显增加了贷款成本。

问题 9：农行现阶段服务"三农"的重点是什么？

皮主任："三农"服务的重点，三个结合，一是与股份制改革结合，二是与发展县域经济结合，三是与发展城乡业务结合。扶贫贷款五户联保方式发放，实际过程中与原出发点有很大矛盾，约束性很差，效益低，集中发放，分散收回，工作的难度和强度都很大。

罗主任：农行的优势在于农行服务于农业领域，有丰富的涉农经验，业务齐全，网点覆盖全国，计算机网络优势明显，也有资金优势。金融服务面临的外部问题是龙头企业少，大量企业未形成现代企业制度，抗风险能力低；农民文化程度低，无开拓意识；农村信用环境差，一些人认为扶贫贷款是国家发放的就不想偿还；贷款种类也比较混乱，有农行，有农信社，还有世行，农民搞不清楚贷了哪个还了哪个。政府对农行的贷款认知度低，认为农行贷款就是国家投入的资金。内部问题是农行的管理体制和经营机制不够灵活，经营模式未发生实质改变，市场定位不确定，信贷资金投入有限，贷款审批周期长，信贷产品缺乏灵活方便特点，产品多却不实用。

皮主任：基层行可以办理的业务很少，贫困地区符合信贷条件的客户少，营销困难。

罗主任：农行目标定位"三农"，分行目标与总行是否一致，政府服务"三农"的意识不是很到位，只靠农行不行，政府的产业导向政策很重要。

庄永安：新成立的担保公司财政注资 2000 万元，但没有全部到位，担保收费很高，大约相当于贷款利率的一半以上。农行支持县域经济发展主要有以下方式：生产经营贷款、工商业贷款（流动资金贷款）、基础产业支农贷款（主要是学校、医院）。发放扶贫贷款一年免息，一年之后是基准利率，效果很好，这部分贷款基本能收回，不过收益很少。

寸主任：农行存款准备金应区别于其他商业银行，与发达地区区别对待，甚至可以免掉存款准备金，确保支持农业的资金。营业税也应该降低，要争取国家降低农业保险税率，由农行代理农业保险。

庄永安：是由保险公司来运作还是由政府保险？安康灾害较多，商业性保险公司不保，政府保险可能会有效果。服务农业方面基本不赚钱，但不能赔钱，不良贷款不超过 8%，2003 年以来是 4%。但支农力度很小，今后服务"三农"的力度要加大，政府应支持、协调。

刘明：农行是否考虑恢复县以下的机构、网点？

庄永安：3—5 年内没有必要，成本太大，机构已经撤销，人员已经裁减，很多工作不好做，而且没有人员招聘权。目前突出问题是人员老化严重，最缺一线柜员。可以在县以下大的集镇设点。若有贷款需求，专门派出贷款小组管理这一贷款区域的发放。

刘明：我们去年在铜川调研，铜川农行人员比较悲观，但安康不是这样，绩效和情绪很好。目前的扶贫贷款的不良贷款率是怎样的？

庄永安：达90%以上，主要是政府成立的扶贫办审批立项，银行选择发放，有人认为这是国家财政拨款，不用还。

刘明：农行有没有跨区域贷款的要求？

庄永安：没有。

刘明：如果由于某些原因对贷款违约不起诉，会不会树立不好的榜样？

庄永安：对农户没有，对企业有一些，影响最坏的是国有企业。

刘明：很好的员工是市场化成功的重要因素。

庄永安：农行目前很缺人，招聘很少，每年100多人，最缺年轻的大学生。有志于从事金融行业的大学生应具备的素质：第一，敬业；第二，遵纪守法；第三，道德水平；第四，不断学习。

胡秋灵：股改对外资占比是否有限制？

庄永安：限制政策与其他银行应该一样

赵天荣：服务"三农"，业务主要在龙头企业，对农民的服务方面与农信社和邮政储蓄银行怎样竞争？新农村建设面临农发行竞争，怎样开展业务？股份制银行与政策追求不一致，具体工作应该怎样把握？

庄永安：其实还面临国家开发银行（以下简称"国开行"）的竞争。1997年以前这个问题已经形成，由于机构撤销，对农民的服务已经放弃，只有扶贫贷款，股改后，这个业务是否继续还不清楚。在农村竞争，按过去的方法肯定不行。农行有信息现代化方面的优势，对农户不追求面广，而是面向服务有能力的人。我们开办了惠农卡，是准贷记卡，可透支，要加强农村基层设施建设的投入，县域经济发展就是"三农"的发展。农行贷款没有担保不行，农民房屋不能作为抵押，要评级，贷款很难。

刘明：安徽宣城试点农村土地抵押，将土地与地上物产权分离出来。对农民房屋作为抵押物促进贷款投放的试验，目前仍然属于模糊地带。

寸主任：主要是法律风险。

庄永安：五户联保实际上无法联保，但上级有要求。

胡秋灵：农民信用意识好，但扶贫贷款不良率高，这有些矛盾。我认为主要是两个原因：其一，农民意识的问题；其二，管理机制的问题，资金该如何投放。

庄永安：扶贫贷款农行和农发行分家，将一些人行短期贷款、工行贷款划给农行，其中有扶贫贷款。农民信誉基本是好的，然后是民营企业，信誉最不好的是国有企业。扶贫办发放的贷款很多农民没有拿到钱而是实物，认为这不是贷款是村上发的东西。百姓真正贷到的款一般不会拖欠。

胡秋灵：银行为什么将扶贫贷款资金交给扶贫办？

庄永安：这是政府行为，没有办法。刚开始是行政发放，后来又转给农行，这些年还在收款。

刘明：除了将不良贷款打包卖出，能否考虑减免的办法？

庄永安：操作上不太可能，需要向上级层层报批，手续相当麻烦，周期太长。

四、访中国农业发展银行安康市分行

时间：2008 年 5 月 9 日上午

地点：中国农业发展银行安康市分行办公室

参会人员：中国农业发展银行安康市分行崔行长、王副行长、何副行长、陈经理、陆经理，陕西师范大学农村发展研究中心刘明教授，陕西师范大学国际商学院赵天荣博士、胡秋灵博士，陕西师范大学国际商学院学生梁建峰、赵静、贾怡琳、常家升、李哲、杜元鹏、朱护国、王亮、张曼等同学

记录整理：杜元鹏

由农发行安康市分行王副行长对调研团提供调研提纲中问题作答：

问题 1：农发行安康市分行在辖区业务开展基本情况。

王副行长：2007 年年底，农发行安康市分行业务上已经覆盖安康市九县

一区。农发行资产项目主要有：农副产品收购贷款、准政策收购贷款、龙头企业贷款、农业小企业贷款、农村基础设施贷款。负债主要以开户单位对公存款与少量同业存款。

问题2：农发行对非保护价粮棉的收购"以销定贷、以效定贷"的信贷政策具体执行情况如何？

王副行长：2004年以前农发行在粮食主产区实行保护价收购，在非主产区实行市场化收购的政策。目前在粮棉收购方面实行封闭管理，包括三个主要环节：收购环节、库存监管环节和销购款回笼环节。通过做好上述工作以确保粮食安全。

问题3：农发行安康市分行在支持"三农"过程中有哪些经验和体会？

王副行长：我们的基本原则是确保粮食收购，确保粮食安全。农发行在支持"三农"中取得一定经验：一是严格贯彻落实国家政策；二是把发展作为全行第一要务；三是坚持全程监管，注重企业信用度和还款能力，争取把不良贷款率降到最低（目前农发行安康市分行的不良贷款率约为0.09%）；四是对不良贷款实行精细化管理，注重不良贷款的清收；五是支持"三农"，支持地方特色经济发展（安康地区特色产业以药材、水电、食用油为主），走企业、产品、产业地区经济特色化道路。一个企业带动一个产业，重点支持了8个项目。

问题4：农发行在支持农业结构调整，促进农业新技术、新产品开发，支持农村生态环境建设方面有哪些具体措施？成效如何？

王副行长：农发行安康市分行信贷投放大力支持本地畜牧业、养殖业、农产品加工、农村小水电和生态环境建设。

问题5：对于信用评级较低而需要扶助的弱势金融需求群体，有没有比较优惠的政策？

王副行长：对于弱势农村金融需求群体，农发行实行不评级和不受信用额度限制的政策，以确保其对资金需求的满足和农村中小企业的发展。

问题6：农业信用担保保险制度的缺位是阻碍信贷资金流向农业和农村的重要制约因素，有没有一些比较可行的想法和措施？

王副行长：农业信用担保在安康地区基本是空白，目前安康市只有一家农业担保企业，其资本只有 3000 万元左右，而且是政府出资，规模太小。（合法的担保企业资本金不得少于 1 亿元人民币）农业政策性保险在安康地区尚处于试点阶段，由于其自身风险过大，发展步伐较为缓慢。为了更好地支持"三农"，支持新农村建设，支持农业持续稳健发展，国家应该加快农业担保的步伐。

问题 7：农村金融风险主要体现在哪些方面，具体如何解决？

王副行长：农发行安康市分行目前面临的风险主要体现在三个方面：第一，道德风险，不规范的法律行为导致的风险；第二，市场风险，主要体现在农产品价格的波动；第三，不规范的法律行为导致的风险。执法不规范风险主要是银行胜诉但追不回资金。

问题 8：贵行如何看待优化负债结构和拓展中间业务、边缘业务的问题？

王副行长：农发行对优化负债结构主要通过拓展同业存款，加强企业小额资金回笼，争取支农资金存入农发行，扩大社会融资规模。优化中间业务的措施体现在代理保险、会计结算和票据承兑与贴现。受国家政策所限，目前农发行基本不允许发展边缘业务。

近年来，国家对农发行的再贷款规模有所下降，我们认为国家应该加大对农发行资金的支持，增加再贷款规模。

问题 9：贵行如何处理商业化经营和政策性银行性质之间的矛盾？

王副行长：对于农发行而论，其业务在商业性和政策性方面有重合。但是必须坚持首先确保国家粮食安全，确保粮棉油收购和流通始终是农发行工作的重中之重。农发行发放贷款业务范围可以用"一体两翼，两个确保"予以概括，即以支持政策性粮棉油收购资金贷款业务为主体，又支持农副产品生产加工转化为一翼，以支持农业和农村发展中长期贷款为另一翼。总体上看农发行的业务均为三农急需，贷款集中在政策性贷款，而不是商业贷款。

问题 10：随着粮棉购销体制市场化改革步伐加快，农发行准备如何应对这一变革？

王副行长：自 1998 年以来，国家对粮食主产区实行保护价收购，非主产区实行统一收购办法。就确保中国粮食安全的而论，目前的封闭管理模式比较适合中国国情。粮食储备对市场调节滞后，存在逆向选择问题。

问题 11：农发行准备采取哪些措施应对入世所带来的农产品在国际市场的竞争压力？

王副行长：为了应对入世后中国农产品在国际市场的竞争压力，农发行主要遵循以下原则：第一，产品购得进，销得出；第二，有相关的风险防范措施；第三，支持农业产业化龙头企业。

问题 12：就农业政策性银行而论，国外有没有值得我们借鉴和学习的经验教训？

王副行长：很有必要。农发行会派出管理层和员工定期到境外参加培训，引进工行 CM2006 风险管理系统，请普华永道对农发行管理体制与资产风险等进行评估。

问题 13：您觉得农发行目前的体制和政策有什么亟待改进的地方？

王副行长：农发行围绕安康特色，对农产品加工企业进行支持，促进畜牧企业较快发展，创造了较好的社会经济效益。农发行支持的龙头企业利税已经达到 2000 多万元。例如，发放短期收购贷款 1.5 亿元支持魔芋食品业，加工了 1500 吨，实现产值 5000 万元，利税 400 万元。对茶叶产业的支持 2007 年贷款 1300 万元，今年已经贷出 1000 万元（截至 2008 年 4 月底）。支持建设水电站 6 家，贷款 1 亿多元，水电站项目特点是投资规模大，回收贷款期限长。今年饲料与食品加工企业需要 1400 多万元贷款，只要原料充足，企业的生产效益都将不错，目前部分贷款已经发放。安康市农发行税后利润率在 7% 以上，高出全国农发行系统的平均水平。

目前存在困难有：第一，政策性支农资金怎样回到政策性银行？第二，农副产品收购贷款既要避免出现农民贷款难，又必须及时足额收回贷款，存在一定困难；第三，地方财政分摊的粮食收购贷款利息往往不能兑现。粮食收购是政策性财务转账，利息中央地方各出一部分，但地方常常由于财力有限而拿不出；第四，结算手段落后，网络设施不完善。

刘明：安康市农发行与省上的关系？

王副行长：垂直往来，指标管理。

刘明：安康市农发行的利润是否上交？

王副行长：全部上缴总行，员工收入相对较低。

刘明：农发行的政策性与商业性业务是否有冲突？

王副行长：农发行目前按照现代银行体制完善制度结构，所以管理体制是遵循现代银行制度，但是实际经营体制还是政策性的。

问题 14：伴随政策性银行商业化改革的深入，农发行在安康地区与其他农村金融机构竞争的态势如何？如何应对新的业务竞争趋势？如何协调商业性和政策性金融业务的平衡？

王副行长：农发行作为走商业行化道路的政策性银行，担负着国家粮食安全的重任，关系到整个国家的社会稳定和经济发展，所以，无论如何农发行都必须首先做好自己的本职工作，同时向现代化商业银行靠拢。面对和其他金融机构的竞争时，采取银企双向选择的原则，做好主体业务，不和其他金融机构主动竞争，但积极争取支农资金。

问题 15：从农发行角度看，陕南、安康地区农业、农村金融经营业务风险有哪些特征？风险防范应该主要采取哪些手段？

王副行长：对风险得防范主要有以下办法：风险预警管理办法、不良贷款管理办法、不良贷款问责制度、CM 系统以及抵押担保措施。

问题 16：您觉得农发行目前的体制和政策有什么亟待改进的地方？

王副行长：第一，农发行目前的体制与职能定位模糊。农行定位在县域经济，邮政储蓄银行只有小额质押贷款，都不是按行业、产业划分职能。商业性金融机构嫌贫爱富，存在不正当竞争。对同一金融体制格局中的不同机构采取不同准入、考核制度，挫伤了员工积极性。

第二，省级政府与市级政府，中央政府与地方政府间的利益冲突阻碍了农发行对农村、农业经济的金融支持。目前农发行实行贷款规模与当年财政资金到位挂钩，财政对农发行的拨付资金不能及时到位直接影响贷款投放。矛盾也体现在政府税收和各种摊派费用上。政府认为农发行是国有企业，所以对其干预很多。核心在于利益冲突。

第三，信用环境建设与现代化银行管理不相符，阻碍了农村金融发展。政府官员的金融服务意识存在偏颇。人文环境与现代金融制度也不适应，农村社会文化素质也不适应现代金融业经营。

基于安康农发行实际，我个人提出以下建议：一是要细化金融服务定位，严格区分政策性农村信贷与商业性农村信贷的界限；二是理顺中央政府与地方政府利益，中央税收与地方税收的关系；三是政府制定对农村不同金融机构的激励机制，鼓励其为农村经济做出贡献。政府应该先予后取，不应该只取不予；四是对贫困地区、农村金融发展比较落后地区，在制定风险防范措施时要给予优惠，以利于调动相关金融机构以及信贷管理人员的积极性。对员工的绩效考核应该有所区别。农发行风险金是北京总行拨付，对贫困地区农发行可能不利；五是理顺现有金融机构职能，对不同金融机构业务划分进一步细化。必须严格区分政策性与商业性信贷，如果混淆两种信贷的界限，必将弱化政策性业务的实施效果。

（以下为自由提问，讨论）

刘明：安康市农发行任命考核与地方政府有无关系？

王副行长：无关系。以前参考当地政府官员意见以及人行意见，现在银监局根据对高管人员的资格考察直接任命。

刘明：农发行是否也评定职称？评定职称的标准、要求是什么？

王副行长：考评结合。职称考评与绩效、科研成果以及工龄均有关。

刘明：财政拨付资金是怎样的方式？

王副行长：财政对利息给予补贴，补贴到项目上，由企业向政府争取，利息由政府定价，给予需要扶植的企业。

刘明：农发行 1994 年成立，将政策性业务从商业银行中剥离出来，现在政策性银行又提出商业化，这会不会有什么问题？

王副行长：安康地区政策性业务界限比较清晰。

刘明：农发行有没有固定资产贷款？

王副行长：安康农发行有固定资产贷款，要由省行批。期限最长的一个项目是 8 年。

刘明：安康农发行资本金来源是什么？是财政拨什么？

王副行长：开始由财政拨付资本金 200 亿元，以后是自己积累。

刘明：1999 年西部大开发，很多人呼吁建立西部开发银行，现在是否仍然有此意向？

王副行长：现在已经不提了，国开行向陕西投入了很多资金。

赵天荣：农发行机构设置不同，是否每个县域都要设立网点？

王副行长：若要强化农发行的支农作用，那么肯定要加强县域的网点建设。

刘明：农村金融领域还将继续发生一系列变革，安康农发行地处陕南，需要根据地方经济特点，并结合国家层面金融改革趋势，评估、预测安康未来金融发展的新格局是什么？例如，未来安康总体的以及农村的金融组织结构会发生什么变化？可以推出哪些适应农村经济发展和农户需求特点的金融工具？有没有可能拓展安康区域性的、相对独立而符合陕南农村经济特色的金融市场？

谢谢王行长，谢谢全体与会的安康农发行管理人员。

五、访陕西省农村信用联社安康市办事处

时间：2008 年 5 月 12 日下午①

地点：陕西省农村信用联社安康市办事处

参会人员：陕西省农村信用联社安康市办事处李军主任、办公室温主任，陕西师范大学农村发展研究中心刘明教授，陕西师范大学国际商学院学生梁建峰、赵静、贾怡琳、常家升、李哲、杜元鹏、朱护国、王亮、张曼等同学

记录整理：贾怡琳

温主任：信用社与农行有着千丝万缕的关系。这些年信用社发展较快，主要原因有两个：一是靠中央政策的扶持，二是农行与农发行在农村网点的收缩。10 年来信用社发展分为 1996—2004 年、2004 年至今两个阶段，自身能力提高很快。目前全省联网、通存通兑，并且发行了银联卡（富秦卡），可以与

---

① 2008 年 5 月 12 日我国四川省汶川以及陕西省汉中宁强等地发生地震。地震发生时调研团师生正与安康办事处李军主任交流。

其他行进行结算。

李军：种粮目前不需要信用社的支持，新的需求主要在看病、上学和盖房这些方面。2007 年年底，安康地区信用社存款 89 亿元，贷款 61 亿元，存贷比 68.88%，按四级分类，不良贷款占比 7.25%，按五级分类，不良贷款占比 13.47%，目前账面盈余 2600 万元，存贷规模占整个安康存贷规模的 1/3。

（以下为信用办李军主任对事先提供的调研提纲问题的作答）

问题 1：农信社目前管理体制，农信社与政府的关系如何界定？政府是否仍然存在对农信社信贷活动的干预，农信社如何应对政府干预？农信社希望政府对支持农村金融方面做些什么？

李军：从基层到省联社，与政府的关系都很好，与政府有着密切的联系。陕南地区发展主要依托农信社，农信社存量与增量占的份额都比较大，政府对农信社很重视，农信社的工作会议政府都会参加。

政府的干预肯定会有，但要看是怎样的干预。举个例子来说，浩华集团想贷款，由其总公司做担保，但其总公司在北京，距离太远，并且其污染严重不符合产业政策，所以不能给予贷款。政府做了大量的工作，但不符合标准就是不能贷款，不能贷款我们要解释清楚，能不能贷款必须自主。

另外，对农信社存在一种歧视，政府一些资金都存入其他银行，农信社的资金都来自农村，但很多又都回流到城市。现在有政策规定涉农资金必须存入农信社，这样就很好，希望在这方面政府给予大力支持。

还有一点就是希望以前农信社垫付的需要由财政承担的资金，政府能够还款。

问题 2：安康市农信社在完善法人治理结构以及资产管理方面有哪些行之有效的做法？具体实施效果如何？

李军：农信社是按章程运作，但存在很多缺陷。当发生利益冲突时，员工可能就会按自己的利益来做而非信用社利益。

资产管理方面已经有 50 多个制度规定，比如贷款净值调查、责任追究制度等。下面各分社还各自制定有相关制度。

问题 3：农信社在扶助重点贫困农户方面有无指导性原则和具体措施？执

行情况如何？

李军：扶助重点农户方面，农信社在2000年之前有一个"125"支农工程，由安康体改办提出。一个农信社扶植一个自然村和50个大户。另外，小额信贷额度也由以前的5万元提高到8万元。农信社还做了其他一些的扶植工作，只要有好的项目，农信社进行调查后可行就可以发放贷款。比如，农信社目前推出了打工贷款就是扶植贫困户的，还有养猪贷款专门指导意见，新农村住房贷款专门指导意见，执行后效果都比较理想。

问题4：农信社内部对信贷员、中高层管理人员的内部风险控制措施有哪些？农信社目前对客户的风险管理措施又有哪些？

李军：农信社内部风险控制方面有严格的授权，办事处无权限，两级法人都有各自权限。对贷款户抵押多少，担保多少都有严格规定，并且对个人进行信用评级。发放贷款每个环节都有一套制度。

问题5：农信社与农行、邮政储蓄银行以及新型金融机构（如合作银行）等在支持农村金融上各自有哪些特点？竞争态势如何？信用社对邮政储蓄银行和农村资金互助社等新型金融机构怎么看？

李军：有竞争是有好处的，但竞争过多也不好。安康地区山大人稀，要扶植农户但不可能亏本扶植，要设点成本会很大。农信社和农民已经培养出深厚的感情，即使有其他金融机构竞争也不会有多大影响。但是竞争还是会有一些作用，比如说在服务态度方面。

问题6：与全国其他地区比较，安康地区农村借贷需求有哪些特点？借贷违约状况如何？农信社经营的客户基础怎么样？

李军：目前农信社在养殖、住房、医疗方面需求较多。

问题7：安康市农信社在2003改革试点以后有什么变化？不良贷款采取兑付央行票据方式还是核销贷款方式？现在不良资产处置怎样？目前不良贷款发生率有无好转？

李军：2008年年初，农信社存款34.7亿元，贷款30.4亿元，不良资产按四级分类有4.91亿元，占比16.2%，目前盈利2827万元。

问题8：农民贷款找农信社，但涉及存款很多都选择农行，另外农信社传统业务比重很大而中间业务比重很小，这是否会对农信社的盈利有很大影响呢？

李军：在城市和县城，这种现象比较严重，其他地区农民存款基本上还在农信社，影响不大。中间业务这一块如果说有影响，那是农信社自身业务没有办好，比如 2007 年股市很火，信用社未开办基金业务。2007 年安康地区金融机构的中间业务有 1 亿元，但农信社只有几百万，自身的业务没有拓展。现在农民对金融产品需求提高，农信社要抓紧提高自己的经营理念。

问题 9：农信社和民间借贷可能存在竞争关系，面对竞争农信社采取了哪些措施？民间借贷存在支付高息吸储放款的现象，农信社怎样防范这些情况？

李军：安康地区民间借贷较多。民间借贷可将资金灵活运用，是有好处的，对信用社也是一种挑战。但是民间借贷一般没有正规手续，风险较大，利息较高，信用社在竞争方面只有加强自身宣传和服务，避免民间借贷。农民很多也不愿意民间借贷，欠人情账和经济账两方面。

问题 10：农信社为建设新农村有什么具体措施？目前农信社在服务"三农"过程中有哪些金融创新？

李军：向农户贷款，搞"一村一品"，新农村建设指导意见以及一本通、一折通。

问题 11：安康地区金融业经营的法律环境、信用环境如何？立法、司法部门以及政府在这方面可以做哪些工作？

李军：法律环境还存在很大问题。政府不是很支持农信社工作，常常为了政绩推动地方项目，有投资冲动。例如，汉阴一家油厂，安康地区所有产出的油菜籽只够其半年生产，但厂子必须全部生产才能正常运营，而且农信社已经支持了一个油厂，政府为了政绩重复建设，要信用社贷款，这样必然导致还款还不上，信用环境不好；臊子厂，在安康已经倒闭了很多家，可是政府推动又建了一家。

在打击逃债方面，法院不是很积极配合，通常以保护当地利益为重。但环境在不断改善，信用环境不是一个单位、一个人能完善的，需要鼓励全社会讲信用。总体感觉，农民信用比个体工商户好，个体工商户信用比私营企业好，私营企业信用比国有企业好。

问题 12：安康地处我国南北交界一侧，有无一些特殊的商业文化和地方风俗习惯，这些因素对农村金融业经营有无潜在影响？除了正式的法律法规，能否通过风俗教化、乡规民约等非正式制度优化农村金融业经营环境？

李军：风俗方面，安康与四川相近。农民在信用方面很好，有父债子还的观念。例如，夫妻二人在外务工去世，老奶奶领着孙子拾破烂将贷款还清。也有很多人欠债跑掉了，原因在于其原有文化受到外界不好的东西冲击。

问题 13：农村地区贷款违约的个案主要与哪些因素有关？与农户户主或者家庭成员受教育程度（文化程度）是否有关？

李军：农民违约不还款通常不是主观因素，往往由于经营不善，或者遇到天灾人祸，故意违约的很少，感觉上并非文化程度越高，信用越好。农民欠债对他们来说是一个良心债，有心理压力。

问题 14：您能否评估、预测安康未来金融发展的新格局？如金融组织结构格局。还可以进一步推出哪些适应农村经济发展和农户需求特点的金融工具？能否考虑拓展农村区域性的、相对独立而具有农村特色的金融市场？

李军：安康是一个正在开发的地方，从经济到城市再到整个产业包括金融业都会有变化。安康有一江水（指汉江流经安康），山村秀美工程后，安康会成为陕西的后花园，可以发展旅游业。很多金融机构会逐渐将其业务延伸到安康，多一些金融机构多一些支持，农信社要迎接其他银行的挑战。农信社目前与各家银行都有业务关系，其他银行过来后成为竞争对手也很好，业务上可以互相弥补。对安康农信社的发展前景是看好的，农信社立足的根本是服务"三农"，支持农业发展。农信社 70% 的资金投向农民，资产质量整体较好。在资金有富裕的时候也可以在当地搞些其他项目，但那些不是主要的。

（以下自由提问、交流）

刘明：有些农民反映农信社未通知开社员大会，可能通知了有些农民也不会来，开会成本太大，划不来，农信社怎样解决这一问题？另外，社员分红存在不一致，这是为什么？

李军：汉滨区分红是 10%，2004 年银监会规定为增加股金分红不能够直接派现，规定最高分红 10%，派现不能高于 5%，但这笔钱最后未能转为股金，也没有派现。分红是要在社员代表大会上通过的。目前以联社为法人，汉滨区有 6 万个入股社员，没有办法全部参加社员大会，只能选出代表参加。选出的代表会公示，代表是那些入股较多并且具有代表性的农户。

刘明：有农民反映农信社将其股金退掉，这是为什么？

李军：2004 年规范农信社，汉滨区农信社是第一家。原来农信社股金由 1 元到几千元都有，要重新组建信用联社，于是公告清理所有农信社股金，达不到 100 元的全部退掉。如果逾期三个月未能来领取，则转成活期存款。现在不可能轻易退掉股金，每退一笔都要给银监会报送材料。

刘明：前几年全国普遍将农信社代办员撤掉，将农村一些能人也撤掉，可能农民觉得不方便。

李军：银监会有规定，必须清退。牛蹄岭事件，一个农户贷款 200 元，代办员将自己同名亲戚的贷款也放在这个人身上，收款时出现问题。信用站人员行为不规范。现在办理各种业务必须要到前台办理。农信社离农民越来越远，离现代化商业银行越来越近。

刘明：农民反映农信社贷款利息偏高。

李军：讲信用的农民，其贷款利息可以下浮，不讲信用的贷款利息上调。现在逐渐在改进。

刘明：农信社贷款额度可能有待提高。

李军：汉滨区农信社内控制度太严，可以纠正，这个问题很好解决。我们可以多进行一些调研工作，再来研究这个问题。

刘明：农村反映基层农信社发放贷款时偏向大户。

李军：信用评级工作可能不是很到位，现在已经有了评级系统可以自动评级。

梁建峰：有一户农民，在农信社入了 10 股，1000 元，儿子得了肝炎，但没有想过退股，向农信社贷款在利息方面与其他人没有差别，能否考虑制定不同的利息率，对这样的农户给予优惠利率？

李军：这种情况是个案，信贷员没有这么大的授信权利。要降低利率必须写出申请，研究后审批降息。

李哲：您能不能谈谈农村房屋抵押贷款问题。

李军：这其实是同一村庄房屋流转问题。目前这种抵押只是形式上的抵押，与法律是有冲突的，但农民没有其他办法进行抵押贷款。要解决集体土地上的财产，同一村组能否进行流转？

刘明：法律上今后应该能够解决这个问题，国外已经有地上物与土地产权分离的例子。法律总是滞后的，要根据事件来调整。

农信社社员参与社员大会存在困难，但是参加可能会提高农民的信用意识。

李军：不可能让社员全部来参加社员大会。但是，农信社也没有能够很好的组织，可以在村上开会时提到，农民民主参与的意识较低。入股的人没有权力管理农信社，权力都在高管人员手中，这是具有中国特色的，没有股权但是却是管理层。

刘明：谢谢李主任、温主任。

第二节 走进高原

一、访青海省大通县国开大通村镇银行

时间：2011 年 12 月 7 日上午

地点：国开大通村镇银行会议室

参加人员：国开大通村镇银行副行长巩杰、各部门经理，陕西师范大学刘明教授，农业经济管理研究生戈伟伟、韩晶晶，西宁市发展改革委小杨

录音整理：戈伟伟

（一）巩杰副行长介绍整体情况

国开大通村镇银行 2007 年 9 月 27 日成立，是全国首批村镇银行，也是青海省唯一一家。目前主要业务为三块：服务县域、服务基层、服务中小企业。

一方面给农户直接贷款，另一方面给农业龙头企业贷款，再一个就是给中小企业贷款。截至 2011 年 11 月底，我行贷款余额达到 2.8 亿元左右，存款余额 2 亿元，存贷比 100% 多，超了国家规定的 75% 范围。但银监局在村镇银行成立三年之内放宽管制，允许超过 75% 的存贷比要求。三块业务具体如下：

第一，直接支持农户，即每年年初的春耕贷款（买种子、化肥等）。自 2008 年以来，累计发放 1000 多万元贷款（直接支持农户），其中单笔最高不超过 2 万元，最小有 500 元的，累计支持农户 3000—4000 户。操作方法是年初下乡到村里把钱直接发给村民，填单子。还款方式是农户到银行还款，或银行下去集中收款。

第二，涉农中小企业贷款。选择大通县内的或西宁周边的农业龙头企业，如农业大棚、牛羊养殖、奶制品加工、奶牛繁育、土豆收购，再一个就是支持大通县农资公司（每年年初给农民供应化肥），间接支持农户 2.7 万多户。

第三，中小企业贷款。这里面有涉农的，有不涉农的。主要是和担保公司合作，采用见保即贷的方式。如西宁市的天成担保、西宁中小担保等，以及大通县的经纬担保公司。只要提供担保，前期调查完 7 天之内就可以发放款。

总体来说，我行直接支持农户的资金每年有 400 万—500 万元，其他两项各占 45%。

（二）对调研提纲提出问题的回答

问题 1：贵行如何对客户的贷款进行风险管理以保证贷款质量？审贷委员会是如何进行贷前调查、贷款审查、贷后跟踪管理的？

巩杰：这块跟我们的业务相关，即上述三块业务。

第一，直接支持农户。每年从元月份开始到 5 月底，春耕贷款专项业务。全体客户经理，包括风险部、办公室，以及员工派到农村去，两人一组带相机挨家挨户调查。拍摄八张照片：门头、院子、客厅、户口本、林权证、承保土地证等，建立电子档案，避免了村上集中上报的弊端。据此初步估算家庭固定资产，判断贷款额度和贷款风险。

第二，涉农龙头企业和中小企业。采用商业银行比较成熟的做法，贷前要求提供相关报表、资料，信贷人员到现场核实，到车间了解库存、生产工艺。

资料收集完毕提交贷款审查报告。贷款审查有专门的贷款审查委员会，由 5 名常设委员和 2 名候补委员组成，开会至少 5 人出席，投票至少 2/3 以上通过，这是一般商业银行贷款模式。

贷后跟踪管理：也是采取商业银行一般模式，每季度撰写一次季度分析报告。对于新客户，发放贷款 15 日之内要做一个首次贷款跟踪调查表，落实贷款条件是否落实到位。平时也会不定期、定期地走访客户，了解信息。

问题 2：贵行对抵押品的要求是什么，针对传统抵押方式，贵行在确定抵押品方面有何创新？比如农户订单在贷款抵押过程中的作用如何？

巩杰：第一，农户没有抵押品，采取五户联保。主要是信用贷款，由村长、村支书提供形式性的担保。如果贷款到期不能回收，村长、村支书有义务帮助催收。而且我们设定了奖赏机制，若当年给某村发放的总体贷款的违约率低于 5%，则明年该村的贷款利率不上浮。若违约率在 10%—20% 以上，明年放弃和该村合作，停止贷款。对于信用好的村子（违约率低于 2%）会给予适当优惠，可以允许增加贷款额度。目前农户订单抵押还没有开展，主要是每年的春耕贷款。农户这块主要是信用贷款，但经过两年经营发现还可以，2010 年至今违约率在 1% 左右，处于合理范围。整体来说，农村的信用环境比以前要好得多。

第二，关于中小企业。涉农龙头企业和中小企业的抵押品一般是流动性比较好的、易于变现的，如土地、房产、订单或者票据（水泥提单）。抵押品这块，我们和中小企业合作时多数采用见保即贷。担保公司只要能出具担保函，我们会在两周之内将贷款发放下去。担保公司对企业会有反担保的要求，比如上述土地、房产等易于变现的固定资产。

问题 3：贵行在对贷款人进行信用评估过程中主要考虑哪些因素？

巩杰：主要包括两个因素，即信用意愿和信用能力。

第一，信用意愿指贷款人还款的主观意愿。主要通过人行的个人征信系统查询其信用记录，间接了解其信用意愿。如果发现贷款人违约三次以上，则不予贷款；如果违约记录在三次以下，并且能说明客观原因，可以考虑与其合作。

第二，信用能力。主要考虑其项目的效益、是否符合国家的产业政策。如果不符合国家产业政策的，坚决不予支持。符合政策情况下进行简单评估，看项目的效益如何：综合考虑其原材料生产技术、销售成本。根据计算，如果预计贷款人在两年内可以还清贷款，则考虑与其合作。除此以外，也考虑企业法人的经营经验。如果该法人以前所经营企业效益好，从业经验比较丰富，也是信用能力的表现。

问题 4：贵行如何克服信息不对称问题，进而与县域企业建立良好的信用关系？

巩杰：一方面，我们做一些中小企业贷款，有时候和国开行具有母子协同效应。有时候对县域一些好的中小企业我们给国开行推荐，国开行也会将一些好的中小企业给我们推荐过来。另一方面，我们和担保公司合作。担保公司和一些企业合作比较多，对企业信息了解比较多，我们和担保公司合作可以更好地了解企业信息。比如，西宁市的担保公司对县域企业非常了解，有的合作了甚至十几年。

问题 5：贵行在贷款产品设计方面有没有结合国际经验进行创新，如果有可否介绍一下相关案例？

巩杰：能谈到创新的有两块业务。第一，微贷款（小额贷款），是国家开发银行和德国复兴银行合作引进的模式。国内包商银行做的最早，我行刚成立时还派员工过去学习了 14 天。但在大通只是实验性地做了几笔，觉得风险相对来说还是较大。月利率为 1.5%，年利率为 18%。第二，见保即贷，也是相对成熟的模式，最早深圳方面做的比较好。由于传统的贷前调查非常繁琐，很多中小企业失去了贷款的最佳时机，因此，出现了见保即贷模式：银行和担保公司签协议，担保公司和企业合作时间较长，对其比较了解，并且由担保公司承担最后还款责任，那么担保公司推荐的企业采用见保即贷。具体方法为表单式，担保公司提交一张表给银行，银行进行内部审批，然后实现发放。是一种高效的中小企业服务机制，目前我行在这一块做的比较好。除上述之外还有水泥订单和化肥提货单抵押贷款。水泥订单抵押是指：一些和水泥生产企业合作的个人客户以其水泥提货单在我行质押贷款。化肥提货单抵押是指：农业生产资料公司在储备春耕化肥时将其化肥仓单作为质押。省上农资公司负责为各县农资公司分配化肥，县农资公司从我行先行贷款，由我行直接将钱转给省农资公司，以确保其专款专用。省农资公司在收到付款后为县农资公司开具化肥仓单，然后县农资公司将仓单放到我行进行质押。这期间允许县农资公司滞后提供抵押，即先放贷款，县农资公司才能提供仓单抵押，这也是双方相互信任的一种做法。

问题 6：贵行的资金来源主要有哪些？储蓄结构与贷款结构分别是怎样的（例如个人存贷与企业存贷占比情况）？可否介绍一下贵行涉农贷款（包括农户、农业生产资料供给部门等）占比情况？

巩杰：我们的资金来源主要有三块：储蓄（包括个人储蓄和对公储蓄）、人行的支农再贷款、与国家开发银行合作的转贷款。由于是新兴金融机构，另外我们是单网点，截至 2011 年 11 月底，存款余额约 2 亿元左右，贷款为 2.8 亿元，个人存款占总存款余额 6%—8%。由于对公存款有较大流动性，按照国际惯例个人储蓄应占 90%，对公存款应占 10%，而我行的情况正好相反，这跟我行单网点、不能通存通兑，知名度不高等特殊性有关。应该说这种存款比例存在一定的流动性风险，但这不是我行一家所存在的问题，农信社以及目前已成立的村镇银行都普遍存在对公存款比例偏高，个人存款严重不足的问题。

我行现在涉农贷款比例为 76% 左右，包括农户、农资公司、涉农中小企业。还是比较符合人行的要求，因为申请人行支农（再）贷款的要求就是银行的涉农贷款比例不能低于 75%。

问题 7：贵行在放贷过程中针对不同客户制定差别利率的标准是什么？对大通县的民间借贷利率是否有所了解？

巩杰：首先，关于农户的春耕贷款，第一年合作为基准利率 6.56%（一年期），如果当年整个村子的违约率低于 2%，则来年仍然维持基准利率；如果违约率为 2%—5%，那么利率就要上浮 10%；违约率高于 5%，那么来年就放弃与该村合作。我们对农户的利率最高上浮 10%，不靠这块挣钱。坦白来说，如果村镇银行的业务全部做成农户贷款，那么肯定是亏损，收益相当有限，农户这块利率不可能提的很高。我们粗略地算了一笔账：我们从元月份到

5 月份一共 150 天，所有客户经理下村进行入户调查，可能也就支持 1000 多户。单笔大概为 3000 元左右，5 个月的贷款余额也就 300 万元。而我们每个月入户调查的成本为 40 万—50 万元，五个月做下来成本大约为 200 万元。而按照基准利率来算，300 万元贷款的利息收入也就 18 万元，是严重亏损的。所以我们做农户贷款也只能是量力而行，主要精力还是放在涉农中小企业贷款上。通过支持涉农中小企业间接支持农户。我们董事长提出一个口号："深耕基层、服务民生、以丰补歉、志在一流"。所谓以丰补歉就是说通过支持涉农中小企业的贷款盈利来弥补农户贷款的亏损。我们做涉农中小企业单户可以做到 1000 万元，利率上浮 30%—40%，也就 8.5% 左右，那么这 1000 万元一年带来的收益就是 80 多万元。

其次，往年对一些合作较好的中小企业（优质客户）实行基准利率，今年由于利率整体上涨，我们对其上浮 10%，初次合作的中小企业上浮 30%—40%，这是我们最高的利率水平。

就我们所了解的民间借贷利率，大通县一般在 100% 以上。我们所了解的同业利率，比如，农信社一般上浮 70% 左右，其他大型商业银行和中小企业合作时上浮 100%。

问题 8：您认为贵行与本县其他金融机构如农信社、农行、商业银行之间在业务方面竞争情况如何？整个农村金融市场竞争程度如何？

巩杰：我们与其他银行包括农信社有竞争也有合作。竞争体现在对公存款方面，业务上的合作比较多。比如和农信社有时候会发生同业拆借。另外根据规定，商业银行贷款单笔额度不能超过注册资本 10%，所以我行贷款的最大额度为 1000 万元。但是当客户资金需求量较大时，我们会与当地农信社和商业银行一起做。

整体来讲，大通县的农村金融市场竞争形势还是比较严峻。大通县共有人口 43 万，财政收入今年能过 3 亿元。全县的存款余额约 62 亿元，贷款大约 40 亿元。有些银行在大通只吸收存款，而不放贷。20 世纪 90 年代后，受损失较大的有农行、建行、中行已撤出大通，这些银行基本不放贷，也就是 1 亿—2 个亿元。大通共有 7 家金融机构，43 个网点，同业间的竞争主要体现在存款上。

问题 9：您认为贵行就吸引客户而言与其他金融机构相比有哪些优势？

巩杰：总体来讲，我行的劣势多于优势。劣势主要是自身先天的不足，比如单一网点等，但我们确实有自己的优势。我行机构小，决策半径比较短，决策机制比较快。比如说见保即贷，一些中小企业资金需求时间可能就几个月，从企业提出贷款申请，到贷款审查以及签订协议、发放贷款，我行最快 3 天就能完成。相对来说，我行的利率不算太高，在同业中属于中等偏下的水平。

问题 10：您如何评价农民的信用状况，是否存在农户信用缺失？如果存在，您认为是由于存在政府干预还是农户本身意愿造成？

巩杰：就我们这几年的经验来讲，农村的信用环境整体比以前要好得多。由于农户自身知识面的扩展，加上商业银行和人行个人征信系统的宣传工作，农户意识到和银行不再是一次性买卖了，建立个人良好信誉对自己的将来是有好处的。有一个实例：我们去年做的 1000 多户农户贷款，违约率为 1.06%，这个比率已经是很好了。即便发生天灾人祸，农户也会通过民间借贷或者亲戚帮忙把贷款还上，有钱不还赖账的现在已经很少。另外，由于贷款有村长、村支书担保，国家补贴要经过村上向农户发放，如果有农户故意赖账，村一级领导就可以扣留其国家补贴发放。

问题 11：您对国家关于农村银行监管问题的看法和诉求是什么？您认为对于农村的不良贷款应该如何界定？

巩杰：国家对农村银行的监管相对来说比较宽松。首先就是存贷比，银监局并没有强制性的规定我们存贷比要低于 75%，开业三年之内不考核存贷比。目前来说，我行开业虽已超过三年，银监局也不针对存贷比这个问题来挑毛病，应该说是采取一种宽容的态度。

我行对农户还款逾期一两天也是很宽容的。由于农民的生产具有特殊性，给农户一定的宽限，农户会慢慢地把钱还上的。2009 年发放贷款中，其中有几户没能及时还款，到目前为止，我们也没有采取依法收贷，上门强制收取。我们现在还有农户在陆陆续续地在清偿 2010 年的贷款。今年 6 月份，还有农户在清偿 2009 年的贷款。

问题 12：您能否就大通县具体情况谈一下西部县域经济是否适应国家宏观调控引起的变化？换言之，宏观调控是否对西部县域经济发展产生较严重抑制效应？

巩杰：政策的一刀切在这方面体现的最明显的就是高耗能和产能过剩的行业。青海优势不多，唯一的优势可能就是电、劳动力、土地。青海的工业用电价格 0.36 元左右，内地则要 0.8—1 元。在这种情况下，青海的发展必然要经过低层次、粗犷型的发展。比如说电解铝、水泥、多晶硅这都是青海大力发展的产业，但从国家产业政策来讲，这都属于高耗能产业。多晶硅的电力成本占其成本的 60%。但青海不利用这种优势又如何发展？随着内地电价走高，产业西进就是冲着西部的资源来的，如果一刀切，东西部的差距不会缩小，反而会增大。没有工业的拉动，光发展第三产业是没有支撑的。青海省 2010 年的 GDP 是 1080 亿元，还比不上东部的一个百强县。我们去南山龙口考察，一个村的年产值约 600 亿元。在这种情况下，不发展工业，光提旅游业、高端产业等第三产业，既没有人才优势也没有技术优势，有点空。

问题 13：您认为政府融资平台与县域金融机构的竞争关系如何？政府融资平台是否对县域金融机构存在风险溢出作用？

巩杰：这个是我在国开行比较关注的一个问题。青海省 2003 年在西宁建立第一家政府融资平台，2004 年在格尔木建立第二家。融资平台一开始发展是好的，通过政府征信给政府解决一些经济上的不足，改善投资环境，增加税收。后来从我们自己的了解来说，由于这块属于收益好、风险低的领域，各家商业银行参与进来之后慢慢出现了恶性竞争。国开行一开始做政府融资平台的时候，给定政府一个债务率，根据政府以前的财政收入、税收水平为其设定一个额度，在政府未来 3—5 年内，根据其税收增长水平、财政收入增长水平，额度一般不超过 10 亿元。在限额之内，政府合理负债，不存在政府巨额的债务风险或者到期无法偿还问题。但是后面，商业银行从 2006 年参与进来之后，打破了国开行原有的机制。原先国开行一家做的时候，给政府设定额度是出于总体考虑，但商业银行参与进来之后，商业银行不从整体考虑，它给自己定的 10 亿元，那两年以后加在一起就是 20 亿元。有些商业银行干脆就不考虑这些，只要是政府的项目，国开行能进的项目，有些银行什么都不考虑，直接就参与进来。

2008 的金融危机之后，就把这个问题陡然放大了。但是现在看，还是相对比较良性的，没有出现政府 3—5 年内还不了贷款、政府破产的问题。

融资平台与县域经济有一定的竞争关系，但不大。比如说，国开行在省上有网点，但没有在各县布点，通过搭建政府融资平台，其实是更多地承担了一种项目推荐、项目后期跟踪管理的职能。相当于国开行延伸的一种服务手段而已。

问题 14：贵行资金安全和经营状况是否受到本次国际金融危机影响？如何应对，有哪些经验可以为以后借鉴？

巩杰：坦白说影响不大。青海本身就不是外向型经济，金融发展比较滞后，很多商业银行靠的还是传统业务。可能有些贷款客户自身的投资受到了一定的影响。我们 2008 年金融危机期间唯一感受到的就是，企业还款有些吃力，但是企业通过各种手段最终都渡过了难关，但站在我行角度，基本没有什么感觉。

问题 15：您能否谈一下贵行自成立以来有哪些宝贵经验？您认为中国农村金融的体系框架应该是怎样的，在监管规则方面农村金融能否和城市区别对待？可否对中国农村金融发展趋势做一下展望？

巩杰：要说到宝贵经验，就是我们董事长（司欣波）之前提出的口号，为我们村镇银行的发展指明了方向。董事长是青海省国开行副行长，兼任我行董事长。从我们的观念来说，在未来 10—20 年，农村金融是一个比较好的发展机遇期。国家对农业的补贴也逐步加大，农产品的价格逐步市场化，这体现出农村市场和农村经济的不断繁荣。还有就是城镇化的趋势，这方面会释放出比较大的农村消费市场，可能比以前城市消费市场能力还要大一点。从这些方面讲，银行是大有可为的。再一个就是我们整体感觉，大家都看到农村金融是未来比较大的一个市场，包括以前有些从县域撤出的金融机构现在也在逐渐返回，包括一些农信社、农行。国内农村金融机构对农村金融的看法相对比较长远，比较理性。而国外（地区）银行设村镇银行多多少少是为了进入中国市场。据我们了解，汇丰银行在中国设村镇银行是不计成本的，它为村镇银行设立的任务就是三年之内只管亏损，是一种变相地体现其社会支农责任，以便其在国内占领金融市场。

问题 16：您认为村镇银行还可以怎样支持农业产业化以促进农业发展？青海县域经济农业产业化、高效农业或者精致农业前景如何？

巩杰： 关于支持农业产业化就是我刚才介绍的，比如支持一些奶制品收购、农产品收购（土豆、菊芋、洋姜、蚕豆等青海特色农产品）。大通本身也是一个农业县，专门有一个国家级农业生产示范区。从有西宁市以来，蔬菜自给率不足30%，肉制品还好一点。原来春节时期，菜价是平时的几十倍，后来提出在西宁周边建一些蔬菜大棚。目前来讲，夏季西宁的蔬菜自给率在70%左右，有些细菜还得从外地运。这几年，我们在西宁的感觉就是，只要是路边成片的土地，都是大棚。我们支持大棚也比较多，大通县支持了3—4家，湟源、湟中我们也在做这块。国家对村镇银行的规定是贷款只局限于当地，但对于我们来讲，监管还是相对宽松，允许稍微跨地区做一点，但必须是涉农贷款。我们有时候在西宁市的四区三县也做一些涉农贷款。

问题 17：您认为跨国金融机构对于我国农村金融这块"蛋糕"是否感兴趣？如果外国金融机构进驻中国农村金融市场，根据经验您认为它们可否成功？国外、境外金融机构是否有可能较多介入我国农村——尤其欠发达地区农村金融领域？

巩杰： 对于这个问题，汇丰银行是一个比较典型的例子。我们去湖南村镇银行调研的时候得知，在其周边就有两家汇丰银行的村镇银行，就是不计成本，其任务就是住在这里，三年之内不考核盈利。我觉的这更多是一种战略行为，如果国外金融机构能真正的意识到农村金融的潜在市场，肯定会好好经营的。我行第一年是微亏，第二年就实行盈利100多万元，今年我们预计税后能达到800万元左右。虽然农村金融的资本回报率相对较低，但由亏转盈的总体发展势头是比较快的。如果风险控制比较得当，农村金融还是相当不错的。我行现有31名员工，平均年龄28岁，大多是刚毕业的学生，是我们自己培养出来的。

问题 18：您认为贵行成立的初衷与现实情况是否存在差别？如果有您如何看待这个问题？

巩杰：这个问题就是刚才我介绍的，经过我们一段时间的摸索，村镇银行的经营方向不是说单纯地做农户贷款，这是不现实的。

问题 19：贵行的内部管理机制以及业务管理模式与大型国有银行相比有无自身特点？

巩杰：特点来说也有，但基本来说比较类似。我们上一任行长是青海银行的负责人，他基本是按商业银行的既有模式来组建村镇银行的，包括规章制度、内部控制程序等。

问题 20：您对于大通县的民间金融是否有所了解？与当地民间金融是否存在资金往来？如果有，如何控制风险？

巩杰：民间金融我们了解不多。据我们了解就是利率比较高，月利率10%，年利率120%，远远超出了国家关于高利贷的标准，但民间借贷还是有市场。

（三）交流问答

刘明：贵行的股本结构中有无个人股份？

巩杰：目前没有。我们这一期增资 1 亿元，下一期增资不排除让员工持股的可能。从我们自身来讲，在金融机构工作是很不错的选择，目前是一个黄金期。商业银行收益率高的能达到 20%，已经相当高了。

刘明：贵行的利润如何分配？国家给予贵行的税收有什么优惠？

巩杰：我们自成立以来还没有进行分红，有个别股东提出过，但大多股东对分红不是很看重。国家的优惠主要是前三年免收所得税，营业税按 3% 收取，一般水平为 5%。

刘明：国开行总行对贵行的经营、人员任免是否干预？

巩杰：目前全国范围内由国开行发起的村镇银行共有 15 家，开业了 9 家。招聘方面，总行不管，主要是分行管理。人员任免方面，高管这块需要报总行批准。

刘明：贵行的盈利水平能否代表全国新组建的村镇银行？

巩杰：我们代表中上等水平。有很多都是去年刚开业的，第一年肯定是要亏损的，第二年基本都能实现盈利。第一年微亏的原因：筹建村镇银行一般需要半年到一年的时间，开业一般都在 10—12 月间，这就导致开业后收益很少，而前期筹备成本是要计入当年的，所以会微亏。第二年，只要贷款规模做上去，很快就能实现盈亏平衡。第一年亏损实际上是很正常的，一般的银行提出的口号是开业以后亏三年，三年之内把亏损冲销掉。

刘明：据我调研所知，陕西的一些银行对财政存款问题比较反感，财政存款在不同的金融机构之间不断流动。

巩杰：我们也存在这种问题。人行前两天刚开了个会，主要意思就是在对公存款这块，各银行尽量不要互相抢夺，以免造成市场混乱，立足于现有状况就可以。

刘明：和贵行合作的担保公司有无大通县的？县域担保公司和财政有关系吗？

巩杰：我们和大通经纬担保公司有合作。经纬担保公司好像还有点财政的部分，现在没有直接财政担保。由于扶持性的财政资金直接发放给个人或者农户的效益一般不是很好，没有放大效应，老百姓用起来也不珍惜。所以目前来讲，国开行和政府主管部门有合作，即政府不再将扶持资金直接发放给个人，而是放在国开行成立一个担保基金，国开行负责发放贷款，有违约情况就从担保基金中偿还。这样做的放大效应就很大了，按 10% 违约率来算，有 100 万元的政府扶持资金银行就可以放 1000 万元的贷款，可以支持更多人创业，发展三产。

目前典型的例子就是国开行和青海省团委合作，财政上每年为青年创业基金拨款 100 万—200 万元，3—5 年加总后也有 500 万—600 万元，把这部分钱归集起来存在银行作为专项基金，由团省委为银行推荐创业项目，如果可行银行就为其放款。如果违约率在 5%—10%，那么违约的资金直接从专项基金中偿还。

刘明：贵行自开业以来的存款、贷款、利润年增长率如何，有无文字资料可以提供给我们？贵行有无关于经营经验的文字材料可以提供给我们？

巩杰：大约是 30% 的增长率，具体数据涉及商业机密不便提供。关于经营性经验的材料，我们可以把能公开披露的资料后期发给您。

刘明：下面的时间可否让主管信贷的部门谈一谈，关于在为农户和个体工商户放贷过程中的具体操作流程、经验、遇到的困难，以及从基层的角度来说希望政策上有何举措？也介绍一下具有指标意义的关于贵行扶持农户或者企业的案例？

信贷一部客户经理：农户这块案例主要是我们和天露乳业合作，把贷款贷给龙头企业，龙头企业再把贷款资金拨给农户经纪人，农户经纪人再把资金发给农户。大通县目前已有十几个农户经纪人，已带动 1000 多农户。个体工商户这块，我们感觉虽然他们经营的都很好，但主要问题是固定资产少，缺少抵押和担保，因为担保公司有些也需要个体工商户提供反担保。

刘明：刚才你提到的农户经纪人是怎样选出来的，跟过去的农村信贷员是否相似？

信贷一部客户经理：农户经纪人和过去的农村信贷员不一样。目前有牛奶经纪人、蚕豆经纪人等，相当于企业和农户之间的中介。我们也可以直接贷款给农户经纪人，这样可以带动更多的农户。

巩杰：这块也是很有特色的一方面，现在很多大型龙头企业没有精力直接面对众多农户，类似于在每个村培养一个牛奶经纪人一样，经纪人负责收购整个村子的牛奶，企业将钱付给经纪人，经纪人再分给农户，相当于中间商。农村现在一到丰收季节，有好多收土豆、收粮食、收棉花的人，他们就相当于经纪人的概念。

刘明：巩行长刚才说的经纪人我知道，但你们让经纪人帮助发放贷款我还没接触过，是一个新的举措。

巩杰：主要还是贷给企业，企业拿到资金就给经纪人收购奶制品去了。直接贷给经纪人也可以，他们用贷款收购奶制品，卖给龙头企业获得付款后再还贷款，在看到这一步的情况下，我们会再往上延伸一步，给企业也可以贷款。

刘明：围绕农户和个体工商户的逾期贷款追回问题，贵行怎么处理？个体工商户和企业有没有因为违约引起法律诉讼的？

巩杰：我们现在的不良贷款大约是 35 万元。其中有一户个体养殖户，后来和担保人一起骗贷，当初一共贷了有 100 多万元，我们及时收回了 80 万—90 万元。当时担保公司和养殖户串通的是：贷款发放后养殖户给担保公司用一部分，可是当贷款到手后，养殖户没有给担保公司用。担保公司因此单方面毁约，不愿意再为其担保，到银行非要撕毁合同，这样我们就开始依法收贷。但是银行依法收贷成本比较大，一笔 30 多万元的贷款从 2008 年到现在，我们的成本都不止 30 万元。从提起诉讼，到一审、二审、终审，终审判决后又无法执行，银行不可能亲自执行，只有法院执行。但由于这些人还有些黑社会性质，法院也不愿意强制执行，最后就是搁置，悬而未决，这是县域的一个特色。银行一般不倾向于走到依法收贷这一步，成本高也不一定能收回来。主要是前期控制风险，主要看贷款申请人的信用能力和信用意愿，贷款申请人的项目不好，个人信用再好我们也不能支持。

刘明：根据我在陕南调研所知，银行机构认为农户信用比私营企业信用好，私营企业信用比国有企业好。目前国有企业赖账似乎已经很正常了，我们在铜川调研的时候，农行的违约贷款主要还是国有企业，而且还没法告，他们总结了"几不告"，即国有企业不告，干部不告等。另外我们在渭北调研得知，关于违约问题，银行基本上是官司都能打赢，但钱基本都没回来。

巩杰：违约的诉讼期限在中国太长，从提起诉讼到双方公诉，反复几次之后再一审、二审、终审。二审比一审还好一点，终审时各种人物开始粉墨登场，一笔贷款在诉讼过程中，形形色色的人都在参与。

刘明：非常感谢巩行长对我们工作的支持。

二、访青海省乐都县雨润镇兴乐农村资金互助社

时间：2011 年 12 月 7 日下午—晚间

地点：青海省乐都县雨润镇兴乐农村资金互助社营业部（雨润镇西沟村）

参加人员：乐都县雨润镇兴乐农村资金互助社邓云祥理事长，邓经理（业务经理），两名员工小朱、小戴。陕西师范大学刘明教授，农业经济管理研究生韩晶晶、戈伟伟

记录整理：韩晶晶

刘明：贵社如何对客户的贷款进行风险管理，保证贷款质量？

邓经理：银监会出了贷款管理办法，就是"三个办法一个执行"，对我社贷款风险控制有重要指导作用。银监会主席特别重视"三个办法一个执行"，整个贷款从头到尾的程序都有，将贷款程序化，对我们有重要意义。原来一些环节都不清楚，银监局将这些具体规定帮助我们使贷款程序规范化。我们的贷款程序为：借款人申请—受理—贷前调查—风险评估—根据情况审批—签订合同—支付—贷后管理。

刘明：从客户申请到贷款到达农户手上需要多少时间？

邓经理：一般小额度贷几千元钱买化肥种子当天了解以后当天即可办理。假如是熟人，他确实将钱投入生产，几千元钱半个小时就可以办理。申请贷款时首先要问清楚用途、贷款金额（买化肥就是一两千元，不可能一两万元）、还款时间、还款计划、还贷资金来源。数额大了要看有无担保人，例如做生意贷一两万元，我们不可能信用放款，尽管认识也要有担保人，或者有抵押。然后就是贷前调查，包括对借款人的直接了解和从其他人那里了解，要填写村上的证明，村领导肯定对他很熟悉，了解他的贷款情况是否属实。也可以了解家庭情况，家庭经济来源。老百姓的钱存进来再放出去，我们要负责任。

刘明：目前贵社对农户贷款额度一笔最高能有多少？

邓经理：一笔能有上几万元钱。有些做生意资金需求很大。贷前调查是特别重要的环节，贷款的风险大小，贷前调查特别关键。我们对大多数客户都非常了解，因为都在一个村上。

刘明：一般合同上的贷款时间是否是固定的？如果到时间没还拖欠一两个月如何处理？

邓经理：贷款时间是固定的。如果本来应该是月底还，实在还不上的话，必须提前15天打招呼，是资金困难还是其他原因？再填写展期申请，一般是延长原贷款时间的一半，不能超过原来期限的一半。

刘明：在展期期间利息率是否变化？

邓经理：展期利率不变。

刘明：给农户贷款期限一般是多长时间？

邓经理：一般是一年，有些主动要求半年或者几个月。

刘明：不同期限的利息率是否一样？

邓经理：基本上都一样。对有些比较讲信用的老客户利息率会有优惠。

邓经理：贷后调查比较困难一些，但还是要了解，尤其一些大额贷款，看是否有风险，如果有不可预期的风险兆头，可以提前收回一部分减少损失。目前本社未发生过这类情况。这样做是按照银监会的"三个办法一个执行"的规定。

刘明：银监会的"三个办法，一个执行"是专门针对农村金融机构还是所有金融机构？

邓经理：是针对所有金融机构。

刘明：您如何评价农民的信用状况，农户是否存在信用缺失，农户不讲信用？您认为决定农户信用状况有哪些因素？

邓经理：99%的农户信用很好，极个别不还贷款的确实是时间到了手上没钱，家里出现了各种各样的情况，例如有人生病住院，或者孩子上学。今年没钱等明年有了收成或者打工挣了钱肯定会把贷款还上。现在的信用环境，县上搞农村信用等级评价、征信体系。原先政府搞形象工程，路两边盖楼盖房，赶紧贷款，你没钱也贷都能贷上，有好多人胆子大就贷上了，但没有东西还，过了很长时间后贷款也就消掉了（指注销不良贷款）。老百姓就认为贷款可以不还，这是历史原因造成的，本来老百姓信用是好的，这样一弄就认为贷款可以不还。像我们这样百姓入股，社员存的钱，如果有未还贷款就会"吃掉"股金和存款。国家对政策性银行的坏债可以补贴，我们就不行。

刘明：贵社在放贷过程中是否针对不同客户制定差别利率？如果有，制定差别利率的标准是什么？

邓经理：一般种植养殖业的利息率低一些，经商做生意的就稍微高一些。种植养殖的利率一般为 10%、11% 左右，经商做生意的利率一般在 13% 左右。

刘明：那跟 2008 年来调研时的情况差不多。

邓经理：差不多，我们基本上没有变。

刘明：利息率这些年基本上是稳定的？

邓经理：存款利率这些年一直在调。

刘明：你们的利率没有跟中央银行的走？

邓经理：存款利率必须要按照中央银行的走，贷款可以浮动，我们不可能达到4倍（即按照人行规定资金互助社等农村金融机构贷款利率可以在基准利率基础上上浮4倍），因为农户的效益有限。

刘明：贵社在实际放贷中是否要求客户提供抵押品？

邓经理：一般没有，现在按照法律，农村老百姓没有什么可抵押的东西。

刘明：那像一些做生意的做得比较大，你们放贷比较多，对抵押品的要求？

邓经理：他们一般在县城有房子，商品房可以抵押。

刘明：贵社的资金来源主要有哪些？你们现在除了吸收社员存款是否吸收其他农户存款？

邓经理：银监会要求非社员存款要降下来，但跟老百姓讲大道理他不管。老百姓图实惠，入股了就要分红，但没有效益拿什么分红呢？无缘无故让他入股他也不入，所以他们宁愿存款钱也不入股。

刘明：所以存款里边还有相当一部分非社员存款？占比例多少？

邓经理：80%的存款都是非社员存款。

刘明：那你还是应该让农户入股了，提高贵社的知名度。我们在2008年调研的时候，好多农户还不知道资金互助社，入股以后肯定就知道了，这样可以做一些宣传动员。

邓经理：现在资金来源还是匮乏得很，无非就是社员存款，再一个就是股金。

刘明：人行对你们是否有再贷款？

邓经理：没有。

刘明：那同业呢？比如农信社？

邓经理：同业拆借的也没有。还有一些种粮补助什么的，都弄不上。

刘明：这是资企互助社的一个困难。存款可能是季节性的，目前存款要远远大于贷款，现在存款大概是贷款两倍，那到明年春季投放贷款的时候存款资金是否就不够了？

邓经理：像今年年初的时候，存款也在 400 万元左右，刚开始要放贷款，已经快达到 300 万元了，但是那两天老百姓取钱的人也特别多，结果又将刚贷出去的钱收回来了，害怕产生支付风险。因为春季的时候也是老百姓取钱的时候，也是放贷款的时候，正好矛盾。

刘明：这实际上是农村金融机构的特点，存款贷款方向单一都是农户，到了农户用钱的时候也是它取钱的时候，这一段时间它想多贷，而且存的人想多取。这与城市工商业不同，城市工商业由于各种生产活动以及流动性具有时间、季节差异，不断有人贷款，也不断有存款，存贷可以大体实现平衡。农村到淡季大家都来存钱，贷款投放却没有很好客户基础；到旺季申请贷款多了，存款人却想取走，资金来源就有问题了。客户基础单一性造成一定困难，这一点不如城市工商业。

刘明：您认为制约资金互助社发展的瓶颈有哪些？您对贵社的长期稳定发展有何设想和见解？

邓经理：目前的困难就是底子薄，条件也差。我们办公的屋子是 20 世纪 70 年代供销社的，一下雨到处漏。前两天银监局领导下来我们也反映了，他们让跟县上反映看能不能给点补助再重新修。场所亟须改善，以保障客户存贷款资料和档案安全。基层金融机构对当地经济发展很明显有重要作用。资金互助社开设以后人们手头上资金特别活，原先死得很，有要紧事借几千元钱不好借，有了资金互助社就容易多了，农户贷款、取款都很方便。还有就是发展后劲不足，受到地域限制，就在雨润镇范围内，但是河一隔开（指资金互助社对面有一条河），离得远的人根本不来，基本上就是深沟和荒滩两个村。

刘明：那汉庄和迭尔沟在你这里不借款？

邓经理：到这里借款的人多，但是不来存款。

刘明：是否可以让两个村的书记动员动员？

邓经理：动员不了，开车要绕一大圈，不方便。贷款需求范围很广，周围村子一些小企业主知道这里贷款方便，都到这儿来借款。

刘明：针对这种情况，你们可以在河对岸开设网点。

邓经理：也想着要求银监局允许适当扩大营业的地域范围。我们也可以再设置分点，但现在银监局不允许设置分网点。

刘明：那你们可以作为发起人，在河对岸再搞一个资金互助社。

邓经理：希望监管机构允许扩大范围，通过政策支持和推动让农信社与我们社联网。海南省来这儿考察说他们的资金互助社已经与农信社联网，可以互相取钱。农信社刚出来针对农村的一种卡，全国农村可以通用，还不太了解。这是个好东西，要好好了解一下，有好多在外面上学的需要汇款，还有在外地务工的要把钱汇回来，天天有人来问在外地能不能把钱打到他们在资金互助社的存款账户，我说不行。

刘明：就是联网结算。前些年农信社遇到这方面的困难，农信社已经解决了，你们的问题也能够解决。这不是太难，而且联网对农信社也有好处。①

您认为贵社成立的初衷与现实情况是否存在差别？资金互助社一路走来最艰难是什么？最感动是什么？最兴奋是什么？最期望是什么？

邓经理：成立的初衷与现实还是有很大差别，成立之初大家都热情高涨，很积极，定的目标也很高。现实中却发展缓慢，后劲不足。邓小平说"发展才是硬道理"。资金互助社不发展就等同于倒退。工资要涨，福利待遇要跟上，入股的股东要分红，要不然天天来退股。

刘明：现在你们的股本金有多少？

邓经理：46万元。

刘明：那不是跟2007年刚成立时没有变化？

邓经理：是没有什么变化。

刘明：是不是你们没有吸收新的股东？

邓经理：好多原来的股东想撤走，他们有一些贷款，我们现在有好多过期

---

① 课题组2003年在陕西省商洛市山阳县调研农村金融问题时，山阳县农信社联合社谈到遇到的困难之一也是不能联网清算，结果导致一些大户从农信社转走资金。这一问题在农信社早已经解决。

的贷款都是股东贷的。开股东大会他们也不来，我们就希望你把你的贷款还掉，将你的股金也转让出去，但就是不来。所以股东大会就特别难召集。银监局也要求要慢慢做思想工作，这比较难，股东入股后也有自己的事情要忙。成立三年来最艰难的仍然是成立之初遇到的困难，没有房子、设备、人员。最感动的是老百姓的信任，经过这几年发展运作，老百姓确确实实相信我们，也愿意将自己的辛苦钱、血汗钱存进来，从县上银行取出存到这里，他们的信任让我们很感动。来办理业务时跟他们谈谈心，开开玩笑，不像去县上银行总要排队，还会跟信贷人员发生口角。我们要求新员工服务态度好，拉拉家常就跟自己家人亲戚一样。最兴奋的就是成为金融机构一员。县上和地区召开金融会议都会通知我们，作为金融部门一分子我感到骄傲。

刘明：说明政府对资金互助社与其他金融机构一视同仁。另外从自己的角度来说，介入金融行业也是值得为之奋斗的新的事业，参加这些会议感到有地位，是一种受到认同的社会身份。反过来有没有这样的感觉：过去在农村做其他事情一文不名，可能无人理睬。所以做农村金融有一种精神上的归宿，可以实现人生的满足。

邓经理：对。

邓经理：前两天到西宁去，跟农信社系统学安监防范，就是风险管理内容。玉树资金互助社也去了，他原先是在农信社干着，他们现在存款达到 90 万元，原先是 30 万元，这 30 万元是农信社出了 20 万元，当地镇上出了 10 万元，拉的存款可能就 40 多万元。

刘明：那他们现在存款跟你们还差好远。你们 400 多万元存款是不是理事长他们几个人存的多一些？

邓经理：没有没有，都是社员的。

刘明：玉树资金互助社的经营状况怎样？

邓经理：银监局让他们到这来看看，学习。他们工资还挺高的，一年 7 万—8 万元。

刘明：你目前在资金互助社的职务是股东兼员工还是管理者？

邓经理：我也是股东，原先有一个股东退出了，2 万元钱股权转让给我了。

刘明：你现在是第几大股东？

邓经理：两大股东是邓云祥和农机厂老板，各 10 万元，其他 8 个股东都是 2 万元。

刘明：那你一年的工资有多少？

邓经理：一年工资 18000 元。

刘明：另外两个员工的工资呢？

邓经理：她俩在试用期，先试用一个月，初步定一月 1000 元。我们的发展前景好，不怕拿不到工资，中央财政每年还补助一些，就是四个季度平均贷款余额的 2%，并且（今年）这个余额要超过上年，政府鼓励多放。

刘明：你说的补助是中央财政给你们？

邓经理：叫作中央专项补贴。

刘明：现在税收是全免的？

邓经理：税收从今年开始，地税上企业营业税没上，它规定是 5 万元钱以下的贷款包括 5 万元利息收入免税，由于我们全是贷给老百姓全是小额的，所以就全免了。

刘明：那你这四个季度平均余额有多少？有没有 200 万？

邓经理：今年我们报了 3.7 万元（平均季度贷款余额约为 185 万元），给了 4 万元。明年按照这个算法可能有 6 万—8 万元。

刘明：那这一部分资金你们如何使用？

邓经理：按规定可以直接当作收入，银监局说这个钱千万不能花，我们也没花。但是财政上每年回访，看你钱花了没，没花明年就不给了。

刘明：那你们干脆跟股东一分，让他将这部分收入重新入股吗，变成资本金就完了。你今年多大年纪？

邓经理：38 岁。

刘明：那你的职务名称是？

邓经理：银监局上给我安顿的是业务经理。

刘明：雨润镇周围的农户或者村民小组有没有成立农业生产合作社的？

邓经理：有，隔壁就有个大蒜合作社。今年省厅上的已经过来专门检查说是网络信息已经培训完了。

刘明：你们现在贷款投放跟合作社有没有关系？

邓经理：有，到大蒜收购的时候，需要大量的资金，他们要从县城各个村收购大蒜，等老板来了再发出去。我们在资金条件允许的情况下就贷给他们。合作社有 10 个股东，是股份性质。

刘明：那社员加入合作社要负担什么成本？

邓经理：一年要按合同价上交同价的大蒜，但是收购价格比市场要高。外面客户发价高，基本将大蒜市场垄断。

刘明：他们的大蒜价格大概多少钱一斤？

邓经理：今年的价格高的时候能够达到 5 元钱一斤，去年要 10 几元一斤。去年一亩地能够达到 1 万—2 万元收入，今年就 3000 元钱。

刘明：今年收购价格能达到多少钱一斤？

邓经理：一般就是 3 元钱左右一斤。刚开始下来的时候高，炒作的。

刘明：你们给合作社的贷款主要是他们收购大蒜？

邓经理：还有蒜苔，蒜苔下来时候量很大，每天都是几百吨几百吨发货。

刘明：有没有这种情况，就是把贷款给合作社，然后合作社又把钱贷给蒜农？

邓经理：没有。

刘明：你们有没有想过这样做？蒜农跟合作社来说哪个风险大？

邓经理：合作社应该没有什么风险，他们发货时间短，与外地老板非常熟，价格都已经商量好的，差价脑子里已经都有了，所以没有什么风险。

刘明：镇上对于资金互助社的经营有没有什么支持政策？

邓经理：房子是县供销社的，原先是县政府出面，让我们先在这营业不收房租，后来供销社的房子和院子被私人买掉了，这个人也是原先村上的书记，也是我们社的股东，王国端，深沟村的，也是大蒜合作社的经理。

戈伟伟：为了贵社长远发展，您对国家还有县、镇政府有没有什么诉求？

邓经理：希望政府给予帮助，不是说给我们钱花，就像给农民几只兔子，农民过几天就把它杀掉吃了，发展什么的不考虑也不行。我们的意思就是给我们扶持一下，我们自己再加一把力。现在就是希望税务减免。再就是资金不足，准许资金互助社获得人行再贷款和进入同业拆借市场，也可以将种粮补贴发放款由我们代办。不要求政府每年给我们 10 万元、20 万元，适当给我们一些政策上的优惠就很好了。

戈伟伟：您有没有提出这方面的申请？

邓经理：正式呈文反映过，没有回应。同业拆借有些银行有意愿，但是看你的经营状况，你经营的好人家就愿意借给你。一些国有银行的资金连县上也不给，存款直接上交了。县域放贷款主要就是农信社，国有银行放的少，主要是一些按揭贷款，没有什么风险。

戈伟伟：您觉得咱资金互助社和农信社存在哪些竞争和合作关系？有没有合作的希望？

邓经理：合作肯定是有，我们完全可以合作。假入它们的信用卡我们这里也可以弄个提款机什么的，这也是互惠互利。竞争几乎可以说是没有，乐都现在金融市场很大，现在全县的储蓄存款大概能达到 26 亿元。我那一点存款根本影响不了农信社，只能说是互相有利。我们吸收的存款除了贷款都存到农信社了，开户就是在农信社开的。我这存款拉的越多，等于说是给它拉的存款。

戈伟伟：咱们开户是在农信社开户？那与农信社是合作关系？

邓经理：对，是合作关系。之前签了战略合作协议，它们给我们是接送库（即运钞），原先定了一个价格给我们押运款，后来我们也没钱，他们也没要。后来他们把这项合作转给保安公司，保安公司要 5 万元一年，后来银监局协调了一下说是一年 2 万元，我跑了一下答应 1 万元钱就可以，农信社还要从中分一点。

刘明：雨润镇 10 个村共有多少农户？在资金互助社存款的有几个村？

邓理事长（邓云祥）：大概 4000 多户，一村大概 300—400 户。有 3 个村在本社存款，包括深沟村、荒滩村和刘家村。其他 7 个村基本上没有存款。

刘明：以上 3 个村在资金互助社开户的户数有多少？

邓云祥：300 多户。

刘明：这 3 个村共有多少户？

邓云祥：将近 900 户。

刘明：那存款人数将近 1/3。这 3 个村都有贷款农户。另外 7 个村有几个村在这有贷款？

邓云祥：大概 4、5 个，基本上每个村都有。

刘明：3 个村在互助社贷款的有多少户？

邓云祥：累计贷款大概有 100 多户。

刘明：这 10 个村在互助社贷款的有多少？

邓云祥：累计有 200 多户。

刘明：现在户头上记录的有未偿还贷款的有多少？

邓云祥：有 60 多户。

刘明：账面有存款的有多少户？

邓云祥：将近 300 户。

刘明：上次来时，贷款资金不足时理事长将自己的钱转过来，现在还用不用这样做？

邓云祥：不用了。存款资金来源基本上满足贷款需求。

刘明：这 3 年来社员大会开不开？大概多长时间开一次？股东大会呢？

邓云祥：开。基本上两年开一次。股东会随时会开，从地域上看有些人不在我们村，不方便。有些股东在思想上不当一回事是因为在资金互助社的股金不多，就 2 万元，没有从心里重视。

刘明：理事长，你们也经常参加省上银监局的一些金融工作会议，县上也经常组织？你们对国家关于资金互助社或者农村小型金融机构政策上的诉求通过什么渠道反映？

邓云祥：会议一般都会通知我们。诉求通过银监局，他们也会想办法通过政府部门和上级主管部门想法帮我们解决问题。就像税务减免。

刘明：有没有想过全国资金互助社成立一个联盟？这样就可以联合起来向国家呼吁，提出政策诉求，交流和分享经验。

邓云祥：毕竟我们青海落后，像其他地方政府比较支持，金融办对像合作社这些小型金融机构的支持力度相当大，有些村资金不足，财政各方面进行支持。海南省某市市长主管金融这一块，支持力度很大，发展也很好。

刘明：我们这一块也有金融办？

邓云祥：有的，海东区有，县上也有。但是不够重视。

刘明：理事长有没有参加过青海省以外的会议，比如农村金融研讨会议？会议的主题是什么？解决什么问题？参加会议有什么收获？

邓云祥：参加过省上金融工作分析会议，讨论当前全省的经济运行情况，也涉及银行发展和管理等方面。全国的会议没有参加过。

刘明：您对员工平时的要求是什么？有没有比较成熟的员工激励制度？

邓云祥：原来没有，最近时间比较忙没有顾上。对她们的要求还是有。我参照国有和民营商业银行和农信社的做法，重视解决员工的工资待遇和养老金，要不然人家想干就来不想干就走，留不住人。银行最忌讳频繁换人，原来负责贷款的人一走就影响运营。

小杨（西宁市发展改革委干部）：现在社会保险这一块还没有开始实行吧？

邓云祥：还没有，马上从这次招聘的两个员工开始，目的是让她们安心地长期在资金互助社工作，不然有更好的工作人家就走了，按照工作年限增加工资，要不就跟民工务工一样，哪儿工资高往哪跑，留不住人才。

刘明：理事长是一个非常温厚而且有战略头脑的人，意识到农村小型金融机构员工的素质以及员工对金融机构的向心力非常重要。

邓云祥：我们的发展对当地老百姓方方面面的作用还是挺大，能够带动当地经济发展。刚开始搞起来有点费劲，等老百姓认可了，作用就明显体现出来了。目前我们附近三个村的老百姓都放心将存款放在这里。

韩晶晶：村民对咱们信任肯定也是这一块做出了成效，您是否就有关项目做些介绍？哪些项目利润比较大？

邓云祥：收益最大的是做小生意的，大蒜协会是收益最大的。大蒜协会钱紧张从我们这贷出去，他们就有条件经销，现在小车也买了，各方面条件都变得很好。再像农户（用贷款）买农用车，大概四五万元，买了之后家里经济状况变化很大，房子也盖了。

小杨：资金互助社好多人还不太了解，有没有主动做些宣传？

邓云祥：这附近三个村都知道，别的村也许人家不知道。他附近就有银行，不可能专门跑到这儿存款贷款。有些地方贷款不方便可能到这里贷款。宣传不是很必要。但其实我们的宣传力度也有，银监局来搞活动让老百姓参加，春节过年搞个活动演个节目之类也能起到宣传作用。

刘明：小朱原来学什么？在哪上学？读了几年？

小朱（资金互助社新聘任员工）：学的信息管理，在陕西的欧亚学院，读了3年。

刘明：小戴原来是学什么的？在哪个学校？

小戴（资金互助社新聘任员工）：在青海师范大学学英语。

刘明：会不会感觉到学英语在资金互助社无用武之地？

小戴：没有，我就是喜欢跟数字打交道。

刘明：我建议你发挥自己英语的长处，上网看看外国农村微型金融机构是怎样做的，有一个网站是俄亥俄州立大学的农村金融网，上面专门介绍全世界不同农村金融机构的信息，你将这些信息传达给理事长，每3个月给理事长整理一份全球农村微型金融发展动态，那就有用场了。你可以充分运用你的知识，发挥你的特长。要逐渐将资金互助社当成自己的家，发挥你的潜能与智慧，让它繁荣兴旺。你家在哪一块？

小戴：就在乐都。

刘明：有没有想着在这创业，跟着理事长干上七八年甚至更长时间？

小戴：想是想过，可是现在还没过实习期呢。①

刘明：你现在好好表现，理事长可以将你的实习期缩短。海南的一个农村金融机构在凤凰卫视做了一期节目，海南是农信社推动农村微型金融，有一个女孩子做的非常好，这个女孩我印象中她的待遇并不很高，但她认为这是一种事业，她很高兴"我能养活自己的同时给农民办事"。而且，农信社的一些机

---

① 调研团2018年7月再次赴东都调研期间重访雨润镇资金互助社，小戴仍一直在互助社工作。互助社也从原先由雨润镇政府借用的营业处迁往自筹资金新修的两层约300m²的营业办公大楼。

制比较灵活。

邓云祥：大通的村镇银行搞得怎么样？

刘明：它们的特点之一是比你们大，因为是国开行做起来的，国开行股份占49%，现在增持之后占51%，是绝对控股。它们的业务可能跟你不同，农户是一块，当地中小企业是一块，还有农业龙头企业是一块。分了三大块，三大块里边农户占的比例小，企业占的比例相对大一些。另外，它今年的利润可以达到800万元。但它的贷款投放量也要大得多，投放量大约是3000万元。

邓云祥：省国开行理事长还有玉树的一家资金互助社，我们在一起探讨过，玉树的是半死不活，不过今年贷款在我们青海省是放开了，各个地方都允许办，办的也多了，情况可能会好起来。

刘明：现在青海省的资金互助社有几家？

邓云祥：就两家。玉树跟我们。

刘明：全省村镇银行有几家？

邓云祥：就大通一家。

刘明：玉树主要是藏族为主？

邓云祥：藏族为主。

刘明：我们在西安听说藏族很有钱，那玉树存款为什么上不来？

邓云祥：还是老百姓接受不了，跟国有银行性质不一样，怕存的钱不安全。思想上没有接受。

刘明：理事长自己的企业还运转着没有？企业主要是哪方面？你的企业和资金互助社之间有没有资金往来？

邓云祥：还运转着。主要是搞水电工程。没有资金往来。

刘明：你原来是企业家现在也是银行家了，原来你经营企业比较成功，对于资金互助社在这里落地生根，在农户心目中有了威信，有没有关系？

邓云祥：有关系。2010年我们在这个村建立了一个砖厂，我又被推举为这个村的村长，这两天不是拉自来水吗，一天忙得很。①

---

① 给资金互助社所在深沟村挖自来水，资金除村民分摊和地方支持一部分，邓云祥经理也捐款予以赞助。

刘明：那你干这么多事，是身上没钱花还是有其他原因？

邓云祥：自己家是这儿的，老百姓也相信，非要让我当村长，当了村长就给大家办点实事，去年把村上道路硬化，原来我们都是土路，人家山区里水泥路都打上了，我们这一直也打不上，去年我挑头把路打上了。现在自来水经常断断续续吃不上，冬天抓紧时间拉自来水，想办法让老百姓过年能吃上水。

刘明：水是从哪拉的？

邓云祥：从上面一个沟里，挺远的，大概 20 多公里路。原来管线有，有的管线老化了，现在挖开把老管线重新换掉。

刘明：这个水主要是饮用水？

邓云祥：主要是饮用水。

刘明：是通过向农民集资的还是你投资？

邓云祥：主要是县水务局掏钱，争取的项目。

刘明：那农户自己不出钱？

邓云祥：不出钱。原来拉自来水是让老百姓出点义务工，一家出 10 来个，今年我们一个义务工也不出，全部是老百姓愿意干就干，我们出工资。

刘明：那干一天是多少钱？

邓云祥：自己也有挣 100 多元，也有挣六七十元的。

刘明：那工资的钱是从项目经费里面出的？

邓云祥：对，是从项目经费里出。

刘明：您认为资金互助社一路走来最艰难是什么？最感动是什么？最兴奋是什么？最期望是什么？

邓云祥：最艰难的就是刚开始老百姓对我们办金融不认可，我们从自己村子开始耐心地给老百姓做宣传，做些事情让老百姓从心里感到在这里存贷款比较安全便捷。我们这个方便，下班后家里有人生病了没钱，给我们打个电话就把钱送过去，下班之后别的银行也取不上钱，取款机上能取，但老百姓哪有卡，都是存折。老百姓慢慢从思想上接受我们。

刘明：最感动和最艰难的一样，刚才小邓说的很好，最感动的就是农户信任了。

邓云祥：像现在老百姓，我到村上六七十岁的老头抓着我的手说，你确实给大家办了好事，打水泥路，拉自来水，把银行开到自己家门口，给大家方便。

刘明：刚才邓经理说咱们吸收存款主要还是在这边，那边（指河对岸几个村子）比较困难，有没有想过在那边设点？

邓经理（业务经理）：想过，原来思想上有这么一个想法，就是开个代办处，就是靠近你们钻的那个洞子下面一点，那一块是金融空白，但生活却比较富裕。跟银监局也反映了，他们说考虑一下，研究一下，一直没有答复。

刘明：你们什么时候跟他们提出来？

邓云祥：也就是今年。

刘明：那你可以再催促催促，我觉得这应该是水到渠成，不是很艰难的问题。

邓云祥：不过他大概也要通过省银监局批一下。如果担心这样不容易，干脆再办个金融许可证，那是不允许的，不好办。

刘明：那实际上就是资金互助社可以设立网点？

邓云祥：对，设网点还可以。

刘明：这个我认为应该是相对容易解决的。那你考虑没考虑不跟他打招呼，随便租一间房先行动起来？

邓云祥：那个不行，你没有点，人家老百姓更不信任。你正规地把房子租上或盖上，全部装潢跟银行一样，人家老百姓就认可。

刘明：我就说你在那边弄间房子，把这个牌子也挂上，有什么不行？打上"兴乐资金互助社迭尔沟营业点"，你先搞起来，青海省银监局应该会就认可（笑）。

邓云祥：我就想过你的这个想法，就是设立经营点或者代办点，为了让他们那边方便，心里想着多帮助周围村里的人，银监局说是可以考虑。

刘明：你就先斩后奏，你说我是考虑你们的困难，跟你们申请，你们研究来研究去比较头疼，我先搞起来，运作起来以后你们一看挺好，这就叫金融创新。理事长还是有点保守，金融创新是好事情，将来银监局看了会很高兴，说我们下边的金融机构自己搞起来了，很好，很红火。中国银监会不会批它的。我建议你把这件事情做了，对你后边的业务发展非常有利。你一旦搞起来，我相信青海银监局不会让你关门。不会的，它们充其量跟银监会报告一下：这下面人家资金互助社搞得很好，红红火火，在他河对岸搞的一个营业点，请示银监会是否准许？中国银监会没有人好意思说不行，让你关掉，因为那样会挨骂（笑）。就在今年年关前后，你就开起营业点。能这样做我认为是为群众办了件好事，上边也会认可。你看这多好，业务一下子扩大多少，放大一倍没问题。

邓云祥：就是。

刘明：你要让它（银监局）明确表态，涉及全国对于资金互助社的一些条条框框。

邓云祥：全国没有设立网点的。

刘明：应该积极去搞，放开胆子，你搞了这么多事业，还没这气魄？你给大家群众办好事，自己成长更快，官方有啥不行的？没什么风险，也不是非法集资。完了给上边汇报的时候，我这边出了个资金互助社金融创新，跟我以往的支持是有关系的，有以往的支持你才能生存下去，生存下来之后又扩大了，跟它本身的管理还有关系，应该是属于树碑立传了。

戈伟伟：咱现在资金还是一个亟须解决的问题，你有没有想过跟农信社合作搞一个转贷。就是农信社把贷款批给我们，我们替农信社去放款？我们利用对农户信息的了解，这样能够保证贷款质量。另外，我们也可以从中收取手续费，或者跟农信社达成一个协议？

邓云祥：这个问题也想过，也考虑过，到最后跟银监局领导和农信社把这个事情沟通，原来就想按你这个思路办，到最后我们这个县农信社经常出事，它的网点上冒名顶替贷款出事，一直没有理顺过，这个事情就一直拖着没办成。我们这个地方农信社就没有怎么稳定过。青海省银监局就在那蹲点着。

韩晶晶：您认为存在这个问题的根本原因是什么？

邓云祥：农信社管理体制跟过去银行那些不一样，它们这还有一点就是股份制那种性质。

刘明：管理层都相当于股东。

邓云祥：它的主管部门，你说是政府吧也不算，县政府吧也不算，你说从上边有个海东区。咋说呢，反正它遗留的问题也较多一点，要是没有这些事情，就按你那个思路，我们已经开始搞了。

戈伟伟：预计这个事情有没有可以解决的这么一个时间段？

邓云祥：可能性也有，要是事情彻底解决完之后，把款该追回的追回，该处理的人受到应有处理，领导班子稳定下来，大概也有可能。原来老领导与我们已经达成协议了，银监局帮着。

戈伟伟：咱这个贷款比例大概是有多少贷给农户个人，多少是贷给以集体形式或企业形式这种？

邓云祥：80%是贷给农户个人，企业就没有，只有小型木材加工场几个小企业。

刘明：你给大蒜合作社最多一笔贷款能贷多少？

邓云祥：最多的是70万元。

刘明：大蒜合作社把这个拿去以后，会不会说蒜农的蒜还没有收，就把这个钱贷给农户作为收购大蒜的款项？因为农户在大蒜种植过程中需要肥料、薄膜或者其他，事前需要一些流动资金，合作社提前将收购大蒜的钱放给农户？

邓云祥：不可能，它是用自己的钱，像化肥、地膜这些钱之前是大蒜协会给。我们这个钱是已经开始收老百姓大蒜时给的，它用这个钱只能收购大蒜，不能用于别的，用于别的就有风险收不回来。

刘明：大蒜合作社贷款利息率是多少？像70万元这么大的贷款？

邓云祥：都在一分到一分五之间。

刘明：那跟农户的利息率是多少？记得2007年、2008年给农户的利率有多少？

邓云祥：八厘多吧。我从2009年就开始调到八厘到一分五之间，他们觉得一分五高一点，当时各大银行里面看，国有银行里面算高一点，但这两年看也不高。农信社是一分二，我们一分五也高不了多少，但它们办理贷款还有别的费用。

刘明：别的费用就是遇到贷款难还得给人送礼吧？

邓云祥：你要给我拿两瓶酒，我也不要是吧。只要达到条件就给你贷款，到时候你给还上就完了。

刘明：你平时除忙这么多事是否需要排解一下，比如晚上主要的生活方式？

邓云祥：一天事情多，有时半夜三更睡不着觉。平常也放松一下跟朋友们聊天、打扑克等。就这时候感觉特别轻松，啥都不想。要不想着厂里事情、工地事情、村里面事情和银行里面事情，这个事那个事，特别烦心。

刘明：我这次又有新的收获，感到理事长的一生是丰富多彩的一生。

戈伟伟：咱这个存贷比有没有什么监管？

邓云祥：有。不能超过75%。

戈伟伟：这个对我们有没有什么宽松的政策？

邓云祥：严格来说是按照规定的，但是不按照他们那个办，人家也是对我们新发展事物睁一只眼闭一只眼，高一点也没事。

戈伟伟：那实际操作当中我们经常是存贷比高于规定？高多少？

邓云祥：对。有的时候是高出50%。

刘明：实际上存款可以全部放出去。

邓云祥：对，就是。只要正常营业的钱够，别的钱可以偷着放出去。

刘明：来取钱的人多了，企业资金可以暂时存到这。

谢谢理事长和各位！

三、访青海省民和县塔卧村党支部书记

时间：2008 年 7 月 14 日下午

地点：民和县塔卧村农户海存俊家

参加人员：民和县塔卧村党支部书记、民和县人大代表安东玉（回族），农户海存俊（回族）。陕西师范大学刘明教授、赵天荣博士、胡秋灵博士、裴辉儒博士，陕西师范大学 2008 年暑期赴青海农村调研志愿团志愿者海有明等 21 名同学

记录整理：熊小雅、朱护国

刘明：安书记，现在民和县的基本经济情况如何？

安东玉：我们民和县最大的问题就是贫困，都靠天吃饭，干旱缺水是近两年最大的问题。

刘明：你们村农户家庭数和人口有多少？

安东玉：我们是民和县塔卧村，算上一些整家外出的一共有200多家，共986人，现在在村里的有196户，千余口人。

刘明：目前人均土地面积有多少？

安东玉：平均一人一亩二分地，是民和县所有15个行政村里拥有土地量最少的村。

刘明：粮食产量大概多少？

安东玉：今年情况比较好，亩产能到450—500斤粮食，最困难的一年10亩地打了200斤豆子，可怜得很。

刘明：你们这里除了种地之外主要有什么收入？

安东玉：大部分依靠副业为生，主要还是在解决温饱问题。政府的退耕还林政策每亩地补助160斤粮食，20元钱。全村1260亩耕地，大约900多亩退耕还林了。

刘明：打的粮食除了自己吃之外还有多少外卖？

安东玉：全部的粮食都是自己吃，粮食自给，不外卖，够自己吃就不容易了。

刘明：从事的副业有哪些种类？

安东玉：大部分都是务工，也有跑运输的，自己买东风车，当司机开车什么的。还有挖煤、淘金、卸车，做包工头的也有。

刘明：你们有没有什么果业之类的？

安东玉：没有，根本没有。因为没有水么。别的村的水都是4—5元一吨，我们村四五十元钱的水都不够吃。现在我们的主要困难是人员素质很低，甚至村上一些劳动力打上背包，带上盘缠，想找机会去打工都没人要，所以我们急需政府的帮助，帮助我们走出山区，就是我们最大的愿望了。

刘明：您觉得存在的主要问题是什么？

安东玉：主要是文化素质低，最重要的是人的素质，要不然就是对自己父母的折磨，所以我们尤其要重视教育，包括高等教育。近两年我们村的高中生考上大学每年都有四五个，是越来越好了。

刘明：你们发展副业的资金来源主要有哪些？

安东玉：没钱就找村里的亲戚和社会关系来借。我们村的农信社八年前就撤销了，所以我们只能去甘肃省永靖县的农信社，但只有有亲戚关系的才可以贷到款，在本地贷款太难。比如有一家农户，夫妻都是中学教师，想贷 2 万元给孩子上学都贷不到。我们村修樱花路想贷款也没有贷到，最后没有办法只好村民们集资，一家 1000 块钱，才把路修起来。农信社贷款也是"放羊看草山"，怕是贷给了还不起，那人家就赔了。

刘明：近 10 年在农信社贷过款的有多少户？

安东玉：大概有 50—80 户。

刘明：贷了款没还的有多少？

安东玉：有将近 40 户吧，贷了 10 多年还没还。现在的情况是好多家一起申请贷款，贷给一家，存在这种情况。

刘明：安书记，您自己以什么副业为生？

安东玉：我主要是挖金子，挖了十几年了，还比较顺利。但是有些家里贷款挖金，往往挖不到，所以到款（指到还款时间）就没有办法按时还上。还有些家里挖虫草，情况难说，如果今年做得好，贷款就能够还上，否则就不能及时还清贷款。所以说农民不是自身信誉状况不好，只是有时候真的没有能力还款而已。

刘明：那你们这些能够按时还清贷款的人主要还款来源有哪些？

安东玉：主要是务工，还有高利贷，利息有一分二、一分六、一分八都有。

刘明：有没有人贷了款，自己有钱但不想还的？

安东玉：那倒是没有。大部分人有钱了就还，没钱就把利息转成本（延期）。主要是本金难还。

刘明：你们有没有听说过雨润镇的资金互助社？

安东玉：没有，没听说过。我们这连农信社都撤掉了，人家的存款任务完成不了。其实农民也不用贷多少钱，一两万就够了，主要是图个方便，在家门口的银行肯定愿意去，有时是看病花些钱。

刘明：你自己借过钱没有？

安东玉：借过。现在手里还有 5000 多元没还呢。

刘明：是什么时候借的？

安东玉：大概四年前，建学校的时候也借过一些，借了有 1 万元，主要是供孩子上学。

刘明：你的这些借款如何清偿？

安东玉：我就把利息转成本金了再还，这样负担越来越重。

刘明：利率是多少？

安东玉：差不多 1000 元有 1000—2000 元利息（应该指按照复利多年积累利息额）。搞副业贷款利息是一分二到一分三。以前农业税是 7%，现在没有了。

刘明：那根据你的了解，你觉得你们村的百姓生活如何才能变好，出路在哪里？

安东玉：我觉得主要是转移到外地、外省。再一个就是教育，人的文化素质太低，发展太慢。地域的制约，没有资源，尤其是水，使种植业无法发展。种的果子品质差，十年九旱，像 2007 年小麦都旱死了。

刘明：那你们认为目前水资源的问题如何解决？

安东玉：我们主要依靠县上的项目，是中德合资的，不过目前也陷入瘫痪了。主要是因为前一阵的国民满意度排名导致的。在合作之前，中国是 20 位，现在是第 3 位，而德国一直是第 7 位，所以德国不肯合作。再就是前一阵我计划给水利局的项目，计划书都递上去了，但是人家不给转到省级。政府工作的脱节导致批文难，不过我们会坚持继续申报的。再就是前一阵给小学修围墙，问教育局要 7 万元钱，到现在一直推托没有给。

刘明：你们的路修多久了，给你们带来的变化有多大？

安东玉：2006 年修好的，比以前好多了，等于把财富带到门口。比以前环境也好多了，以前下雨到处是泥。从改革开放以后，村里居民的收入翻了一番，现在家家屋里都有摩托车了，所以说政府的投资也很重要。

刘明：如果农信社愿意给农民贷款，你们认为如何可以提高农民的还贷款能力？

安东玉：主要是农民的意识问题，他们是给钱了就支持（指农户愿意从事政府财政支持项目），贷钱就不支持。比如，以前我们搞过一个獭兔养殖的项目，我们选择了 50 户作为试点。獭兔的可利用价值很高，比如，一张皮子就能卖 60—80 元，兔肉也有人专门来收，但是就是没人支持（没有人养），就是怕前期的投入太大，贷款太多，偿还不起。再就是农民的文化素质太低，觉悟也太低，再举一个例子，我们正搞一个藏毯项目，一英寸要 600—800 元，但就是没有人响应。

刘明：现在你们村存在的问题就是路、水、群众的（观念）意识、文化素质、政府政策、金融支持，还有就是需要当地企业家的示范带头作用。

安东玉：我们这的群众目光短浅得很，做一件事情太花心，一点不专一。我们村走出去发展好的现在都是百万富翁，但人家都不会回来投资，所以我们这个地方一直发展很慢。

刘明：你们这的能人是不是都不会回来投资？

安东玉：也有人回来投资，但是很少。前一阵我们一个在外边发展很好的人回来投资小学，想给我们小学投资一个图书馆，他投资了 6 万元，我问教育局要了 3.5 万元，一共 9.5 万元，不过后来我又仔细考虑了一下，给小学生投资一个图书馆也无非让娃娃们读些童话，没啥意义，还不如让孩子们早些接触电脑，我们村子里还没有电脑呢，所以就用这些钱买了 20 台电脑，但就是没有老师教。你想我们这才六七个老师，到了初中才开英语课。原来有人答应赞助 3 万元修路的，现在也反悔了，也不给了。

刘明：村上现在平均（人均）每年收入是多少？

安东玉：现在的收入也就是低保，有 150 元、170 元、300 元，平均收入也就是 400—800 元。但我们村里 80% 都是"好同志"①，收入少也没有办法。

---

① 当地将忠厚老实但文化程度低、没有什么技能、生存能力弱的人称作"好同志"。

笔者：没有还贷的村民农信社有没有什么可以免除的政策？

安东玉：那没有，都要着呢。

刘明：农户对保险有没有什么了解，有没有人买了保险？

安东玉：就是农村合作医疗保险，这都买着呢，每人交 20 元，现在还补 3 元，还报着 50%—70%，今年还有报销 80% 的。

刘明：运输保险有没有买？

安东玉：交通强制险都买着呢，那都是强制的。农用机车不收，但有些还是收着呢。

刘明：安书记在村里干书记多少年了？

安东玉：12 年了。

刘明：你在任期间有多少户是整体搬迁出村的？

安东玉：差不多有 20 多户。

刘明：你们 1980 年给这 20 多户分的地如何处置？

安东玉：按理说是 30 年不变，但还是调整着分给亲戚们了，都没有撂荒的地。

刘明：你们怎么解决水源的问题？有什么水源？

安东玉：就是下面的河滩么。想修一个 50 吨的大水渠，把水压到山顶，再引到山下。

刘明：村里如何处置国家财政拨款？

安东玉：那都要不到，报告都递交了很久，人家不给转交，批文拿不到。

刘明：这种情况你们有没有想过让村里先富起来的人筹集善款来帮助村民？

安东玉：也想过嘛，就像修这大樱花路，有些富些的人就出了些钱。

刘明：村民如果缺钱都向谁借？

安东玉：都是向亲戚朋友借，因为不要利息，都是很熟悉的人，以彼此的信誉为担保，还有些是村书记作保。

刘明：你们的獭兔项目现在搞得怎么样？

安东玉：没搞起来，被别的村接过去了。我们曾经把上海獭兔协会会长请来对农户进行养殖培训，选了 50 户进行试点，但是还是给钱了养，贷款就不养。有些村民已经贷了 4000—5000 元，但因为这个项目还不起贷款。

刘明：你们对农行有没有了解？它们对你们有什么帮助？

安东玉：没什么帮助，人家银行是企业单位，我们"行政单位"人家并不管。

刘明：您自己的副业运作的情况如何？

安东玉：我就是挖金子么，每年就是 1 万—2 万元，我们现在就是雇人挖，一天给人 50—60 元，挖出来沙金就卖掉，现在的行情就是一克 200 元。这两年还好多了，前两年我们都是用手扶拖拉机挖，光过去就得一个月。

刘明：如果农信社可以顺利贷到钱，你们缺钱的时候怎么办？

安东玉：肯定就贷款了，肯定不会向亲戚朋友们借了，毕竟不好意思嘛。

刘明：你们村现在有意识要帮自己村的能人有多少？

安东玉：大概有 30 户吧，我现在正盘算着贷款开个砖厂，一方面可以解决劳动力问题，另一方面因为我们这没有砖厂。但是人家农信社不给贷，我们也没有办法。我前两天打个报告给了农行，但人家说不行。我这两年光打印都打了 370 多元了。

刘明：那这个砖厂有没有向富人求助投资？

安东玉：人家都不屑一顾。

刘明：你们和农发行打过交道没有？

安东玉：前些年还能给农民贷 2000—3000 元，不过我们贷款还是以解决温饱问题为基础，现在这两年只能贷给 200—300 元。

刘明：你们打算办砖厂投资多少钱？

安东玉：差不多得 300 万元左右，打算贷款 200 万—250 万元，自筹 50 万元。所以我们正在呼吁要恢复农信社。①

刘明：银监会再有没有提过在向你们这样没有金融服务的地区恢复农信社？

---

① 到 2011 年大庄乡仍没有恢复农信社网点。

安东玉：村上的人代会提过，但是没有恢复，省上没提。现在农信社撤销八年了，我们贷款只能向其他地区贷，像甘肃永靖的农信社，还是得有熟人才能贷到。

刘明：那你们村现在农户有多少存款？

安东玉：那各不一样。100万元的有，1000万元的有，3万元、5万元的也有，几百块的也有呢。

刘明：那平均每户有多少存款？

安东玉：除掉我们村里的大老板就没有多少了，也就200元每户。

刘明：10000元以上的有多少？

安东玉：那30户有呢。

刘明：5000元以上存款户有多少？

安东玉：差不多60户。

刘明：你有没有想过全村万元户每户拿出10000元，也就是30万元，自己成立一个银行或者农信社，这样就有资金了，然后再贷给需要用钱的村民。这也就是我说过的农村资金互助社，注册资本金最低10万元，这样你们就有了资金，扶持一部分人先富起来，同时还可以吸收存款。

安东玉：这样村民在意识上接受不了。

刘明：你认为是在本村资金互助社借款村民的还款能力强还是在银行贷款的还款能力强？

安东玉：还是本村的强。毕竟受地理因素的制约，要是在家门口还款，人们顺路就还掉了，也不会由于各种情况把还贷的钱给花了。再说本村人在资金互助社借钱，低头不见抬头见，拖欠贷款面子上过不去。

刘明：你认为是村里成立的资金互助社好还是农信社好？

安东玉：那肯定是本村好。

刘明：如果是这样，你们村其实成立资金互助社的条件已经具备了，同时还可以借助宗教的力量，团结村民把这件事情做成。

安东玉：哎，就是。我们这就是宗教信仰上比较能团结人心，不过就是人的素质太低，像我们村20岁以上的人里，40%的人为初中以上学历，10%为高中学历，大部分人都没念过书，所以就顾虑人们在思想意识上还一时接受不了。

刘明：谢谢安书记！

四、访青海省湟中县上五庄镇拉三村党支部

时间：2008 年 7 月 19 日晚

地点：湟中县上五庄镇拉三村一回族农户家中

参加人员：西宁市湟中县拉三村党支部叶书记（回族）、村民委员会主任（回族）、前任村党支部书记（回族），陕西师范大学刘明教授，常家升、海有明等 10 名师生

记录整理：熊小雅、朱护国

刘明（以下简称刘）：现在九道河（拉三村一村民小组，座谈前调研组在拉三村进行入户调查）学校师资如何？

叶书记（以下简称叶）：现在学校就没有好老师。

刘：老师工资如何？

叶：按工龄算的。现在村里小学就一个老师，工资就是 1400—1500 元。

刘：老师年龄多大？

叶：三十七八岁。

刘：九道河小学在哪里？

叶：学校在山里，交通不便，老师到山上已经三年了。

刘：这位老师是派去的还是自愿去的？

叶：是派去的。因为老师工作成绩不好，所以才从山外派去山上学校，一般文化好的老师都不去。①

刘：看来咱们村里存在的问题就是修路和教育。

叶：还有资金问题，就是需要提供信贷和其他金融服务。一般来讲，没有

---

① 九道河小学共五个年级，仅有 1 名教师给不同年级轮流上课。

熟人自己贷不到款，而且一般只能贷 5 万—7 万元。

刘：给养牛养羊的贷款情况如何？

叶：天天在呼吁，但是一直没给贷。

刘：养牛养羊有什么优势？

叶：有经验，这的人都是穆斯林，对养殖都比较有经验。

刘：但这一地区不能大规模放牧，不能破坏植被。

叶：我们现在大部分都是圈养，放养只有一部分。

刘：山上的生态环境适宜开发旅游业，但也不能过度开发，尤其不能破坏水资源。你们现在道路问题解决得怎么样？

叶：已经报了上去，县里、市里已经批准，现在就是等省里的消息。

刘：一旦这里的路修通了，有没有出去的人又回来，要回他让出的土地？

叶：现在就有要地的。

刘：看来这里还是隐藏有经济发展机遇。

叶：是的，我们这有 100 多种药材，但是没有集中管理，像冬虫夏草，每一只就卖到 7—15 元。还有黄芪、党参、半夏、柴胡、杜仲、五味子等。

刘：这附近有几个村庄？

叶：有三个，拉一村、拉二村、拉三村。大概有 1000 多户人。拉三村有 388 户，贫困户就有 100 多户。上五庄镇一共有 21 个村，国家给上五庄镇共 1000 个贫困户名额，分到拉三村就只有 48 个了。

刘：村委会有没有什么减贫任务？

叶：每年提高经济（收入）5% 就算完成任务了。

刘：您的任期是几年？

叶：三年一选，如果干得好可以连任。但是由于我们这一块自然条件比较差，自然灾害比较多，是很难致富的。

朱护国：假如您是上五庄镇的镇长，对于上五庄镇的经济发展您有什么具体规划？

叶：我们这里发展农业肯定不行，气候不适应。再一个，人多地少，自然灾害比较多，阴雨多，阳光少，气温低，产量低。

朱护国：那还有其他方面的缺陷？

叶：再有就是教育落后，交通不便，金融供给不足。

朱护国：对这些存在的问题有什么办法可以解决？

叶：每年我们都在呼吁上面解决，但是没有人支持。比如说，学校教育的问题，工资就是一个问题。

朱护国：为什么？

叶：主要还是经济条件的因素。

刘：财政拨款不足使得老师待遇不好，导致教育落后。

叶：现在我们学校师资编制明显不够，正常情况下，每 300 个学生应该有 12 个老师，但是我们这块明显不能达标。我有一大哥（当教师）已经 6—7 年没拿到工资了。

刘：你们有没有想过自己聘请教师解决教育问题。

叶：村上集体资金比较缺乏，没钱。

朱护国：叶书记，您可以继续讲讲您的经济规划。

叶：我们这里比较适合发展畜牧业，这里山坡比较多，草比较多，而且大部分的穆斯林养殖技术比较高，就是缺乏资金。一头牛以前能卖 2000—3000 元，今年能卖 10000 元了。因为饮食结构的问题，世界性物价上涨的问题，3—5 年之内肉价是不会下降的。另外我们还可以发展旅游业，不过发展旅游业必须先修路。

朱护国：以前有没有在招商引资方面做过什么工作？

叶：在农信社和农行都没有贷到款，什么都没办成。

朱护国：除了向金融机构借款以外，你们有没有尝试过用其他手段解决资金问题。比如向投资人、企业家吸引资金？

叶：没有试过。

海有明：现在村里发展前景不好，为什么你们不去外面务工，赚更多的钱？

叶：主要是观念问题，一般来说，有人出去务工，很多人都会瞧不起，认为他没有能力。

海有明：你们这村与村之间的距离不远，但为什么生活差距这么大？

叶：主要是文化素质的关系。其实经济（条件）差距不是很大。

刘：解决养殖问题有以下几种方式：（1）"公司+农户"：它的好处是农户不需要贷款，但是农户的收益比较少；（2）成立农村资金互助社逐渐解决资金问题。成立资金互助社的条件比较成熟，需要注册金额不多（最低10万元），政府支持，而且分红比把钱存在银行要好。

叶：我觉得我们这的资金互助社是不太容易发展起来的，老百姓对农民自己办的农信社不太信任。

刘：雨润镇也存在这种情况，但是资金互助社的控股股东都是村里比较有钱的人，而且都是乡里乡亲，一般来说还是比较安全的，相对农信社或银行贷款来说，到资金互助社贷款非常方便。安徽宣城现在正在尝试用农户的房子作为抵押，或者给农民的房子发放房产证，在银行抵押获得贷款，即使不能按时还款，银行贷款本金也不至于落空。

朱护国：既然你们这里不适合种植粮食作物，为什么不改种其他经济作物呢？

叶：其实1958年以前我们这一带重点是发展牧业。本来我们这里粮食产量就不高，把大部分粮食上交之后就有许多人被饿死了。政府知道我们的真实情况以后，就号召大家开荒种粮，这个传统一经开始就延伸到了现在。所以现在虽然大家种植粮食的利润几乎没有，但是大家好像都没有改种其他经济作物的意识和想法。

刘：这几年中央一直在出台一些新的政策，比如，减免农业税好不好？

叶：好是好，不过同时化肥、灌溉用水、农药等的价格一直在上涨，而且上涨幅度很大。粮食价格也没有（明显）上涨。

刘：您觉得农民还应该享受那些权利？

叶：（1）农民应该有话语权。我们可以注意一下人大代表，虽然中国那么多农民，但是身份是农民的人大代表其实并不多。明显不成比例。（2）农民应该有参政权。（3）农民应享受教育平等权。

刘：谢谢叶书记和各位！希望以后有机会我们再交流。

第三节 "半个城"七日①

时间：2018 年 6 月 6 日上午

地点：宁夏回族自治区同心县人民政府会议室

参加人员（机构）：同心县人民政府张宏安副县长，同心县财政局、金融办、扶贫办、农科局、工信局、就业局、国土局、教育局、民政局、宗教局，中国人民银行同心县支行（人行），中国农业银行同心县支行，中国工商银行同心县支行，中国建设银行同心县支行，宁夏银行同心县支行，同心县农村商业银行，同心县津汇村镇银行，中国人民财产保险股份有限公司同心县支公司，中国人寿保险股份有限公司同心县支公司，同心县下马关镇和豫旺镇政府。② 陕西师范大学西北历史环境与经济社会发展研究院刘明教授，陕西师范大学国际商学院胡秋灵副教授，陕西师范大学西北历史环境与经济社会发展研究院热依拉博士，陕西师范大学西北历史环境与经济社会发展研究院、国际商学院硕士研究生杜紫薇、郭晓星、赵雅文、王皓宇、冯丹蕾、郝杰、张赛赛、黄奕轩、刘伟奇

录音整理：张云丹、田丽君

张宏安：感谢刘教授一行到同心调研！我见到刘教授倍感亲切，因为就读西北政法大学时常去陕师大参观学习。

同心县地处干旱带核心区，全县面积 4662 平方千米，在宁夏 22 个县区排第二。总人口 39.8 万人，是宁夏人口大县。回族人口占 85.7%，在全国设置县中是回民占比最高的一个县。同心县是革命老区、民族地区和深度贫困地区，是六盘山集中连片特殊贫困地区 61 个核心贫困县之一。2017 年年底，地

---

① 陕西师范大学农村经济金融调研团一行于 2018 年 6 月 5 日晚出发，翌日凌晨 4 时许到达同心县城，师生一下火车先奔赴红军长征纪念园、同心县博物馆和同心清真大寺参观。同心古称"半个城"，缘于元末清水河涨水冲毁"半个"城池。笔者先期于 2018 年 5 月赴同心县先后访问同心县财政局、金融办、下马关镇和豫胜镇政府。——刘明

② 同心县相关担保公司、小额贷款公司等机构人员参加了座谈。

区生产总值 67.3 亿元，同比增长 9.6%。固定资产投资 86 亿元，同比增长 16.9%。地方公共财政预算收入 2.3 亿元，同比增长 19.7%。公共财政预算支出 52.8 亿元，同比增长 28%。城镇居民人均可支配收入 22101 元，同比增长 9%。农村居民人均可支配收入 8216 元，同比增长 11.2%。2017 年全县 13 个贫困村出列，[①] 20211 人脱贫，贫困发生率由 2014 年的 32.1% 下降到 2017 年年底的 11.93%。[②]

全县金融机构 23 家，其中银行业金融机构 9 家，包括政策性银行 1 家，商业银行 7 家。商业银行包括地方法人机构 2 家，即同心农村商业银行和同心津汇村镇银行。作为一个贫困县，农行、建行、工行在同心均设置支行，中国银行也确定将在同心设置支行。届时，在宁夏自治区同心是唯一工、农、中、建四大国有控股银行均设有支行的贫困县。截至 4 月底，全县各银行存款余额为 137.6 亿元，同比增长 10.7%，各项贷款余额 107.8 亿元，在全区贫困县中位列前列。今年存款新增 10 亿元。截至 4 月底，贷款新增近 8 亿元，贷款不良率为 0.23%。2017 年县金融扶贫工作小组被评为全区金融工作先进单位，是荣获全区五个金融创新奖的单位之一。

全县金融扶贫工作的亮点和特色主要有以下：

第一，重视顶层设计，健全完善体制机制。一是建立健全服务机构，县委县政府分别明确一名领导分管金融工作，建立金融工作联席会议制度，负责解决金融发展中的重大问题。年初召开金融工作会，每月由县委或县政府主要领导组织召开金融工作推进会议。县委县政府积极帮助银行机构解决一些困难，比如信用体系建设、信用不良。2016 年 8 月自治区编办批准同意挂牌成立同心县金融工作局，同时成立县金融管理服务中心。二是实行金融工作考核制度。去年以来为鼓励金融机构支持经济发展，出台《同心县金融机构支持经

---

① 宁夏回族自治区扶贫开发办公室确定的贫困村出列标准为：（1）贫困发生率降至 2% 以下；（2）村集体经济有稳定收入来源，年收入在 5 万元以上；（3）有 1 项以上特色产业；（4）村内基础设施和基本公共服务明显改善。

② 2018 年年底，同心县贫困发生率为 4.65%。见同心县电视台 2019 年 1 月 25 日报道：政府工作报告名词解释——精神扶贫"十大专项行动"、"421"脱贫奖补机制、"四个一"示范带动工程。

济发展考核奖励办法》，对金融机构每年新增重点项目贷款、支持攻坚以及脱贫贡献等指标进行量化考核。每年拿出一定额度资金兑现考核奖励，以激励金融机构支持地方经济发展。三是建立政银企互动共赢机制。定期召开金融工作座谈会，政银企联席会和工作推进会，搭建政银企合作沟通平台。

第二，创新思路，促进普惠金融，创新金融服务。一是扩大基金贷款额度，紧抓自治区设立的政策机遇，筹措资金 3.6 亿元，发展中小微企业助保贷，促进特色优势产业发展，设立妇女创业等发展基金。按照 5—10 倍的比例放大，截至 2018 年 5 月底，共撬动银行贷款余额达 32086.4 万元。对 2.4 万户建档立卡贫困户发放小额扶助贷款 10 亿元，覆盖度达到 82%。采取政府基金+商业银行合作模式和工商银行合作模式，有效降低社会融资总成本，有力支持实体经济运行。二是强化财政奖补资金申请力度，为全县 48 家重点民贸民品申请贴息奖补资金，降低企业融资成本。同时每年向自治区申请财政普惠金融奖补资金近 4000 万元，支持县域金融机构强化普惠金融服务能力，有效支持县域实体经济运行。三是保险兜底成效显著。去年以来投入扶贫保资金 1335 万元，全部由县财政负担，对建档立卡户 100% 全覆盖。其中，742 万元用于全县建档立卡户用于人身意外伤害保险和大病医疗救助补充保险，今年累计赔付资金达 854.5 万元；593 万元用于全县小麦、玉米、马铃薯种植和牛、羊养殖购买农业保险，目前累计赔付资金达 605 万元。参照市场价格指数设定保险，以防止谷贱伤农。

刘明：种养殖业参照的价格指数是怎样编制？

张宏安：是保险公司根据市场变化编制，它们更专业。这一块全国各地都在搞。可能有保底价。

刘明：扶贫投保的资金农户是否需要自己负担？

张宏安：全部由政府负担，政府每年出资 1000 多万元。

四是打开沟通渠道，助推企业直接融资。把企业上市挂牌作为加快企业转型升级的重要抓手，由一家在同心县设立营业机构的券商做推介商。今年已经组织了 30 多期有关企业上市融资的培训班。首先从企业负责人、财务人员入手，灌输资本市场理念。下一步要筛选更多优质企业人士，帮助他们熟悉金融市场。不可能一蹴而就，需要一个过程，将直接融资作为长期努力方向之一。

刘明：券商主要承担对当地企业上市的推荐辅导，而不是证券交易中介？

张宏安：他们也在经营。听说今年定的交易规模是 300 万元。由于近几年资本市场不景气，300 万元对于一个小县城来说也是比较高难度的任务。县城人口大概 10 万。

去年与宁夏股权托管交易中心达成战略合作协议，积极推进中小微企业在股权交易市场挂牌，就是所谓新四板。① 目前已经有几家企业进入新三板挂牌辅导，涉及中药材生产等 42 家小微企业在宁夏股权托管交易中心挂牌。其中，农业类公司已通过股权质押融资 1600 万元，质押率接近 60%，为解决县域中小微企业投资融资难问题做了有益尝试。吴忠仪表等十余家 IPO 企业在本县注册，与这些 IPO 企业相关联并从事实体产业项目的其他小型企业也将陆续落户。国家对贫困地区 IPO 企业有绿色通道，所以它们纷纷将注册地转移到同心。②

刘明：吴忠仪表原来的注册地在哪里？

张宏安：在吴忠市。

刘明：在同心注册以后，在吴忠就撤了？

张宏安：没有，它只是将总部注册地搬到了同心。目前已贡献 500 万元税收。由于其注册地在同心，它的税收也就在同心缴纳。

人行：在贫困地区注册并连续三年纳税，或者最近一年缴纳税收 2000 万元可以不排队直接上市。这是资本市场对贫困地区的优惠政策。

张宏安：2016 年，嘉泽集团打破了宁夏自 2003 年以来无新增主板上市公司的局面，集团与山东东阿阿胶合作，2016 年在同心县下马关镇建设黑毛驴

---

① 新四板即"区域性股权交易市场"，是提供特定区域内股权、债券转让和融资服务的私募市场。

② 见《中国证监会关于发挥资本市场作用服务国家脱贫攻坚战略的意见》（中国证券监督管理委员会公告〔2016〕19 号）。其中第二条第四款"支持贫困地区企业利用多层次资本市场融资"规定：对注册地和主要生产经营地均在贫困地区且开展生产经营满三年、缴纳所得税满三年的企业，或者注册地在贫困地区、最近一年在贫困地区缴纳所得税不低于 2000 万元且承诺上市后三年内不变更注册地的企业，申请首次公开发行股票并上市的，适用"即报即审、审过即发"政策。

繁育精准扶贫产业示范园区。存栏 10000 头的红寺堡区标准化黑毛驴繁育园区也计划年底建成投产，将成为国内规模最大的黑毛驴繁育中心。该项目已精准扶贫当地建档立卡贫困户 480 户。香港新华集团在韦州镇建设 60000 亩葡萄种植基地，打造葡萄小镇。上述企业对当地特色产业投资必将有力促进县域经济发展，助力脱贫攻坚。

第三，以改革促创新，积极探索金融扶贫新模式。一是引进域外金融机构服务同心县脱贫攻坚。按照自治区银保监局倡议，主动与建行宁夏分行、泰康人寿宁夏分公司和泰康养老宁夏分公司对接，开展一行一县、一保一县对口帮扶工作。二是创新开展保险途径，与人保财险宁夏分公司达成协议，促使保险资金直接投资实体经济。2017 年，人保财险分公司给宁夏分拨 2 亿元直接投资额度，给同心县即分配 1 亿元。2018 年，平安集团在全国实施"三村计划"，即"村医、村官、村教"，投放 100 亿元无息贷款，同心县积极和自治区金融工作局对接，今年把同心县作为试点县，争取资金 5 亿元以上。同心在自治区各项金融扶贫试点工作中都是先行先试。三是努力实现建档立卡贫困户直接贴息。原来是建档立卡贫困户需要每月上缴筹措利息，之后再由政府给付贫困户贴息。现在政府直接贴息，免去了建档立卡户每月筹措资金的手续。

胡秋灵：请问是直接将贴的利息打到建档立卡贫困户的账户吗？

张宏安：是的，直接打过去，然后银行再扣除利息。

四是成立专业担保公司解决贷款难问题。去年筹措资金 1 亿元成立同心县惠民担保公司，填补了专业担保业空白。目前已担保发放贷款 598 笔 36977 万元。并进一步积极创新方式，引导担保公司开展农村承包土地经营权抵押贷款。同心县是宁夏 5 个试点土地经营权抵押贷款县、市、区之一。目前累计对 327 户发放土地经营权抵押贷款 5600 余万元，抵押土地 40000 亩。

同心开展金融扶贫多年，目前也感觉到了瓶颈，如果能够突破，将又是一片广阔天地。

刘明：您说的瓶颈主要表现在哪些方面？

张宏安：金融扶贫的瓶颈或者面临问题，一是贷款资金被挪用，还有产业空心化问题。今年主要关注金融风险，因为党的十九大以来，三大攻坚战就有防范金融风险。有些省份已经出现大面积贷款逾期形成不良资产，同心县目前不良率为 0.23%，但我们也感觉到压力。现在正大力推进扶贫贷款，可能在2—3 年以后，出现大面积不良资产，又将如何？要有思想准备，未雨绸缪，提前防范金融风险。二是金融发展环境有待优化。信用信息交换机制没有建立，缺乏失信惩戒和守信增益制度。非法集资、高利贷现象依然存在。小额公司、担保机构普遍经营规模较小，潜在金融风险。三是融资难融资贵问题仍未解决。贷款难贷款贵可能题不仅仅是贷款机构的问题。如何突破、如何创新思维能够给中小微企业和农户一个增信机制，打消金融机构投放贷款的后顾之忧，是需要研究和解决的问题。

第四，进一步工作设想：以脱贫攻坚为金融工作重点，优化金融生态环境，实现金融与经济协调发展。

一是进一步完善金融服务体系。研究出台金融空白地区财政优惠政策，每个乡镇打造 1—2 个金融工作示范村，建立村级金融服务协调员，积极引导商业银行在农村设立 POS 机等终端服务机器。今年的目标是消灭金融空白乡镇。

二是积极引导民间小额资本，稳妥发展小额贷款公司，将小贷公司作为县级金融机构体系的必要补充，同时促进民间小贷机构发展，有效缓解融资难融资贵问题。充分利用八大基金撬动银行信贷，降低银行利率，减少中小企业利息负担，降低实体经济融资成本，扩大信贷总规模，整合各类基金形成灵活高效的集聚效应。扩大惠农贷担保公司担保基金规模，增强公司担保能力，积极创新担保方式。

三是进一步优化金融生态环境。强化金融风险防范意识，大力发展社会信用体系建设，筹措金融发展资金，建设银行信用共享系统，依法打击和制止各类逃避债务和债契行为，维护金融机构债权。建设诚实守信的良好金融环境，积极探索建立健全金融工作责任制、通报制、调度制、考核制等制度。防止系统性风险发生。

以上是我对金融扶贫工作的简单汇报。请调研组针对具体问题向各职能部门提问。

刘明：1986 年大概也是这个季节，我第一次到宁夏，当时学校受教育部委托调查西北师范院校师资队伍状况，我们一行三人组织对宁夏的调查，从银川去固原路过同心，印象中这一带的人畜饮用水还很困难。同心在我心里一直是个念想。从 2013 年在秦巴山贫困地区农村调研至今已经过去五年，发现这一块的变化很大。

张副县长对同心金融扶贫全方位、系统的介绍，让我们深切感受到在同心这片热土上政府以及金融机构做了非常好的工作，有创新思维，有干劲。一些带有创意的名词、概念，我需要学习，包括扶贫保、民贸民品、扶贫车间等。今天参观县政府财政文化长廊也让我受益匪浅，你们这些理念，从大的方面来说将政府经济管理的责任上升到政治生态、文化生态加以认识。

中国扶贫工作取得的成就举世瞩目，近期中共中央政治局进一步提出夯实贫困地区、贫困群体的经济发展基础，指出关键是激励贫困地区的内生发展动力，扶贫工作要坚持贫困群体的主体地位，这些提法蕴含有新的政策意向，值得我们认真思考。同心县做的工作很实在，尤其引进产业、项目及外部企业，有些很具有创新意义，至少我在其他地区调研期间没有系统地接触到。同心县是我国深度贫困地区，在不利的经济环境下你们做的工作非常有意义，如果再过二三十年回过头来看，目前工作的贡献很可能是难以估量的。

贫困地区将要或者已经进入"后贫困"时期。讲"后贫困"，意味着到 2020 年全面消除贫困，农村贫困群体的收入虽然超过贫困线，但许多农户家庭经济或者地区经济能否可持续发展？是否能够有效防止返贫？需要我们在实践中做出回答。根据 2013 年在陕南调研到的家庭数据匡算，农户收入来源中务工收入已经占到 80%，因之，一旦城市工业波动，进城务工人员就得回乡，很多人回乡后土地稀少甚至无地，部分农户处于"失地""失业"的双重窘态，家庭生活来源就会中断。"后贫困"揭示的问题是：即使人均收入越过贫困线，缺乏产业依托、家庭生计脆弱的贫困群体如何发展？对此金融应该如何作为？与收入超过贫困线比较，长期可持续地促进小农户家庭经济发展，彻底改变贫困地区的经济基础条件，是更为艰巨的任务。

了解到同心的大棚枸杞、畜牧业、药材等特色产业，怎样把这些特色资源进一步挖掘出来，做精做强做大，既是政府、企业和农户需要面对的，也是财政、金融要做的大文章。对银行机构和整个金融系统，我想问的是：对农户、企业发展特色经济和农业产业化提供金融支持，助力脱贫攻坚和"后贫困"时期经济社会发展，金融机构如何才能做的更好？政府及金融机构比较典型的、已经取得成效的经验，也希望能与我们分享。

张宏安：何局长把我们扶贫产业园的情况给大家介绍一下。

工信局：同心县是一个农业大县，一直以来都是以农业为主。工业布局中第一是羊绒产业发展比较成熟，第二是下马关镇的农产品加工业，第三是扶贫车间的兴起。扶贫车间前期是政府投资和企业援助，坚持扶贫车间吸引优质企业。以政府融资的方式支持企业发展，政府帮助解决抵押物，撬动银行贷款解决企业流动资金。政府提供专项资金促进羊绒产业发展。预旺镇政府提供 300 万元启动资金，目前贷款总规模已经达到 2.3 亿元。随着工业的不断发展，企业的不断增加，我们对企业的资金支持也不断增加。

张宏安：我补充一下，同心县羊绒产业 7000 多吨产量（年量），占到全国的二分之一，今年 3 月 27 日全国绒毛大会就在同心县召开。这段时间是全国羊绒的收购旺季，同心县有几万人从新疆、内蒙古、青海等地区，以及中亚地区收购绒毛，收购回来之后进行封缩、加工羊绒。绒毛产业是一个资本密集型产业，所以加工 100%（纯度）最好的羊绒，价格是 1 吨 70 多万元。从 20 世纪 80 年代开始，历经 30 多年，同心当地从事羊绒产业的人员可以被称作土著专家。

刘明：就是说羊绒原料是外地的，不是当地生产。

工信局：我们是收购加工。

张宏安：这也是各大服装产业的羊绒供应来源，产业链虽然不长，但也是一个优势。这几年羊绒价格大起大落。我们挣取的是中间的差价，加工费，所以反而（收益）稳定，没有多大风险。下游商家的价格高收购的价格就高，我们保持一定利润空间，这是 30 年来能够坚持下来的重要原因。再就是同心县有 80% 的回民，前几年在广州、义乌包括福建等沿海发达地区给外商做阿拉伯语翻译。这些阿拉伯语翻译者在和外商长期接触中逐步熟悉、掌握了他们的商业渠道，也通过努力学到了手艺手，进而自己创业，建立起外贸渠道。这成为同心县发展的一个显著优势。在创业和产业园区，政府提供的几乎就是保姆式服务。产业孵化期由政府提供创业增信，银行发放贷款。创业产业园做的比较成功，且集中在轻工业，高污染高耗能产业坚持不引进。再就是近年来做的扶贫车间，把车间直接建到田间地头，让老百姓能够不出村在村内务工，也为脱贫和可持续经济发展助力。

刘明：这个车间是分散的？

张宏安：是分散的，在村口和田间地头。主要建在一些移民村，人口比较多，家庭主要劳动力要照顾老人孩子，无法外出务工。通过在田间地头建设扶贫车间招商引资，解决了劳动力就地就业问题。

胡秋灵：我想了解政府设立产业基金的情况，这些产业基金的资金都来源于政府吗？

张宏安：全是政府出资。

胡秋灵：政府是采取已有财政资金还是发债融资？

张宏安：这个属于自治区政府配套，主要由自治区财政出资。为了促进贫困农村地区产业发展设立有八大基金，目前八大基金存在的主要问题是小而散。像妇女创业基金、羊绒产业基金、一二三产业融合发展基金等都是各自独立运作，无法形成合力。在考虑怎样将其整合。这几大基金的作用在我看来是同质化的，主要作用是解决中小微企业的担保问题，但也各有特色。预计今年对各种基金进行整合。

胡秋灵：对，主要就是自治区和县两级规划，国家基本不涉及。

刘明：基金不做直接投资？

张宏安：不投资。

刘明：请问何局长，对扶持的产业在税收上有什么优惠？你们财政预算50多亿元里面县级财政收入有2亿多元。对新扶持产业，包括羊绒产业，有没有税收减免政策？

工信局：陆续出了好几个政策。包括前几年出的西部大开发政策，"三免三减半"，先给三年再三年减半，还有（财政）贴息贷款。

胡秋灵：将车间建在田间地头这个思想很好，这些车间所进行的加工是否与当地的自然资源有关?

张宏安：有些有关系。

工信局：这些都是劳动密集型产业，运行方式是将车间固定资产交由村集体，村集体再将生产车间租给企业。这些车间所集中的劳动密集型产业面向村民招工。

胡秋灵：有一个从这生产完往外流通的运输成本问题。

工信局：政府采取了一系列措施，包括出台政策、办法降低扶贫车间成本，帮助企业在当地落地生根。只有企业发展起来，村集体才能解决村民就业问题。

胡秋灵：那目前他们生产的产品主要有哪些?

工信局：主要是农副产品加工。这边枸杞连片，相应引进枸杞加工，也在设计之中，对企业讲也能够降低成本。

刘明：我上次去预旺镇，书记给我看一个表格资料，已经脱贫的农户可以享受脱贫巩固项目扶持资金，脱贫后三年内头一年扶持资金 1 万元，第二年 8000 元，第三年 7000 元。预旺镇具体是如何执行的?

豫旺镇（马副镇长）：镇上对脱贫户主要是实施"四二一"奖补政策。①

刘明：这个钱是乡镇的还是县财政转移支付?

豫旺镇：都是县财政的。

刘明：对于已经脱贫的农户有没有类似金融支持政策，例如提供巩固脱贫效果的贷款?

就业局：这个都有。比如创业资金，刚开始创业资金面对的只是失业工人、未就业的高校毕业生。包括失业工人创业担保贷款、全民创业担保贷款。2010 年开始探索对如何支持农村创业群体。农村贷款担保条件比较严，必须是拿财政工资人员提供担保。我们是使用财政资金为农民提供担保。对在本乡

---

① "四二一"是同心县对脱贫农户的扶持奖励政策。按照年度脱贫计划，经验收达到或超过贫困线、实现脱贫目标的、不返贫的农户，由县人民政府以户为单位连续三年给奖励，第一年奖励 4000 元，第二年奖励 2000 元，第三年奖励 1000 元。奖励资金主要用于扶持脱贫家庭发展生产和巩固脱贫成效。

镇有经济实体的提供创业担保贷款，前几年利息是全贴，享受两年贴息政策。2017 年出台相关文件，① 涉及对贫困人口建档立卡户贴息贷款等。贴息贷款率达到 80%，这个政策职能享受一次。建档立卡贫困户和非建档立卡户都可以使用贴息贷款做养殖业。对加工业等实体提供创业贷款。农村妇女创业贷款，过去贷款额度是 3 万元，2016 年增加到 5 万—10 万元。

刘明：在 2013 年调研期间，农商行普遍反映存在难贷款问题，找不到好的项目，或者找不到好的农村经营能人，能够按照约定归还贷款本息。不知道同心有无类似情况。更具体地，现在同心农商行贷款总额中涉农比例是多少。

农商行：我们现在涉农比例达到 95% 以上。

刘明：这个确实不简单。因为以前调研地区是 20% 左右。尽管给上面报涉农贷款比例是 60%—70%，实际达不到。你们达到这么高的比例，除了有区域农业经济特点以外，还采取了哪些措施？

农商行：我们的业务主导方向就是服务农村经济，支持的大部分是农民。截至 5 月底，贷款 3.6 亿元，其中建档立卡户、贫困户 14000 户。

刘明：建档立卡户的贷款中生产性贷款比例能占多少？

农商行：贷款涉及农户达 43000 多户，总体上用于生产经营的贷款达到 80% 左右。

刘明：还是比较高。过去调研发现农户贷款用于生活性贷款的比例占到 80%。

张宏安：给建档立卡户贷款的目的就是为了解决他们发展产业的资金问题，所以要求将贷款资金必须用于生产性投资。

刘明：就业局领导谈到当地农民创业，有没有大学生创业的情况？

就业局：有，大学生创业从 2018 年年初到目前办了 15 笔贷款，150 万元。2017 年办了 25 笔。大学生创业相对不稳定，毕业后主要目标是进入事业单位，观念没有转变过来。大学生以家庭贷款实体的创业贷款额度最多 10 万元。

刘明：请问，津汇村镇银行哪一年成立？

----

① 2017 年 7 月，宁夏自治区人民政府办公厅颁布《关于印发〈宁夏回族自治区创业担保贷款管理办法〉的通知》（宁政办发〔2017〕140 号）。

村镇银行：是 2016 年。

刘明：我 2011 年到青海大通国开村镇银行，2013 年了解到陕西商洛洛南的阳光村镇银行，其资本盈利率相当高。津汇村镇银行从 2016 年成立，到现在两年多，目前在同心县涉农贷款的比例是多少？其中对农户贷款大概占多少？

村镇银行：从 2016 年成立到现在，共发放贷款 1628 笔，其中农户贷款 1506 笔（户）。

金融办：刚才刘教授提到金融扶贫工作，这是县委县政府主导的重要扶贫措施。各家金融机构对建档立卡户脱贫以后继续执行扶贫政策，包括发放低息贷款。例如对妇女创业贷款继续执行降息 30%。

刘明：这个降息 30%，期限是多长时间？

金融办：1—3 年。政府金融扶贫工作主要由就业局牵头，借助银行等金融机构的内生动力。扶贫对象主要是农户，政府给力，农户发力，金融机构筹措提供资金，最终促进农户发展。

刘明：农户贷款目前不良率是多少？

金融办：零不良，没有不良。村镇银行成立才一年多。农商行 12 年来没有不良贷款。前两天有审计署的领导过来，不太相信农商行的"零不良"。质疑说"同心人民还是很讲信用的嘛？"我们这不是说没有发生不良贷款可能性，但是我们常年积极去催收，把不良给化解掉了。结果在持续 12 年中，农商行没有真正形成一笔不良（贷款）。

刘明：同心县有没有宁夏银监局监管办公室？

张宏安：没有，下一步计划设立。

刘明：农户贷款到期以后采取重新借新还旧，你们的零不良是不是和这种贷款机制设计有点关系呢？

农商行：没有。

刘明：就是说他们借的钱都还了？

村镇银行：现在银行都不搞借新还旧。最多是先还掉，然后再贷款，这个可以。像我们这个创业，其他银行有商业贷款的，那我们就不做了，因为已经有金融支持了，所以我们会查这个，没有贷款的我们才会给予支持。

胡秋灵：就是说你们的信用体系中，农户有没有贷款（包括在几家银行贷款），互相都知道，对吧？

人行：对，在全县都是这样的，相互信贷信息是通的。

胡秋灵：都汇集到人行？然后大家到人行系统里面查？

人行：是的。

刘明：请问人行周行长，从过去历史来看，我们现在金融生态环境与 5 年前或者 10 年前比较，是不是发生了变化？还是说原来这个金融生态环境就好？如果有变化，发生这个变化的原因是什么？

人行：过去同心贷款少，2017 年 10 月份贷款余额达到 103 亿元，这是最大变化。也是同心 39 万人，无论企业或者政府机构，都觉得同心的经济发生了翻天覆地的变化。金融服务规模也发生巨大变化，特别是金融机构提供农户贷款、扶贫贷款这一块，过去一点概念都没有，现在我们一直在探索。像还旧贷新也逐渐要被淘汰了。

刘明：我看工行的同志也来了，是不是建行在这也有支行？

建行：有。

刘明：按照我们走过的一些地方，工行、建行在涉农这一块参与不深，尤其是涉及农户的这一块，建行应该不涉及农户吧？

建行：也涉及。其实同心县各个金融机构的涉农贷款比较高。我们的贷款大部分是农户贷款。注册地在同心县的农村企业贷款也属于涉农贷款，这就导致我们各家金融机构的涉农贷款都比较高。

张宏安：我补充一点。根据所面临的脱贫攻坚任务，我们对全县 54 个行政村给各金融机构划责任田，实行包干。这个田你负责，由政府考核你的贷款余额覆盖度（将其结果与财政存款等政策挂钩——作者）。由此引导金融机构全部参与脱贫攻坚。党的十九大提出的乡村振兴战略就是脱贫攻坚的一个升级版，将来 2020 年脱贫后，下一个就是乡村振兴。让老百姓富起来，在农村建立起消费市场，所以可能将来的金融需求 70%—80% 在农村。这也是同心的一个经验。刚才提到的贷款问题，符合哪个政策就享受哪个政策，基本上申贷都能贷上款。贷款银行担心有风险，主要通过设立担保基金解决银行顾虑。

再就是引进外资，可能要分蛋糕。但是长远来看，将中行引进来，中行就可以把全国甚至全球的一些资源带进来，因为海外资金有它的优势。如果你有好的项目，资金不成问题。所以建立一种市场关系，银行社会各个层面能够充分竞争。吸引外部资源进入同心，是县委、县政府一直在考虑的问题。

刘明：涉农贷款贷给农业公司是多少？农户贷款中贫困户是多少，有没有数据？

人行：贫困户贷款 11 亿元。我们做了统计，公司和农户贷款大体对半。

刘明：那你们这边农户的比例还是比较大的。

张宏安：我们是农业大县，工业也主要是依托农业的农副产品加工业。在人行人统计中也是作为农业贷款。

我再做一点补充。同心以前社会融资总成本平均约 8.5%，现在降到 6.4%，应该是八个基金发挥作用的结果。通过这八个基金的撬动和引导，1 亿元对于老百姓能够减少融资成本近 300 万元。① 还有就是我们有 11 亿元的产业扶贫基准利率，这么下来我们 25 亿元能够为社会节省 1 亿元就是 300 万元。我们就是银行直接让利给这些小微企业、农户等。所以我们这个基金最主要的作用主要在于降低这个社会融资成本。

刘明：保险公司也来参与座谈了？人保财险在农业农村这一块财产险做的比较好的农业险种有哪些？

人保财险：这边种植业比较有特色，中药材比较多。养殖业牛羊保险比较多。

刘明：上述险种主要以农户为单位，在农户种植这一块保险的覆盖率有多少？

人保财险：种植业保险从 2017 年才开始，目前对四大农作物小麦、玉米、

---

① 按照社会总融资成本降低 2.1%，每 1 亿元一年期贷款减少融资成本 210 万元，1 亿元两年期贷款减少融资成本 420 万元。若考虑按季收息存在复利，节约融资成本将超出上述水平。

葵花、马铃薯实现全部承保。

刘明：全部？

人保财险：全部承保。保费资金由县财政全部负担。2017年数据显示，承保的亩数在80万亩。

刘明：养殖业保险保费是不是也是由财政负担？

人保财险：也是由财政负担。全县这部分负担共1000多万元。建档立卡户养殖牛羊都是由专项扶贫资金负担保费。

刘明：我顺便问一下张副县长，同心县种植业产值占全县地方产值的比例是多少？

张宏安：20%左右。

刘明：担保公司也在场。担保公司业务仅面向企业还是也包括农户？

担保公司：企业和农户都有。

刘明：对于农户担保，对谁担保对谁不担保，是怎样选择的？

担保公司：担保公司是2016年9月8日正式挂牌，2016年12月正式做业务。刚开始由于担保行业风险高，运营比较谨慎，就放弃了对建档立卡户的担保。我们对农户都是以农村土地经营权作抵押。企业抵押物比较多，如房屋抵押，以及以保证的方式。

刘明：截至目前有没有出现担保农户到期没有还款的情况？

担保公司：目前还没有出现。

刘明：没出现是因为还款期没有到，还是有到期的已经按照合同还本付息？

担保公司：我们刚开始做的时候就是一年期，到现在为止没有不良贷款。

刘明：在农村金融这一块，过去大家都说农村金融风险高，经济基础薄弱，但现在还是有比较明显的变化，这个变化之一是外资银行有意向抢占中国农村金融市场。目前招商银行看中农村这块蛋糕。

我想问一下农行，还有农商行、建行、工行等金融机构，你们怎样在农村金融市场竞争趋于激烈的情况下站稳脚跟，推出自己比较有创新内涵的服务，有何手段来占领农村市场？

农行：首先感谢刘教授的到来。从 2010 年股改上市以来①，农行与农商行（原农信社——作者）不良贷款占比最多。同心县农行从去年到目前有 200 万元的涉农类贷款出现不良，这也是正常的。您刚才说的贷新还旧是特定历史时期的一种金融运行模式。1998 年，我们就出现了借新还旧，那时候经济下行。今年农行针对农户不再搞借新还旧，因为其额度小，这部分资金由政府兜底。但是企业大量的资金，在短期经营上出现问题。前段时间，企业要增过桥资金②，这样就会增加企业融资成本。我们积极和宁夏分行对接，趁贷款还没有到期做借新还旧。但羊绒产业不愿意做借新还旧，因为只要做借新还旧企业的经营肯定就不正常，在企业贷款分类中会将这笔贷款调到"关注"。企业贷款一旦在农行被调成关注，农商行、建行等都会关注，所以企业不愿意将其贷款信息调到关注。现在银监局和人行对贷款动态的监管很严。从企业角度来看，它们也不愿意做借新还旧。

农户主要是依托农行，我们目前贷款是 17 亿元，其中涉农贷款 10 亿元，占总贷款的 60%，涉及农户建档立卡户的有 6 亿元。政府主导的建档立卡户贷款都有各自的责任田，截至 5 月底，这一块涉及 1468 户，金额 8000 万。前期发放的是农户贷款，现在要把 9300 户接近 2 个亿的贷款调到建档立卡户中。原来实现的都是商业利率，基准利率 4.35%，现在大概有 2 亿元规模。

政府增信这一块主要是借助优质特色产业，以及县主导的第一、二、三产业。我们就借助担保公司做两权抵押贷款，让农户将抵押物抵押到担保公司，担保公司再给农行出担保函。农行抵押率一般在 50%—60%。担保公司抵押的门槛没有专业银行这一块高，我们这边抵押不能违背上级行的指导政策。担保公司那一块可能是放抵押物 70%—80%。我们和担保公司签订的协议是 1∶9，

---

①　原为 1998 年，疑误。1996 年 8 月，中国农业银行与农信社脱离行政隶属关系。2008 年 10 月，国务院常务会议审议并原则通过《中国农业银行股份制改革总体实施方案》，2009 年 1 月 15 日，中国农业银行股份有限公司成立。2010 年 7 月，中国农业银行 A+H 股于 15 日、16 日分别在上海、香港证券交易所挂牌上市，实现全球最大规模 IPO。2003 年之后，原农信社符合条件的陆续转制为县市级法人股份制农村商业银行。

②　过桥资金是银行对企业提供的短期贷款，期限以六个月为限。到期后企业以长期贷款替代"过桥资金"贷款。

即担保公司承担 90% 风险，农行只承担 10% 风险。农行会再找一个担保人实现对 10% 风险转移。这样就把农户的融资难问题解决啦。

胡秋灵：我想问一下您刚才说的五家羊绒企业出现还款难，是一家企业会出现还是整个行业会出现这种情况？

张宏安：同心应该算是全国羊绒产业的一个集散城。全国羊绒企业，像灵武的羊绒企业已经全军覆没了，但是从我们自身来说没有问题。灵武羊绒产业出现什么问题呢？

可能有些基础条件需要加强建设。譬如说，通路通水通电这些同心都实现了，自然条件就是干旱少雨，是唯一的最大的一个短板；在交通基础条件方面，我们这里可能比个别地区好一些。

张宏安：今年对贫困户的动态调整，给我们传递的信息是将来对脱贫、贫困户的认定可能不完全注重收入。按照现行标准实现整体脱贫、两不愁三保障，收入其实都基本上超过了。更重要的是考虑后续的持续发展问题。

刘明：这次中央政治局会议对扶贫攻坚比较突出地提出了新的思路，考虑到了 2020 年以后的问题。你讲的乡村振兴是比扶贫攻坚更高、更远和影响更为宽广的一步。而且它里边专门提到防止返贫问题。会议精神一是防止返贫，二是不能满足现状，三是改变基础生产条件，四是激发贫困群体内生动力，五是发挥贫困地区的主体作用。农民如果仅仅衣食无忧，那还不符合整个小康社会的标准，他们的生活质量还需要进一步提高。

对于金融扶贫，基层干部——尤其贫困地区，真正懂金融的人才不是很多。金融很好服务于实体经济，服务于贫困农村地区经济发展，也需要金融管理人才。

张宏安：就像我们现在提出建立特色农产品期货市场，但是目前这个量我们感觉控制不了。设想将来量达到一定程度时把期货市场建立起来，这是可行的。我们县也有这个规划。

刘明：我们 2008 年去青海湟中调研，农户和村干部都反映，他们在 1958 年以前主要从事畜牧业，3 年困难时期以后由于全国粮食紧张，政府让他们把那些草地全部开荒种植粮食。当地主要生产小麦、燕麦、油菜和青稞，青稞和燕麦的产量非常低，市场价格也不高，油菜亩产大概 100 斤左右，也没有什么经济价值。农民抱怨，认为应该让他们弃粮，重新大力发展畜牧业。有些农户养殖业技术好，但买牛犊没有本钱，也是金融没有发挥好作用。

张宏安：养殖业发展的今天，散养、小打小闹已经受限，必须要规模化。我们推龙头企业带动这块，因为有个边际成本问题。我们讲的一头羊也是放，一群羊也是放，说的就是简单的经济原理。搞规模化畜牧业，包括对市场把控、检疫检验等。宁夏养殖业造成环境污染的问题也比较突出。将来可能真的要走规模化养殖。

这里是干旱地带，长点植被不容易，维护生态，所以全部是圈养。政府也支持圈养，包括建筑补贴，

刘明：牛羊圈养是不是它们的食料主要是粮食。

张宏安：这边有 50 万亩的黄河灌区，有玉米秸秆，这是主要饲料来源。还有牧区。

刘明：银行在这块的金融服务有什么优势？包括扶贫。

张宏安：我们从 2015 年到现在贷款的 68%—70% 以上都涉农。2020 年脱贫以后农户家庭怎样继续发展？我理解讲金融精准扶贫有两个方面：一方面是脱贫，另一方面是致富。脱贫以后怎么致富呢？说白了，政府也如一家企业，也需要钱养活，我们把这个人从贫困户拉起来，政府也得再送。政府怎么送？农户钱更多了，我们也有自己的钱，这时从贫困户一直到经营户就要更加去支持，不存在脱贫完了我就把自己撤伙了，不可能。政府要放手去做，所以农户全部到了经营后也是金融机构最希望的，也是最好（结果）。在同心不存在涉不涉农这个问题，因为全县就是搞农业，把羊牛去除的话，就全是农业了。

刘明：预旺镇同志来了。乡镇政府可能更贴近农户，更贴近乡村，也更了解农户，包括村干部的一些意向。从乡镇角度看，希望金融方面怎样做得更好？有没有想法？

预旺镇：我是 2017 年 11 月到预旺镇，原来在县工商联工作。前面说有瓶颈，就是诚信问题，诚信应该是重中之重。金融扶贫，政府对金融系统的衔接非常重要。诚信不好，就有金融风险。从农户、企业看，诚信一旦丢了，这个

人肯定一辈子贫穷。

刘明：张副县长可能也看到我在调研提纲中提出的一个问题。最近中央政治局会议关于扶贫攻坚提到坚持贫困群体主体地位，激发贫困群体的内生动力。提出这个问题的背景是什么？为什么这样讲？您怎样看？

张宏安：我个人感觉到跟"扶贫先扶志扶智"有关系。可能全国范围内有一部分人存在等靠要的思想。不可否认，部分人认为脱贫攻坚不是我的事，可能就是这种思想。

刘明：农村贫困群体身上仍保留着一些优秀品质，如勤劳、节俭、淳朴，但由于外在环境、社会资本、文化、眼界等因素未能发现和找到自我发展机会，需要外部帮助。但仍有少数贫困户将扶贫贷款当作困难补助，没有还款意识，形成扶贫贷款的烂账。20世纪90年代农行和农信社发放扶贫贷款的"死账"达到90%以上。还听到一些情况，就是扶贫干部出于关心贫困户，询问需要政府解决什么问题，有些农户提出不合理要求。这是个别现象，但联想中央会议的提法，如果到2020年脱贫之后，还要持续不断地让农民能够真正找到家庭幸福的源泉，还是在于激发、发挥其内生动力。

张宏安：幸福是奋斗出来的。

刘明：对。

张宏安：极少数还是有"等靠要"的思想，这个可能就是扶贫扶志。

工信局：刚才胡老师问到羊绒企业还款问题。多家羊绒企业出现贷款逾期问题。原因在于：第一，缺乏担保；第二，各家银行盲目跟进。企业生产需要1亿元，结果贷给3亿元，把2亿元投资到其他方面，最明显的是房地产。

胡秋灵：其实我说的目的就是想，比如说某家羊绒企业出问题，能不能从县上角度，推动羊绒企业建立一个类似协会的组织解决这一问题。

工信局：有协会，我们设立的产业基金都可以考虑解决这个问题。

胡秋灵：对，比如说这家企业出问题了，但其他企业在银行有存款，就是通过集团财务招股的方式把那家企业的钱还上，有没有尝试过这种方式？

工信局：我们这里民间有同心县羊绒协会，有一定规模的羊绒企业都在协会缴了保证金，协会会推荐贷款，商业银行为了规避风险推出五户联保贷款等形式。其实有这个基金就可以比较有效地控制风险。同心县在收购羊绒市场上能够控制世界三分之一的产量，对资金的需求量大。县里几家银行在支持羊绒这一块已经探索出了一条成熟的路子，基本上没有风险，对同心县而论不会出现全军覆没那样的影响。现在任何一家羊绒企业抗压能力特别强，都是一两亿元的输送。羊绒是软黄金，放仓库里还怕啥，这就是我们尝试的羊绒监管库。监管库有四把锁，即政府、银行、企业还有协会。监管库也可以解决一部分融资问题。灵武那边出问题就是因为它的初加工链条太长。前几年国际羊绒价格很高，最近两三年降了之后风险就出来了。我们仅赚取加工费，所以反倒要好一些。利润低，风险也低。

刘明：我想问关于土地经营权抵押的问题。土地抵押主要风险在担保公司，而不是银行，按你刚才说的。

张宏安：我们这块儿是直接跟农户做准入门槛，我们的制度现在还不能做，有一定的难度。

刘明：关于两权抵押试点，现在还没有面临贷款违约、逾期。我看到同心有关资料，土地经营权抵押估值是每亩地 200 元乘剩余承包期限，具体贷款额是再乘抵押率。

张宏安：每亩地是 500 元。它是根据收入，即土地实际产生的收益，另外还要参考政府征收价格，是一个综合考量的价格。

刘明：我的问题是，假如土地经营权抵押贷款违约，把土地经营权大致按事先匡算的价格流转，目前在同心农村可行不？

张宏安：各家商业银行刚开始试点，还不好说。现在是摸着石头过河，真正到要执行抵押物的时候该怎么流转，也在摸索、探索。

刘明：我实际上事先给过国土局调研提纲，它今天没来，这一块儿土地抵押我现在就问这个，到底上面总的牵头是在那一块呢，因为它这个是试点必须要。

担保公司：刘教授，实际与国土没有关系，我们县上成立了农村产权交易服务平台。现在估值的是农村土地经营权，并没有做全部土地价值。目前每亩水浇地一年是 600—800 元的价，旱耕地是 100—200 元的价。现在土地还是比较稀缺的。土地承包经营权确权证已经发给农户，担保公司做土地经营权抵押担保就要确权证，房产抵押就要房产证。

承包土地经营权抵押价格是按照土地年收益与承包经营权剩余期限计算。① 例如，农户目前拥有的土地承包经营权 2029 年到期，② 假如 2018 年年底贷款，加上一年贷款期，土地经营权就有 10 年抵押期，相应有 10 年收益。每亩水浇地每年若按照 600 元计算，每亩地 10 年的价值为 6000 元。按政府拆迁征地来算，水浇地目前征收价是 8400 元，但这是土地全部价值，现在抵押的只是经营权。

按照规定，土地经营权只允许在村民内部进行交易。流转后土地经营权在 10 年内（承包权剩余年限）属于买方，10 年以后仍然交回给拥有承包权一方。

刘明：也就是说，到 2029 年之后，土承包地经营权又回归原承包经营土地的农户。

担保公司：我们认定从 2019 年算起，土地承包经营权剩余期限为 10 年，因为到 2029 年承包期就满 30 年了。其实，如果贷款违约将抵押土地经营权通过市场予以处置也仅仅是一种警示，最根本的是贷款你要还。真正流转给别人，现在没有人愿意干这种事情。如果农民把土地流转给其他人，他没有办法生存，因为他只能依靠那块地，这是他唯一收入来源。目前为止，还没有出现过因为贷款还不上把哪一家农户的土地全部流转出去。

刘明：就是土地抵押贷款这一块儿已经有到期的，都还了。

---

① 参见中国人民银行、中国银监会、中国保监会、财政部和农业部 2016 年 3 月 15 日颁布《农村承包土地的经营权抵押贷款试点暂行办法》，其中第四条规定坚持不改变农村土地公有制性质，第九、十、十一和十二条分别对承包土地经营权价值评估、抵押贷款利率、抵押率和贷款期限提出指导意见。

② 1999 年 1 月 1 日，全国人民代表大会颁布《中华人民共和国土地管理法》，规定"土地承包经营期限为 30 年"。之后，中共中央办公厅、国务院办公厅于 2016 年 10 月 30 日印发并实施《关于完善农村土地所有权承包权经营权分置办法的意见》，规定严格保护农户对土地的承包权，"农户享有土地承包权是农村基本经营制度的基础，要稳定现有土地承包关系并保持长久不变"。由此，对 1999 年新一轮土地承包权期限留下了想象空间。由于对"增人不增地，减人不减地"的质疑，对相关问题仍在进一步探索。同心县对土地承包权期限的认定是参照《中华人民共和国土地管理法》。

担保公司：对，大家都还了。

刘明：这里面还涉及一个问题，农商行和农行对农户贷款的期限，目前最长期限是多少？

农行：三年。

刘明：假如从以后发展来说，需要延长贷款期限。但风险可能就会增加。

农行：现在根据从事的产业，比如种植业是柠檬、苹果，可以放到五年。种玉米、枸杞这类作物，最长不超过三年。果木种植贷款以挂果期确定期限。

刘明：农行总行规定对农户贷款的期限最长是多少年？

农行：五年。

刘明：农商行有没有规定？

农商行：我们是自主的，一般就三年，但三年期实际上就是一年期的。

刘明：农行与农商行、村镇银行，包括邮政储蓄银行给农户贷款的利率有没有差别？

农商行：基本都差不多。按照 2015 年 1 月 24 日政府发文规定，商业银行全部执行文件规定，涉农贷款利率不能超过基准利率 30%，具体执行有基准利率上浮 20%。其他贷款有超过 30% 的，年利率最高也就 5.05%。对建档立卡户执行基本利率。

刘明：县域有没有银行业协会组织？

农行：银行业这一块还没有。

刘明：如果都差不多，是不是在行业内部通过协商确定利率？

农商行：这个行业是一种正常竞争关系，你高了以后肯定没人找你了。

张宏安：农村金融市场竞争也趋于激烈。像地方法人银行、农商行、津汇村镇银行，它们资金成本高，贷款利率上不去，造成资金成本压力。

刘明：我想插一句，你说宁夏银行还有几家银行资金成本比较高，是比国有控股银行高吗？

张宏安：对，因为国有大型银行资金可能有很多来源甚至全球资金都有可能，地方法人银行自己筹资，所以融资成本就高，这是不争的事实。各大国有银行代理理财产品的收益率远高出银行利率，也导致银行资金成本被拉升。

刘明：激烈竞争资金来源的结果肯定是利差缩小。

张宏安：对，就是。所以利率一市场化，对客户来说选择余地多了。

刘明：商业银行本身压力大了。

农行：对。越来越难了。

刘明：在座银行领导不知是否了解，中央银行正探索由央行货币集团公司牵头，设立中小银行流动资金基金，对中小银行（包括地方商业银行）提供流动性，同时降低资金成本。

张宏安：这个确实需要，尤其定位于服务中小银行，确实必要。

胡秋灵：我刚才在听的过程中有个想法，可能不成熟，讲出来供讨论。刚才提到万一拿土地经营权做抵押，贷款真的出现问题了没法执行。我就在想能不能参考类似于质押，比如说做承包权的质押，贷款一旦违约，这个东西在我手里押着，可以直到他还清为止，就是做质押贷款，而不是抵押贷款。

张宏安：其实这是一回事。

胡秋灵：你说那个涉及能不能流转的问题。

张宏安：我们2006年就出台了土地经营权反担保，贷款余额达3.5亿元，刚开始做的是土地反担保，以村为单位成立合作社，农民将土地经营权入股到合作社，合作社对担保人（第三人）提供反担保后，银行对农民贷款，这个模式也运行了一段时间，从2006年到现在12年间，也没有出现因贷款逾期履行担保、反担保约定引起的土地流转现象。① 说到土地经营权抵押，同心县应该做得比较成熟了，目前抵押贷款规模已经相当高。

胡秋灵：等同由合作社出面用土地经营权抵押。

张宏安：对，其实跟担保公司一个概念，都是给农民增信的过程，无非是一个通过合作社走，一个通过担保公司走。如果农户直接面对银行，银行不愿意发放贷款。

刘明：宁夏银行同志也来了。我提个问题：不同商业银行，地方还有国有

---

① 反担保是指为保障债务人之外的担保人将来承担担保责任后对债务人的追偿权的实现而设定的担保。我国《担保法》第四条规定："第三人为债务人向债权人提供担保时，可以要求债务人提供反担保。反担保适用本法担保的规定。"

银行，在介入扶贫攻坚这一块时，有没有按照自身特征或优势定位、分工，有一定区分度？比如说对建档立卡户、贫困户，有没有一种协调机制，不同银行的目标、任务是什么，如何做，有没有类似机制安排？

金融办：像宁夏银行做光伏扶贫，就宁夏银行一家做，除了划分责任田，也都是有某一方面优势的。责任田按村划分。划分以后银行要承担责任，要考核，责任就明确了。

胡秋灵：这样对银行也有好处，减少不必要竞争。

金融办：要减少银行机构"内讧"，实现信息共享，处罚多头失信。也在思考建立一个机制，比如说贷款被挪用了，我发出预警或者告知书。也在探索信用体系建设，已经提出让一家银行选择一个村，建立信用村示范点，提高村整体信用状况。要未雨绸缪，防止金融风险。

刘明：能感觉到地方政府对金融的关注度和控制力在增强。是不是有这样的问题，就是地方政府对金融的协调功能还没有充分发挥。我 2007 年与胡老师带学生去一些地方，地方政府与金融机构之间似乎没太多联系。

张宏安：但在同心县我们感觉到，关系都处理得非常融洽，包括要由县政府出面建立金融小组，包括法院、司法、公安等部门和各个银行，就是要帮助银行把事情要做好。我是从建行过来挂职，站在政府的角度讲，一直从大大小小的会议上也传达这样的信息。人行有县级支行，将来银保监局也在县一级设办事处，应该说地方政府对当地金融的监管是好事。贫困地区政府是各个银行最大的优质客户，你要经营好你的客户，你支持我，我支持你。所以从这个角度讲我最大抓手在哪儿，就是财政资源，我一年 50 多亿元的财政支出我从哪儿支出的，都是从我各个账户里出支，然后再到老百姓手里。有相当一部分资金就沉淀在银行，就是要达到政银双赢局面。从这个角度讲，银行和政府不是站在对立面，而是在一条战线上，这就是我的理解。

刘明：过去是体制的问题。我听一个省会城市国有银行分行行长公开讲，政府对信贷干预过多，干预不是说要搞一个好的项目政府出面协调，是因为其他因素干预银行信贷，银行不给就让其难堪，包括停水停电。这种情况现在可能不存在了。

张宏安：不存在了。

刘明：一旦发现政府官员可能吃不消。也是体制的变化。

张宏安：这是一个关键的变化。政府在尺度上如何把握很关键。政府可以引导，但对银行具体经营、审贷条件等政府不干预，按照银行流程走。否则就会出问题。比如扶贫贷款，遇到问题我们共同处理。从这个层面上讲政府与银行都在一个战线上。在金融扶贫脱贫工作中，非但不是政府非要银行给建档立卡户贷款，反而是银行正常的经营活动，银行将自身正常经营与地方经济发展、国家扶贫攻坚战略很好结合，从而也帮助政府推动工作。我是从这个角度理解这个问题的。

刘明：我问一下，县上或者宁夏回族自治区有没有外资银行进入农村领域？

张宏安：宁夏暂时没有，它们肯定先选择发达地区。

刘明：今天我们了解到的这些情况，尤其同心的特色农业发展对金融业带来机会。换句话说，同心县以农业为主，银行等金融机构如果不很好服务农村、农业和农民，你干啥啊。今天听了这么多，对同心县的金融扶贫有了很好的印象，也非常感谢张县长和政府部门、银行、保险等机构抽出时间交流。后面调研期间，与商业银行还想进一步一对一交流，希望有机会。

金融办：既然调研，我们就是向各位专家提供第一手资料，让各位专家能够看到一些真实情况，也有助于我们，从私心来讲，对我们以后的工作有所启发，我们需要得到各位专家教授的一些指点。

刘明：我们主要还是学习。我对张县长以及宋主任表示感谢。为了共同目标，我们要常来常往。

张宏安：感谢刘教授一行为我们传经送宝，有些理论的、根本层次上的东西我们可能看不透、看不清，还需要多指点。再次感谢！

第四节　陇上行

时间：2018 年 7 月 20 日上午

地点：中国人民银行甘肃省陇南市康县支行会议室

参加人员（机构）：中国人民银行甘肃省陇南市康县支行（人行），康县政府财政局、扶贫办、金融办、教育局，中国农业银行康县支行（农行），康县农村商业银行（农商行），中国人寿财产保险股份有限公司康县支公司，中国人民财产保险股份有限公司康县支公司。陕西师范大学西北历史环境与经济社会发展研究院刘明教授，重庆师范大学管理学院赵天荣博士，马克思主义学院范建刚教授，国际商学院裴辉儒教授，甘肃省天水市电视台郭小红女士，陕西师范大学西北历史环境与经济社会发展研究院、陕西师范大学马克思主义学院张云丹、王皓宇等 17 名本科生与研究生

录音整理：田毛毛、舒珊

人行（王行长）： 受分管金融副县长刘进同志委托，我代表康县金融系统全体员工向专程赴康县调研的陕师大全体师生表示欢迎！下面我把会议讨论交流的主角交给教授。

刘明： 很高兴来到甘肃省陇南市康县。我们团队对农村经济金融问题的研究最早开始于 2003 年，以后相继在陕西的商洛、铜川、安康、汉中和青海海东区、西宁市农村调研。除了与金融机构、政府交流，也坚持一对一访问农户并填写收集问卷，通过家访和填写收集问卷的方式了解农户家庭经济金融状况。

历经对西北贫困地区农村经济金融问题 15 年的观察、思考，我们尤为关注金融如何支持贫困农村地区经济发展。刚才在宣传栏看到人行工作的宗旨，心里感到温暖。人行作为金融管理部门的职责是制定和执行货币政策，防范和化解金融风险，维护金融稳定。我们的目标是了解乡情、民情和农村经济金融状况，努力实现下情上达。师生到不同地方调研，基本宗旨是实事求是。我们倾向把农民、农户，包括地方干部反映的情况及时反映给地方和上级政府以及金融宏观调控部门。今年 6 月在宁夏同心县调研，发现同心的经济状况、农民生活尽管仍有困难，但远不像过去那样艰辛，与我 20 世纪 80 年代到固原调研途经同心所见所闻有天壤之别，那时候宁夏固原、同心一带人、畜饮用水都成问题。这很大程度上和政府支持有关，包括建房、养牛、搭建圈棚，都有政府财政和银行信贷支持。感念于此，我在给同心县委书记马洪海同志赠书的扉页

写下"扶贫攻坚，居功至伟"八个字。①

根据在宁夏的调研，对商业银行扩大农户贷款有些不同看法，担心金融机构将来面临很大风险。我看不必太过担心。为什么？原来银行发放贷款给农户养牛羊，结果部分农户没养牛羊而将贷款资金花掉了，害怕产生不良贷款。要看到两方面因素：一是农户主要靠务工收入还贷；二是农村信用环境已有很大改善。只要农户能还款，金融机构何乐而不为？农村消费信贷也有其内在合理性，负债生产与负债消费都是一种对经济主体发挥生产劳动潜能的激励。

当下中国农村——尤其经济基础条件薄弱的秦巴山区——的一个很重要现象，就是农户务工收入已经占到家庭总收入的 80% 以上，农民靠过去联产承包分到的一亩多地，或者现在部分农户实际人均耕地仅有四五分地，要完全养家已经不可能了。这是我们在与陇南同为秦巴山区的陕西商洛、汉中、安康农村看到的情况。这是一种全新的变化②。面临这种新情况，金融机构能够做好多事情。在陕南看到农业公司把农民的土地转包过来搞规模种植，包括栽种果树、茶园等。农民一亩地租金在 600—1000 元，自己种粮的话可能拿不来。他将地租出去，在本地务工每天也有六七十元收入③。我想强调的是，这意味着农村劳动力、土地、资本的关系变化，农业生产方式正在发生一场变革。这次到康县调研，是因为甘肃陇南农村地区有一定农业经济特色，把康县作为西北五省区中甘肃省的调研样本地区。

我们的目的在三个方面：第一，了解康县作为贫困地区，经济发展的过程、趋势，它是怎样一步一步走过来的。康县的扶贫政策实践取得了很大成绩，它是怎样走到这一步？农民当下的诉求是什么？第二，明确到 2020 年全

---

① 师生在宁、陕、甘、青四省区调研期间向走访政府机构和金融部门赠送《农贷配给、农户意愿与农业资本市场——基于农户调查、农贷与资本市场数据计量分析》一书，科学出版社 2015 年版。

② 相应的变化是一种"逆拐杖逻辑"。黄宗智以"拐杖逻辑"指称历史上中国农村家庭从事小手工业、小商贩等非农生产活动以贴补家用、维持家庭生计。当代贫困地区农村家庭蜕变为以小规模种养殖业贴补家用，主要收入来源于进城务工，故称其为"逆拐杖逻辑"。

③ 陕西省商洛市商南县沁园春茶业股份有限公司租种农民土地，农民在茶园务工，每日男女劳动力工资分别为 80 元、70 元。务工农民主要为 60 岁以上老年群体。在试马镇百家岗村调研期间发现，有一对夫妇均已年届 80 岁，仍在茶园劳作。

国贫困地区整体脱贫，脱贫以后是不是原有的贫困地区，它的基本经济条件、生产结构的转变就彻底完成了？我认为没有。如何促进贫困地区农村经济社会可持续发展，还需要较长时期做大量工作。要认真思考，当贫困农户人均收入超过贫困线而进入"后贫困"时期，贫困农村地区的产业结构状况，农民的生计状况解决得怎么样？是不是能够继续持久地稳步发展？政府以及农户自身将如何作为？第三，无论是助力脱贫，还是进入"后贫困"时期以后促进农业结构调整和农户生计转换，在这一过程中金融部门怎样能够做得更好？因为说实话，这些年金融部门的信贷投放中生活性信贷相对较多，生产性、扶持农村产业发展的信贷投放少，也存在更大范围的金融服务供给不足问题。当然，情况开始发生变化，对农村小微企业和一些特色农业的贷款比过去方便了。农民的生计脆弱性能否解决？地方金融机构、政府金融管理部门，包括负责金融宏观调控的人行有哪些经验？今后如何作为？这些都是需要我们共同回答的问题。希望今天在座的银行、非银行金融机构和政府部门同志，对康县相关方面的工作给予高屋建瓴的介绍，我们洗耳恭听。谢谢！

金融办：我们尽可按照您发的调研提纲对金融办工作做简单介绍。县金融办是 2014 年 6 月成立，所做主要工作有：

第一，加强县政府对金融工作的领导，建立健全工作机制。我办每季度会同人行组织召开金融系统联席会议，及时传达各级政府金融会议的精神，分析金融工作面临的形势和机遇，主动适应经济发展的新常态，加大信贷投放力度，推动金融创新和扶贫攻坚紧密结合。

第二，加大推动产权抵押贷款扩大融资的力度。康县 2015 年被市委市政府选为全市两个产权抵押贷款试点县，我办先后制定《康县林权抵押贷款方案》《康县农村物权抵押贷款交易中心试点工作方案》《康县林权抵押贷款管理办法》《康县农村土地承包经营权抵押贷款管理办法》《康县农村房屋所有权贷款管理办法》《康县农村产权确权抵押交易工作实施意见》。同年 7 月成立康县农村产权确权抵押交易监督管理委员会，确定王坝镇、碾坝镇、平洛镇、阳坝镇等四个试点乡镇。试点乡镇建立农村产权交易服务站。2017 年年底，全县 350 个村全部开通县级交易平台端口。截至 2018 年 6 月底，全县累计发放产权抵押贷款 22003 笔，共计 6.57257 亿元。其中，林权抵押贷款 9899 笔，1.5318 亿元；农村宅基地使用权及房屋抵押贷款 8990 笔，3.65949 亿元；农村土地承包经营权抵押贷款 3108 笔，1.38128 万元。

第三，加强政银企合作，比较重视小微企业发展。对全县中小微企业、农村专业合作社的信贷需求进行调研摸底和举办政银企推荐会，积极向各银行推荐小微企业和合作社生产项目。及时组织有征信融资意向的企业、合作社，协调陇南市龙江金融服务有限公司衔接征信融资识别。

第四，加强金融监管。一是建立小额贷款公司审查机制；二是打击非法集资活动，金融办牵头成立县领导小组，对预防和处理非法集资工作做出安排部署，建立相应的预防和处置非法集资的长效工作机制。

农村产权抵押贷款存在问题在于，由于农村土地都在山区，抵押价值不高，且缺少专业评估，金融机构参与土地抵押贷款金融风险比较大。我县土地确权今年（2018 年）才全部结束，程序上也存在一定缺失。农村金融体系中银行机构只有农商行和农行，市场主体缺乏竞争，金融产品创新和服务创新能力没有被有效的激发，这一块比较薄弱。金融扶贫贷款这一块，因为 2008 年"5·12"地震产生了大量不良贷款，许多农户存在征信不良记录，所以 2014 年以来银行对农户贷款是按照商业贷款的流程走。县上对这一块做了一个突破，就是还旧贷新。原来有欠款的农户，把这笔钱先还了就可以用扶贫贷款。

扶贫办：陇南处秦巴山区，面积 2958 平方千米。康县地处陕甘川三省交界，有 21 个乡镇，350 个行政村，1640 个自然村，总人口 20.1 万，是甘肃省 58 个国家贫困县之一。80% 以上的群众居住在河道地区。县上确立生态建设、发展旅游的民生理念，对精准扶贫、精准脱贫非常重视。全县贫困发生率由 2012 年的 54% 下降到目前的 11.62%。根据建档立卡的评估和再分配调整，目前总贫困人口 21351 人，5559 户。2013 年全县有贫困村 145 个，贫困人口 64840 人、16839 户。从 2012 年到 2017 年每年都是甘肃省美丽乡村建设先进，连续六次获得全省第一。获国家生态建设示范区、全国农业休闲和乡村旅游示范县、国家农业农村一二三产业融合发展示范县和全国农村精神文明建设先进县等称号。我们坚持把发展多元生产、助力产业作为促进农民增收和农业增效的有效途径，引导群众大力发展核桃、食用菌、天麻等优势特色产业，推行市场加农户加产业的产业扶贫模式。我们坚持扶贫扶智扶德的精神扶贫工程，包括开展社会主义核心价值观教育、传统文化教育和感恩教育，开展四信建设。

刘明：请王行长介绍一下康县的宏观经济金融基本情况，欢迎王行长。

人行（王行长）：谢谢大家！很荣幸参加对农村经济金融问题的讨论。第一，贫困地区经济发展的趋势和特点。不管康县政府，还是康县金融机构各个部门，从"5·12"地震之后，都坚持发展农业、民生为本的指导原则，包括统筹城乡一体发展，建设生态美丽康县，已经形成生态旅游大景区。2017年12月，康县存款总量50.05亿元，同比增长1.22%，各项贷款37.57亿元，同比有所减少。在农民脱贫致富、美丽乡村建设的过程中，康县金融机构大力支持。从人行来说，首先运用货币政策工具，加强窗口指导，使用好差别准备金。现在还有存款保险，有效引导信贷资金向贫困乡镇流动。累计发放贷款7.4亿元，利率是4.35%。2016年推出双联惠农贷款，农商行发放2.7亿元。2016年之后的精准扶贫贷款，农行承担4.6亿元。康县各金融机构通过支持特色企业，像恒康医疗、兴源土特产、天麻合作社，还有木耳专业合作社。创新贷款方式，通过"信贷+电商"精准扶贫，支持农家贷、惠农贷，创新信贷方式。在全县140个贫困村有便民服务点26个，金融服务组织覆盖评估贫困村达到86%。第二，康县各金融机构精准扶贫、脱贫中的问题。最大的问题是如何增加农民收入问题。康县农户主要收入还是靠外出务工。金融服务所面临的新的变化是金融需求多元化，主要是农户、农村专业合作社、小型企业为主，但农户金融需求主体地位更加凸显。农户金融需求表现出从满足基本生活需要的金融需求，发展到扩大再生产和阶段性的生产性需要的多层次的特征。以农户和小微企业为主的金融需求也存在规模分散、自有资金不足和经营信息不完全对称问题。实际投放贷款中满足非生产性需求仍占有很大比重，包括住房、教育、医疗金融需求。像我们这里的一个贫困户，家里有两个大学生，需要贷款供孩子上学。金融机构是支持农户和农业合作社发展的，但是受到原有部分不良资产困扰。为此，人行着手收集不良贷款的证据，依法打击逃废贷款的行为，并积极发展企业信用担保体系。谢谢！

农行（马行长）：老师和同学们，大家好！康县农行在地方政府的领导下，一直致力于支持地方经济发展，在产品服务和创新方面，做了很多努力和尝试。在中央扶贫攻坚战略下，农行根据康县的资源禀赋和产业发展，在总行领导下不断创新金融产品和服务模式，先后推出农村生产经营贷款、双联惠农贷款、精准扶贫贷款、农家乐贷款，依托新农村建设的小额农户贷款。去年在全县优先评选了 20 个信用村。依托特色产业像天麻、茶叶，发放免担保贷款。还有便捷贷，是根据存量贷款、存量客户，根据信用情况，按照白名单准入发放免担保信用贷款。按照农村的情况，农户在获取贷款的过程中最大的问题就是担保问题，这种免担保贷款目前效果还可以。同时依托惠农服务点，在全县350 个行政村设置 256 个服务点，依托服务点开展惠农于户，提升基础金融业务，包括查询、转账、交电费、交电话费，给学生付学费，小额取款等。还有惠农于商，就是根据上下游，依托公司加农户形式，通过线上来买卖农产品，用线上取代普通的人工模式。支持农产品线上交易成为金融扶贫一个重要途径，农民的反映还可以。在农户贷款方面，下一步是紧紧围绕脱贫攻坚，致力于乡村振兴，为打造美丽乡村和冲刺扶贫攻坚继续加大金融支持力度，全方位服务地方经济的发展。

对农户发放贷款可能存在风险。康县有 4.4 亿元贷款，其中精准扶贫贷款4.08 亿元。所以农户贷款风险也主要取决于精准扶贫贷款的情况。精准扶贫贷款发放 9590 户，目前还有 9300 多户，特点是量大、集中投放，还款期集中。今年到期将近 1 亿元，贷款管理难度较大。为了把贷款放好、用好、收得回来，农行联合政府成立专门的领导小组，设有办公室，领导小组由县主要领导担任。目前贷款未到期，但根据摸底调查，贷款违约的隐患比较大。前面刘教授也讲了，尽管贷款的初衷是要用于生产经营，如种植、养殖和流通方面，但有相当一部分人将贷款用于非生产领域。这个也不用担心，你用了贷款之后对生活有帮助，只要你能够将务工赚回来的钱还贷款。但是目前有许多问题，在我们摸底调查过程中有些农户明确表示还款有一定困难。这些群体是非常贫困的一些人。康县有一个特殊情况，就是分户特别厉害。有些户口本上就一个老人，或一个小孩，就一人一户。他们对发展产业没有概念，自己根本不知道该干什么。此外，近期受经济下行的影响，务工收入减少，有些农户家庭劳动力出去没活干。康县种植业中天麻产业比较大，2016 年全县天麻产业在 1.5 亿元左右。但天麻受气候影响大，洪水灾害造成大影响，导致天麻贷款存在一定风险。其他农户贷款也多少有些风险。

扩大信贷所面临问题，一是农户普遍缺少抵押担保。对此我们也做了很多创新探索，促使尽量把贷款放出去。二是农户的收益比较单一、不稳定，存在违约风险。三是农村信用意识比较低，大量农户存在不良信用记录。四是农村青壮年大多都外出，家里留守的都是老人和小孩，贷款管理难度比较大。贷款时留的电话大部分打出去都是空号。

2015 年开始发放精准扶贫贷款时，因为此项工作政治性比较强，必须按时发放。但是按照商业银行正常程序，要查证贷款人信用报告，查了之后信用状况符合放款要求的就没有多少。好多农户都存在不良信用记录，对持续的金融支持有重要负面影响。如果再没有像精准扶贫贷款政策性这么强的产品续上的话，问商业银行贷款到时候去更换，这存在问题。你说在"后贫困"时代，尤其 2020 年以后，基本上都脱贫了，面临贷款到期，这时候再续贷三年。第一批贷款 2021 年到期，如果没有政策性产品接续，一旦将扶贫贷款置换为普通商业贷款，就会有问题。

农户由于外出务工而与金融部门接触少，对新业务、新产品的接受能力较弱。因为互联网金融发展特别快，银行依托互联网发展产品并延伸到农村。但农户一时未必接受，对新业务、新产品的接受能力有待加强。农行在承担社会责任方面义不容辞，按照人行的要求加强对产品、业务的宣传，到乡镇举办民企对接会，立足服务网点集中培训。

刘明：你讲的天麻产业贷款因 60%—70% 存在不良记录而没有发放，主要是个人吗？

农行：主要是农户个人。

赵天荣：天麻产业经营主体主要有哪些？没有龙头企业吗？

农行：有企业。发放特色产业发展贷款，也跟公司有合作。另外有专门针对农村的天麻产业贷款。还有对景区发展的贷款，如阳坝镇的景区、长坝镇花桥村的景区，以及其他乡镇的乡村旅游，重点支持农家乐和农家客栈贷款。发放成功的原因主要是村上积极配合支持，村整体信用状况良好，评上信用村。

赵天荣：我先问一下，信用村是你们自己评的吗？还是人行代评？

农行：我们是自己内部评的。

赵天荣：人行和你们评定的方法不一样吧？

农行：我们自己专门有个评议办法。按照要求先调查，采集好多相关数据。其他的一些，像没有连片的种植、养殖大户，家庭农场等新兴主体通过发放其他农村生产经营贷款支持。这些大户也可以申请农户贷款。目前根据公司的权限，基本上 300 万元以下都可以。

赵天荣：刚才你说的贫困户的贷款没有产业不贷给，我想问，贫困户贷款的对象是农行选择的，还是政府推荐的？

农行：政府推荐的。发放贷款时政府成立了由县乡村三级组成的调查队。由政府调查，政府提供名单，然后层层把关。

赵天荣：那你们农行在这里面起到什么作用？

农行：我们就是用资金支持。

赵天荣：刚才讲有一些农户没产业，而且面临分户问题，你们在贷款过程中怎样处理这些问题？

农行：我们是贷后才发现，因为农行不参与前期调查，由政府提供名单，说给谁贷我们就给谁贷。

赵天荣：那你们有没有拒绝的权力？

农行：没有这样的权力。县长每天在农行守着，每天通报进度，慢了都不行，特别集中，一个月放了 1 亿元。贷后管理时才发现问题。我们不参与前期调查，只在与农户签贷款合同时见一面。

裴辉儒：作为商业银行要承担社会责任，这项贷款的政策性太强了。

赵天荣：那你们银行在考核的时候跟其他业务是分开考核吗？

农行：贷款目前还是一起考核。现在省政府继续贴息，银行对扶贫贴息贷款要续贷。根据农户经济状况，最少续贷三年，10 月份第一批贷款就要到期，意味着续贷工作就要开始。对刚才说的没有好的劳动力或者劳动力比较弱的农户，为确保贷款安全也想了一些办法。村上指定一个监管人，需要监督他把资金要用于产业。康县农贷支持农户发展的产业大多是绿色产业。我们也运用政府征信和引入担保公司保障信贷资金安全。小微企业贷款也存在缺少抵押物的情况，符合银行条件的抵押物、担保物较少。

赵天荣：那刚才说的农户专业合作社现在运行得怎么样？

农行：我们所有的贷款都是到户的。政府做了调研，推行农户贷款、龙头产业公司或合作社集中使用。因为有政策，就不断补充完善，充分利用好政策支持，有些农户自己没有发展产业意向，就通过合作社。①

赵天荣：你们现在做了没有？康县龙头产业发展怎样？

农行：政府和扶贫办比较清楚。农行没有参与，我们的贷款是全部到户的，后面是农户的自发行为。龙头产业有几家，有些发展好。因为政府要求，如果农户的资金由企业使用，给农户的分红每年不能低于8%，比银行利率要高。有些发展比较好的企业就不愿意。有些非常缺资金的，企业需要（指农户获得贷款资金），但农户又不愿意。我们现在准备做的一家天麻合作社，去调查过，人家说必须贷给贫困户，如果贫困户是资金入股这种，还是要发放给农户。

裴辉儒：现在南方的林业做起来了，形成一个供应链。如果你发现这个企业不好，但链上的其他企业还好，就可以把他扶一把。

农行：我们也是通过产业链的方式，企业有核心商户，上一户农户，下一户有销售商户，通过线上销售，根据交易流水就可以报这个事情（指发放贷款）。

再就是两权抵押。农行在陇南范围选了两家，一家是做土地流转试点，一家是做宅基地使用权抵押，但都存在一些问题。像举证办证，很费时。评估和交易平台也不完善，流转范围比较窄。就林权而论，康县90%是公育林，经济林比较少，不到10%。农村宅基地处理起来比较困难，涉及农民的身份问题，流转范围也比较窄。政府要做风险补偿激励。

---

① 指银行给农户贷款，农户将扶贫贴息贷款资金集中在合作社使用，合作社给农户支付一定数额收益。

赵天荣：那你说的风险补偿，怎么补偿？

农行：比如农村的房子抵押到期了贷款还不上，要变现，在目前体制下不现实。不要说农民的宅基地，就是城里的房子，几百平方米的别墅抵押变现也很困难。

农商行：各位领导，老师和同学们，下午好！我代表康县农商行做汇报，不足之处请批评。

2018 年 6 月末，康县农商银行各项存款余额 265407 万元，各项贷款余额 234360 万元，其中涉农贷款 215057 万元，占各项贷款余额的 91.76%，农户贷款余额 213351 万元，占各项贷款余额的 89.76%，农户小额信用贷款 50915 万元，占农户贷款余额的 24.2%.

第一，金融服务"三农"。近年来，我行在全力支持农业、产业发展的同时，着力加大扶持特色种植业，如茶叶、核桃、芭蕉、木耳、天麻、香菇等和养殖业发展。截至 2018 年 6 月底，支持特色产业贷款 8290 户，47316 万元，农村产业合作社 45 户，967 万元。近年来围绕发展农村小额信贷业务，改进普惠金融服务，对全县 48230 户农户中 41553 户进行评级，评级面达到 86.16%，贷款额度达到 15.78 亿元。

第二，落实精准扶贫政策。全面构建"政策引导、项目支持、银行参与、农户贷款、政府贴息"的金融扶贫机制，推进精准扶贫贷款的发放。与政府签订金融扶贫专项贷款协议，信贷支持农户脱贫，提升农商行扶贫的精准性，累计向建档立卡贫困户发放精准扶贫专项贷款 1422 户，5330 万元，覆盖总建档立卡贫困户 12546 户的 11.33%。

第三，金融扶持小微企业。为解决中小微企业贷款难、贷款贵的问题，我行专为小微企业量身定做康县通信贷款金。截至 2018 年 6 月末发放小微企业贷款 374 户，余额 9.38 亿元，占各项贷款余额的 22.94%。

第四，信贷投放担保。我行信贷产品仍较单一，担保类型主要有房产及土地抵押，存单质押保证贷款等。其中，存单质押 54 笔，994 万元，工资履约质押 32 笔，504 万元，住房抵押 962 笔，33162 万元，商业用房抵押 123 笔，42926 万元，土地抵押 174 笔，14996 万元，保证贷款 6914 笔，68986 万元。

土地抵押贷款主要以吸纳类型为主，以参照当地房地产行情，与借款人、抵押人三方协商确定抵押物，评估价值，如借款人不能按时归还贷款本息，我行在与借款人协商无效的情况下依法处置抵押物用以归还贷款。康县作为不动产登记试点县，在办理贷款时，必须同时提供土地证、房产证方可办理相关的登记手续，因此制约了农民住房财产抵押的办理。

第五，理财业务。康县农商行目前仅办理兰州农商行发行的理财产品，没有自己的理财产品。

第六，电子银行业务。我行每季办理企业网银 260 户，手机银行 12510户，微信银行 5302 户。借助微信公众号、二维码实现微信提现功能。

第七，网点分布情况。康县辖内共有 21 个乡镇，350 个行政村，总人口约 20.34 万人，其中农村人口 17.11 万人。截至 2018 年 6 月，我行共开设营业网点 27 个，累计布放各类电子机器 494 台，其中取款机 9 台，存取款一体机 9 台，查询机 2 台，布放"三农"终端 40 台，混合终端 208 台，安装 POS机 231 台。近年来，我行加大普惠金融力度，保障利用现代媒体有效普及金融基础知识。针对普惠金融对象多次开展专项教育，建立金融知识教育发展长效机制，累计组织宣传活动 27 次，利用现代媒体宣传在广告车、广告墙或街道条幅、LED 屏、微信营业室等多种方式宣传，将现代金融产品宣传到千家万户，使广大人民充分享受到现代金融改革发展的成果。

赵天荣：你们的信用贷款包不包括贫困户？

农商行：包括。

赵天荣：那对贫困户的信用你们是怎么评的？

农商行：根据他们的务工收入、家庭劳动力等因素。

中国人寿财产保险股份有限公司康县支公司：我根据人行转来的提纲做汇报。

中国人寿财产保险公司是经国务院批准的全国性专业财产保险公司，2006年 12 月 30 日成立。康县支公司于 2015 年成立。

公司 2016 年正式取得农业保险承办资质，农业保险险种主要是种植、养殖。目前农业保险覆盖面狭窄，仅限于政策补贴险种，没有完全发挥农业保险扶贫应有的作用。针对如何做好保险促进精准扶贫战略实施，讲如下几点：

第一，坚持农业保险向贫困地区和贫困户倾斜，确保现有的脱贫户不再返贫，实现识别贫困户的全覆盖。

第二，坚持因地制宜、精准设置原则。根据当地特色产业发展，聚焦种植户和养殖户稳定发展生产。考虑到不同产业的风险特点，对自然风险大和市场风险大的产品实现既保成本又保收入。

第三，坚持普惠特惠相结合原则。在提标降费上，对全部农特产品实行普惠费率，对贫困户保险实行特惠费率，在保险方式上对非贫困户选择重点产业进行承保，对贫困户的种植养殖全部纳入保险范围。

第四，坚持政府引导、市场运作、自主自愿协同并进。坚持政府对农业保险工作的引导，农牧、财政、金融、林业等部门密切配合，积极引导贫困户自主自愿参加保险。

对农业保险业务后期服务和风险防范提出以下几点措施：一是加强组织领导，成立县农业保险联席会议制度，加强对农业保险扶贫工作的落实；二是强化资金保障，坚持财政帮扶及社会力量共同托底保费；三是强化监督考核。加强农业保险保费补贴资金使用情况考核，将考核结果在全县公开通报并制定实施奖惩措施；四是强化宣传培训，通过网络广播电视等媒介，向广大农户宣传农业保险知识，逐步提高农民对农业保险政策的理解和信任，增强农户的风险防范意识和参保意识，引导农户积极参加农业保险。

中国人民财产保险股份有限公司康县支公司（以下简称"人保财险"）：现结合农村保险情况报告。

第一，全县有保险金融机构 5 家，即人保财险康县支公司、中国人寿财险支公司、中华联合财险康县支公司、人寿财险康县支公司、平安财险康县支公司。我公司在财险市场中市场份额占比六成以上。在脱贫攻坚中公司推出政策性农业保险有玉米、冬小麦、枫叶林三个险种。近两年农业保险保费收入540.61 万元，2017 年 289.38 万元，2018 年上半年 251.23 万元，总保额达到99364.33 万元，参保农户 3 万多户，参保行政村达到 300 个以上，行政村覆盖率达到 86%，2017 年为农户赔款支出 55 万元。其他险种有扶贫保、精准扶贫低保、农村防御保险和农村意外险等。扶贫保和精准扶贫低保是公司专门为精准扶贫推出险种，解决建档立卡贫困户因病、因灾等导致的返贫问题。

第二，农村金融创新。一是大力发展农村服务网点。积极响应金融助推脱贫攻坚的口号，已建成多个"三农"服务部，实现全县21个乡镇"三农"服务部全覆盖，50%以上行政村有"三农"服务保险联络人，为"三农"服务提供优质全面保障。二是创新开办地方特色产业保险。2016年在康县阳坝镇试点开办茶叶种植及茶叶低温气象指数保险，是西北地区首家开办此险种的公司。共承保茶园1.18万亩，1773户农户参保，农户自交保费14.75万元。因当年受霜冻影响，茶叶生长不同程度受损害，公司及时赔款88.9万元，赔款金额为农户自交保费的6倍多，参保茶农因茶叶保险赔款户均增收424.42元，有效化解了农村种植业风险。公司正积极申请和争取财政补贴，继续开办此险种。将继续针对中药材、食用菌、花椒、核桃等地方特色产业制定相应险种，为地方产业发展提供全面的风险保障。

第三，今后农村保险发展特色。（1）扩大农业保险力度和深度，全面调查摸底扶贫村基本情况，做好农业保险扩面增贫工作。一是争取将我县茶树种植及低温气象种植指数保险扩展到2.6万亩以上，使地方性农业保险成为今后保险精准扶贫中的农村主力军。二是扩大玉米、冬小麦、枫叶林等政策性农业保险的覆盖范围，为精准扶贫、精准脱贫工作提供有力的保障。三是增加地方特色保险险种，为促进产业发展提供全面的风险保障。（2）深化"三农"保险基层服务体系。康县山大沟深，村镇间相距较远，随着保险覆盖范围扩大，服务群体不断增加，计划在原有的阳坝等镇的基础上，再选择人口过万的几个乡镇设立"三农"营销服务部，剩余乡镇每个乡镇补充"三农"保险服务人员。对县域内每个村设立"三农"保险服务点，每个服务点至少配备1名联络员。切实做到"保险服务面对面，'三农'保险服务网点连成片"的格局。（3）做好造福百姓的理赔服务。一是以"三农"保险营销为单位，建立服务联系体制。二是成立以"三农"保险营销服务部为单位的专职保险服务团队。三是及时进行案件处理。四是接受政府和群众监督。五是疏通投诉渠道。

公司将始终致力于为客户提供更加有力的保障和更加优质的保险服务，

遵循保险史优良传统，融合与时俱进的时代精神，在更快更好做大做强人保财险的同时，进一步强化政治意识、大局意识和责任意识，强化产品创新和服务创新，为构建现代和谐社会和康县经济的发展做出重大贡献。

赵天荣：这几年你们开展农业保险是否基本上是亏损的？

人保财险：基本亏损。因为这个也没有任何优惠。

人行主持人：同学们对实际还不太了解，需要后面下乡，从社会中学习。今天主要是命题式的要求，根据教授们的要求，各大机构给出回答。接下来，有什么问题还请各位教授提出。

刘明：我非常感谢大家。听取这场座谈，我感到收获非常大。中国幅员辽阔，西北具有本地区经济社会以及自然地理地貌等方面许多特点。中华人民共和国成立 70 年，改革开放已经走过 40 年，我们每天生活在这个时代可能感受到极目所见变化不大，但如果回顾和追溯这几十年中国走过的步伐，就会发现变化天翻地覆，农村也是一样。

农业领域中生产关系正在发生重要变化。比如土地制度，最初是初级社、高级社，人民公社化，改革以后是家庭联产承包责任制。家庭联产承包责任制在当下已经发生变化，与刚开始搞的很不相同。我 2011 年就听说青海乌兰县在搞土地合作社，河南信阳较早在搞土地信托。有些地方在尝试土地股份合作，由出让土地使用权发展到土地产权入股。① 农民的身份发生了变化，在一定程度上成为农业公司的资本所有人，是资本的受益者。我是想说明，对以土地制度为核心的农村生产关系的调节引起农业生产要素组合发生变化，虽然许多地方现在才开始，但这个趋势十分明显。土地是农民的，投入货币资金是公司的，农民既是股东，如果成为公司雇员也就同时是农业工人。相信这至少是今后农业发展的重要取向之一。我 2008 年在陕西安康调研时提出未来农业经营主体有三种：家庭农场、农业公司、农业合作组织。原先的农民一部分转变为农业工人，但有相当部分长期转向城市生活，成为真正意义的市民。最终留

---

① 目前在农村深入开展"资源变资产、资金变股金、农民变股东"改革，即"三变"改革，这是对农村土地制度、农业经营形式一次新的改革举措。

在农村的人口是目前农业人口的 20%—30% 左右。①

　　在这一历史性变革中，金融部门有很多工作可以做。就目前看，农业生产的微观单位仍然主要是农户，金融部门要将农户融资作为拓展业务的重要基础，再进一步向小微企业发展。真正的农业资本不会集中在农户家庭，而是向农业企业集中，但有一个过程。金融机构要看到这些因素和变化。哪些人会成为将来的农业企业家？一切皆有可能。我们发现有些农户个人在一定条件下就转变为农业资本家。比如，十多年前内蒙古一对夫妻转包土地 3000 多亩，这之所以可能，一是依靠土地制度改革，二是靠金融支持。经营 3000 亩土地所需要流动资金仅靠农户单个资本积累可能无法满足。在扩大种植规模以后，生产的机械配备和资本投入规模都发生了变化，农户家庭成员作为劳动力所起的作用在缩小，资本运作、农业技术以及经营理念的作用在扩大。我们之前在商南县试马镇荆家河调研一家梅花鹿养殖企业，是本村一位长期在外打工青年因为了解到黑龙江梅花鹿养殖产业发展情况回村创办的，在创业阶段由于技术处在磨合期，幼鹿大量死亡，如果没有银行信贷支持，企业早就夭折了。企业目前年纯收入为 200 万元。这些对思考金融如何支持贫困地区农户家庭产业发展，是否也有启发意义？

　　另外就是关于金融办提到的两权抵押，全国分别有 232 个县和 59 个县进行土地经营权和宅基地抵押贷款试点，康县是不是其中之一？② 康县不是试点县，但我们自己也在搞试点，这是理念、思路的创新。实际上 2008 年我们在陕南调研时就已经发现，安康市银监分局自己搞了个农房抵押试点，是选择有两套住宅的农户试点抵押贷款。十年前这种改革也在福建三明、安徽池州等地试点，当时的问题主要是有关农房、宅基地的产权界定与抵押贷款有冲突。目

---

①　根据本课题组 2013 年 8—10 月在秦巴山连片特殊困难地区商洛市商南县、镇安县和汉中市留坝县、勉县 798 户农村家庭调查，农户家庭收入中务工收入占家庭收入 77.41%，农户进城从事个体经济收入占家庭收入 2.51%，两项加总为 79.92%（≈80%）。可参考以此作为农村劳动力向城市转移率（有效转移率）。见刘明：《农贷配给、农户意愿与农业资本市场——基于农户调查、农贷与资本市场数据计量分析》，科学出版社 2015 年版，"序言"第 III 页。

②　康县不是试点县。甘肃六县区为土地经营权抵押贷款试点县，包括陇南市的西和县。陇西县为农村住宅抵押贷款试点县。

前相关法律条款在不断地调整以适应农村发展，把农村土地资产和宅基地、住房资产盘活。今后我们也希望能了解到康县农行、农商行关于这方面的工作进展和经验，比如，你们在土地等资产评估这块是怎么做的。马行长讲的很好，既讲了农村领域金融服务和产品的创新，也把其中的风险讲的很具体。我过去对农业金融领域不是很了解，经过这么多年，发现农行、农信社以及农业保险行业人才辈出，所以希望在以后的研究工作中，各位还能给以方便。但原则是不给各金融机构造成负担。

范建刚：我今天听了各位领导的介绍以后，在很多扶贫贷款和保险项目中，感受到政府在扶贫工作中做得很到位，政府以公权力要求农行、农商行、保险公司承担部分公共职能，这在短期内是没问题的，但是要持续地推动，动力如何解决，还是需要系统的制度设计。

主持人：虽然还有很多问题，但由于时间匆忙，就不在此提问。最后我再次感谢各位教授的点评。对各位教授对我们康县的经济发展把脉表示感谢，同样这也是我们政府单位和金融机构的同志们都应该学习的。同时教授们这种走向基层的精神也值得我们学习。最后我代表康县人民欢迎大家的到来！

刘明：我代表陕师大师生一行向各位的出席以及对我们工作的支持表示感谢！

附录一：

论农信社"革命"：难点与建议[①]

提要：农信社内在地适宜于服务农村经济，其主要特点是所有人管理与共同激励相容、非正式制度约束以及弱信息不对称，与国有金融部门比较，农信社具有低沉没成本，其信贷员市场由于有限地域和重复交易性质而减少了不确定性。农信社今后的发展必须克服组织体系与法人治理结构等方面的一系列缺陷，国家应该从立法与政策上维护农信社的合作制性质及其权益。

在中央政府推动下全国农信社改革试点已经在八省、市全面展开，改革的焦点集中在农信社的产权制度安排以及与之相关的组织结构选择上。这场改革被舆论界喻为农信社"二次革命"。或许由于江、浙农信社改革模式的波及效应，各地方对重组农村股份制银行与合作银行的讨论与尝试趋之若鹜，对仍立足于农信社组织形式的改革思路似乎有所冷落，这种趋向甚至被媒体称作"农信社进城"。我们认为，西部区域与东部有明显的经济差异，西部农信社改革必须立足于服务"三农"，坚持改革的目标是明晰产权关系，强化约束机制，重塑农村金融服务体系，合作金融的产权制度安排与组织形式应该成为西部农信社改革的主要模式。2003 年 7 月间，笔者一行对陕西省商洛市及所辖山阳县的金融机构、政府部门和村、镇及部分农户做了调查，通过对山阳等陕

---

① 原载《四川大学学报》2004 年第 3 期。有关农信社改革的政策建议刊于陕西师范大学中国西部金融研究中心《研究动态》2004 年第 9 期。《研究动态》为时任中国西部金融研究中心主任、著名经济金融学家江其务教授主编。应第十届全国人大代表、陕西省澄城县农信社信贷员马百党约请撰写《关于促进农信社改革的十项建议》，作为人大代表议案提交全国人大。

南县域经济金融状况的调查看到了农村金融发展的希望。本文以对陕西省山阳县农信社的调查为基本事实背景，对在传统体制下被遮蔽的合作金融的机构优势重新加以探讨，对农信社所面临的种种困境做较为深入的分析，在此基础上讨论农信社改革的制度安排与政策机制设计。

一、对传统体制所遮蔽的农信社机构优势的重新探讨

合作金融制度基于社员自愿入股、民主管理、互助公平等原则，从而成为一种自由人联合体，在产权关系、管理制度和兼顾公平与效率方面均具有特点（孔祥毅等，2002）。从中国经济比较落后的农村地带来看，并结合山阳的情况加以分析，无论是与一般股份制银行或与国有银行比较，农信社都具有一些显著的优势，农信社自身在新一轮金融体制改革中也正显示出体制创新的端倪，这些都造就了农信社内在地适宜于服务农村经济。

（一）体现所有人管理和"共同激励相容"

国有部门如何处理好委托—代理关系，形成有效率的约束—激励机制一直是 20 世纪八九十年代中国体制改革中遇到的历史性难题，这一问题迄今也未解决，国有企业与国有银行业概莫例外。保留部分国有产权应限于维护经济稳定和社会公平所需支付的一种代价，国有产权最终要从高风险和竞争激烈的商业银行领域退出（刘明，2001）。反观农信社的产权制度，由于存在社员推举代表和社员代表选举理事会、监事会两级选举制度和监事会制度而强化了约束，又因各级管理人员是部分所有者代理经营全体社员的"共同所有"财产，在一定程度上强化了利益激励，稀释了道德风险，体现"所有者管理"，能较好地形成委托代理均衡。哈维尔·费雷克斯与让·夏尔·罗歇将消除、防范个别银行挤兑并导致系统风险的途径归结为三方面：其一，要求有 100% 的准备率，即银行流动准备等于存款人当期用于消费的提款，保证即期最大可能的提款（即不考虑新增存款对提款的弥补）；其二，终止兑现或存款保险。银行可以事先宣布终止兑现与相对挤提规模之间的条件；其三，即由 Jacklin 分析的设置增加的股权与可转让存款和约，从而达到"共同激励相容"，遏制耐心的消费者向不耐心的消费者转化（哈维尔等，2002）。农信社由于社员普遍入

股，有相当数量的社员同时是农信社的存款人，再加之可以提高股金并进一步设置社员存款参与和约，即可达到"共同激励相容"。在紧急情况下通过社员大会做道义疏导，就可以达到终止兑现的效果。总结而论，农信社倘若运作规范可以避免挤兑风险。

（二）非正式制度约束：习惯、风俗与道德力量

非正式制度约束经常被用以分析维护各种契约权利和解决契约履行（或不履行）中的纠纷。诺思认为行为习惯、习性和行为模式对社会运转起着重要作用，社会变迁是一种正式规则与行为、习俗、惯例和它们实施特征变迁的混合体。菲利普·基弗和玛丽·M. 雪莉指出，在发展的早期，一国有很多在乡村一级运行良好的非正式制度，"在乡村，大多数的交易是面对面的，交易各方的名声也为人所知。在这些市场上，个人关系和社会关系被用来保证契约实施"（青木昌彦，2002）。他们列举了中国引进外国直接投资的例子，海外华人通常投资于祖居地或乡村，选择那些与其有亲缘关系的大陆乡民所居住的地区，因为这些亲属的关注、游说能帮助他们的财产得到保护并获得有效契约。

根据对山阳县有关乡镇、村和个别农户的了解，农信社信贷员可以利用左邻右舍、亲朋好友及其辐射到周围村落的个人与社会关系网，通过带话、坊间议论信贷话题与访问贷户（县联社规定每月访问三次）等方式，对农户将贷款用于经济项目施加影响，对逾期贷款可以动员社会关系催收。信用户评定、信用村镇建设也实际上成为一种非正式制度激励。习惯、风俗、遵从社会公德的传统与荣誉感使农户深切意识到"信用"能产生价值，信用犹如商标、品牌已经是一种无形资产，在面临经济机遇甚至各种幸福生存机会时更是如此。这种非正式制度约束在国有金融系统介入农村金融服务时至少是较为松弛的，因为国有金融部门的管理层与正式员工对当地复杂的社会关系网络的了解与参与是相对肤浅的。

（三）意会知识与弱信息不对称

金融机构作为贷款方与借款方之间的事前信息不对称表现为对借款方的资金信誉状况、借款的真实用途以及经济项目的可行性的信息是不完全的，事后

信息不对称是对贷款对应经济活动的真实过程以及借款方资产负债状况的变动不能充分把握。对于抵押借款，贷款方无论事前与事后对抵押品的市场价值都不如借款方清楚。农信社目前推广的小额信用贷款一方面使上述问题简化，另一方面使有关借款方信誉状况信息不对称的情况实质性减弱。

山阳县农村信用联社的信用评价指标体系为：自有资金比例、三年期间人均收入、家庭主导产业收入、有无不良记录、与农信社有无业务往来及还款记录。由信贷员同村民委员会、村民小组一起组成信用评级领导小组。其中的重要因素是信贷员属于本乡本土，对农户户主作为"自然人"的一些无法量化的信息收集比较全面，在信用评级、最终发放贷款和对贷款项目实施的跟踪监督三个环节上均有利于避免信息失真，克服事前与事后的信息不对称。青木昌彦（2002）在研究关系融资时区分了数码知识和意会知识，前者可以计量与成文并在公开市场上获得；后者则不能量化与见诸文本，无法在公开市场上获得，只能在有限的局部地域通过关系合同或特定经历得到。在欠发达的农村地区，有关分散农户的数码信息一般是清晰可见的，但在对于意会知识和信息的拥有方面，具有农民和金融从业者双重身份的信贷员比国有金融部门显然有绝对的优势。

（四）强化的约束—激励机制与低沉没成本

农信社对信贷员的约束—激励机制主要体现在"四包""三收"上。"四包"即"包放、包收、包效益、包责任"，实行贷款责任终身追究制。"三收"即根据信贷员收回不良贷款、收回本金与收回利息数额判断其努力程度和工作业绩，薪酬与之挂钩。这种机制产生了下述效果：其一，贷款责任制以及信贷员对工作努力所获报酬的预期在很大程度上避免了关系放款，降低代理人道德风险；其二，信贷员薪酬结构中的主要部分与业绩相关，固定工资部分（起点工资）比例较低。这使得即使信贷员偷懒甚或从事其他隐蔽性职业而不关心业务拓展时，农信社的沉没成本与闲置成本仍然较低，遇到经营淡季时也是这样。山阳县农信社所聘信贷员每月起点工资为 200 元，加浮动部分一般每月达 700—800 元。设置起点工资的合理性在于因客观原因经营清淡或业务量周期性下降时信贷员仍有义务参与农信社的非经营性活动，避免解除合同而引起重新签约的交易成本。

（五）信贷员市场分析（Ⅰ）：劳动力市场趋同

彩票市场因素的消解斯彭斯认为雇主在雇佣一个人后要根据以往劳动力市场的经验，借助各种有关雇员的信号与指标组合对其生产能力进行条件概率评定，当获得新的资料，或者随着时间推移条件概率被修正时概率分布就发生改变，从而构成雇主的学习过程。对农信社而言，选择信贷员的信号有两类：可观察特性如受教育程度、年龄、性别、健康等；潜在特性如个人道德与意志品质、交往能力和生产能力。在这里，生产能力进入信贷活动过程即体现为推销贷款、评估项目、实施监督、收息和催收放款以及努力追回呆滞贷款的能力。生产能力是农信社聘用信贷员并签订劳动合约考虑的关键因素，但其只有在生产过程中才能观察到，斯彭斯因此将劳动力市场喻为彩票市场，认为"要雇佣某个人经常就像买彩票一样"，已经支付了价格，是否中彩取决于由随机过程和概率分布所主宰的神秘的"运气"（谢康等，2002）。

山阳农信社所面临的信贷员市场与一般劳动力市场有何不同？第一，信贷员市场劳动力来源限于山阳县境内，农信社需要考察的未来信贷员的传统生活地域相对狭小；第二，信贷员市场是一种重复交易的市场，信贷员大多要长期在本县某一行业服务甚至希望永远在农信社从业，可能倾向于对潜在特性发送真实信号，从而对未来个人声誉投资。有限地域和重复交易性质减少了信贷员市场的不确定性，保证了学习过程的连续，从而使劳动力市场趋同彩票市场的因素最终可能被消除。

（六）信贷员市场分析（Ⅱ）：富有弹性的劳动力供给

国有银行信贷员起点工资高于农信社，当仅有起点工资时国有金融部门信贷员享用更多消费品，闲暇较少；农信社信贷员则刚好相反。闲暇在国有金融部门信贷员那里是稀缺商品，而在农信社信贷员看来劳动力市场趋同彩票市场的因素最终可能被消除，闲暇是饱和商品。相应地，农信社信贷员每消费一单位消费品（或单位货币工资）所带来边际效用大于国有金融部门信贷员，所以支付（闲暇）意愿比较强烈。即对于等量（或等比例）工资增加，农信社信贷员倾向于提供更多劳动或努力，农信社面临的劳动力供给曲线有更大的弹性。其结果是农信社单位工资支付带来的利润大于国有金融部门；农信社可雇佣劳动数量大于国有金融部门。两种趋势的决定因素是两部门间工资机制和劳动力构成的差异。国有金融部门信贷员的劳动力禀赋是智力密集型的，农信社信贷员劳动力禀赋是体力密集型的；农村信贷工作比较而论是体力劳动密集型领域，城镇工商业信贷活动是智力活动密集型领域。

据以上分析可以得出结论：农信社的机制使其更适合于在农村生存，其基本因素是农信社与农村社会所具有的天然联系。

二、农信社发展所面临的体制障碍和政策疑难

前述对农信社的看法似乎过于乐观。的确，农信社作为合作经济组织有其自身的弱点，加之原有体制的"后遗症"以及国家政策畸轻畸重，今后的发展还面临一系列问题。

（一）历史包袱沉重

农信社与农行脱钩（1996 年）之前发生的不良资产被移交给农信社。此后，四家国有银行的不良资产被四家资产管理公司接管，其中部分被注销，损失实际上由中央财政负担。20 世纪 80—90 年代治理通货膨胀期间中央银行对存款实行保值贴补利息，国有银行的贴息由财政负担，遗留给农信社的不良资产由自身消化，保值贴补利息也由其负担。这种对面向农村提供金融服务，信贷业务接受农行领导并受到地方政府严重干预的金融机构的不公正政策待遇，实际上是对农村、农民的歧视。其成本被部分地转嫁到农民头上，因为农信社放款利率可以根据基础利率上浮 50%，商业银行则上浮 30%①。据统计，全国农信社的不良资产超过 5000 亿元。山阳县农信社系统 1996 年以前遗留的不良资产 3000 万元，保值贴补利息负担 3200 万元，两笔合计占目前信贷资金的 12.4%。

（二）组织体系缺陷

农信社此前人事任免权在央行分支机构。县联社与基层农信社无资本联

---

① 这种差别既是出于对农信社的经营范围主要限于零售业务的考虑，也是与保值贴补利息导致亏损联系的一种政策性补偿措施。

系，但业务经营乃至利益分配却实现纵向一体化。省级信用合作联合会与县联社既无业务联系又无资本渗透，也不是一级政府组织，但却对县联社有着"准领导"职能，索取"贡赋"，实际上成为安排国有金融部门富余人员的一个虚设机构。农信社名曰法人，却无法人权利，城市农信社合并到农信社完全是政府"拉郎配"，随之引进了大量亏损和不良资产。山阳县城市农信社并入农信社时带进亏损 600 多万元，合并前在大亚湾放贷 438 万元，如今缩水为约 30 万元的闲置房地产，这些都成为农信社的沉重负担。当改革进程客观上逼使农信社进入市场运行之际，农信社的管理体制却具有浓厚的计划与行政主导色彩。

（三）资本实力弱，法人治理结构虚置

农信社的资本来源有限，自我积累能力低，资本金严重不足。这一劣势也制约了农信社吸收存款、增加负债并扩大资产规模的能力。商洛市农信社系统由于当地农户收入水平低，社员入股金额最低限额仅 10 元。但同时，单股股金也有最高限额规定，以体现合作金融的均齐性，导致部分社员和管理层希望增加股金却遇到体制壁垒。产权不清，资本规模过小和资本结构特征实际上造成农信社系统"所有人监督"的缺失，使目前在社员大会、理事会和监事会框架下的法人治理结构徒有虚名。那些仅持有"边际股金"的社员普遍不愿参与社员大会，一方面，由于对有效行使社员权利表示怀疑；另一方面，和参与收益比较，他们的机会成本较高，所以仅关注自己能否得到信用放款。

（四）农信社处于"贫血"状态

在农行、邮政储蓄银行与农信社对农村存款资金"三方逐鹿"的竞争格局中，农行具有异地结算和使用银行卡之便，有健全的纵向组织体系和横向的机构内部业务合作关系，有利于吸引大宗存款和灵活调度资金；邮政储蓄银行吸收存款转存中央银行获利空间大，有条件吸收贴水存款以提高其竞争力，实际上成为农村地区的金融"灰市"，使相当规模农村资金流向城镇工业领域。在双重夹击下，农信社资金来源受阻。

（五）所有制性质含混

合作金融的所有制特征具有复合性，其股金来源既有社员私人股，又有公

457

有股和法人股，提取公积金不能分割，但社员可以按其账面份额分红。所以，合作金融组织在我国目前所有制分类中似乎找不到对应的范畴。中国经济社会的发展虽然改变了人们对所有制的传统认识，但至少就目前看，关于合作金融的所有制性质并非可以完全忽略的问题。农信社原本为农行在农村的基层机构，在很多地方营业网点合而为一，但 1996 年脱钩后对于划到农信社的不良资产农行乃至政府如何能够全身而退？实际上是将 1996 年以前的农信社看作国有金融部门中的异类。

三、推动农村信合事业发展的理性思考与制度安排

农信社天然自在地具有提供农村金融服务的优势，但却处于百般困厄之中。如何从制度安排、政策选择与机制重塑等方面入手，使农信社轻装上阵，成为服务于农村、农民，支持我国农业经济发展的主力军？笔者提出以下认识与建议：

（一）反思"公有制"理论，重定合作金融的集体所有制性质

马克思在《资本论》第一卷中设想的未来社会（实际上是资本主义到共产主义的过渡阶段，即社会主义时期，尽管从现实观察社会主义是一个长久的历史时期）的所有制是"个人所有＋共同占有"的集体所有制或社会所有制，我国传统的排除个人所有权的集体所有制与马克思设想的集体所有制不符（刘明，2003）。合作金融的产权形式恰好就是马克思所指的集体所有制。正如有的学者指出，合作制"产权清晰，能体现联合的力量，是社会上弱势群体组织起来，完全自主自治的联合体"，马克思"从来是把它看成为劳动群众自我解放的好形式"（晓亮，2002）。国有经济与合作经济有各自存在的客观依据，在立法、政策上对各种所有制经济应一视同仁。为了避免人们将合作经济与传统集体所有制混同，也可以将合作制作为一种独立的所有制形式，并在立法上加以保护，促进各种合作经济形式健康发展。

（二）重塑农信社组织体系

在西部农村尤其是贫困地区，鉴于基层农信社资本规模小，业务素质低，无独立经营能力，可以对基层社、分社与县联社资本进行合并重组。国务院已

经决定将农信社交由地方政府管理，为了促进民主管理，真正实现合作互助，由省级地方政府部门会同银监会监督农信社理事会、监事会选举，金融主管部门及政府不再直接干预农信社的人事任免。省级信用合作联合会要本着精简、效率原则进行改组，削减冗员，更好地为农信社互通信息、同业清算、业务调研和培训教育提供服务。可考虑在全国设立中国信用合作总会，其性质类同于全国工商联，除加强农村经济形势研判、行业调查、沟通与国外合作金融组织和其他国际金融组织联系外，其重要职能包括作为农信社系统与政府"谈判"的代表。

（三）采取措施壮大农信社的资本与资金实力，完善内部法人治理结构

部分农村地区应该抓住机遇，在农民收入增加和承受力许可条件下提高农信社最低股金限额。在提高股金限额尚有困难的情况下，央行可允许农信社在县域以内向公众、企业、财政及其他金融机构发行中长期"信合债券"，向一般社员与管理人员发行可转换债券。可转换债券优先转换为股金的约定条件是农信社以后增加资本金，这意味着将未来资本提前到现在使用。要完善法人治理结构，就必须明晰产权关系，适当扩张资本规模，重组资本结构，落实所有人角色并使其真正"出场"。合作经济组织的发展经过了长期的历史过程，形式也是多样化的，依我国目前情况，在合作金融组织内部不必机械地强调资本关系的均齐性，可以考虑引入民间资本入股。

（四）设计与塑造对地方政府风险的监督与制衡机制

按照国务院下发的《深化农村农信社改革试点方案》，国家对亏损农信社因开办保值储蓄而多支付保值贴补利息，将由财政部核定 1994—1997 年期间的实付保值贴补息数额并分期予以拨补。国家对农信社解决不良资产给予资金支持，可选方案之一是按照 2002 年年底农信社实际资不抵债数额的 50%，由中央银行安排专项再贷款，专项再贷款由省级人民政府统借统还。这对地方政府无疑是一种考验，地方政府介入金融行业管理是必然之势，且容易出现政府权力对金融交易的渗透。如何应付可能出现的道德风险和地方政府的财政风险？对此应设计并推出必要的监督与制衡机制，在方案试点过程中要密切关注与此有关的问题。

（五）在西部农村地区由邮政部门对农信社代办储蓄

邮政部门对农信社代办储蓄可以避免农村资金向城市大量转移。可由人行协调，邮政部门与农信社系统会商，确定双方事权与责任及代办费率。一些学者建议关闭西部农村地区邮政储蓄银行。与取缔邮政储蓄银行比较，邮政部门对农信社代办储蓄可以继续利用邮政营业网点，从全社会意义上降低金融中介成本，同时还可以方便群众。

（六）将目前由农行承担、由财政贴息的小额扶贫贷款改由农信社实施

先后由扶贫社与政府、农发行及农行运作的小额扶贫贷款项目对解决我国的贫困问题功不可没（孙天琦，2002）。但小额扶贫贷款兼有政策与商业金融性质，兼具公平与效率目标，将其与农行商业经营业务捆绑导致一些重点贫困户得不到优惠贷款，已引起全国扶贫办系统的关注。国家准备将这一业务交给农发行，理由是农发行是政策性金融机构。但困难在于农发行在农村没有基层机构和网点，缺乏对贷款项目进行监督的必要力量，容易使贷款蜕变为"救济款"而导致损失。农信社兼具公平与效率的机构性质以及网点、人员优势使其适宜从事小额扶贫贷款项目，其资金来源可以由农发行提供贷款，再加部分自筹。这样既可扩大农信社经营规模，又能保证项目实施目标。

（七）建议由农行代办农信社系统的银行卡业务

西部地区农信社的网络化建设基本上还是空白。可以考虑将农信社系统资金的电子汇划与农行同类业务并网运行，农行代理农信社办理信用卡。农信社系统支付代理费用之外，分期支付一定数额的网络建设与维护费用。从农村经济发展全局看，农行与农信社所服务客户市场细分交叉互补，长期经济目标一致，所以应该加强两部门之间的全方位合作。

附录二：

开拓民间担保市场　服务返乡创业农民工[①]

记者： 勉县的小额贷款模式创新，只选择贷给有"创业实体"的人，您怎么看？

刘明： 为了降低风险，对申贷人的条件有要求，这些考虑都具有一定合理性。在实施的初始阶段是可以的。先帮助的这部分人能起到导向和示范作用。在江浙地区，民间借贷占社会信贷需求很大比例，资金周转规模大，周期快，非常活跃。从长远发展看，能够满足大量有创业理想的人。

记者： 在这项业务中，银行几乎零风险，这似乎从金融规律上讲不通？

刘明： 任何一项贷款业务都不可能做到零风险，只能说在短期内没风险。如果把其作为一项长期的业务来做，当贷款资金规模不断扩大，政府担保基金必将不足，这就需要增加供给管道，在政府担保的"药引子"之外，另外开拓一块民间担保市场，鼓励民间资本参与担保，政府可以参股或者控股担保公司。

记者： 长期以来，对农村贷款业务银行总是心有余悸，如何从根本上改变这现状？

刘明： 建立农村征信系统，并且不局限于银行信用记录，扩大到其他个人行为方面。广义的信用体系通过隐形的力量约束贷款人。同时放开农村金融机

---

① 原载 2009 年 5 月 20 日《陕西日报》。记者：陈胜强、梁潇。原题为《开拓民间担保市场服务返乡创业农民工——访陕西师范大学农村发展研究中心教授刘明》。2009 年 4—5 月间，陕西省政府主要领导批示《陕西日报》调查和宣传报道汉中市勉县支持农民工返乡创业的经验，《陕西日报》记者陈胜强、梁潇因之采访。

构的建立，无论什么模式，充其量就为几百人贷款而已。实际上农村金融市场需求很大，在农村金融相对空白的阶段降低门槛，让农民自己去探索建立金融机构，尝试多样化模式，先让其发展起来。政府需要做的只是把规则定好，强化执法。

记者：申贷人需要找到一名政府公职人员，为他的贷款向担保中心再担保。你怎样理解这种有效控制风险的创新？

刘明：我在调研中了解到，农民如果能找到一名政府公职人员担保就能直接从农信社贷款了。从某种程度上说，这是担保中心分散了风险。在实际操作中，农民要想找到一名政府公职人员担保也许比找一家担保中心还要困难。这阻碍真正有困难的人得到帮助。在国外，一般资金更雄厚的企业为几家担保中心进行再担保，我们可以在这方面借鉴

记者：对申贷人要求有 10 万元的自有资金，这个算不算是苛刻的要求？

刘明：统一限定为 10 万元不合适。应该根据贷款额度和创业项目的不同，配套衡量所需自有资金的比例。创什么业，要贷多少钱，这些都不同。开一个小卖部也许只要 5 万元的资金就够了，但是你要求他有 10 万元的自有资金，他要是有那么多，还找银银行贷款干嘛。

记者：一个地域金融生态的形成，得从哪些方面长期努力？

刘明：我们常说的金融生态，实际上就是信用环境，比如客户信用状况怎样。不过，对金融生态还有深层的理解，本地区经济发展的可持续性怎样，政府及司法部门有没有滥用职权干预金融执法。比如，政府有关人员打声招呼，金融机构在打坏账官司时就败诉，这个很重要，曾让地方金融机构吃亏不浅。①

记者：农民工返乡创业潮与当年江浙地区的创业潮类似，陕南能在若干年后也迎来江浙地区今天的繁荣吗？

刘明：高度的商业文化、工业文明渗透，这是个自然演化的过程。在长期

---

① 根据课题组 2009—2011 年对金融机构有关金融生态环境问题的调查，存在金融机构"赢了官司输了钱"的现象，重要原因是地方政府官员对逃废债务案件审结后的司法执行进行干预。

的务工阶段，学习江浙人对市场的观察分析和判断能力，还要学习拓展市场的营销能力，怎么把小商品做出大市场来，这又是长期的过程。同时，地方政府还需要提高支持民间经营的理念，不能雁过拔毛，特别是在企业成长期。

附录三：

中国农业生产方式正经历一场伟大变革[①]

——基于秦巴山区田野调查

1. 认识田野：读懂农村"自然之书"

农村金融研究的重要和必须路径是深入农户、农村部门实地调研。但是针对农村社区经济社会状况同一问题的田野调查结论往往出现歧见，原因既有地区、国家差异，也有因调查设计与分析视角不同所致；即使对于同一调查对象甚至相同事实材料，也会由于理论逻辑和研究者视野局限而做不同解读。

两个案例：世界银行对 23 国 2 万多穷困家庭的调查；墨菲提到的刘易斯于 1941 年"重复了"1926 年雷德菲尔德对墨西哥泰普兹特朗同一村庄的田野工作。[②]

---

① 此文为应邀参加重庆市社会科学界联合会、重庆师范大学、中共重庆市城口县委、县政府共同主办"山地区域乡村振兴秦巴山论坛"演讲文稿。2018 年 10 月 23 日。参加论坛有重庆、四川、陕西、湖北、河南等省市高校与研究机构以及乡镇与县级干部。受邀演讲学者有温铁军、柯炳生、于法稳、邓正琦、王崇举等。原题为《诱制性变迁、生产方式转变与后贫困时期金融改革——基于秦巴山区田野调查》。《重庆日报》、城口电视台等媒体对活动做了报道。

② 见迪帕·纳拉扬等：《穷人的呼声：呼唤变革》，姚莉等译，中国人民大学出版社 2003 年版，第 79—86 页。世界银行组织的对 23 国 2 万农户的调查显示：列出提高生活水平的 16 种因素中，在按照性别区分的男性受访者和按照拉美、非洲、亚洲、东欧及中亚划分地区的亚洲受访者分类中，自办企业、工薪收入为帮助农户生活水平提高的前第一、二两种因素，获得耕地与农业、畜牧业、渔业收入被列为前第三、四种因素，其次为获取贷款情况，技能、受教育程度则位于上述所有因素之后。罗伯特·F.墨菲：《文化与社会人类学引论》，商务印书馆 2004 年版，第 304—307 页。提到刘易斯于 1941 年"重复了"1926 年雷德菲尔德对墨西哥泰普兹特朗同一村庄的田野工作。诧异的是刘易斯与雷德菲尔德的工作得出不同结论，后者描绘出协调与合作是村社的规范，在前者所描绘的图景中泰普兹特朗却成为"被敌对情绪、嫉妒和竞争搅得四分五裂的村社"。

启示在于：需要设计针对不同地区的调查项目和选择不同视角，基于不同理论逻辑并结合农村金融体制演进特点做出判断，才有可能发现贫困农村地区金融抑制内在的文化、体制和经济诱因。

国内农村金融调查工作形式有以下：

第一，由研究机构或者相关学者委托在读学生利用返乡机会搜取资料。

第二，由金融宏观管理机构委托基层金融机构、商业银行网点收集调查问卷。

第三，由承担农村金融研究项目人员深入农户家庭调研和现场填写调查问卷。

有充分理由宁可信赖第三种方式所取得数据事实的真实性。由于并未进入现场，受访者在现场的许多"隐喻"无法提供给研究者，研究者由于不具备现场体验而很难舍弃或许是悖谬的理论结论，可能更为相信牵强附会的道听途说，研究者对相关数据以及事实材料的分析结论会出现偏误。

课题组自 2003 年在陕西秦巴山区的商洛、安康、汉中，甘肃陇南，青海西宁市、海东市，宁夏吴忠，新疆吐鲁番、喀什等贫困农村地区开展经济金融田野调查。相关认识尤其源于此。

2. 农村金融改革改变了什么？

2004 年中央一号文件提出"改革和创新农村金融体制"标志着农村金融改革新的转机，此后每年一度的一号文件（2004—2010 年）和十七届三中全会文件当涉及农村金融时基本围绕这一主题。对农村金融改革的认识和政策实践出现新进展：

一是将农村金融体系在传统农业向现代农业转变中的地位界定为"农村金融是现代农村经济的核心"，凸显了农村金融对解决"三农"问题的重要性。

二是确定改革农村金融体制的目标是建立"商业性金融、合作性金融、政策性金融相结合，资本充足、功能健全、服务完善、运行安全"的农村金融体系，为农村金融机构体系主导模式之争画上了句号。

三是对农村资金互助社、村镇银行和贷款公司等新型金融机构做了积极探索，农村金融增量改革终于"破土"。

四是推出财政政策支持农业保险相关措施，明确了建立农业保险体系的基本思路。

五是对中西部和偏远农村地区金融业实施财税优惠。

六是鼓励私人资本与外资参与农村金融，从而为农村金融体系的所有制改革创新划定"绿线"。

七是有效扩大了政策性金融机构在农村的业务范围，有利于突破农村基础设施建设的资本瓶颈。

八是通过设立邮政储蓄银行一定程度上抑制农村资金流失。

九是对林权、荒地使用权抵押贷款和仓单等票据质押贷款出台相关政策进行试点。"两权抵押"试点已经从个别地区"内部默许"转向自上而下推动。国务院 2015 年 8 月印发《关于开展农村承包土地经营权和农民住房财产权抵押贷款试点的指导意见》，两权抵押试点初步取得成效。

十是探索建立政府支持、企业和银行多方参与的农村信贷担保机制。

3. "凯旋"前夜的巨变

中国农村正经历家庭联产承包责任制以来新一轮重大变革，这场变革以土地制度的"三权分置"改革为核心，以称其为"三变"为重要内容，即推进农村地区的"资源变资产，资金变股金，农民变股民"，这场变革终极目标是什么？值得人们思考。但不论结果是什么，都不可一蹴而就。就在这一场改革的"风口"，农村——尤其贫困农村地区经济结构已经发生多重巨变：

——土地格局变化

人均耕地面积"绝对"减少。在课题组所调研的陕南地区即秦巴山区，农户人均耕地仅 0.53 亩；耕作土地的机会成本也大幅度上升，即与农民进城务工比较，耕种土地的相对收益显著降低；传统上土地对农户的社会保障功能严重退化。靠人均半亩多地如何能够养家？

——劳动力分布与收入结构嬗变

农村主要劳动力投向城市第二、三产业；农户收入结构中约 80% 来源于进城打工挣得和其他非农收入。黄宗智所称农村家庭的"拐杖逻辑"已不成立。实际出现了"逆拐杖逻辑"，即不是过去历史上以种、养业为主要收入来源，以小手工业者贴补家用，而是相反，农户大多以务工收入为主要收入来源，以种植少量菜蔬、粮食作物满足一部分日常消费。劳动力大迁徙意味着一场大的农村社会和农业变革。

——农村社群层级结构变化

农村地区社群结构按照农户生产特征与收入水平正经历如下分化：

第一，少部分农户主要依靠传统种植业为基本生活来源，务工取得工资性收入仅是偶尔为之；大部分农户收入来源中务工收入显著增加。分别称其为传统农户与过渡型农户。

第二，约有三成农户放弃农业耕作，成为城市新的两栖型产业工人或者经营私营企业的城市"新贵"。

第三，通过较大规模转承包土地或者从事农业产业化经营的农户和农村企业家，前者从事种植、养殖、水产、林果等业，后者经营运输、商贸物流、小型工业等。分别称其为新农场主和"土著"企业家。

传统农户、过渡型农户、两栖型产业工人、城市"新贵"、新农场主和"土著"企业家构成当代西部农村地区新的社群与阶层谱系。

——农村形成资金"盈余方"和"赤字方"，即储蓄供给与信贷需求"组团"

具有传统农户、过渡型农户两类群体带有较为深重的"农民"色彩，处在农村社会金字塔的底层，伴随城镇化进程加快他们中的大部分将逐渐"褪色"，向金字塔上层迁徙。

改革开放走过 40 年，上述迁徙过程将持续数十年或许更快，届时农村社会结构将进入长期稳定时期，作为经济单位的"家庭"将向两栖型产业工人、新农场主和"土著"企业家阶层聚集，也将出现大量农业合作组织和农业经营公司。

传统农户、新农场主和"土著"企业家目前是农村主要的资金净借入方（赤字方），过渡型农户、两栖型产业工人、城市"新贵"是农村资金净贷出方（盈余方）。

但在特定的农村金融体制条件下，储蓄供给与信贷需求是错位的。

4. 后贫困时期面临多重不确定性

即使到 2020 年以后，我国已经超越贫困线的农村群体是否已经可持续性地走出贫困？如果按照农业部门产业成熟稳定、农村基本克服生计脆弱性、农户收入步入稳定增长等因素衡量，答案或许是否定的。

农业内部产业结构调整尚处在变动期，农村劳动力向城市转移处在一种非稳定态，贫困群体扩大生产的内生动力没有被完全释放出来。

以土地使用权租用、土地承包经营权入股和农民就近务工或者成为城市流动工人等现象观之，农业生产方式处于变动期。农村推行家庭联产承包责任制 40 年来，正经历又一场阵痛。

"后贫困"时期指原有贫困地区家庭、县区人均可支配收入水平已经超越贫困线；不过，已经超越贫困线的农村群体面临一系列特定问题。具体为：

第一，原有贫困农村家庭、群体所依托的产业发展仍具有不确定性。

第二，部分家庭处于向城市市民过渡的不确定过程。

第三，进城务工挣取收入由于第二、三产业周期变动而具有不确定性。

第四，农村大部分劳动力的人力资本存量特质（简单劳动力）决定其职业不确定性。

上述不确定因素导致越过贫困线的贫困人口可能返贫或将长期处于低收入境况。农村金融改革创新须直面进入后贫困时期农村所面临的问题。

5. 改革趋势与方向

根据在陕西、甘肃、甘肃、青海四省区样本县贫困地区农村调查，后贫困时期农户总体所依托传统种植、养殖业的生计脆弱性未发生根本变化，农户收入主要部分伴随宏观经济周期变化和第二、三产业伸缩波动很大。现存户籍制度、劳动工资制度和社会保障制度导致宏观经济波动产生的家庭生计风险更多地由农村部门分担了。农户家庭没有形成扩大生产和增加积累的内生能力和环境条件。

样本地区的调查事实揭示出，土地生产要素的各种地域特征已经开始动摇中国几千年小农经济的根基。可以预期，在调研的陕南与陇南地区的公司—农户土地租种经营模式和探索中的土地入股模式，以及青海乐都大量农户因为实际拥有土地已临近零下限而显现离农倾向，未来农村生产组织形式既无法用小农经济框定，也不能用西方以土地私有制度为基础的大农场予以预判。

中国地域辽阔，并非农村未来走向只有单行道。我们所期待的应该是一个可行集，而不是制度和政策的某一原点。

农村金融改革需要解决以下：

一是传统农业停滞与发展现代农业的矛盾。改革以后恢复具有小农经济特点的传统农业经营方式在解决温饱以后制度绩效已经被充分释放，发展现代农业则需要突破小农经济生产方式。对突破小农经济生产方式的路径正在进行积极探索。

二是正规金融部门与非正规金融发展的矛盾。贫困地区农村的正规金融体系依靠国家信誉及其合法性大量吸储，但并未发挥好优化配置农村金融资源的主体功能，由动员储蓄、融通资金功能退化为主要单向吸收存款的自我封闭式经营，对具有信贷管理优势的非正规金融形成排斥效应。

三是传统存量金融改革与新型增量金融内生发展的矛盾。农村金融改革过程中存量改革和增量改革一直是矛盾的焦点，而当下农村已陷入存量改革难与增量发展受压制的双重困境。2006 年年底，我国开始试点推动新型农村金融机构发展，至今举步维艰。对农村合作金融组织的改革思路是将其改制为农村商业银行，其效果仍具有不确定性。

四是政策性金融与商业性金融的矛盾。即如何界定贫困地区农村政策性金融与商业性金融的服务范围，如何明确划分两类机构并厘清支持政策性金融与规范商业性金融发展的途径与机制。这些问题迄今没有完全解决。

五是政府外生主导的强制性变迁与民间金融内生演化的矛盾。政府职责在于两方面：其一，制定并实施农村金融业的交易规则和进入与退出门槛其二，确定政策性金融活动范围及其发挥作用的途径与方式。政府越位可能成为农村金融制度改革创新的羁绊。

六是农业保险发展滞后与农业高风险特征的矛盾。在种植业、畜牧养殖业等农村经济领域农业保险覆盖不足甚至存在空白。我国农业保险发展必须直面以下三大难题：其一，自然原因（主因）导致的系统性风险；其二，由于分散而复杂的农业领域存在信息不对称导致逆向选择；其三，在农业经济发展的特定阶段保险供给与需求双重不足。

七是贫困地区农村金融发展与金融监管的矛盾。政府对农村的金融监管力量投入有限，监管能力不足，适应农村社区特殊的乡土信用文化的监管框架与规则尚未成熟。需要探索在农村金融领域如何实现差异化监管，使监管体制与机制适应农村金融发展的内在需要。

八是贫困地区农村金融需求与金融供给的矛盾。这一问题是老生常谈，但老问题被发展的实践赋予新形式：农村金融需求与金融供给的矛盾表现为金融机构"放贷难"和农户"借款难"并存。农村金融机构可贷资金数量与规模约束已经消失，却面临新的难题。

九是金融机构追求利润动机与贫困群体合理金融需求的矛盾。无论正规金融机构的信贷投放，还是 20 世纪 90 年代以来推动的国家扶贫贷款，以及由国际组织、第三方组织和民营金融机构推广的小额信贷，均出现对农村贫困户的排斥效应，即所谓小额信贷的"偏离"问题，导致金融扶贫与减贫的实际效果大打折扣。

一要立足全局，冲破传统体制的羁绊，坚持不懈地深化农村金融改革；二要相信与依靠农村社会所蕴蓄的金融组织资源和民间金融力量，充分发挥市场机制的决定性作用；三要客观、科学地认识贫困农村地区经济金融发展与城市和发达地区农村的差异化特征，因地制宜地对贫困地区农村金融组织、金融市场、金融工具创新"松绑解困"，促使其加快发展。

也应该注意到，管理层提出改革和创新农村金融体制，十七届三中全会将农村金融体系的地位提高到"农村金融是现代农村经济的核心"，意味着农村金融新格局具有丰富的演化能力，农村金融发展方兴未艾。最终，农村金融改革创新需要从由外生推动和"强制性"变迁向内生发展与"诱致性"变迁转变。

中国农业生产方式正经历一场伟大变革。在这场变革中农民在历史上将第一次真正成为土地的主人。改掉的不仅是传统体制的羁绊，还有落后、陈腐的观念。

附录四：

答王永康书记金融之问——六条答问与十项建议^①

引言：永康书记十问是对西安发展黄金时代的诘问

当代世界即使充满危机，但是对于中国，却称得上是有史以来少有的美好时代，是中华民族发展和崛起的黄金时代。在我们忧虑经济增长下滑的同时，中国科技事业却发生着日新月异的变化，中国量子通信领域在全球取得领先地位，军事技术进步令西方世界瞩目。在直接关乎经济发展的领域，中国以及全球一直以来担心二氧化碳排放对人类生存环境的破坏，但中国陆续发现可燃冰、干热岩（据说其开发潜力可以支撑经济发展 4000 年），中国核能技术已有长足发展，太阳能发电、风能等绿色能源对化石能源的替代不断加快步伐。相信党的十九大之后，我国经济社会总体发展将进一步呈现向好趋势。

在上述大背景下，对国家未来走向完全可以抱持乐观主义态度。不过，永康书记十问也的确使我们在乐观期待未来时隐约觉察到一种危机感和紧迫感，感知到在全国、西部城市竞争格局中西安具有落伍的风险。我们应该有许多理由不满足现状。

发现问题是解决问题的第一步。王永康书记是在西安市委经过大量征询意见之后，在西安市经济社会发展所存在的 500 个短板中梳理出十个短板。对西安金融发展短板之问是：

为什么我们拥有国家西部大开发、《关中天水经济区发展规划》等多项政

---

① 此为应邀参加西安市委举办的"答王永康书记西安发展'十问'研讨会"（2017 年 10 月 8 日）发言文稿，后续在陕西省经济学学会 2017 年会交流。

策红利，拥有欧亚经济论坛、丝绸之路新起点等良好平台，理应成为国内外金融资本的汇集点，但丝路金融中心建设、金融产业却达不到省上要求？

试做如下思考。

一、先回答为什么

1. 西安不具备能够独立支撑其成为丝路金融中心的经济条件

从根本上来讲，金融发展、金融要素聚集是以经济发展为前提的。西安市及陕西省经济发展、经济体量一定程度上决定了西安市金融发展水平和金融资源聚集的数量、规模。2016 年西安市按照 GDP 规模在全国城市排名位于第 26 名，低于临近的重庆、成都。就此看来，板子若打在金融部门身上似乎错了。经济决定金融，金融超前发展不是完全不可能，但是必须具备一系列条件。

2. 全国金融市场布局中西安乃至西北省会城市均被边缘化

无论历史和当下，也有中心城市金融发展不受，或者不完全受本区域经济发展规模、速度以及体量的制约，而为更大范围的实体经济发展提供全方位金融服务，由此博取产业利润。如香港、伦敦和纽约等国际金融中心。香港得益于其全球著名自由港、交通便利等条件的影响、推动，使其作为弹丸之地成为全球金融中心，其中，生活服务等后勤供应也一直得到内地支持。伦敦金融中心地位主要由经济发展以及政治文化中心等内生因素决定而形成。纽约或者华尔街金融中心的早期"基因"，主要在于受到所谓美国"金融奠基之父"汉密尔顿等人为代表的政府支持。

就中国论之，上海的金融中心地位也不完全是经济条件使然，假如中央政府将第一个证券交易所以及此后的金融期货交易所设立于北京，或者天津、武汉、杭州，情况将大不相同。即使此后设立三个全国性农产品期货交易市场（上海、大连、郑州）、七个碳金融交易市场（深圳、上海、北京、广州、天津、武汉、重庆），西安仍处于"靠边站"的尴尬位置。全国人大财经委员会副主任委员、民建中央副主席辜胜阻近期建议将全国统一碳金融市场设立在武汉，最终无论设在何地，西安基本无缘。

3. 西安对全国金融格局变动缺乏前瞻，未能做到未雨绸缪

西安争取设立全国金融市场的数次谋划"落败"有何启迪？除了未能抓住全国碳金融试点机会之外，西安（陕西）先后与其他区域中心城市竞争提出建立全国第三家证券交易所，设立全国或者区域性债券交易市场，均未获国家相关部门首肯。近期规划将西咸新区建设成为能源贸易中心，但应予充分关注：中国证监会已经批准上海国际能源交易中心 2013 年 11 月 6 日成立并开市运营，其终将成为具有辐射亚洲、与 WTI 和 Brent 原油三足鼎立的全球石油交易市场。所以需要思考：西咸新区能源贸易中心的功能定位、发展方向究竟为何？

以上说明，西安无论作为区域金融中心，或者作为全国单一金融产品交易市场，均未进入国家宏观管理部门的视野。潜在地说明，建设丝路金融中心不能等国家"赐予"机会，需要酝酿、淬炼内功，创造条件和机遇。需要对丝路经济带任何新金融模式出现的潜在征兆，以及全国金融新举措进行预测和前瞻，务必做到未雨绸缪，才可能抢占先机。西安对金融格局变动的反应不敏感，缺乏应有的"先知先觉"。

4. 很有可能，政府未提供必要公共产品，即高效、廉洁和公正、公平的服务

无论国际、区域金融中心，其形成因素是多种因素的综合、合力，包括政治与社会稳定、文化事业发展与交通便利、良好的城市环境、政府社会服务水平、城市环境与社会事业发展对金融人力资源的吸引力等。政府综合化、高效、廉洁的服务功能是金融中心形成的必要条件。政府部门须在此找出差距和短板。在全国大一统市场体制的监管框架下，地方政府如何最大限度地创造出一种有序、自由、开放的金融市场？应该有所作为。

5. 西安缺乏大胆探索、推动金融创新的勇气和魄力

西安及其周边，即陕西境内金融业发展也并非全然乏善可陈。10 年前率先在安徽、福建试点农村住宅、土地抵押贷款，其时笔者所调研安康银监分局也自己搞个案尝试。杨凌农村金融改革实验试点也有一些好的做法。问题是：第一，西安能否争取在全国有更多金融改革先行先试探索？第二，西

安能否在金融法律法规界定尚比较模糊地带推动金融创新，敢为天下先？第三，对金融业发展中有推广价值的机制、机构、工具，有无在全区域推广的筹划？第四，对非传统金融组织但具有金融内涵的机构、机制，是否应大力推动其发展？例如风险投资、天使投资。据 2013 年在西高新调查，风险投资公司、天使基金可以很好发挥撬动实体经济发展的功能，但其资本规模过小，作用受到制约。

6. 丝路金融中心"时势"未兴，也缺少主推其发生的金融"强人"

在潜在历史背景与现实需要前提下，经济金融界精英人物可以改写经济金融史，描画和实现新的经济金融发展蓝图。欧洲煤钢共同体是欧洲共同体前身，成立初因为涉及主权问题困难重重，但在欧洲历史性需要面前著名外交家、酒商让·莫内脱颖而出，由于其对欧洲共同体的巨大贡献，后人称莫内为"欧洲共同体之父"。无论华尔街历史还是国内不同区域，金融中心形成与发展均得益于有胆略、有思想、有国际背景与外交才能并透彻理解金融的强力人物出场。华尔街金融崛起的缔造者汉密尔顿、救星加勒廷和沉浮天使威林、莫里斯的故事均如此。全国以及上海、重庆两市金融发展，均有赖金融精英人物的着力谋划与运筹。

期待西安市金融业引领经济发展，成为辐射区域内外乃至国内外的丝路金融中心，亦寄望有金融强人（者）出现。也可能是核心人物旗下的强大金融智囊团体。目前要么未出现，要么有待先有伯乐。

二、如何有为？如何作为？

1. 将金融部门真正视为一个重要产业，作为不可或缺的、现代市场经济核心的服务业门类予以建设

在近期西安市委相关会议上，一方面是永康书记有关西安市发展的十问，一方面也看到市政府近期工作的八项规划。在规划中完全没有金融概念，没有金融话语的任何表达。头脑中如果没有金融发展意识，实践中金融难道可以超常发展？似不可能。反映出对金融发展没有章法。

2. 制定金融发展规划，瞄准重点领域和朝阳产业提供金融服务

在确定西安金融发展目标、功能定位基础上制定西安中远期金融发展规划。西安金融改革发展规划以及金融服务扩大需要考虑以下：

第一，在现有金融体制中和金融供给侧结构改革中，作为省会城市以及国际大都市建设，金融创新的领域、范围或者边界是什么？明确哪些能做，哪些不能做？哪些目前虽不能做，但可以创造条件为金融发展储备资源？明晰西安金融业创新发展的清单。

第二，瞄准西安经济发展中的战略高地、战略性新兴产业，围绕大战略提供金融服务。

第三，瞄准科技型中小企业发展的多样化金融需求。

第四，瞄准现代农业，农业生产方式转变中出现的新业态，农业科技型产业，瞄准农业土地制度转变引致出现的金融需求。可否考虑成立农地银行？

第五，瞄准绿色金融发展所产生的巨大金融需求。

第六，瞄准文化产业发展的金融需求。人行总行曾发文鼓励文化影视产业运用金融衍生品等多样化融资工具。西安文化产业优势并未充分发挥，也说明文化金融机制尚未发挥好作用。

第七，瞄准军转民、军民融合发展对金融服务的需求。

第八，瞄准丝绸之路经济带建设，明确在国内段以及沿线国家西安金融业能做什么、该做什么。需要深入调查分析，丝绸之路经济带金融需求的现状、特点与总趋势如何？

3. 倡导合作共赢与区域协同发展理念，推动西北五省区金融合作

提倡合作、共享、共赢的地区协同发展理念，仍酝酿发起组建西北区域性金融组织机构，设立西北区域性金融市场。发挥好中国人民银行西安分行在促进西北金融合作、区域金融一体化方面的作用。寻求西北地区产业发展的内在互补性与结合部以及经济利益契合点，通过文化旅游产业联盟、生态环境治理协作、丝绸之路经济带国内段合作等举措促进区域经济一体化发展。

4. 将近期金融发展举措具体化，寻求金融创新的突破口

例如，推动成立大宗商品现货与期货交易市场，适应土地确权后土地交易

市场需要筹设新兴专业化、商业性金融机构（如农地银行或土地银行）；尝试在文化、旅游产业推行资产证券化筹融资模式；创新促进科技成果、知识产权等知识资本与产业资本融合的金融机制。

5. 建设国际化金融高端人才培养基地，引进高级金融管理人才

政府搭台，金融部门与高校"唱戏"，成立西安高等金融研究院，培养具有国际视野、熟悉当代金融市场和掌握前沿金融理论的高端金融人才。有计划并针对金融关键部门特设岗位公开遴选、引进海外具有丰富金融从业经验的高级管理人才。

6. 引导金融同业组织发展，建立与中央金融部门联系沟通渠道

发挥行业自律或者金融业第三方组织的作用，加强金融有序竞争，激发金融创新活力。加强与金融中省①机构以及中央级宏观金融管理、监管机构联系。没有中央级金融宏观管理机构的支持，建设丝路金融中心基本不可能。

7. 从土地财政收入提取产业投资基金，发挥政府产业引导作用

政府不能直接办企业，但是可以应需要辗转向产业部门融资、投资，同时建立退出机制。建议按照一定比例每年从土地财政收入提取产业发展基金，总规模达到300亿—500亿元。具体运作采取市场机制，如通过参股方式向风险投资公司注资。

8. 搭建金融交流与协作平台，促进形成西安丝绸之路金融市场

建议将欧亚经济论坛升级为欧亚经济金融论坛，将欧亚经济金融论坛打造为兼有贸易、投资、融资功能的重要国际化平台。呈请主管部门批准，在西安设立、举办丝绸之路经济带金融圆桌会议，邀请丝路经济带沿线国家以及国内段政府、金融机构参加。使西安成为促进丝路经济带货币流通、金融合作的重要节点与纽带，为进一步形成丝绸之路经济带金融战略联盟创造条件。

9. 加强金融信息交流平台建设，发挥金融媒体的"风向标"功能

充分运用现代通讯与新闻传播技术手段，发挥纸媒体与学术刊物在促进形成多样化区域金融文化方面的重要作用，为西安金融业发展与丝路金融中心建

---

① "金融中省"机构指全国性商业银行、金融宏观管理与监管机构在陕西省分设分支机构。

设提供舆论引导，增强西安金融产业的影响力与辐射力。

主办 1 份金融新闻报纸，如《西部金融时报》；创办 1 份金融刊物，如《西部金融家》《丝路金融论坛》；创建 1 个丝绸之路金融信息网。

10. 成立西安金融工作委员会

由市政府主要领导领衔，成立由政府经济部门、金融部门、金融学家共同参与并规划指导西安丝路金融中心建设的金融工作委员会，是促进西安金融发展的必要组织保障。

参考文献

中文文献

边志良：《金融教育与反贫困战略》，《中国金融》2014年第10期。

褚保金等：《信贷配给下农户借贷的福利效果分析》，《中国农村经济》2009年第6期。

陈斌开、林毅夫：《金融抑制、产业结构与收入分配》，《世界经济》2012年第1期。

陈飞：《农业生产投入视角下农户借贷的福利效应研究》，《财经问题研究》2017年第10期。

陈习刚：《吐鲁番唐代军事文书研究述论》，《唐史论丛》2014年第10期。

崔艳娟、孙刚：《金融发展是贫困减缓的原因吗》，《金融研究》2012年第11期。

陈永伟等：《住房财富、信贷约束与城镇家庭教育开支——来自CFPS2010数据的证据》，《经济研究》2014年第S1期。

［俄］D. 吉洪诺夫：《十至十四世纪回鹘王国的经济和社会制度》，姬增禄译，新疆人民出版社2000年版。

邓乐平、皮天雷：《次大国的金融博弈——中国模式及发展类别比较》，中国金融出版社2011年版。

［苏］迪帕·纳拉扬等：《穷人的呼声：呼唤变革》，姚莉等译，中国人民大学出版社2003年版。

董晓林等：《人力资本、家庭融资与农户创业决策——基于CFPS7981个有效样本的实证分析》，《管理评论》2019年第3期。

丁志国等：《农户融资路径偏好及影响因素分析——基于吉林省样本》，《中国农村经济》2011年第8期。

丁志国等：《农村金融对减少贫困的作用研究》，《农业经济问题》2011年第11期。

高帆：《我国农村中的需求型金融抑制及其解除》，《中国农村经济》2002年第

12 期。

郭军华等：《基于三阶段 DEA 模型的农业生产效率研究》，《数量经济技术经济研究》2010 年第 12 期。

耿世民：《回鹘文社会经济文书研究》，中央民族大学出版社 2006 年版。

葛颖等：《基于 Black-Litterman 模型与 Meucci 理论确定投资组合权重》，《数理统计与管理》2015 年第 4 期。

高用深：《改革以来我国农户投资的基本特征分析》，《财贸研究》1992 年第 6 期。

何广文、李莉莉：《农村小额信贷市场空间分析》，《银行家》2005 年第 11 期。

韩俊：《中国农村金融调查》，上海远东出版社 2009 年版。

侯建昀、霍学喜：《信贷可得性、融资规模与农户农地流转——以专业化生产农户为例》，《中国农村观察》2016 年第 6 期。

胡金焱、张博：《农户信贷需求的影响因素——基于农户调查的实证研究》，《金融论坛》2014 年第 1 期。

［美］哈维尔·费雷克斯、让·夏尔·罗歇：《微观银行学》，刘锡良主译，西南财经大学出版社 2000 年版。

何学松、孔荣：《金融素养、金融行为与农民收入——基于陕西省的农户调查》，《北京工商大学学报（社会科学版）》2019 年第 2 期。

黄祖辉：《贫困地区农户正规信贷市场低参与程度的经验解释》，《经济研究》2009 年第 4 期。

胡宗义等：《农村正规金融发展的减贫效应——基于 PVAR 模型的经验验证》，《现代财经》2014 年第 8 期。

黄宗智：《长江三角洲小农家庭与乡村发展》，中华书局 2000 年版。

加里·贝克尔：《人类行为的经济分析》，王业宇、陈琪译，上海三联书店 2003 年版。

金烨、李宏彬：《非正规金融与农户借贷行为》，《金融研究》2009 年第 4 期。

孔荣等：《农户融资偏好及其成因研究：陕西、甘肃 897 份调查问卷分析》，《重庆大学学报（社会科学版）》2011 年第 6 期。

［美］科斯、哈特、斯蒂格利茨等：《契约经济学》，李凤圣主译，经济科学出版社 1999 年版。

［美］科斯、诺思、威廉姆森等：《制度、契约与组织——从新制度经济学角度的透视》，刘刚等译，经济科学出版社 2003 年版。

孔祥毅等：《百年金融制度变迁与金融协调》，中国社会科学出版社 2002 年版。

孔祥智：《现阶段中国农户经济行为的目标研究》，《农业技术经济》1998年第2期。

［美］罗伯特·F.墨菲：《文化与社会人类学引论》，王卓君、吕迺基地译，商务印书馆1991年版。

李谷成：《技术效率、技术进步与中国农业生产率增长》，《经济评论》2009年第1期。

刘辉煌、吴伟：《我国家庭信贷状况研究：基于CHNS微观数据的分析》，《商业经济与管理》2014年第8期。

李经纬：《回鹘文社会经济文书研究》，新疆大学出版社1996年版。

李进新：《近代新疆维吾尔族契约资料评价》，《中央民族大学学报》1996年第2期。

刘立民等：《贫困农户信贷需求与渠道选择的影响因素研究——基于多重变量不同组群农户的对比分析》，《西部金融》2018年第2期。

刘明：《关于推动西部地区金融创新的战略构想》，《陕西师范大学学报》2001年第6期。

刘明：《马克思所有制理论若干范畴译名与释义考辨》，《陕西师范大学学报》2003年第2期。

刘明：《转型期金融运行与经济发展研究》，中国社会科学出版社2004年版。

刘明：《反宏观经济学教条——实际利率行为与长期期限结构分析》，《陕西师范大学（人文社会科学版）》2007年第6期。

刘明：《对农贷与农业财政支出"悖论"的经济解释》，《陕西师范大学学报（哲学社会科学版）》2008年第5期。

刘明：《农贷配给、农户意愿与农业资本市场——基于农户调查、农贷与资本市场数据计量分析》，科学出版社2015年版。

李庆海等：《农户信贷配给及其福利损失——基于面板数据的分析》，《数量经济技术经济研究》2012年第8期。

雷钦礼：《财富积累、习惯、偏好改变、不确定性与家庭消费决策》，《经济学（季刊）》2009年第8期。

李锐、李宁辉：《农户借贷行为及其福利效果分析》，《经济研究》2004年第12期。

李锐、朱喜：《农户金融抑制及其福利损失的计量分析》，《经济研究》2007年第2期。

刘生龙等：《新生代农民工与中国农村储蓄率下降》，《中国农村经济》2016年第

3 期。

[美] 莱斯特·库尔茨：《地球村里的诸神——宗教社会学入门》，薛品、王旭辉译，北京大学出版社 2010 年版。

李涛、陈斌开：《家庭固定资产、财富效应与居民消费：来自中国城镇家庭的经验证据》，《经济研究》2014 年第 3 期。

李文政：《农村人口老龄化的成因及农村养老保障面临的难题》，《安徽农业科学》2009 年第 10 期。

刘西川等：《村级发展互助资金运行机制及实施效果分析——基于贵州、四川两省机构的调查数据》，《农业部管理干部学院学报》2014 年第 2 期。

刘西川等：《农户正规信贷需求与利率：基于 Tobit Ⅲ 模型的经验考察》，《管理世界》2014 年第 3 期。

刘宇宏等：《关于我国高等教育收费的思考》，《经济视角》2006 年第 8 期。

刘艳华：《信贷配给视阈下农户经营收入地区差异的阐释——基于收入回归的 Shapley 分解》，《金融经济学研究》2015 年第 6 期。

刘艳华、朱红莲：《农业信贷配给与农村居民收入的地区差异——基于平滑转换模型的阐释》，《农业技术经济》2017 年第 10 期。

李延敏、罗剑朝：《农户借贷行为区域差异分析及金融对策》，《农村经济》2006 年第 11 期。

马光荣、杨恩艳：《社会网络、非正规金融与创业》，《经济研究》2011 年第 3 期。

马晓河、蓝海涛：《当前我国农村金融面临的困境与改革思路》，《中国金融》2003 年第 11 期。

马晓青等：《农户融资偏好顺序及其决定因素——来自五省农户调查的微观证据》，《社会科学战线》2010 年第 4 期。

马晓青等：《信贷需求与融资渠道偏好影响因素的实证分析》，《中国农村经济》2012 年第 5 期。

聂冲、贾生华：《离散选择模型的基本原理及其发展演进评价》，《数量经济技术经济研究》2005 年第 11 期。

单豪杰：《中国资本存量 K 的再估算：1952—2006 年》，《数量经济技术经济研究》2008 年第 10 期。

沈倩岭、王小月：《农业信贷、农村劳动力转移与农民工资收入》，《农村经济》2018 年第 5 期。

权虎等：《对农村土地承包经营权抵押贷款发展的几点思考》，《华北金融》2014

年第 5 期。

秦建群等：《农户信贷需求影响因素研究——基于东部农户家庭调查的实证分析》，《中国流通经济》2011 年第 7 期。

秦建群等：《农户分层信贷渠道选择行为及其影响因素分析——基于农村二元金融结构的实证研究》，《数量经济技术经济研究》2011 年第 10 期。

钱水土、陆会：《农村非正规金融的发展与农户融资行为研究——基于温州农村地区的调查分析》，《农村金融研究》2008 年第 10 期。

冉易：《文化、行为选择与金融发展》，西南财经大学博士学位论文，2012 年。

苏基溶、廖进中：《中国金融发展与收入分配、贫困关系的经验分析》，《财经科学》2009 年第 12 期。

宋全云等：《金融知识视角下的家庭信贷行为研究》，《金融研究》2017 年第 6 期。

孙天琦：《金融组织结构研究》，中国社会科学出版社 2002 年版。

陶春生、肖建华：《约翰·坎贝尔对家庭金融学的贡献》，《经济学动态》2016 年第 12 期。

［美］帕特里克·博尔顿、霍华德·罗斯塔尔：《穷人的信贷市场》，徐晓萍译，上海财经大学出版社 2011 年版。

温涛等：《中国农贷的“精英俘获”机制：贫困县与非贫困县的分层比较》，《经济研究》2016 年第 2 期。

吴卫星等：《房产挤出了家庭配置的风险金融资产吗？——基于微观调查数据的实证分析》，《科学决策》2014 年第 11 期。

王曦、陆荣：《中国居民消费/储蓄行为的一个理论模型》，《经济学》2011 年第 10 期。

王性玉等：《农户信誉特征、还款意愿传递与农户信贷可得——基于信号传递博弈的理论分析和实证检验》，《管理评论》2019 年第 5 期。

吴雨等：《金融知识、财富积累和家庭资产结构》，《当代经济科学》2016 年第 4 期。

谢康、乌家培：《阿克洛夫、斯彭斯和斯蒂格利茨论文精选》，商务印书馆 2002 年版。

晓亮：《从集体制走向合作制》，《社会主义经济理论与实践》2002 年第 10 期。

谢勇：《中国农村居民储蓄率的影响因素分析》，《中国农村经济》2011 年第 1 期。

徐璋勇、杨贺：《农户信贷行为倾向及其影响因素分析——基于西部 11 省（区）

1664 户农户的调查》,《中国软科学》2014 年第 3 期。

〔美〕约翰·克劳奈维根:《交易成本经济学及其超越》,朱舟、唐瑞红译,上海财经大学出版社 2002 年版。

杨俊等:《中国金融发展与贫困减少的经验分析》,《世界经济》2008 年第 8 期。

杨婷怡、罗剑朝:《农户参与农村产权抵押融资意愿及其影响因素实证分析——以陕西高陵县和宁夏同心县 919 个样本农户为例》,《中国农村经济》2014 年第 4 期。

闫啸、牛荣:《农户借贷对收入增长的影响:1771 个农户样本》,《改革》2017 年第 10 期。

易小兰、莫媛:《放宽市场准入下农户借贷渠道选择及其影响因素分析》,《中国农村经济》2016 年第 3 期。

易小兰、蔡荣:《放宽市场准入下农户借贷渠道选择及信贷可得性分析》,《财贸研究》2017 年第 10 期。

姚耀军:《金融发展与城乡收入差距关系的经验分析》,《财经研究》2005 年第 2 期。

严予若等:《家庭禀赋对农户借贷途径影响的实证分析》,《财经科学》2016 年第 9 期。

尹志超等:《金融知识、创业决策和创业动机》,《管理世界》2015 年第 1 期。

尹志超等:《金融可得性、金融市场参与家庭资产选择》,《经济研究》2015 年第 3 期。

张兵、张宁:《农村非正规金融是否提高了农户的信贷可可得性？基于江苏 1202 户农户的调查》,《中国农村经济》2012 年第 10 期。

张改清:《中国农村金融市场供求失衡及均衡路径》,《农村经济》2005 年第 11 期。

张三峰等:《信用评级对农户融资渠道选择意愿的影响》,《中国农村经济》2013 年第 7 期。

朱守银等:《中国农村金融市场供给和需求——以传统农区为例》,《管理世界》2003 年第 3 期。

朱涛等:《金融素养与教育水平对家庭金融行为影响的实证研究》,《金融纵横》2015 年第 5 期。

朱喜、李子奈:《我国农村正式金融机构对农户的信贷配给——一个联立离散选择模型的实证分析》,《数量经济技术经济研究》2006 年第 3 期。

周小刚、陈喜:《关系强度、融资渠道与农户借贷福利效应——基于信任视角的实证研究》,《中国农村经济》2017 年第 1 期。

张亚维：《信息不对称与信贷市场合约——江苏省农户信贷市场为例》，《金融纵横》2003 年第 10 期。

周子栋：《金融发展与城乡居民收入差距关系探讨》，《西安财经学院学报》2014 年第 5 期。

曾志耕等：《金融知识与家庭投资组合多样性》，《经济学家》2015 年第 6 期。

［日］青木昌彦：《比较制度分析》，周黎安译，上海远东出版社 2001 年版。

英文文献

Aamari, E., Levrard, C., "Stability and Minimax Optimality of Tangential Delaunay Complexes for Manifold Reconstruction", *Discrete & Computational Geometry*, Vol. 59, No. 4 (June 2018).

Agarwal, S., et al., "Bundle Adjustment in the Large", *European Conference on Computer Vision*, 2010.

Aghion, P., Bolton, P., "A Theory of Trickle-down Growth and Development", *The Review of Economic Studies*, Vol. 64, No. 2 (April 1997).

Arellano, M., Bover, O., "Another Look at the Instrumental Variable Estimation of Error-components Models", *Journal of Econometrics*, Vol. 68, No. 1 (June 1995).

Arrondel, L., et al., "Wealth and Income in the Euro Area: Heterogeneity in Households' Behaviours?", Working Papers, January 2014.

Barba, A., Pivetti, M., "Rising Household Debt: Its Causes and Macroeconomic Implications—a Long-period Analysis", *Cambridge Journal of Economics*, Vol. 33, No. 1 (January 2009).

Behrman, J. R., "The Action of Human Resources and Poverty on One Another: What We Have yet to Learn", *World Bank Living Standards Measwrement Study Working Paper*, Vol. 133, No. 74 (July 1990).

Bell, C., et al., "Rationing, Spillover and Inter-linking in Credit Markets: The Case of Rural Punjab", *Oxford Economic Papers*, Vol. 49, No. 4 (1997).

Biggart, N. W., Castanias, R. P., "Collateralized Social Relations: The Social in Economic Calculation", *American Journal of Economics and Sociology*, Vol. 60, No. 2 (February 2001).

Blundell, R., Bond, S., "GMM Estimation with Persistent Panel Data: An Application to Production Functions", *Journal of Econometrics*, Vol. 19, No. 3 (March 2000).

Brockman, P., Michayluk, D., *How Does Financial Literacy Affect the Savings Deci-*

sion?, Social Science Electronic Publishing, January 2015.

Bucher-Koenen, T., Ziegelmeyer, M., " Once Burned, Twice Shy? Financial Literacy and Wealth Losses during the Financial Crisis", *Review of Finance*, Vol. 18, No. 6 (September 2013).

Burgess, R., Pande, R., "Do Rural Banks Matter? Evidence from the Indian Social Banking Experiment", *American Economic Review*, Vol. 95, No. 3 (February 2005).

CalvoPardo, H., "Subjective Return Expectations, Information and Stock Market Participation: Evidence from France", Discussion Paper, March 2014.

Campbell, J. Y., " Household Finance ", *Journal of Finance*, Vol. 61, No. 4 (January 2006) .

Cardak, B. A., Wilkins, R., " The Determinants of Household Risky Asset Holdings: Australian Evidence on Background Risk and Other Factors", *Journal of Banking and Finance*, Vol. 33, No. 5 (September 2008).

Carlsson, C., Fullér, R., " Possibilistic Mean Value and Variance of Fuzzy Numbers: Some Examples of Application ", *IEEE International Conference on Fuzzy Systems*, 2009.

Carroll, C. D., Kimball, M. S., "Liquidity Constraints and Precautionary Saving", Economics Working Paper Archive, 2001.

Carroll, M., Beek, O., "Protection Against Hippocampal CA1 Cell Loss by Post−ischemic Hypothermia is Dependent on Delay of Initiation and Duration", *Metabolic Brain Disease*, Vol. 7, No. 1 (April 1992).

Carter, M. R., Lybbert, T. J., "Consumption Versus Asset Smoothing: Testing the Implications of Poverty Trap the Oryin Burkina Faso", *Journal of Development Economics*, Vol. 99, No. 2, February 2012.

Chibba, M., "Financial Inclusion, Poverty Reduction and the Millennium Development Goals", *European Journal of Development Research*, Vol. 21, No. 2 (April 2009) .

Chiu, J., et al., "On the Welfare Effects of Credit Arrangements", Working Paper, Vol. 59, No. 3 (February 2018).

Deaton, A., " Saving and Liquidity Constraints", *Econometrica*, Vol. 59, No. 5 (September 1991).

Deaton, J. E., Hitchcock, E., "Reclined Seatingin Advanced Crewstations: Human Performance Considerations", *Human Factors & Ergonomics Society Annual Meeting Proceedings*, Vol. 35, No. 2 (September 1991).

Diagne, C., Villa, C., "Financial Literacy and Debt Literacy Amid the Poor", Post-Print, 2012.

Diamond, P. A., "National Debt in A Neoclassical Growth Model", *American Economics Review*, Vol. 55, No. 5 (December 1965).

Doug, P., Juniwor, D., "Making Rural Finance Count for the Poor", *UK Department for International Development working paper*, No. 9, (September 2004).

Dynan, Karen, E., "How Prudent Are Consumers?", Working Paper, Vol. 101, No. 6 (February 1993).

Easterly, W., K., A., "Small States, Small Problems? Income, Growth, and Volatility in Small States", *World Development*, Vol. 28, No. 11 (February 2000).

Feder, G., et al., "The Determination of Farm Investment and Residential Construction in Post-reform China", *Economic Development and Cultural Change*, Vol. 41, No. 1 (October 1990).

Galor, O., Zeira, J., "Income Distribution and Macroeconomics", *Review of Economic Studies*, Vol. 60, No. 1 (February 1993).

Getaw, T., Tadiwos, Z., "Grants VS. Credits for Improving the Livelihoods of Ultra-poor: Evidence from Ethiopia", *World Development*, Vol. 113, (September 2018).

Gourinchas, P., Parker, J., "Consumption over the lifecycle", *Econometrica*, Vol. 70, No. 1 (January 2002).

Hall, R. E., Lilien, D. M., "Efficient Wage Bargains Under Uncertain Supply and Demand", *NBER Working Papers*, Vol. 69, No. 5 (February 1979).

Heckman, J. J., *Estimates of a Human Capital Production Function Embedded in a Life-Cycle Model of Labor Supply*, 1976.

Hedges, T., "Wave Overtopping of Shallow Sloping Seawalls: Extensionand Refinement of Empirical Prediction Methods", International Conference on Coastal Engineering, 2005.

He, G., Litterman, R., *The Intuition Behind Black-Litterman Model Portfolios*, Social Science Electronic Publishing, 2002.

Holtz-Eakin, D., et al., "Estimating Vector Autoregressions with Panel Data", *Econometrica*, Vol. 56, No. 6 (February 1988).

Honohan, P., "Measuring Microfinance Access: Building on Existing Cross Country Data", *World Bank Policy Research Working Paper*, Vol. 36 (June 2005).

Horioka, C. Y., Wan, J., "The Determinants of Household Saving in China: a Dynamic Panel Analysis of Provincial Data", *Journal of Money Credit and Banking*, Vol. 39, No. 8 (January 2007).

Huston, S. J., "Measuring FinancialLiteracy", *Journal of Consumer Affairs*, Vol. 44, No. 2 (February 2009).

Jappelli, T., Padula, M., "Investment in Financial Literacy and Saving Decisions", *Journal of Banking & Finance*, Vol. 37, No. 8 (February 2011).

Jeanneney, G. S., Kpodar, K., "Financial Development, Financial Instability and Poverty", *HAL*, 2005.

Jiseob, K., Yicheng, W., "Macroeconomic and Distributional Effects of Mortgage Guarantee Programs for the Poor". *Journal of Economic Dynamics & Control*, Vol. 87, (December 2017).

Jonathan, M., "Does Microfinance Really Help the Poor? New Evidence from Flagship Programs in Bangladesh", Unpublished Paper, Annex 1. 2, (July 1998).

Karlan, D., "Social Connections and Group Banking", *Economic Journal*, Vol. 117, No. 517 (February 2007).

Kimball, M. S., Shumway, T., "Investor Sophistication and the Home Bias, Diversification, and Employer Stock Puzzles", *Social Science Electronic Publishing*, (February 2007).

Kipps, P. H., et al., "The Depreciation of Human Capital over Time: The Case of Economic Knowledge Revisited", *Journal of Economic Education*, Vol. 15, No. 1 (January 1984).

Klapper, L., et al., "Financial Literacy and Its Consequences: Evidence from Russia During the Financial Crisis", *Journal of Banking & Finance*, Vol. 37, No. 10 (October 2013).

Klyuev, V., Mills, P., "Is Housing Wealth an 'ATM'? The Relationship Between Household Wealth, Home Equity Withdrawal, and Saving Rates", IMF Staff Papers, Vol. 54, No. 3 (July 2007).

Kramer, M. M., "Financial Literacy, Confidence and Financial Advice Seeking", *Journal of Economic Behavior & Organization*, Vol. 131 (September 2016).

Leland, H. E., "Saving and Uncertainty: The Precautionary Demand for Saving", *Uncertainty in Economics*, Vol. 82, No. 3 (August 1968).

Levin, A., et al., "Unit Root Tests in Panel Data: Asymptotic and Nite – sample Properties", *Journal of Econometrics*, Vol. 108, No. 1 (May 2002).

Lusardi, A., "Household Saving Behavior: the Role of Financial Literacy, Information and Financial Education Programs", *NBER Working paper*, No. 13824 (February 2008).

Lusardi, A., "Planning for Retirement: The Importance of Financial Literacy", *Public Policy & Aging Report*, Vol. 19, No. 3 (June 2009).

Lusardi, A., et al., "Financially Fragile Households: Evidence and Implications", *NBER Working Papers*, No. 17072 (May 2011).

Lusardi, A., Mitchell, O. S., "Financial Literacy and Planning: Implications for Retirement Wellbeing", *Social Science Electronic Publishing*, Vol. 42, No. 1 (February 2006).

Lusardi, A., Mitchell, O. S., "Planning and Financial Literacy: How Do Women Fare?", *American Economic Review*, Vol. 98, No. 2 (May 2008).

Malkiel, B. G., Fama, E. F., "Efficient Capital Markets: A Review of Theory and Empirical Work", *Journal of Finance*, Vol. 25, No. 2 (February 1970).

Mandell, L., "What Is the Matter? Or, What Literary Theory Neither Hears nor Sees", *New Literary History*, Vol. 38, No. 4 (Autumn 2007).

Markowitz, H., "The Utility of Wealth", *Journal of Political Economy*, Vol. 60, No. 2 (April 1952).

Merton, R. C., "Lifetime Portfolio Selection under Uncertainty: The Continuous – Time Case", *Review of Economics & Statistics*, Vol. 51, No. 3, (Aug, 1969).

Merton, R. C., "Theory of Rational Option Pricing Bell", *Journal of Economics & Management Science*, Vol. 51, No. 1 (Spring 1973).

Mincer, J., "Investment in Human capital and Personal Income Distribution", *Journal of Political Economy*, Vol. 66, No. 2, (August 1958).

Mushinski, D., "An Analysis of Offer Function of Banks and Credit Unions in Guatemala", *Journal of Development Studies*, Vol. 36, No. 2 (December 1999).

North, C., "Institution", *Journal of Economic Perspectives*, Vol. 1, 1991.

Ogundeji, A. A., et al. "Impact of Access to Credit on Farm Income: Policy Implications for Rural Agricultural Development in Lesotho", *Agrekon*, Vol. 57, No. 4 (July 2018).

Owen, A. L., Judson, R. A., "Estimating Dynamic Panel Data Models: A Guide for Macroeconomists", *Economics Letters*, Vol. 65, No. 1 (October 1999).

Petrick, M., "A Microeconomic Analysis of Credit Rationing in the Polish Farm Sector", *European Review of Agriculture Economics*, Vol. 31, No. 1 (February 2004).

Petrick, M., "Farm Investment Credit Rationing, and Public Credit Policy in Poland, Institute of Agricultural Development in Central and Eastern Europe", *Discussion Paper*, No. 43, 2012.

Piketty, T., "The Dynamics of the Wealth Distribution and the Interest Rate With Credit Rationing", *Review of Economic Studies*, Vol. 64, No. 2 (April 1997).

Pischke, J. D. V., *Finance at the Frontier: Debt Capacity and the Role of Credit in the Private Economy*, EDI Development Studies, World Bank, 1991.

Raguram, R., G., Zingales, L., " *Saving Capitalism from the Capitalists: Unleashing the Power of Financial Markets to Create Wealth and Spread Opportunity*", New York: Crown Business, Vol. 8, 2003.

Remund, D., L., "Financial Literacy Explicated: The Case for a Clearer Definition in an Increasingly Complex Economy", *Journal of Consumer Affairs*, Vol. 44, No. 1 (June 2010).

Rooij,, M. V., et al., "Financial Literacy and Stock Market Participation", *Journal of Financial Economics*, Vol. 101, No. 2 (October 2007).

Samuelson, P., A., "Contrast between Welfare Conditions for Joint Supply and for Public Goods", *Review of Economics & Statistics*, Vol. 51, No. 1 (February 1969).

Schwert, G. W., Fama, E. F., "Asset Returns and Inflation", *Journal of Financial Economics*, Vol. 5, No. 2 (November 1977).

Spataro, L., Corsini, L., " Endogenous Financial Literacy, Saving, and Stock Market Participation", *Mpra Paper*, Vol. 73, No. 2 (February 2013).

Stango, V, Zinman, J., " Exponential Growth Bias and Household Finance ", *Journal of Finance*, Vol. 64, No. 6 (December 2009).

Steelyana, W., E., Lie, Y., "Financial Literacy and Investment Decision in Lower Middle Income", *Journal of Computational & Theoretical Nanoscience*, Vol. 21, No. 4 (April 2015).

Suzuki, K. I., et al., "An International Portfolio Optimization Model Hedged with Forward Currency Contracts", *Financial Engineering & the Japanese Markets*, Vol. 4, No. 3 (January 1997).

Tang, S. Y., "Informal Credit Markets and Economic Development in Taiwan", *World Development*, Vol. 23, No. 5 (May 1995).

Utomo, Prasetyo, G. S. W., "Culture of Dwelling and Production of Space in the Ur-

ban Transformation Processes (Case Study: Kotagede, Yogyakarta – Indonesia) ",
Electronic Test, (January2014).

Xia, L., et al., "The Welfare Impact of Microcredit on Rural Households in China",
The Journal of Socio-Economics, Vol. 40, No. 4 (August 2011).

Yuan, Y., Xu, L., " Farmers' Financial Choice and Informal Credit Market in
China", *China Agricultural Economic Review*, Vol. 4, No. 2 (May 2012).

Zeldes, S., "Optimal Consumption with Stochastic Income: Deviations from Certainty
Equivalence", *Quarterly Journal of Economics*, Vol. 104, No. 2 (May 1989).

后 记

在西北大地的田间地头，山村小巷，回乡家院，边陲小镇，前后行走 15 年，尽管大多时候是间断的，更多是阅读，冥想，产生的只不过是头脑中一些概念、认知，在一些时间点集中聆听许多农人的故事，获悉艰辛创业者的素材，即使昼夜伏案付诸文字，也似乎与走过的路不成比例，但没有人后悔。流连乡间，与乡亲交谈积攒的印象，也许会改变践行者的思想和生活。因为感动，总未忘却。五年前希冀以简约汉字对志趣相投同行师生致意，今书于此：

田野补记（2014 年 3 月 2 日）：十年茫茫履黄土，百子陶陶走西口。① 上洛古道望孤村，② 华原亲近"孺子牛"。③ 秦巴绿崖啄青泥，④ 汉水梁地访留侯。⑤ 诸子神游绘天地，何日幽梦相聚首？

本著是名副其实集体努力的"结晶"，虽然不像工科群英们设计生产出的一款芯片那样炫目和质感。"集体"广义上应包括接受访谈的 5000 多农家的每一位主人，甚至远在天子脚下对中国农村改革运动纵横捭阖、推波助澜的那些方家里手。作者与他们对谈，辨别、加工提取他们思维的材料，也需要些许"创造"，视我们能否做到。当然也包括所有参与田野调查工作的师生，以及政府、金融机构和企业接受访谈交流的每一位人士。

笔者主持组织了在西北地区的田野调查并作为主要撰稿。参与撰稿的还有刘芳，宝鸡文理学院经济管理学院副教授，陕西师范大学西北历史环境与经济社会发展研

---

① 自 2003 年 7 月至 2013 年 11 月间师生先后多次赴陕、青农村。赴青海调研前夕写有《致青年学子》，末句为"哲人教寓满面流汗劈开黄尘寻找幸福"。

② 2003 年 7 月在商洛市（古称上洛）山阳县党家原调研，其间穿越"一线天"石峡，溪流中石柱垒成曲径，欲赴一孤山上村落家访，不意人行同志身体突发不适，作罢。

③ 2007 年 8 月赴铜川市农村家访，参观耀州区（古称华原）奶牛养殖场、莲池、养鸡场、鸵鸟养殖场、樱桃园。众弟子为之兴奋，确有与奶牛亲切"合影"。

④ 2008 年 5 月在陕南安康农村调研，书《陕南道中感怀》，有谓"问道青山泥土中"。

⑤ 2013 年 10—11 月赴秦巴山区留坝县、勉县农村调研，在留坝县枣木栏村小住数日，曾往访汉留侯张良庙。夏商时留坝属梁州。

究院博士；热依拉·依里木，陕西师范大学西北历史环境与经济社会发展研究院讲师，博士后；刘莎，陕西师范大学西北历史环境与经济社会发展研究院人口、资源与环境经济学专业博士生。热依拉·依里木和刘芳协助组织了在新疆和陕南的调研。农业经济管理硕士研究生戈伟伟、韩晶晶、李光峰、郭晓星、王皓宇，金融学专业硕士研究生蔡嘉驰、谌亦雄、张开玄、杜紫薇、赵雅文、金鑫、冯丹蕾等同学参加了调研，并协助做数据处理。刘莎负责后期文字编辑和参考文献订正工作。

各章撰稿分工如下：代序、导读：刘明；第一章：刘明、刘莎；第二、三章：刘芳、刘明；第四、五章：刘明、戈伟伟、韩晶晶；第六章：刘明、刘芳、蔡嘉施；第七章：刘明、金鑫；第八、九章：热依拉·依里木、刘明；第十章：刘明（整理审定）。附录一、三、四：刘明；附录二：刘明、陈胜强、梁潇（《陕西日报》记者）。

谨向长期以来参加课题调研与讨论的赵天荣博士、胡秋灵博士、裴辉儒教授、范建刚教授、刘新华教授表示诚挚敬意！

感谢中国人民银行孙天琦教授、中国人民银行西安分行申建文博士、陕西秦农银行沣东分行杨锋涛副行长和西北调研地区政府、金融机构、企业人士对我们提供的支持和帮助！

陕西师范大学国际商学院、农村发展研究中心、理科基础部、马克思主义学院、西北研究院和重庆师范大学、新疆师范大学等百余名师生参加了在西北五省区的田野调查活动，在此一并对他（她）们表示感谢（恕不一一列举姓名）。

感谢人民出版社编辑曹春博士一直以来与研究团队的紧密合作以及对笔者的可贵帮助！

最后，感谢陕西师范大学社科处、学科建设处、教育部人文社科重点研究基地陕西师范大学西北历史环境与经济社会发展研究院领导和工作人员对项目研究的不懈支持！

刘　明

2019 年 10 月 14 日

责任编辑：曹　春

封面设计：木　辛

图书在版编目（CIP）数据

西北乡村金融田野调查：2003—2018/刘明等 著. —北京：人民出版社，2019.12

ISBN 978 - 7 - 01 - 021602 - 7

Ⅰ.①西… Ⅱ.①刘… Ⅲ.①农村金融-调查研究-西北地区-2003—2018

Ⅳ.①F832.74

中国版本图书馆 CIP 数据核字（2019）第 264517 号

西北乡村金融田野调查：2003—2018

XIBEI XIANGCUN JINRONG TIANYE DIAOCHA 2003—2018

刘　明 等　著

人民出版社 出版发行

（100706　北京市东城区隆福寺街 99 号）

北京盛通印刷股份有限公司印刷　新华书店经销

2019 年 12 月第 1 版　2019 年 12 月北京第 1 次印刷

开本：710 毫米×1000 毫米 1/16　印张：31.75　插页：4

字数：520 千字

ISBN 978 - 7 - 01 - 021602 - 7　定价：138.00 元

邮购地址 100706　北京市东城区隆福寺街 99 号

人民东方图书销售中心　电话（010）65250042　65289539